世界の起業家が学んでいる

MBA経営理論の必読書50冊を1冊にまとめてみた

永井孝尚
Takahisa Nagai

KADOKAWA

はじめに──自己流では勝てない。セオリーを学んでプロフェッショナルを目指せ

ボクシング元ミドル級世界チャンピオンの竹原慎二さんは、まもなく50歳。その竹原さんと暴走族元総長やケンカ自慢がスパーリングする様子が、ユーチューブで700万回再生とバズっている。スパーリング前の彼らは、竹原さんを完全に舐めきっている。

「うぃーす。スパーリングできるって聞いたんで」「余裕っしょ」「元チャンピオンっての気に食わないんで。オヤジ狩りどう？　みたいな」「おっさんパンチ打てるんですか？」

こんな感じだ。

しかし、スパーリングが始まるとまったく勝負にならない。相手がケガしないように手加減してパンチを繰り出す竹原さんに対し、彼らはフルボッコ状態。スパーリング後はこうだ。「強い。速い。見えない」「痛感しました。敵《かな》わないなって」「めちゃくちゃ強い」「ありがとうございました」

竹原さんはスパーリング後、彼らにこう言う。「ケンカは負け知らずかもしれないけど、結局素人のケンカだろ。俺らプロには勝てないよ。俺も50近いけど、それなりの練習やって世界

チャンピオンになったからね。世の中、甘くないとわかってくれたらいいんだけど」

竹原さんも若い頃はケンカに明け暮れていたが、プロボクサーを目指して上京し、ボクシングジムに入門。そしてボクシングのセオリーにもとづき鍛錬を繰り返し、世界を獲《と》った。

ビジネスの世界も同じで、プロのセオリーがある。**セオリーを学ばない現場第一主義のビジネスパーソンは、自己流のケンカ自慢と同じだ。**狭い世界ならそれなりに強いだろう。アマチュアとしてその世界で生きるのもひとつの人生だ。しかし、セオリーを学び、ビジネスの実戦で磨き込み、世界で戦ってきたプロフェッショナルには敵わない。

セオリーを学び、ビジネスのプロフェッショナルになる近道は、世界の起業家が読む経営理論の必読書を読むことだ。成功した起業家には、読書家が多い。マイクロソフトの創業者ビル・ゲイツは年に2回「Think Week（考える週）」という時間をとって別荘にこもり、読書と考えることに集中する。ファーストリテイリングの柳井正会長兼社長は16時に仕事を切り上げ、帰宅後は読書をする。星野リゾートの星野佳路《よしはる》社長も大の読書家で、ご自身も多くの本を執筆している。私のまわりで成功している起業家たちも、実に多くの本を読んでいる。

きわめて多忙な起業家が時間を捻出してでも読書に投資するのには、理由がある。

私たちがビジネスで出会う悩みの多くは、世の本にすでに解決策が書いてある。これを知っているか否かで雲泥の差だ。起業ではこの差が命取りになりかねない。たとえば、すばらしい戦略と実行力があるのに、お金の知識がないばかりにダマされて失敗することもある。こうなると貴重な時間・人・金・情熱、そして自分の信用までも失ってしまう。

読書はこんな実体験を、短時間で大量に疑似体験できる。膨大なビジネスのシミュレーションが低コストでできる。読書のコスパはきわめて高いのだ。成功した起業家に読書家が多いのは、読書により膨大な量の脳内シミュレーションを行った上で、自らの経営判断を積み重ねた結果なのかもしれない。

私も読書を通じて理論を学んできた。一方で本の理論と現実の世界にはギャップがある。このギャップは小さいようで実に大きいので、本にある通りに実行してもうまくいかないことも多く、「机上の空論」になってしまう。そこで必要なことは、学んだことを仕事の場で実践し、学びを深めることで、自分用の武器にカスタマイズすることだ。


ところで、若い人の中には、こう思う人もいるかもしれない。

「自分には関係ない話だな。経営理論って、マネジャーになってから学ぶものでしょ」

これは違う。**経営理論は、若いときに学ぶほど断然有利な立場に立てる。**

ゴルフは習い始めの時期に自己流で変な型が身につくと、後から修正するのは難しい。最初にレッスンプロについて正しい型を身につければ、その後の上達も早い。

ビジネスも同じだ。まずセオリーを学び、現場の仕事で試行錯誤しつつ磨き込むことで、短期間でビジネス力は大きくアップする。大きい声では言えないが、上司や先輩は意外と経営理論を学んでいない人が多い。経営理論を学べば、確実に差をつけられる。あなたのキャリアの差別化ポイントになり得るのだ。

さらに現代で必要なのは、起業家精神をもつことだ。

「起業家精神？ 自分は会社員だし、関係ないなぁ」

こう思うかもしれないが、起業家精神とは、新しい事業をつくり出すために必要となる自由な発想や能力を総称したものだ。起業家精神はビジネスの本質なのである。

加えて、コロナ禍でデジタル化が一気に5～10年間分進んだことで働き方が変わり、転職・副業・シニア起業が当たり前になりつつある。そして新しい仕事に挑戦する際に必要なのも、起業家精神なのだ。

そこで参考になるのが、ビジネスの最前線で戦う起業家の学び方だ。

ヒリつくような厳しい世界にいる彼らは、あらゆる学びの方法論を使って戦っている。投資家のアドバイスや起業家仲間のコミュニティなどを活用し、失敗の可能性を減らし、チャンスを拡大する。そんな彼らの方法論の中でも、読書は私たちがいちばん真似しやすい方法だ。

とはいえ、現実には難しい面もある。どの本を読むべきかが、わからないのだ。また、経営理論書は一般的な本でも400ページ。600ページを超える大著もある。1冊読むだけでも時間がかかる。忙しいビジネスパーソンは何十冊も読めない。

そこで、世界の起業家が学んでいる経営理論の必読書50冊を厳選し、そのエッセンスを紹介したのが本書である。「要はどう役立つのか、を知りたい」という多忙なビジネスパーソンのために、「仕事でどう活かせるか」「わかりやすさ」「おもしろさ」の3点を重視し、1冊あたり5分ほどでエッセンスをつかめるようにしている。

本書の目標は**「現場の仕事で役立つこと」**だ。このため、経営理論書の定番であっても現代に合わない本は割愛し、最新ビジネスで活用できる50冊を厳選した。なかには、いわゆるMBA定番書といえないものもあるが、現代のリアルなビジネスの場で役立てていただくための必読書として、あえて選んでいる。ぜひご一読いただきたい。

また、経営理論書はお互い密接に関連し合っている。この関係がわかれば理解が深まる。そこで、関連する箇所は参照し合うようにし、6章構成で経営理論を俯瞰《ふかん》できるようにした。第1章「経営と組織」、第2章「仕組み」、第3章「人材」、第4章「お金」、第5章「リーダーシップ」、第6章「社会と未来」だ。

なかには選書を見て「あの定番の経営理論書がない」という人もおられるかもしれない。本書は2019年刊行の『世界のエリートが学んでいるMBA必読書50冊を1冊にまとめてみた』、2020年刊行の『世界のエリートが学んでいるMBAマーケティング必読書50冊を1冊にまとめてみた』（ともにKADOKAWA刊）の姉妹書となる第3弾だ。姉妹書との重複は避けている。これら2冊で紹介した本のリストを巻末に用意したので、あわせてご覧いただきたい。本書を含めたシリーズ3冊に掲載した150冊を学べば、ビジネスで必要な理論はひと通り押さえられるはずだ。

まずは目次を眺めて、気になるテーマや本から読んでほしい。

本書では、ぜひご理解いただきたい部分を中心に1冊あたり6～10ページで紹介しているが、ページ数の関係により涙を飲んで割愛せざるを得なかった箇所や、あえて割り切った表現にしている箇所も多い。そこで気になる本は、ぜひ原著を読んでみてほしい。必ずより深い学びが得られるはずだ。

ビジネスのプロフェッショナルになるいちばんの近道は、**セオリーにもとづいて愚直に鍛錬を積み重ね続ける**ことだ。積み重ね続けることは一見遠回りに見える。しかし、これこそが成功を確実にする王道なのである。

永井　孝尚《たかひさ》

世界の起業家が学んでいる
MBA経営理論の必読書50冊を1冊にまとめてみた
——もくじ

第1章

経営と組織

第2章

仕組み

第3章 人材

第4章

お金

第5章

リーダーシップ

第6章

社会と未来

本文デザイン／ホリウチミホ（ニクスインク）
図版作成／島崎哲雄デザイン事務所（深澤康一・小林由紀子）
本文イラスト／瀬川尚志
編集協力／高橋一喜

第1章

経営と組織

経営とは、結果を出すことだ。

時代とともに環境が変わり、経営のあり方も変わってきた。一方で時代が変わっても、変わらない大切なこともある。さらに、経営を考える際には、組織構造もあわせて考える必要がある。

第1章では、経営の基本と組織を学ぶための理論書と実践書を10冊紹介したい。

1

『現代の経営〈上・下〉』（ダイヤモンド社）

――ドラッカーは経営の聖書であり、論語である

最近は「ドラッカーは古い」と言って読まない人が多い。残念だ。読まない人は貴重な学びの機会を逃している。経営学者ドラッカーの著書は、経営における聖書であり、論語なのだ。

1954年刊行の本書は、世界で初めてマネジメントの全体像を示した、王道中の王道ともいえる経営学の古典だ。ドラッカーは、大局的な視点と深い洞察で、時代が変わっても変わらないビジネスの原理・原則をえぐり出している。このためドラッカーは日本の実業界への影響も大きく、日本ではドラッカー学会が設立され、彼を信奉する経営者は実に多い。

上下巻で550ページに及ぶ本書からは、その後ドラッカーが書いた何冊もの名著が派生している。経営戦略は『創造する経営者』（1964年）、エグゼクティブ自身のマネジメントはBook38『経営者の条件』（1966年）、エグゼクティブの体験的入門書は『マネジメント』（1973年）である。ただ古典である本書は、事例が古いのが難点。そこで私たちの身近な事例に当てはめて、ドラッカーの真髄を学んでみよう。

P・F・ドラッカー

経営学者。1909年ウィーン生まれ。20世紀から21世紀にかけて経済界に最も影響力のあった経営思想家。東西冷戦の終結や知識社会の到来をいち早く知らせるとともに、「分権化」「自己目標管理」「民営化」「ベンチマーキング」「コアコンピタンス」など、マネジメントの主な概念と手法を生み発展させた「マネジメントの父」。2005年没。著書に『マネジメント』『プロフェッショナルの条件』など多数。

顧客を創造した「宅急便」

私は中学生の頃、郵便小包を使ったことがある。実に面倒だった。郵便局に荷物を持参し、受付で面倒な書類を書かされる。料金も高く、配達に数日かかる。ほとんど使わなかった。

宅配便で実に楽になった。伝票に宛先を記入。LINEで集荷依頼して自宅で待つだけだ。

日本ではすっかり日常生活に溶け込んだ宅配便だが、世界的に見ても、きわめて高品質なサービスである。1976年にこの宅配便（宅急便）を日本で始めたのが、ヤマト運輸だ。

ヤマト運輸が宅配便を始めて、市場は20倍に拡大した。2019年の宅配便取扱量は年間43億個。1976年の郵便小包取扱量はわずか年間2億個強だ。

ヤマト運輸は「家庭から小荷物を送りたい」という膨大な顧客を創造したのである。

ドラッカーは「企業の目的」についてこう言っている。

「**企業の目的として有効な定義はひとつしかない。顧客の創造である**」

ヤマト運輸の挑戦は、ドラッカーが描くこの経営の王道を実現したものなのである。

一民間業者であるヤマト運輸が、国の独占事業・郵便小包に挑むのは、一見、無謀な挑戦だが、ヤマト運輸は徹底的に知恵を絞り出して、これを成功させたのだ。

ドラッカーは本書でこう言っている。

「**企業には2つの基本機能が存在する。マーケティングとイノベーションである。**

……マーケティングとは市場が必要とするものを見つけて提供することだ。

……イノベーションとはよりすぐれたモノやサービスを創造することだ」

宅配便も、まさにマーケティングとイノベーションの産物なのだ。

では、ヤマト運輸は、どのように宅配便事業を実現したのか？

問い続けるべきは「我々の事業は何か」

ドラッカーは本書でこう言っている。**「『我々の事業は何か』という問いを発し、正しく答えることこそ、トップマネジメントの第一の責務である」**

あなたはどう答えるだろう？　一見、誰でも答えられる単純な質問だ。保険会社は保険販売、宅配便は荷物配送に思える。しかし、実に難しい質問なのだ。**「事業は何か」を決めるのは、あなたではなく顧客だからだ。**ヤマト運輸も、この問いを考えに考え抜いた。

ヤマト運輸は、戦前は日本一のトラック運送会社だったが、戦後は業績が低迷、多角化したものの収益は悪化の一途。そんな中で、２代目社長に就任した小倉昌男氏は、復活のヒントを吉野家から得た。もともとメニューが多かった吉野家は、牛丼ひとつに絞って、良質な肉を安く仕入れて「おいしくて安い」という評判を得た。

小倉氏も「なんでも運ぶのは間違い。吉野家のように思い切って多角化はやめて、個人の小荷物だけ扱う会社になる」と自社事業を考え、郵便局が独占する個人宅配市場に切り込んだ。

ドラッカーは「我々の事業は何か」を知るための４つの質問を挙げている。

時代が変わっても企業経営の基本は変わらない

ヤマト運輸・宅配便事業の場合

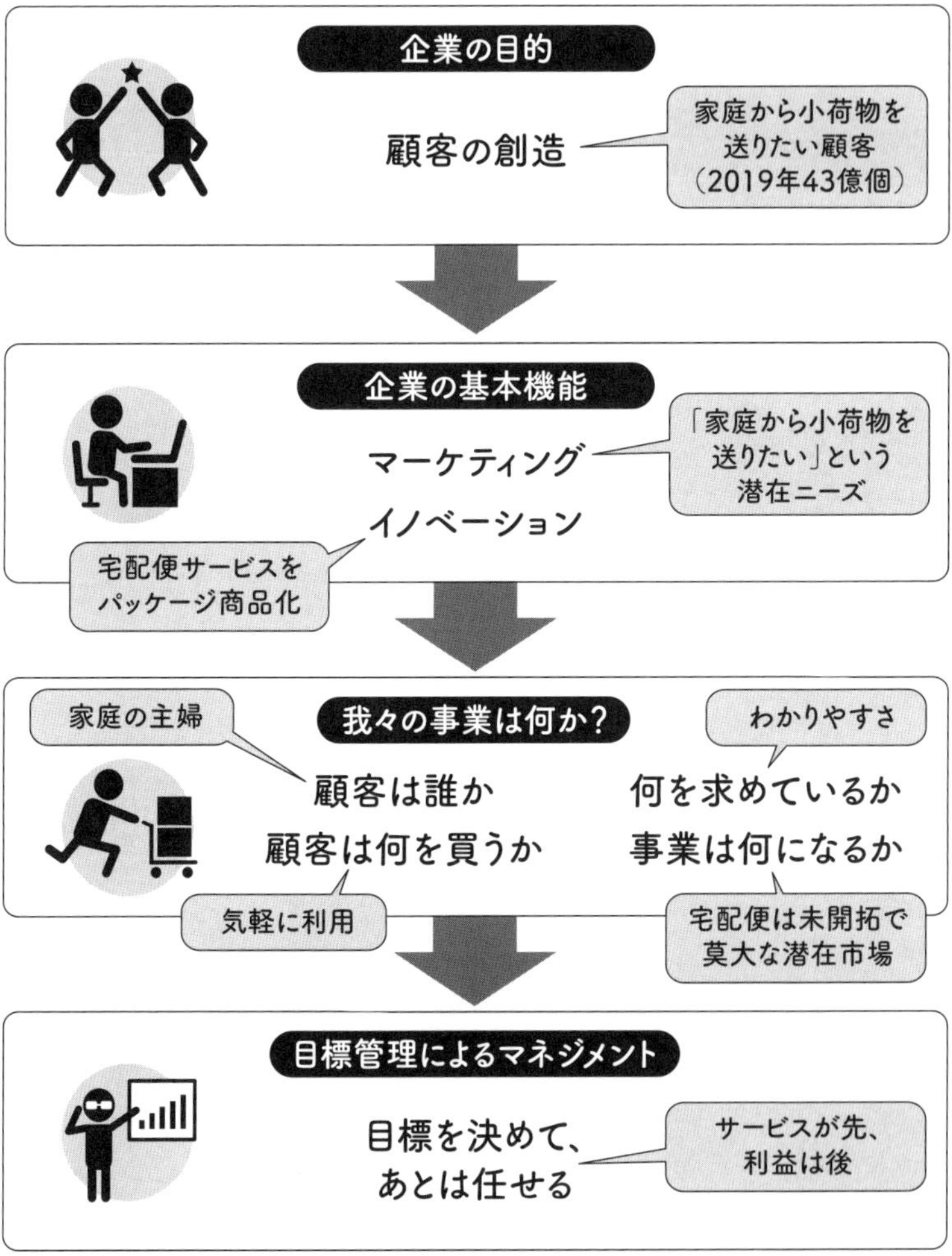

出典：『現代の経営』と『小倉昌男 経営学』（小倉昌男著）を参考に筆者が作成

質問❶「顧客は誰か」……それまでヤマト運輸の顧客は法人で商業貨物。しかし競争が激化した。そこで未開拓市場の個人の小口配送に狙いを変え、顧客は「家庭の主婦」と考えた。

質問❷「顧客は何を買うか」……家庭の主婦が郵便小包を使わないのは、気軽に利用できないからだ。そこで「家庭の主婦は気軽に利用できるサービスを買う」と考えた。

質問❸「顧客は買うときに何を求めているか」……ヤマト運輸は「家庭の主婦が気軽に使うにはどうするか」と考え、旅行業界を参考にした。個人が海外旅行で航空機やホテルを手配するのは大変なので、旅行業界はすべてセットにしたパッケージツアーを売っていた。「宅配便もパッケージ化しよう」と考え、「地域別均一料金」「荷物1個でも集荷」を原則にした。

質問❹「我々の事業は何になるか」……未開拓の宅配便市場は、莫大な潜在市場だ。

企業の成長と衰退を分けるのは、この4つの問いを発して答える能力なのである。

あなたのビジネスでも、この4つの問いを考え続けてほしい。

一方でトップがすごい戦略を立てても、現場社員がその通り動かずに失敗することは多い。

では、ヤマト運輸はこの難題をいかに乗り越えたのか？

目標を決めて、あとは任せる

ヤマト運輸は「**サービスが先、利益は後**」という標語をつくり、あとは社員の自己管理に任せた上で責任を与えた。これも小倉氏が考えに考え抜いた末の結論だった。

宅配便事業で悩ましいのは、サービスレベルを上げるとコストは上がるし、コストを抑えればサービスレベルが下がるというジレンマ。そこで発想を変えた。宅配便システム全体の維持コストを全体の売上が上回れば、利益が出る。そのためには数多くの荷物を集めることだ。しかし、そもそも魅力的なサービスを実現しなければ、数多くの荷物は集まらない。

ライバルは配達に数日間かかる郵便小包。そこで小倉氏は「郵便小包に差をつけるのは、サービスの差別化だ」と考え、「翌日配達」を宅配便の売りにしてサービスレベルを上げた。

そして全社員に「**『サービスが先、利益は後』を守ってほしい**」と宣言して、全社員が同じ目標に向かえるようにした。その一方で、目標を達成する方法は、社員一人ひとりに任せた。たとえば、青森で集荷する社員は、「明日までに東京に配達するために集荷している」と自覚して、「何時までに集荷を終わらせるべきか」を考えながら仕事をするようになった。

このようにヤマト運輸は、目的と方針を明確にし、社員が納得いくように説明した。その上で現場社員に責任を与えて、達成方法は任せることで、成功したのだ。

ドラッカーは本書で、**目標管理によるマネジメント（MBO：Management By Objective）を実践せよ**、と言っている。そして「**『部下を徹底管理するのがマネジメント』という考え方は大間違い**」として、自動車王ヘンリー・フォードの失敗例を挙げている。

100年前、大量生産方式でT型フォードを生み出して大成功したフォードは、米国自動車市場でシェア3分の2を独占した。しかし、15年後にはシェアは5分の1に急落、破綻寸前にまで追い詰められた。その理由のひとつは「すべて私が決める」というワンマン経営だった。

フォードはマネジャーなしで、自分一人で巨大企業を経営しようとした。ちなみに、これは

100年前の米国企業では一般的な考え方だった。現代でこんな方法で経営すれば、できる社員ほどすぐに退社してしまい、無気力な社員しか残らない。

ビジネスは本社会議室ではなく、現場で起こっている。意思決定は、できるだけ現場で行うべきだし、経営幹部のあらゆる仕事は、現場の仕事を助けるものにすぎないのである。「支配によるマネジメント」は、「自己管理によるマネジメント」に変えるべきなのだ。

ドラッカーは本書でこう言っている。

「『凡人をして非凡なことをなさしめる』ことが組織の目的である」

ヤマト運輸の宅配便事業も、まさに凡人をして非凡なことをなさしめた偉業なのだ。

そんな人たちにいい仕事をしてもらうには、動機づけも考える必要がある。

動機は「責任」から生まれる

ドラッカーは**「満足は動機づけとして間違い。むしろ責任をもたせるべきだ」**と言う。

先に紹介したように、ヤマト運輸は働く人に責任をもたせ、自分で仕事を管理・評価させた。これは現代の経営として、正しい姿なのだ。

多くの人は「人は責任をもちたがらない」と考えがちだが、それは思い込みである。

セブン-イレブンも、従業員に責任をもたせている。コンビニ経営では商品発注は売上を決める重要な仕事だが、なんとその重要な商品発注を高校生のバイトにも任せている。そのために発注判断に必要なデータをすべて提供し、自分が発注した商品の販売結果もすぐに確認できるようにして、自分の発注判断が正しかったかを検討できるようにしている。成長を続けるセブン‐イレブンはバイトも重要な仲間と考え、責任を共有する仕組みをつくっているのだ。

現代の最先端企業も同じだ。テクノロジー企業の最大の財産はアイデアを生み、形にする社員だ。彼らが仕事に責任をもち、自分の仕事を自ら管理することが大事なのだ。

ドラッカーはこうも言っている。「**誇りや達成感は仕事を離れては生み出されない。仕事の中から生み出されることが必要である**」

仕事に責任をもつことで、はじめて仕事の誇り・達成感・やりがいが生まれる。

人を預かるリーダーは、もっと部下に責任を預けることを考えるべきなのだ。

60年以上前の著作だが、現代も変わらない企業経営の原理・原則がわかり、いつになっても古くならない不思議な本である理由がおわかりいただけたはずだ。ドラッカーは心理学者マズローの信奉者でもあった。Book2『完全なる経営』との併読をぜひおすすめしたい。

本書では、ほかにもCEOや取締役会のあり方、経営管理者の育成、組織構造、人事管理、生産システム、意思決定など経営全体を網羅するテーマが簡潔にまとめられている。

「ドラッカーは古い」と考えている人ほど、学びが大きいはずだ。

POINT

「企業の目的＝顧客の創造」を常に忘れるな

2

『完全なる経営』（日本経済新聞出版社）

――「欲求のピラミッド」を多くの人が誤解している

アブラハム・H・マズロー

米国の心理学者。1908年生まれ。34年ウィスコンシン大学にて博士号（心理学）を取得し、ブルックリン大学教授、ブランダイス大学心理学科長となる。67～68年米国心理学会会長。70年没。人間の心の問題を深くとらえた人間主義的な心理学アプローチをとり、「自己実現」「至高体験」「欲求段階説」などの概念を生み出した。おもな著書に『創造的人間』『人間性の心理学』などがある。

世の中には、読まれずに誤解されている古典的名著が意外と多い。本書もその一冊だ。

マズローは本書で**欲求段階説**を提唱した。多くの人は「マズローの欲求段階説」と聞くと次ページ図にある上のピラミッドを思い浮かべる。この図は「間違い」とは言い切れないが、必ずしもマズローの真意を伝えていない。実はこの図は、米国で再版された際に追加されたもの。マズローはこの図を書いていないし、本書で「欲求は5段階ある」とも言っていない。

マズローが本書で伝えようとしたのは「**よい企業とは、どうあるべきか**」だ。

「自己実現を目指す人たち」が「よい企業」をつくり、「よい企業」が「自己実現を目指す人たち」を生み出す。本書のテーマは「いかにこの好循環をつくるか」なのだ。

マズローは20世紀後半の心理学をつくり直し、「人間性心理学」という新領域を打ち立てた心理学者で、多くの著作がある。本書は経営学と出会ったマズローが1962年に残した原稿をもとに出版され、現代の経営理論に大きな影響を与えた。当時、新進気鋭の経営学者だった

マズローの「欲求段階説」は
正しく理解されていない

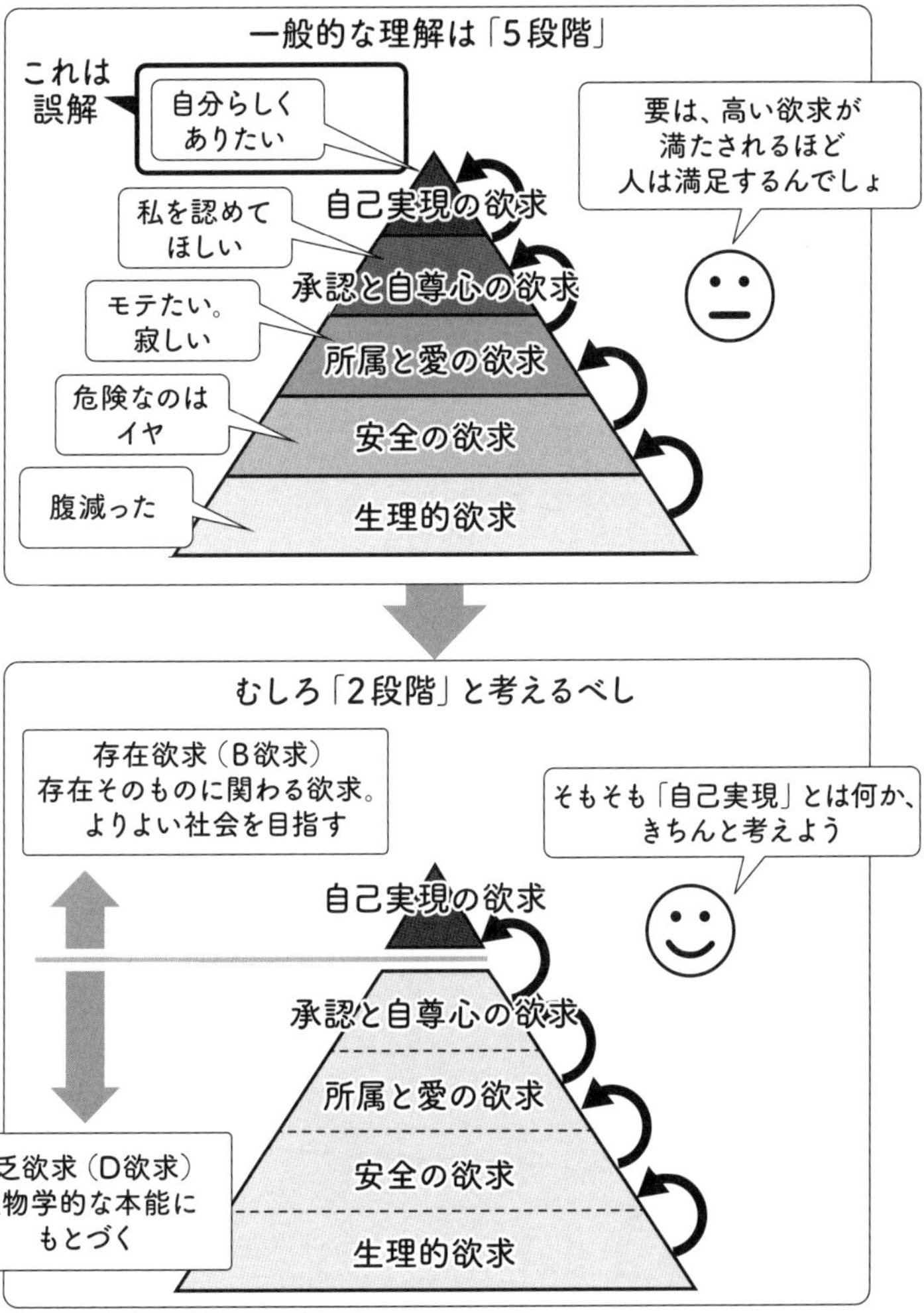

出典：『完全なる経営』を参考に筆者が作成

ドラッカーも「本書は私にインパクトを与え続けてくれる知恵の泉」と言う。

「自己実現」の本当の意味

かつてある会社役員が部門会議でこう言った。

「マズローも言っているけどさ。みんな仕事で『自己実現』を目指して頑張ろうよ！」

これは自己実現を誤解した典型的なイタい例だ。自己実現とは「自分がやりたいことをやっている状態」ではない。しかし、自己実現はひと言で簡単に表現できないのが悩ましい。

マズローは欲求を大きく2つに分けている。欠乏（deficiency）を満たす**欠乏欲求（D欲求）**と、一人ひとりの人間の存在（being）そのものに関わる**存在欲求（B欲求）**だ。

欠乏欲求（D欲求）はわかりやすい。たとえば「生理欲求」は「腹減った」、「安全欲求」は「危険なのはイヤ」。要は欠乏が満たされていない状態を考えれば理解できる。

本書でマズローは、存在欲求（B欲求）である自己実現をあの手この手で説明している。強いて言うと、自己実現とは「**自分ができる最大限のことをすることで、自分自身らしくなっている状態**」だ。

マズローは黒澤明監督の映画『生きる』を紹介している。主人公は無気力な日々を過ごす市役所の課長。ある日ガンで余命短いことを知り、社会に役立つ生き方を見つける。反対する上司を説得し、ヤクザの脅しにも負けず、市民の要望だった公園を完成させる。雪が降る晩、完成した公園のブランコに揺られて息を引き取る、という物語だ。自分に運命づけられた「天職」を何がなんでもやり遂げる。これも自己実現のひとつの姿だ。この例で先の役員のイタさがわかる。自己実現には上司は関係ない。自分の存在に関わることなのだ。

マズローは、自己実現を達成した人物としてリンカーンやアインシュタインなどの偉人を挙げている。こう考えると「私も自己実現している」なんて、とても言えない。しかし、そんな私たちも「自己実現を目指し続けること」ならできる。

なかには「自己実現？　モチベーションが湧かないね」という人もいる。これも自己実現を誤解している。モチベーションとは「彼女がいない」から「モテる努力をする」というように、欠乏欲求を満たすものだ。自己実現の欲求は、自分の存在価値のために脇目も振らずやり続ける。そもそも欠乏やモチベーションとは無関係なのだ。

私がこの『ＭＢＡ50冊』シリーズを書き続ける根本的理由も、ただ単に書きたいからである。人は誰でも「より高い価値を発揮したい」という欲求を潜在的にもっている。マズローは、このような「自己実現を目指す人」を「よい人」としている。

「よい人」と「よい企業」の関係

自己実現を目指す人は成長を続けて、次第に大きな力を発揮するようになる。そして「企業が目指す使命」と「個人が目指すこと」が一体化すれば、個人は仕事にやりがいを感じ、精神的・身体的にも健全さを保って大きな力を発揮し、企業の業績は上がる。

企業と個人が目的を共有できれば、それ以外のあらゆる問題は「目的にふさわしい手段を選ぶ」という技術上の問題にすぎなくなる。「よい会社」は、この環境を提供するのだ。

しかし、現実には「やる気がない部下ばかりで苦労している」というマネジャーも多い。

私が会社員時代のこと。各部門が出し物で順位を競う交流会イベントを行った。

断トツで優勝したのは、意外なことに、みんながいつも仕事で「やる気ゼロ人間」と思っていたワダさんがリーダーのチーム。ワダさんは完全に没入した表情ですごいダンスを披露し、一緒に踊る同僚を引っ張っていた。オフィスとはまったく別人。このとき、私は思った。

「問題はワダさんではなく、ワダさんが仕事に没頭する環境がないことなのでは？」

なぜこうなるのか。そこで、もうひとつの例を見てみよう。

マネジャーが陥りやすい「権威主義」

A社の開発部門は、社員満足度調査で常に最高得点だった。特に部門長の評価は毎回100点。彼は「優秀マネジャー」として表彰された。しかし実態は、部門の全社員を部屋に集めて監視下で調査用紙に記入させ、部門長が1枚ずつチェックしていた。仕事は部門長が決め、部下に細かく指示。徹底的に管理する「権威主義」の組織で、反対は御法度。しかし、まもなく調査不正がバレてこの部門長は左遷。残ったのはやる気ゼロの指示待ち社員だけだった。

特殊な事例に見えるが、マネジャーが陥りがちな罠が凝縮されている。多くのマネジャーは人事権を握り、権威主義で部下の行動を管理する。

人は支配され決定権を奪われること、誤魔化されること、搾取《さくしゅ》されること、言いなりになることは避けたいと考えているのだが、権威主義の組織はこれらをやっている。大量生産時代の名残である。これでは、やる気ゼロの指示待ち社員が大量生産されるだけだ。

人は「自分で自律的に決定したい」と考えている。必要な責任を負って主導権を握り、自分で計画を立て、行動を決め、実行して成功し、正当に評価されたいと考える。

そんな環境をつくらず、「やる気がない社員ばかり……」と嘆くマネジャーは、本来自分がやるべきことを何もしていない。まずは**権威主義的な仕事のやり方をやめる**ことだ。

経営学者のマグレガーは、マズローの欲求段階説をもとに、著書『企業の人間的側面』(産業能率大学出版部)で**X理論とY理論**を提唱した。これはマネジャーの考え方を、次の2つに分けたものだ。

- **X理論**……人は怠け者だ。マネジャーは独裁者として統制し、指示・管理すべきだ
- **Y理論**……人は喜んでやりがいのある仕事を引き受け、達成感を感じたいし、未開発の力も備わっている。マネジャーは人を信頼するリーダーであるべきだ

「よい会社」に変えるには、考え方をX理論からY理論に変えることが必要だ。

組織と個人の「シナジー」を追求せよ

「よい人」は「よい企業」をつくり、「よい企業」は「よい人」を生む。鶏と卵の関係だ。

一方で「たしかにそれが理想なのはわかる。しかし、現実には人は怠けるから、監視が必要

だ。どうすれば好循環をつくれるんだ？」というマネジャーも多い。マズローは、文化人類学者ルース・ベネディクトが提唱した**社会シナジー**（相乗効果）の考え方を紹介している。

小さな我が子が大好物のイチゴをおいしそうに食べるのを見て親が喜びを感じるのは、**利己的な行為**であると同時に**利他的な行為**だ。これが「シナジーがある状態」。利己的行為と利他的行為は対立していない。両者の境界線が消え去り、同化して溶け合っている。

自己実現する人も同様に、他人の喜びが自分の喜びだ。映画『生きる』の課長も市民の喜びが自分の喜びだった。「怠ける→だから監視する」と考える文化は未熟なのだ。

組織も「対立する考え方」から「シナジーを生む考え方」に進化すれば、個人と組織間の対立は消え、チームの利益が自分の利益になる。

たとえば私は本を執筆するとき、編集者と2人で、企画や執筆の段階から必死で頭を捻《ひね》り、販促企画でも2人でウンウン考え、販促活動を頑張る。これはより多くの人に本が読まれることが、2人にとって大事だからだ。

「執筆はボクの仕事だから干渉しないで。販促はボクの仕事じゃないからやらない」と言っていたらシナジーは何も生まれない。まずはコミュニケーションを円滑にし、個人同士の信頼関係を強めること。シナジーが壊れ、みんなが勝手にやると、チームはメチャメチャになる。

「よい企業」は従業員を幸せにし、高収益をあげる

本書の改訂版では高業績の部門を対象に、優秀さの要因を探った調査を掲載している。優秀

なマネジャーは民主的で思いやりがあり、親しみやすく、人を助け、誠実な人柄だった。コロンビア大学が1986年に495の組織を調査した結果でも、利益を従業員に分配する企業や広く社員に情報開示し、社員参加型プログラムを実施する企業は、そうでない企業よりもはるかに高い業績をあげていた。従業員との接し方を改めれば企業の生産性は大きく高まるのだ。
一方で、マズローは率直に「私の考え方は選ばれた人に有効だ。万人には必ずしも有効ではない」とも言っている。この部分は、現代では議論の余地がありそうだ。

Book15『Measure What Matters』で紹介するように、マズローに心酔したインテル元会長のグローブは経営手法OKRを生み出した。OKRは創業2年目のグーグルで採用されると爆発的成長の原動力になり、シリコンバレーの企業で広く活用されている。世界に信奉者が多いドラッカーもマズローから影響を受けた。マズローの思想が経営の基本ルールになっている企業も多い。マズローがいなければ、ビジネスの世界は今とは異なっていただろう。本理論の発展を志していたマズローは、1970年に62歳の若さで他界した。誠に残念である。
60年前の本書は現代から見ると古い視点もあり、地域・女性・精神疾患への偏見もある。しかし、鋭い洞察は現代でも宝の山。大著だが機会をつくってぜひ一読されたい。

POINT

人間の大きな潜在力と可能性を企業はまだ活かせていない

3

『マネジャーの実像』（日経BP社）

――マネジメントとは「皿回しの曲芸」である

ヘンリー・ミンツバーグ

1939年生まれ。カナダのマギル大学デソーテル経営大学院のクレゴーン記念教授。研究分野はマネジメントのあり方と組織形態、戦略策定プロセスといったマネジメント全般と組織論。MIT スローン経営大学院で博士号を取得後、マギル大学で機械工学の学位を取得。2000年に米国経営学会から優秀研究者に選ばれるなど最も影響力のある経営学者の一人。著書に『マネジャーの仕事』『MBA が会社を滅ぼす』など。

私が社会人になって初めて間近で見たマネジャーは、颯爽《さっそう》として格好よかった。仕事を熟知し、多くの部下の報告にその場で指示を出し、ものすごい量の仕事をこなす。その後、同じ立場になった私の実感は「これは際限のない皿回しの曲芸だな」だった。マネジャーを外から見るのと、実際にやってみるのとでは大違いである。

本書は、そのマネジャーの実像を描き出した一冊だ。

ミンツバーグは世界で最も影響力がある経営学者の一人であり、徹底した現場主義の実践派だ。経営者5人に1週間ずつ張りついて仕事ぶりを観察し、博士論文にまとめ、1973年に『マネジャーの仕事』として出版した。「マネジャーかくあるべし」という経営学者たちの定説を根底からひっくり返し、彼の名は一躍有名になった。本書は『マネジャーの仕事』から30年を経て、あらためて29名のマネジャーを観察して書き直した本である。

ドラッカーはBook1『現代の経営』で、マネジャーについてこう言っている。

「経営管理者はオーケストラの指揮者であるとともに作曲家である」

「自分はとてもムリ……」という人は多いだろう。一方でミンツバーグはこう言っている。

「（マネジャーが指揮者に似ているとすれば）ありとあらゆる不都合が立て続けにもち上がり、そのたびに迅速に修正しなければならないリハーサルのときの姿だ」

これには共感する人も多いだろう。私がマネジャーをしていたときもまさにこうだった。

マネジャーの現実

マネジャーの仕事に、こんなイメージをもつ人もいるかもしれない。

「調査資料を前に、オダ部長は思索を巡らせていた。市場は激変、ライバルも参入している。対抗策は……ある。この10年間秘かに育ててきた画期的技術だ。（そろそろアレの出番だな）オダ部長はつぶやき、おもむろに研究所のノムラ所長へ電話をかけた」

こんな格好いいマネジャーは、小説の世界にしかいない。

ミンツバーグが観察した現実のマネジャーを日本の会社風に紹介するとこんな感じだ。

「朝９時28分。スズキ部長は自販機コーナーでヤマダ君に声をかけ、客先の障害状況について二言三言交わす。デスクに戻って秘書のアベさんと一緒に書類の山と格闘。デスクの前を通りかかるトベ君を見つけて『トベ君、あの件保留ね』と指示。15秒後、アベさんと向き合い『さあ続けよう』。そこに人事のノナカさんが来て、以前指示した件の報告を受ける。数秒後、アベさんとの作業に戻る。すると今度は部下のシマさんが現れ、『A社さん受注です』とガッツポーズ。スズキ部長は『グッドジョブ！』とハイタッチ。ここで9時35分。7分しか経っていない。今日の仕事はまだ始まったばかり……」

私の実感でも、マネジャーの日常風景はこちらのほうである。マネジャーは細切れ時間の中で仕事を続け、次々来る人たちと話し、さまざまな指示を出し続ける。こんな中で、どうやって大局的・長期的な思考をしているのか？

現実のマネジャーは、オダ部長のように整理した情報で意思決定していない。多忙な業務をこなし、さまざまなコミュニケーションを繰り返して情報を集めながら意思決定している。慌ただしい電話・会議・メールなどのコミュニケーション自体が仕事そのものなのだ。

マネジャーは組織の「情報中枢」

次ページ図はミンツバーグが現実のマネジャーの仕事をモデル化したものだ。現場から遠いものから近いものへ順に、「**情報の次元**」→「**人間の次元**」→「**行動の次元**」となっている。

❶情報の次元……マネジャーは組織の情報中枢である。スズキ部長のようにマメに部下と接し、情報をやり取りすることで、組織の情報を誰よりも熟知し、あちこちに情報を伝え、人を動かす。マネジャーは人に直接、接することで、言葉にならない感覚も含めて五感をフルに使って情報を集めている。これはＡＩが進化しても代替できない。

❷人間の次元……マネジャー自身は、基本的に自分で実務に携わらない。部下を通して成果を

マネジメントのモデル

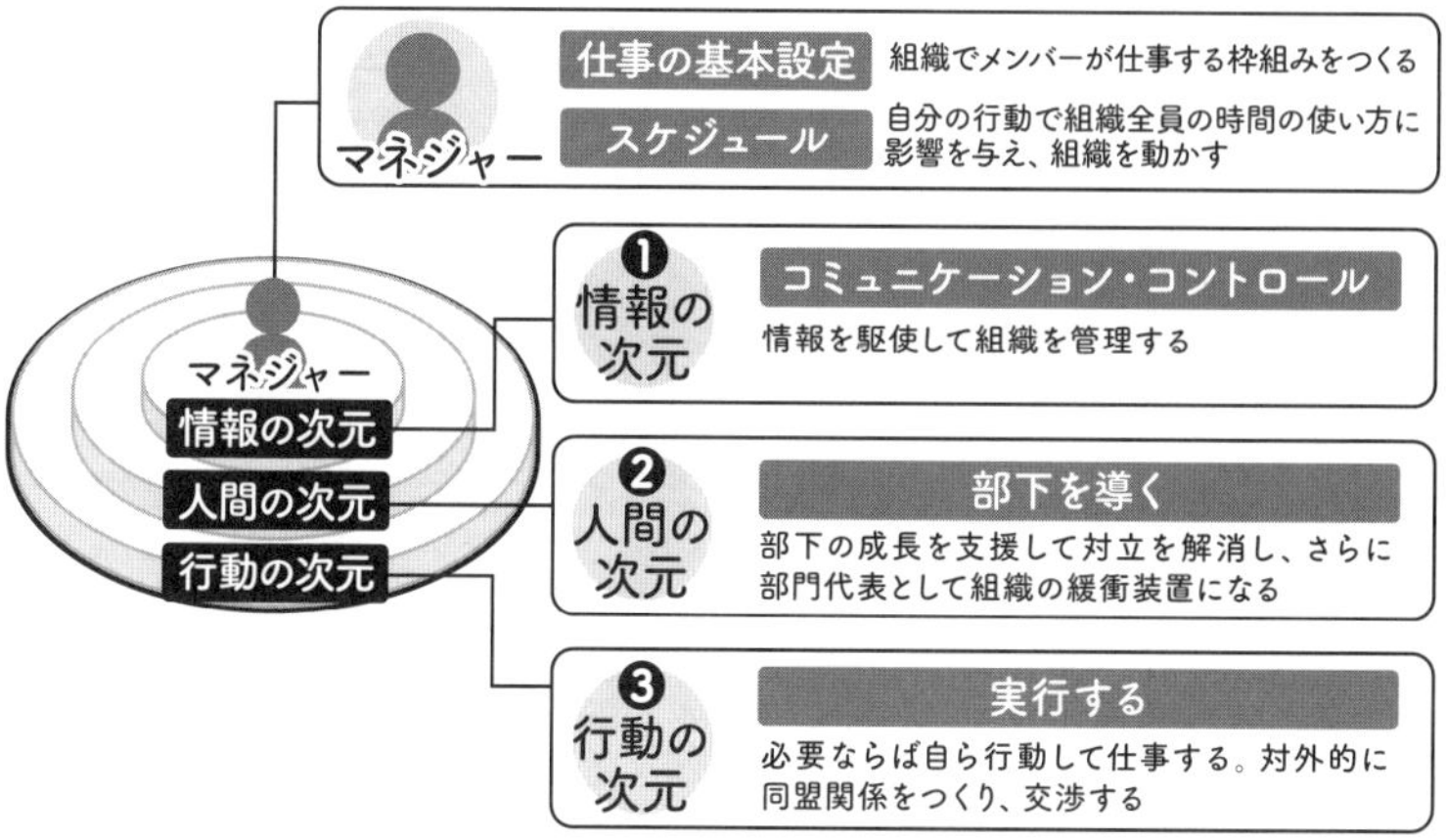

出典：『マネジャーの実像』を参考に筆者が作成

生み出す。そのために部下に影響を与えて、その成長を支援し、必要ならば対立を解消する。さらに組織を代表して外への窓口になる。私がＩＢＭで部長だったときも、部の代表として外部と交渉し、組織として依頼を受けるか否かを判断するのは、私の役目だった。

❸行動の次元……マネジャーは自分の組織で最重要な仕事は、自分で実行することもある。さらに組織外（上層部、社外の協力会社、顧客）と交渉や取引をすることで、部下がいい仕事ができる環境をつくって、部の成果を生み出す。私の場合も、経営陣と交渉して部の予算や人員を確保するのは私の役目だったし、部下が仕事しやすくなるように常に心を砕いた。

このモデルの中心に、マネジャーがいる。組織のメンバーが仕事をするための枠組みとして**仕事の基本設定**と、それを正しく実行するための**スケ**

ジュールを考えている。マネジャーは自分の行動をスケジューリングすることにより、組織全員の時間の使い方に影響を与え、組織を動かしているのだ。

「サイエンス」「アート」「クラフト」のバランスが大事

マネジメントは専門技術や理論だけではできない。仕事の実践と経験を通じて学ぶものであり、発想や勘も必要だ。ミンツバーグは次ページ図のように「**サイエンス・アート・クラフトという3要素のバランスが大事**」と言い続けている。

ただ、3つを均等にする必要はない。自分の強みを活かせばいい。あなたがサイエンス寄りなら分析重視の**頭脳型**、アート寄りならアイデアとビジョン重視の**洞察型**、クラフト寄りなら経験重視で部下を助けて自分も業務をこなす**関与型**になる。しかし、1要素だけが強すぎると、計算だけで大事なモノを忘れている**計算型**、アートだけで成果を考えない**ナルシスト型**、自分の経験だけを信じて視野が狭い**退屈型**になる。2要素だけだと、理屈がなく支離滅裂な**無秩序型**、経験無視で地に足がついてない**現実逃避型**、ビジョンがなく何をしたいのかわからない**無気力型**になり、うまくいかなくなる。

だから大事なのは、3要素のバランスだ。マネジャー自身が3要素をもっていなくても、チームでもてばOK。たとえば、ソニーは技術者として匠の技でクラフトにすぐれた井深大《まさる》氏と、ビジョンと鋭利な感覚でアートにすぐれた盛田昭夫氏のチームワークで成長した。

マネジメントスタイルの三角形：バランスが大事

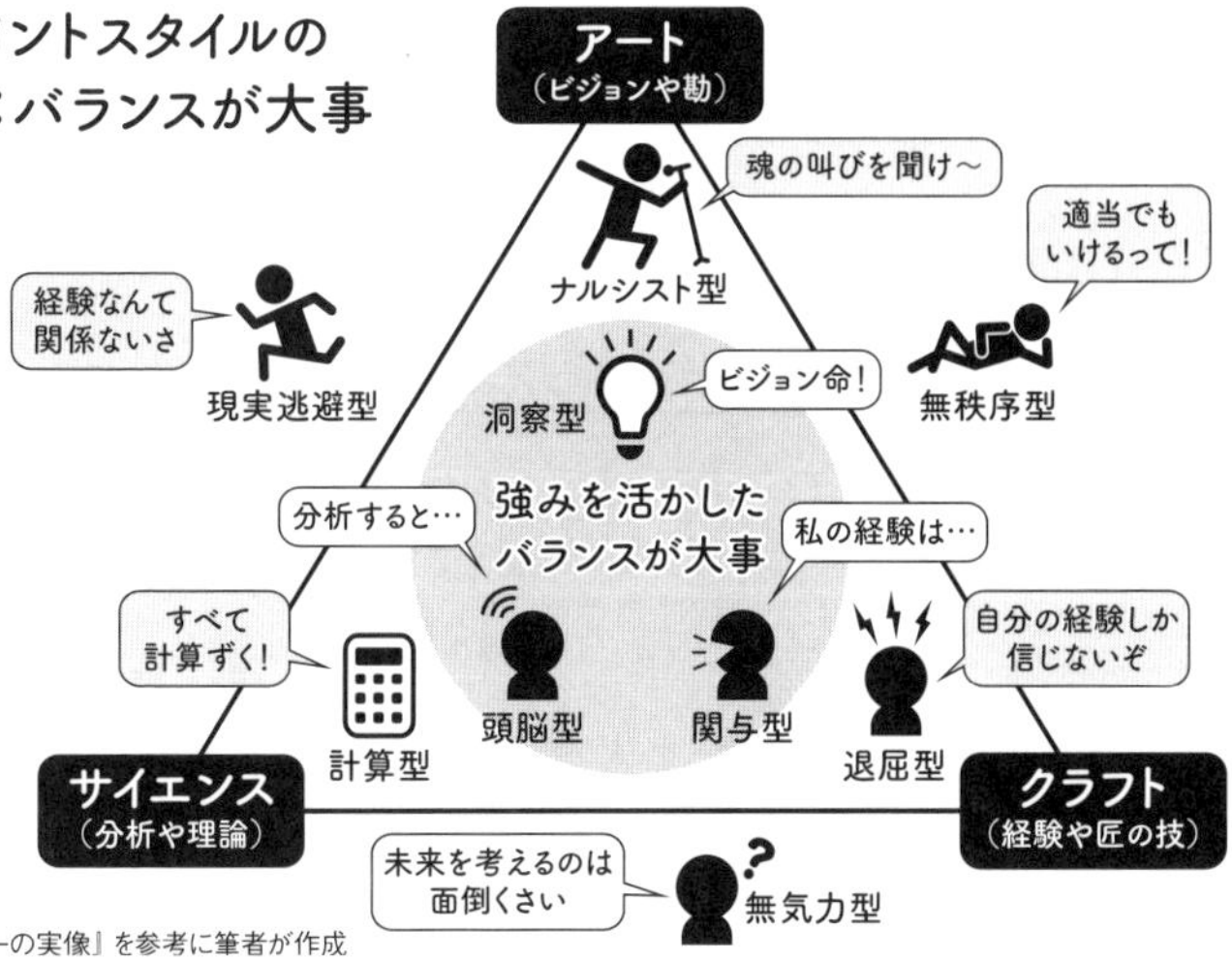

出典：『マネジャーの実像』を参考に筆者が作成

マネジャーが失敗する3つの理由

マネジャーが失敗する原因は、おもに3つだ。

原因❶ 本人の資質……ある同僚が「マネジャーになりたい」と言い続け、部下数十人をもった。しかし、マネジャーになった途端「忙しすぎる。部下からはしょうもない相談ばかりだ」と音を上げ、数カ月後にマネジャーを降りた。マネジャーは雑用が多い。しかもマネジャーの成果は部下頼りである。マネジャーとして能力不足だったり人間関係が苦手だったりすると、本人も部下も苦しむ。部下を助けられない人を役職につけてはいけない。

原因❷ 職務内容……太平洋戦争末期の旧日本軍は、どんな優秀な指揮官がいても勝つのは不可能だった。本人に能力があっても、仕事そのものが遂行不可能だと成果はあがらない。こんな場合、マネジャーを責めるのはお門違いだ。

原因❸ 適材適所でないこと……ミンツバーグは、米国のあるビジネススクールがトラック運送会社の元経営者を学長に招いた例を紹介している。その経営者は「大学教授の管理もトラック運転手の管理も同じだ」と豪語したが、一方的に管理された優秀な教授陣たちは大学を辞めたという。

マネジャーと組織には相性がある。これは夫婦の相性と同じだ。私にとっての最高の伴侶が、あなたにとっても最高の伴侶とは限らない。ミンツバーグは「いい妻」「いい夫」というものはなく、「いい夫婦」しか存在しないのと同様に、マネジャーと組織の関係も、互いの相性が大事だと言う。どんな状況でも「いいマネジャー」というものは存在しない。

いいマネジャーとは、その組織で必要なスタイルを実践できる人物だ。組織環境と相性がいいマネジャーを選ぶべきだ。

あらゆる組織で有能なオールマイティーのマネジャーは存在しないから、「プロ経営者」と呼ばれる人でも、成果を出せないことも多い。では、いかにマネジャーを選ぶべきか?

マネジャーの「選考・評価・育成」はどうするか?

「ナガシマさんは大きなビジョンがある。この事業部を任せよう」

こうしてひとつだけの資質に着目してマネジャーを選ぶことが多いが、これは危険である。

ミンツバーグは「**マネジャー選びでは欠点を把握すべし**」と言う。仕事内容と組織環境を踏まえ、各マネジャー候補の欠点を検討するのだ。何が欠点かは組織の状況次第。だから前職の仕事振りは参考にならない。ひとつの方法は候補者の部下に発言権をもたせること。その人物をいちばん知るのは部下である。ミンツバーグは、コンサルティング業界で長年トップを続けるマッキンゼーが最高責任者を幹部の秘密投票で選んでいる例を挙げている。

マネジャーは、教室で受け身の研修を受けさせても育てられない。マネジャー研修では、マネジャー自身が自分の仕事を振り返り、主体的に考える環境をつくることで、自ら気づき、成長するよう促すことが大切だ。業務と切り離して研修をしても成果は出ない。

ミンツバーグは「私の狙いは、マネジメントについて新しい見方を世に問い、皆で考えるよう背中を押すことにある。**マネジメントとは、けっして解決しないパラドックスと矛盾とミステリーに向き合う仕事。マネジメント必勝法など存在しない**」と述べている。

本書は、マネジャーとして悩んでいる人にとって、頷ける内容ばかりだろう。そして「マネジャーの仕事、頑張ってみようか」という不思議なパワーも与えてくれる本だ。

POINT

「マネジャーの矛盾」に気づいて思考せよ

4

『HIGH OUTPUT MANAGEMENT』（日経BP社）

——シリコンバレーの経営幹部たちが読む「実践バイブル」

アンドリュー・S・グローブ

米国の実業家。1936年ハンガリー・ブタペスト生まれ。56年米国に移住。ニューヨーク州立大学を主席で卒業（化学工学）し、カリフォルニア大学で博士号取得。インテル社の創設に参画し、第1号の社員となる。79年社長に就任。98年にインテルのCEOを辞任し、2004年に会長から退いた。スタンフォード大学経営大学院で24年にわたって指導した。2016年没。

シリコンバレーの経営幹部に読み継がれてきた超実践的経営書である。

著者のグローブはインテル創設メンバー。CEOや会長も務めた伝説的人物だ。

Book6『HARD THINGS』の著者であり、起業家のベン・ホロウィッツは、本書の序文で「私の起業当時、シリコンバレーのリーダーたちは争って本書を読んでいた」と書いているし、フェイスブック創業者のマーク・ザッカーバーグも「私のマネジメントスタイルをつくる上で本書は大いに役立った」と述べている。初版は1983年で、1995年に改訂された。もはや古典ともいえるが、現代でもシリコンバレーではバイブルだ。

対象読者はマネジャーだが、仕事の基本も学べるので一般企業の会社員にも役立つ。

Book3『マネジャーの実像』のミンツバーグの洞察との共通点も多い。経営最前線の実践者グローブと研究最前線の研究者ミンツバーグという2人が、同じ結論にたどり着いているのは実に興味深い。比較して読めば、マネジャーのあるべき姿が浮かび上がってくる。

マネジャーの「アウトプット」とは何か？

「マネジャーのアウトプットとは何か？」と聞くと、こんな答えが返ってくるかもしれない。「意思決定でしょ」「計画かな」「部下の教育とか？」「ヒト・モノ・カネの配分」……。

グローブによると、これらはアウトプットを出すための活動にすぎない。マネジャーの仕事は**直属部下だけでなく関係者の能力を結集して成果を出すこと**。たとえば高校の校長のアウトプットは、高等教育を終えた学生たちだ。要約すると、次の式になる。

・マネジャーのアウトプット　＝　自分の組織のアウトプット　＋　自分の影響力が及ぶ組織のアウトプット

では、いかに仕事を進めるべきか。グローブは自分のある一日の仕事を紹介している。次々と人に会い、相談に乗り、会議に出席し、電話で話し、手紙やレポートを読む。まさにBook3『マネジャーの実像』でミンツバーグが示した多忙なマネジャーの姿だ。

この日、グローブは25の活動をしたが、そのほとんどが情報収集。話し、電話し、読み、会議に出る。これらはすべて、よい意思決定をする上で貴重な情報源なのだ。

一人で活躍してきたスタッフが、マネジャーに就任してこんな一日を過ごすと、「自分は何も仕事していない……」と悩みがちだが、実はこれこそがマネジャーの仕事なのだ。

情報通であることが大切だ。私がＩＢＭ社員時代に仕えた部長は、仕事のことはなんでも熟知していた。彼は日頃から多くの人たちとちょっとした会話を交わし、情報収集に余念がなかった。そうして得た深い知識にもとづいた意思決定は実に的確。まず間違いがなかった。

グローブも、最も役立つ情報はちょっとした会話だという。文字で書かれたものよりも、ずっと早く耳に届く。タイムリーな会話から得られる情報の価値は高い。

一方で、組織の中では会話情報とは別に、文字情報であるレポートもつくられる。レポートなら、見逃すかもしれない情報もすくい取れる。またレポートは、作成担当者の自己訓練の手段でもある。口頭で話すよりも論理的に考えざるを得ないからだ。

マネジャーは「テコ」を使い倒せ

グローブは「マネジャーのアウトプットはテコの原理を使えば大きくなる」と言う。テコは小さな力で大きなモノを動かせる。同様に部下や関係者にマネジャーが働きかけることで、より大きなアウトプットを生み出せる。逆にマネジャーが一人で仕事を抱えてしまうとこのテコは効かない。マネジャーは徹底的にテコを使い倒すべきだ。

マネジャー一人あたりの部下の最適人数は6〜8人だ。部下一人に週のうち約半日をあててテコ作用を使うという前提で考えると、これが最もテコが効く人数となる。

ところで、部下からの個別相談への対応はマネジャーの大事な仕事のひとつだが、自身の業務が中断されるのが悩ましい。しかしそれも、テコの原理を活用すれば大幅に改善する。

私がＩＢＭ社員だった頃、同僚の新任マネジャーがボヤいていた。

マネジャーはテコ作用でアウトプットを出せ

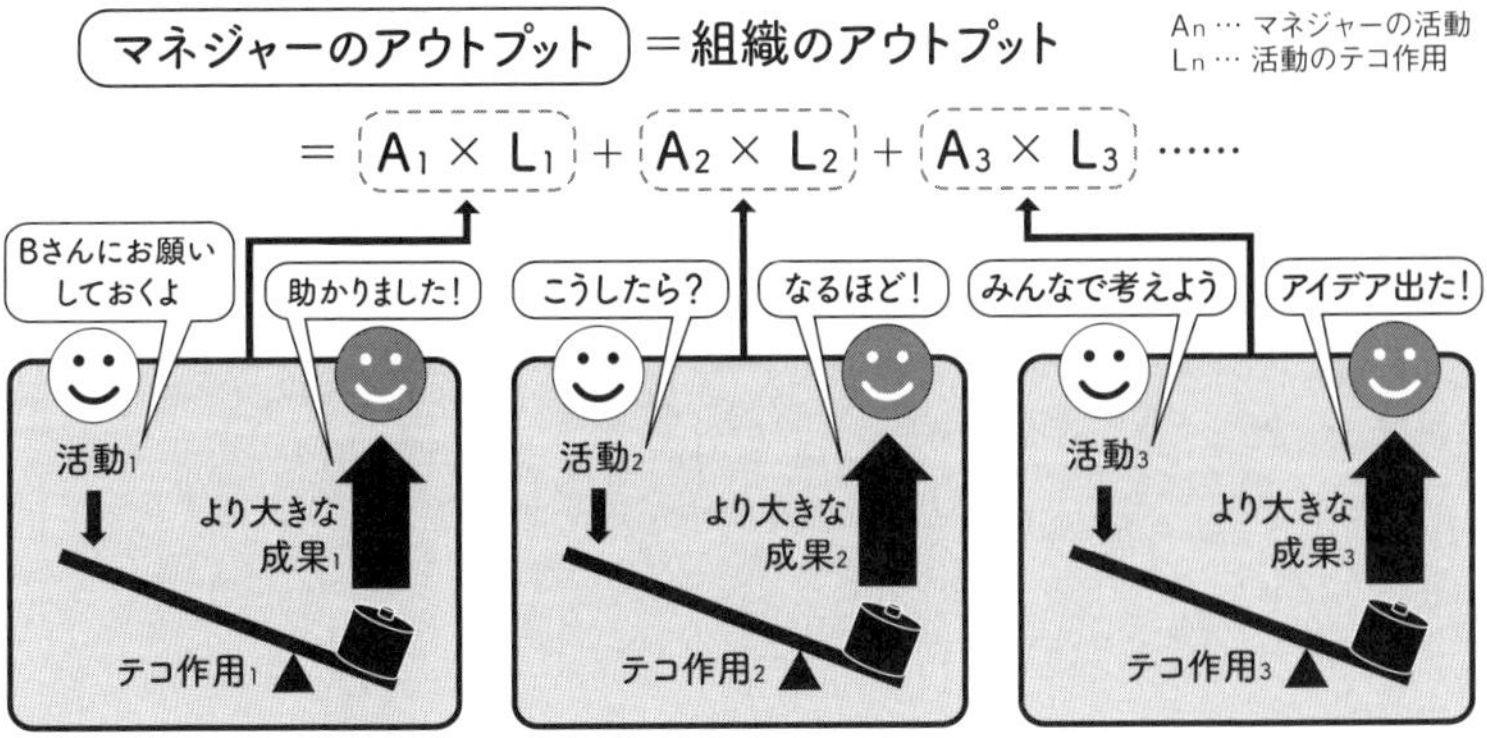

出典:『HIGH OUTPUT MANAGEMENT』を参考に筆者が作成

「朝から夕方までミーティングばかり。自分の仕事がぜんぜんできないんですよね……」

なかには「ミーティングは時間の浪費」と言い切る人までいる。

しかし、マネジャーの仕事が情報やノウハウ提供と考えれば、膝を交えたミーティングはマネジャーがテコの原理を使って仕事を遂行する上で実に有効で、貴重な手段なのだ。

ミーティングを戦略的に駆使して、圧倒的な競争力を生み出す会社もある。

アイリスオーヤマはコロナ禍でいち早くマスクを大増産し、業績を大きく伸ばした。

迅速対応できた要因のひとつは、ミーティングによる意思決定の仕組みである。

多くの企業では、現場の新商品開発の提案を経営陣が承認するのに数カ月かかる。

アイリスオーヤマは、毎週月曜に丸一日かけて行う新商品開発会議ですべて決める。社長を含む経営陣・開発・営業・広報・物流の全責任者が集合、開発メンバーの意見をもとに細かい部分まで話し合い、その場で決定する。全員が週5日のうち丸一日を拘束されるが、ここで毎週50案件の可否を即決。部門間の根回しは不要で、猛烈なスピードで商品開発が進む。

私たちもミーティングを有効活用すべきだ。グローブはこんな方法を紹介している。

方法❶ 1on1……マネジャーと部下が一対一で行うミーティングだ。部下が抱える潜在的なトラブルを早めに察知でき、マネジャーが現場の仕事を知る手段になる。2週間で部下一人あたり80時間仕事するが、1on1を2週間に1回90分間行うことで、80時間の仕事の質が上がり、部下の仕事への理解も高まる。1on1のテコ作用は大きい。

方法❷ スタッフミーティング……マネジャーと部下全員が参加する。同僚間の交流の機会にもなる。ついマネジャーがすべて仕切って話したがるが、主役は部下であり、マネジャーは脇役だ。調整役や進行役に徹し、各問題の解明と解決を話すのは部下に任せるべきだ。

方法❸ ミッション中心のミーティング……「新工場建設地をどこにするか」というように、特定の問題解決のために随時開催するミーティングだ。安易に開催してはいけない。マネジャーの時間コストは高い。マネジャー10人が2時間集まるとコストは数十万円だ。数十万円の備品を買うのは社内承認が大変なのに、ミーティングは気まぐれにセットされる。「そのミーティングは必要か？　望ましいか？　理由づけできるか？」を自問し、すべてイエスでなければ招集してはいけない。開催する場合は必ず全員の参加を取りつける。遅刻して全員の時間をムダにする者を見逃すのは犯罪だ。司会者は当日の規律維持にも責任がある。

プランニングに必要な3つのステップ

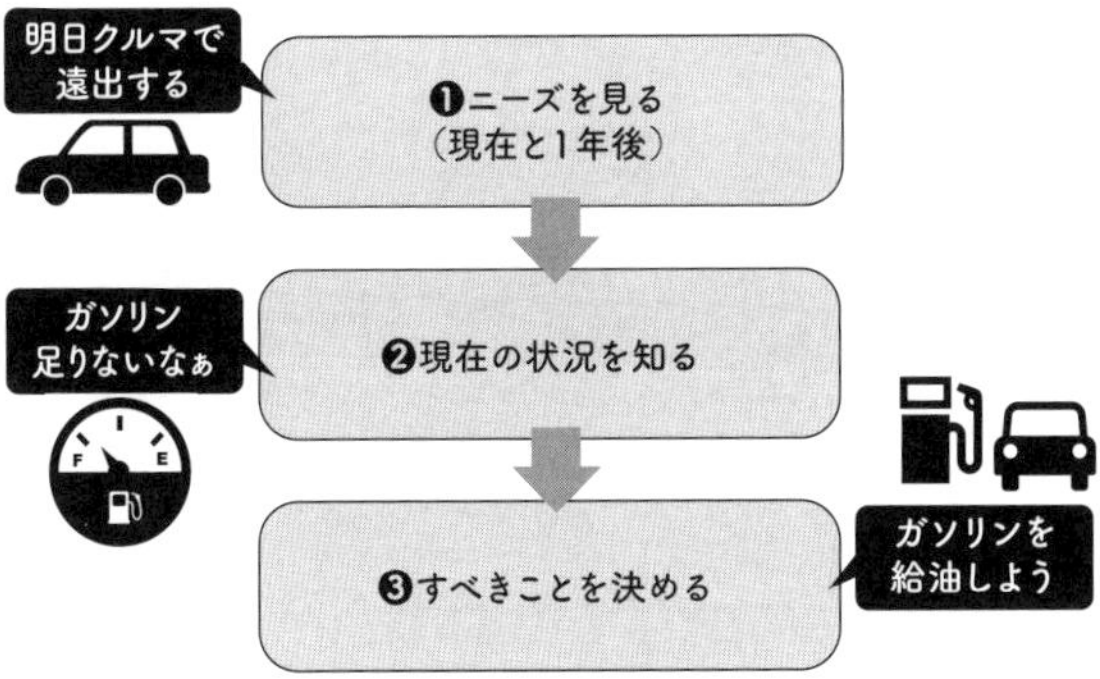
明日クルマで
遠出する
❶ニーズを見る
（現在と1年後）
ガソリン
足りないなぁ
❷現在の状況を知る
F
E
❸すべきことを決める
ガソリンを
給油しよう

プランニングを怠ると
不測の事態（ガス欠）を招くことになる

出典:『HIGH OUTPUT MANAGEMENT』を参考に筆者が作成

ミーティング終了後は全員に議事録を送り、同意事項、対応策、フォローを徹底するべきだ。

「プランニング」の3ステップ

テコでチームを動かすにはプランニングが役立つ。プランニングは日常的に私たちがやっていることだ。明日ドライブで遠出するために、ガソリンを給油するのもプランニングだ。グローブは次の3ステップで進めるように提案している。

ステップ❶ 現在と1年後を見て、ニーズや需要を把握する

ステップ❷ 現状を把握する。ニーズや需要に対応できるのかを知る

ステップ❸ ❶と❷のギャップを埋めるために、何をすべきかを決める

ガソリン給油の場合、図のようになる。クルマがガス欠になって慌てるのは、プランニングの失敗。もし今日ギャップがあれば、過去のどこかで

マネジャーが業績をあげる方法は部下の「訓練」と「動機づけ」

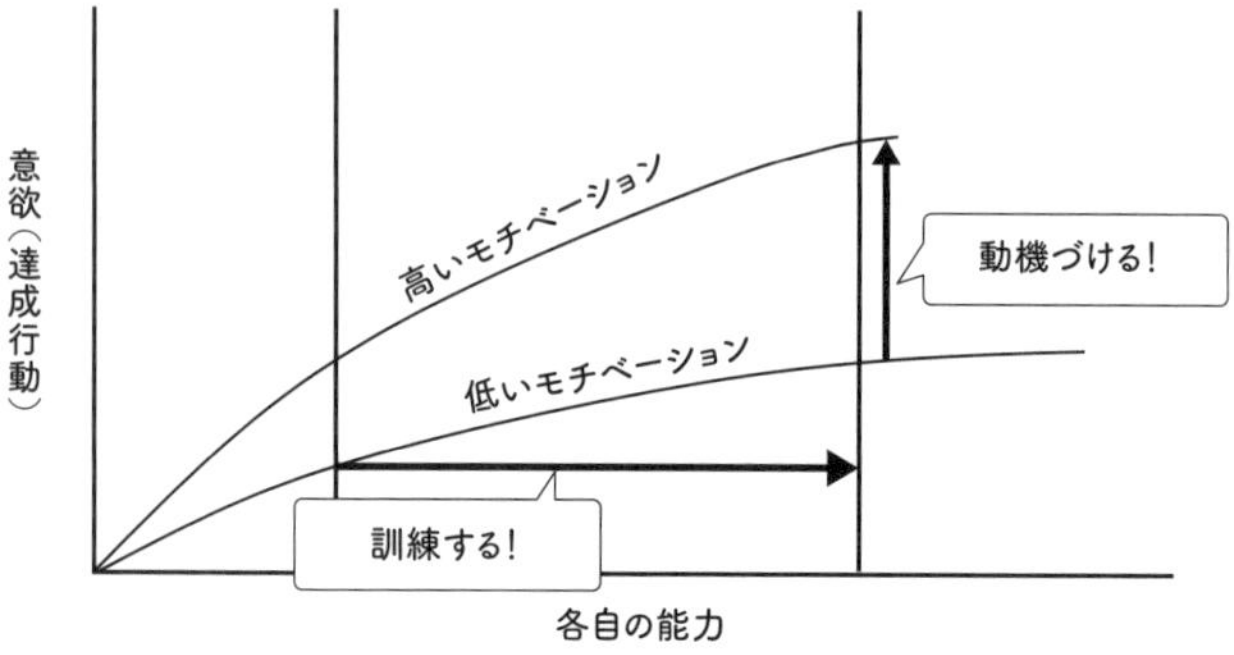

出典:『HIGH OUTPUT MANAGEMENT』を参考に筆者が作成

プランニングが失敗している。

部下の教育は人任せにしてはいけない

「教育は研修部門の仕事」と考えるマネジャーが多いが、大間違いである。業務を熟知して部下に何をしてほしいかを考えているマネジャーが、自ら部下を教育すべきだ。「そうは言っても忙しくて時間がない」と思うかもしれないが、教育のテコ作用は大きく、効率が上がる。

マネジャーが部下10人を集めて1時間の講義を年4回行う場合、準備に2時間かけたとして、マネジャーは1年で12時間（3時間×4回）かける。これで部下10名の生産性が1％上がれば、10人分の年間労働時間2万時間の1％で新たに200時間が得られる。12時間の投資で200時間が得られるなら、投資のリターンは大きい。

グローブによると、人が仕事をしない理由は2つだけ。「**能力がないか、意欲がないか**」だと言う。「部下に厳しい」といわれたグローブらしい指摘だが、彼はこの認識を前提に「**マネジャーの仕事は部下から最高の業績を引き出すことなので訓練と動機づけが重要だ**」と言う。

マネジャーができることは、**もともと動機をもっている人が活躍できる環境を整えることなのだ。**

私は30代前半のときにあるチームを任され、まず全メンバーと1on1を行った。するとメンバーがやっていた仕事は彼らが本当にやりたい仕事でないとわかり、彼らの希望に合う仕事になるよう調整した。人数は前年から半減したが、前年以上の成果を生み出せた。

本書は他にも、会社業務の全体像を朝食工場にたとえてわかりやすく説明したり、組織設計、組織管理、人事考課、採用面接、辞職する社員の慰留方法を解説するなど、実に実践的だ。

本書には、グローブがインテルを大企業へ育てる過程で学んだことが、企業のマネジャーも使える形で凝縮されている。現代のスタートアップの経営に限らず、大企業のマネジャーにとってもバイブルになるはずだ。

POINT

常にテコ作用を頭にイメージし、チームのアウトプットを拡大せよ

5

『プロフェッショナルマネジャー』（プレジデント社）

——ユニクロを世界企業に成長させた「経営の教科書」

ハロルド・ジェニーンほか

1910年イギリス・ボーンマス生まれ。ジョーンズ・アンド・ラフリン社、レイシオン社で企業経営に参画。59年ITTの社長兼最高経営責任者に就任。米国企業史上空前の「58四半期連続増益」という金字塔を打ち立てた。17年間の就任中に買収・合併・吸収した会社は80カ国の350社に及ぶ。ジェニーン引退後グループは解体。97年没。共著者のアルヴィン・モスコーはAP通信出身のジャーナリスト。

第一線の経営者が書いたビジネス書の古典の魅力は、現代にも通じる生きた知見が詰まっていることだ。本書はその中でもピカイチであり、パワーワードが満載だ。

本書の解説は「これが私の最高の教科書」と言うファーストリテイリング会長兼社長の柳井正氏だ。１９８４年出版当時に、柳井氏は本書の第2章冒頭にある次の文章を読んで「自分の経営は甘い」と衝撃を受け、経営理念をガラッと１８０度変えたという。

「本を読むときは、初めから終わりへ読む。ビジネスの経営はそれとは逆だ。終わりから始めて、そこへ到達するためにできる限りのことをするのだ」

その後、柳井氏は本書の内容を忠実に実践し、同社を世界企業に育て上げた。

著者のジェニーンは米国のコングロマリット（多国籍企業）であるＩＴＴのＣＥＯに就任し、58四半期連続増益を達成。18年後に辞任するまでに売上・利益20倍、全米上位５００社のランキング「フォーチュン５００」で第11位の企業に育て上げた経営者だ。

経営は終わりから始めて、そこに到達するために、できる限りのことをせよ

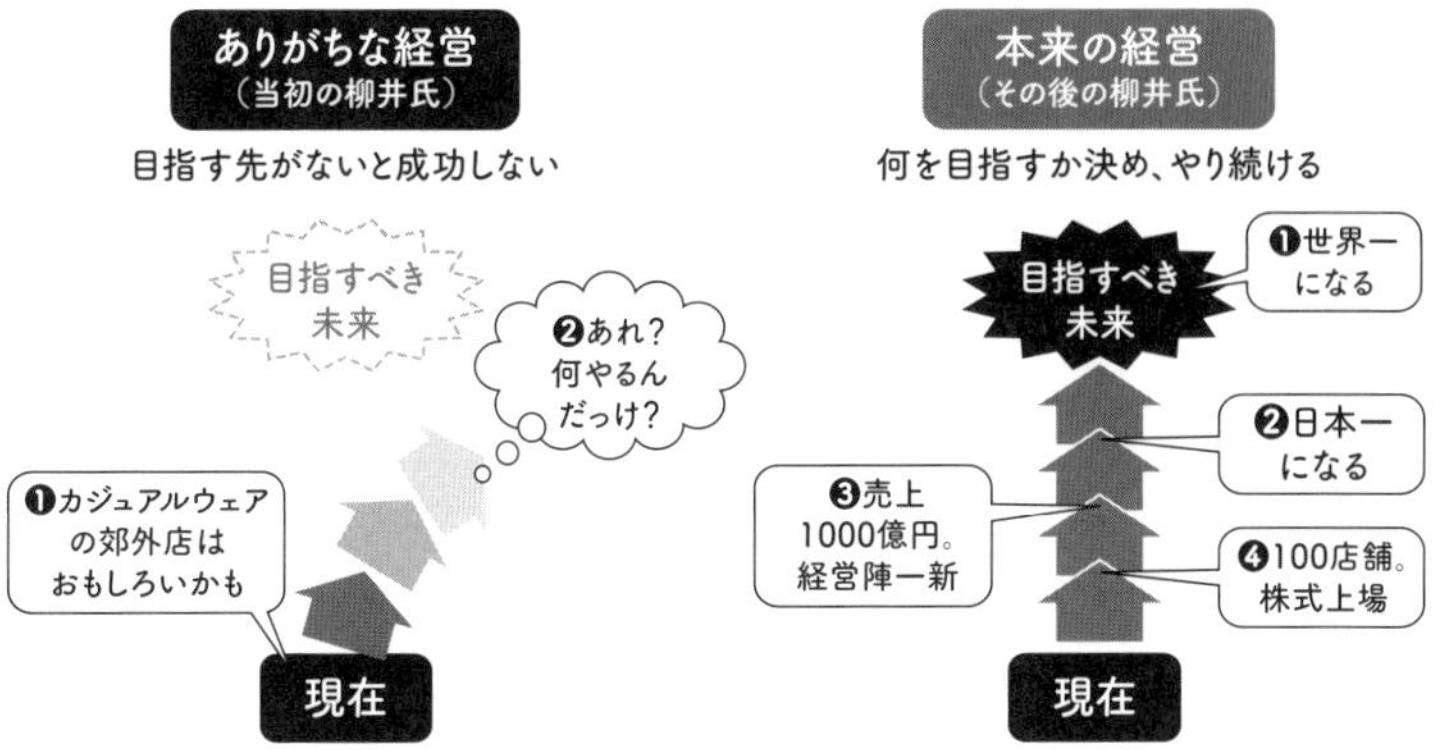

出典：『プロフェッショナルマネジャー』を参考に筆者が作成

目標に合わせて組織や戦略を変える

本書に出会う前の柳井氏は「カジュアルウェアの郊外型店舗をやったらおもしろいかも」という漠然とした想いを一つひとつ形にすることが経営であり、その努力が大切と考えていた。同様に考えるマネジャーも多いだろう。

当時の同社は山口県宇部市の小さな衣料店だったが、本書を読んだ後の柳井氏は「世界一のカジュアルチェーンになる」と考え始めた。そのために「まず100店舗展開して株式を公開」、次に「日本一のカジュアルチェーンになる」と決めた。さらに売上1000億円を超えたとき、現場感覚だけの経営に限界を感じ、新しい経営チームをつくるため取締役メンバーを一新。ファーストリテイリングはそのときの目標に合わせて、人材能力・人材確保手段、組織のあり方、戦略と戦術を次々と変えていった。

マネジャーは「業績」という唯一の尺度で評価される。「自分が何をやりたいのか」をしっかり見定め、やり続けるべきなのだ。

それは本当に事実か？ 「4つの事実」を見定めろ

銭形平次の家に子分の八五郎が「親分！ てぇへんだ、てぇへんだ！」と駆け込んでくるのは、悪い事件と相場が決まっている。サプライズの99％は悪いことなのである。

ジェニーンの基本方針も、**「ノーサプライズ」**（びっくりさせるな）。

95％のサプライズを未然に防げば、残りのエネルギーを大きな問題に注力できる。

ジェニーンは月次レポートの最初に問題点を挙げさせ、月一度のゼネラルマネジャー（経営幹部）会議で、全員で解決策を考えた。そこで大事なのが事実の見極め。多くの人は、事実でない次の4つを「事実」と考えるが、これらはたいていの場合、事実でない。

❶一見事実に見える**「表面的事実」**→「〇〇は売れ筋の最重要商品」（実は安売りの赤字販売）
❷事実と見なされる**「仮定的事実」**→「品質は絶対」（顧客は適度な品質で十分かも）
❸誰かが言っている**「報告された事実」**→「彼がこう言っていた」（実際には未確認）
❹願望を反映した**「希望的事実」**→「競合はいないだろう」（実は虎視眈々と狙われている）

マネジャーには**「揺るがすことができない事実」**を確認するひたむきさ、知的好奇心、少々の無作法さ、さらに、ときには現場で顔をつきあわせて自分で確かめることも必要だ。

「誰が正しいか？」ではなく「何が正しいか？」

実に嘆かわしいことだが、いまだにリーダーシップのことを「部下に細かく指示して動かすこと」と勘違いしている人は多い。「昭和の遺物」として即刻、博物館送りである。

ジェニーンは、サッカーの監督にたとえてリーダーシップを説明している。

サッカーの監督は選手に勝つための戦略を示し、厳しい練習を重ねさせる。

しかし、試合では状況が変化し続ける。監督は「ここでシュート」「ここでパス」と命令できない。選手個々人が自分で考えて、臨機応変に動くことが必要だ。監督と選手が「命令する人」「動く人」の関係では、試合に負ける。

ビジネスも同じだ。リーダーが目標と戦略を示し、社員が実行を考えるべきなのだ。

本来のリーダーシップは「全員対等」。各自で自分の本当の意見を出し合い、自由で率直なコミュニケーションを定着させる。これが人を動かす原則だ。経営組織の上下を通じて、開放的で率直なコミュニケーションを定着させるのだ。

そのためには、**現場とトップが緊張感がある対等関係**をつくるべきだ。柳井氏は「いちばんいい会社は、社長が言っていることがその通りに行われない会社だ」と言う。

そのためにジェニーンも、熱意があり、物事を達成し、自分が求めるもののためには苦労を厭わない、有能で経験を積んだ人物を求めた。

重要なのは、**「誰が正しいか？」**ではなく**「何が正しいか？」**である。

「何が正しいか？」を追求し続ければ、マネジャーのメンツなど実に小さなものだ。

マネジャー〝最恐〟の病「エゴチズム」

知り合いにこんな人がいた。その人は自分を厳しく律し、分別もあって実に謙虚だったが、ある日、予想もしなかった大きな権限を得た。その後、その人は徐々に傲慢《ごうまん》に変わっていった。久しぶりに会ったその人は、自分を「先生」と呼ばせ、反論を一切許さない人間に変わり果てていた。心ある人は徐々に離れ、周囲にはゴマすり人間しか残っていなかった。

ジェニーンは、**マネジャーを侵す〝最恐〟の病はエゴチズム（egotism）**だと言う。似た言葉にエゴイズム（egoism）があるが、これは「利己主義」という意味。エゴチズムは「オレ様は偉いぞ。敬え」という、イタい考え方のことである。

抜擢《ばってき》されて大きな権限をもった人は、たまたまそのチームを預かっているだけである。しかし、「自分には能力も権力もある」と錯覚し始めた途端、この病に罹《かか》る。怖いのはエゴチズムの病に罹って徐々に狂い始めていても、本人だけはエゴチズムの自覚症状がないために気がつかず、周囲の状況も見えなくなることだ。

現実のビジネスには、失敗も多い。エゴチズムの病に罹って「自分は絶対に誤りを犯さない」と本気で信じ、客観性も常識も失い、失敗を認めず、謙虚に失敗から学ばない経営者には、成功はない。

さらに傲慢になると、周囲の人を徐々に腐らせる。部下はそんな上司を内心でバカにして、迂回する。こんな経営者やマネジャーのもとからは力がある人が離れる。組織はバラバラになり、媚びへつらうイエスマンしか残らない。末期症状になると企業業績が悪化する。

他人事とは笑えない。自分も例外でなく感染する可能性がある。実に怖い病なのだ。ジェニーンは、心構えとして大事なのは**「成功を上手に扱えるかどうかだ」**と言う。エゴチズムのウイルスから自分を守れるか？　追従者のへつらいや賞賛から距離を保ち、眺められるか？　要は本人次第。柳井氏は「エゴチズムとの戦いが終わることはない」と言う。周囲から「謙虚すぎるのでは」と言われるくらい、謙虚であり続けたいものだ。

とはいえ、人は弱い。Ｂｏｏｋ46『座右の書「貞観政要」』で紹介するように、厳しいことを言ってくれる魏徴《ぎちょう》のような人物を身近に置くのは有効な方法だろう。

会社の「数字」は体温計だ

体調が悪いと、私たちは体温計で熱を測る。熱があると大事をとる。無理すると病状は悪化する。ビジネスの数字も体温計と同じで、「何かが起こっている兆候」を教えてくれる。数字を早く見れば見るほど、必要な処置が早く取れる。この数字のシグナルをおろそかにすると経営はダメになる。だが、熱があるだけでは身体の悪いところはわからない。同様に数字は何をすべきかは教えてくれない。わかるのは考えるヒントだけだ。

数字のチェックは単調で退屈だが、経営者の必須科目だ。では、いかに数字を読み解けばいいのか？　利益４億円を出す事業部の場合を考えよう。

マネジャーに必須の「数字を読み解く力」

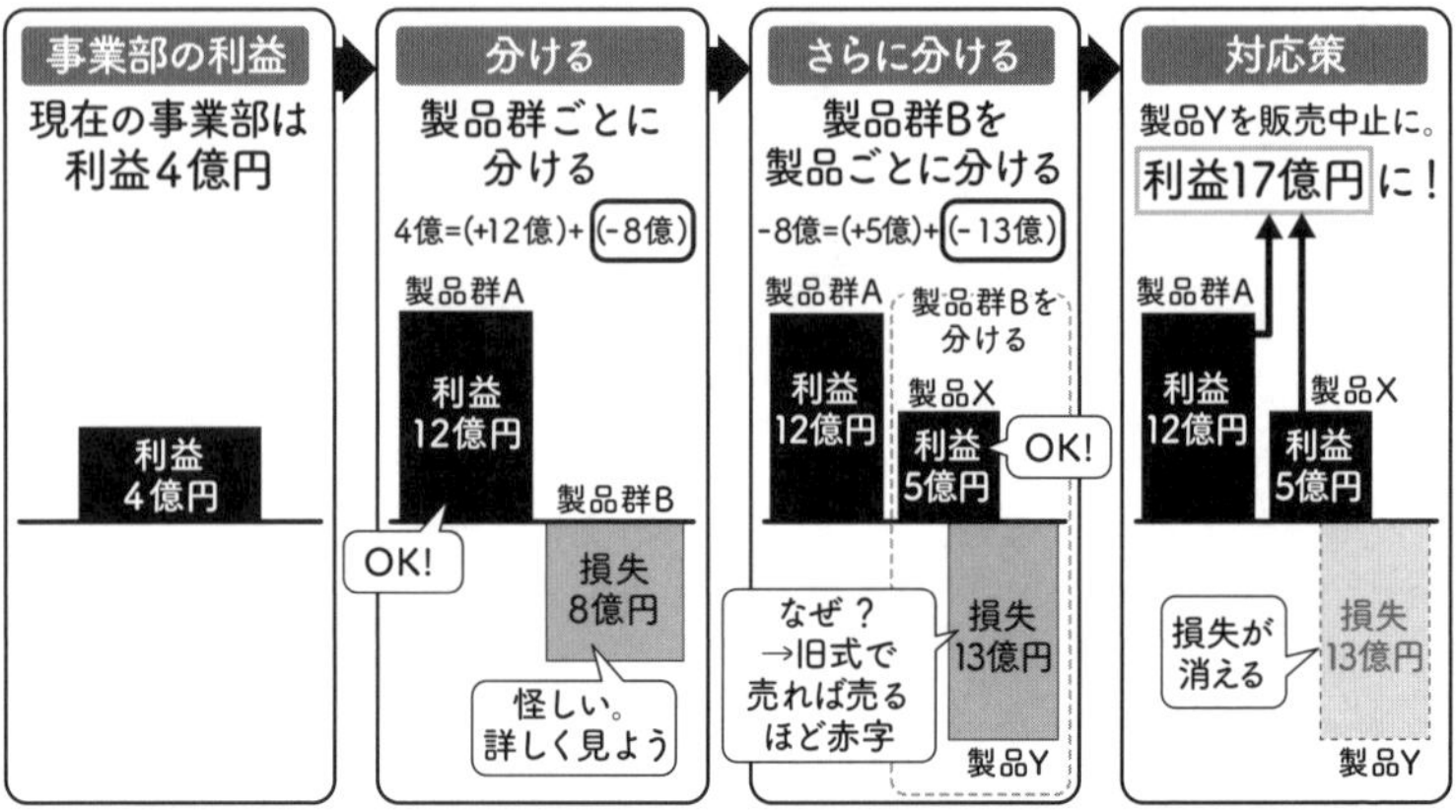

出典：『プロフェッショナルマネジャー』を参考に筆者が作成

「4億円」という数字を、目を皿にして見ても何もわからない。まず分ける。たとえば、製品群別に見る。製品群Aが利益12億円、製品群Bが損失8億円ならば「製品群Bの損失8億円に問題がある」とわかる。そこで8億円に着目して分けると、製品Yで13億円の損失が見つかる。さらに製品Yが旧式で、売れば売るほど赤字だとわかれば、製品Yを販売中止することで事業部の利益を4億円から17億円に増やせる（上図参照）。

このように、どんな数字にも必ず意味がある。経営者にはこれを読み解く力が必要なのだ。**ビジネスで修復不可能な失敗はキャッシュが尽きること。**それ以外はかすり傷だ。数字を見ることは苦行だが、数字を見れば経営はラクになる。

本書の解説では、柳井氏が企業家に対してさまざまなヒントを示している。ひとつ紹介したい。

柳井氏は「**日本で企業家であり続けるには株式公**

開しかない」と言う。理由は税制だ。

２年連続で利益10億円だと年６億円を法人税・事業税・地方税で払う必要がある上、当年度上半期に前年度納税額の約半分（３億円）を予定納税するため、１億円しか残らない。急成長するほど翌年の税金支払いが増え、上半期の資金繰りを圧迫する。事業拡大にはお金が必要だが、成長で稼いだ利益は手元に残らないのだ。一方で銀行は担保がないとお金を貸さない。企業に残る資金調達手段は株式公開だけだという。現代ではＢｏｏｋ34『起業のファイナンス』でも紹介するベンチャー・キャピタルなどの投資家から資金調達する環境も整ってきている。起業を目指す人は、知っておいてほしい。

ジェニーンは本書の最後に、こんな言葉を書いている。

「実績のみが、きみの自信、能力、そして勇気の最良の尺度だ。実績のみが、きみ自身として成長する自由をきみに与えてくれる。実績こそがきみの実在だ。ほかのことはどうでもいい。だからマネジャーとは〝実績をもたらす人間〟なのだ」

経営とは、何かを成し遂げること。達成すると誓ったことは成し遂げなければならない。経営者は「経営」しなければならない。起業を目指す人はぜひ心したい。

POINT

経営は「終わり」から考えよ

6

『HARD THINGS』（日経BP社）

——起業に成功の秘訣はないが、「困難な問題」には学びがある

ベン・ホロウィッツ
1966年生まれ。シリコンバレー拠点のベンチャーキャピタル「アンドリーセン・ホロウィッツ」の共同創業者兼ゼネラルパートナー。次世代の最先端テクノロジー企業を生み出す起業家に投資している。投資先にはエア・ビー・アンド・ビー、フェイスブック、ツイッターなどがある。それ以前はオプスウェアの共同創業者兼CEOとして、同社を16億ドル超でヒューレット・パッカードに売却した。

私はジェットコースターが怖い。乗ったが最後、泣こうが叫ぼうが終点まで絶対に降りられない。いつも「乗るんじゃなかった……」と後悔する。本書によると起業も同じである。日本でも成功する起業家が増えてきた。彼らはメディアで自信満々に成功談を語る。しかし彼らは、何度も悪夢を体験して破綻の一歩手前で心が折れそうになりながら、逃げることもできずになんとかもち堪えているのが現実。ジェットコースターの恐怖そのものだ。

本書は私たちが見ることがない、そんな起業家のリアルを伝える一冊だ。

著者のベンは起業した会社を8年間かけて育て上げ、HP（ヒューレット・パッカード）社に16億ドルで売却。その後はベンチャーキャピタルを経営し、次世代起業家に投資。シリコンバレーで最も尊敬され、経験もある起業家の一人だ。実に華やかな経歴だが、ベンも「起業の恐怖」を体験し続けてきた。「**成功の秘訣はないが、私が体験した困難（hard things）なら語れる。この教訓を紹介したい**」として、その経験を本書で赤裸々に語っている。フェイスブッ

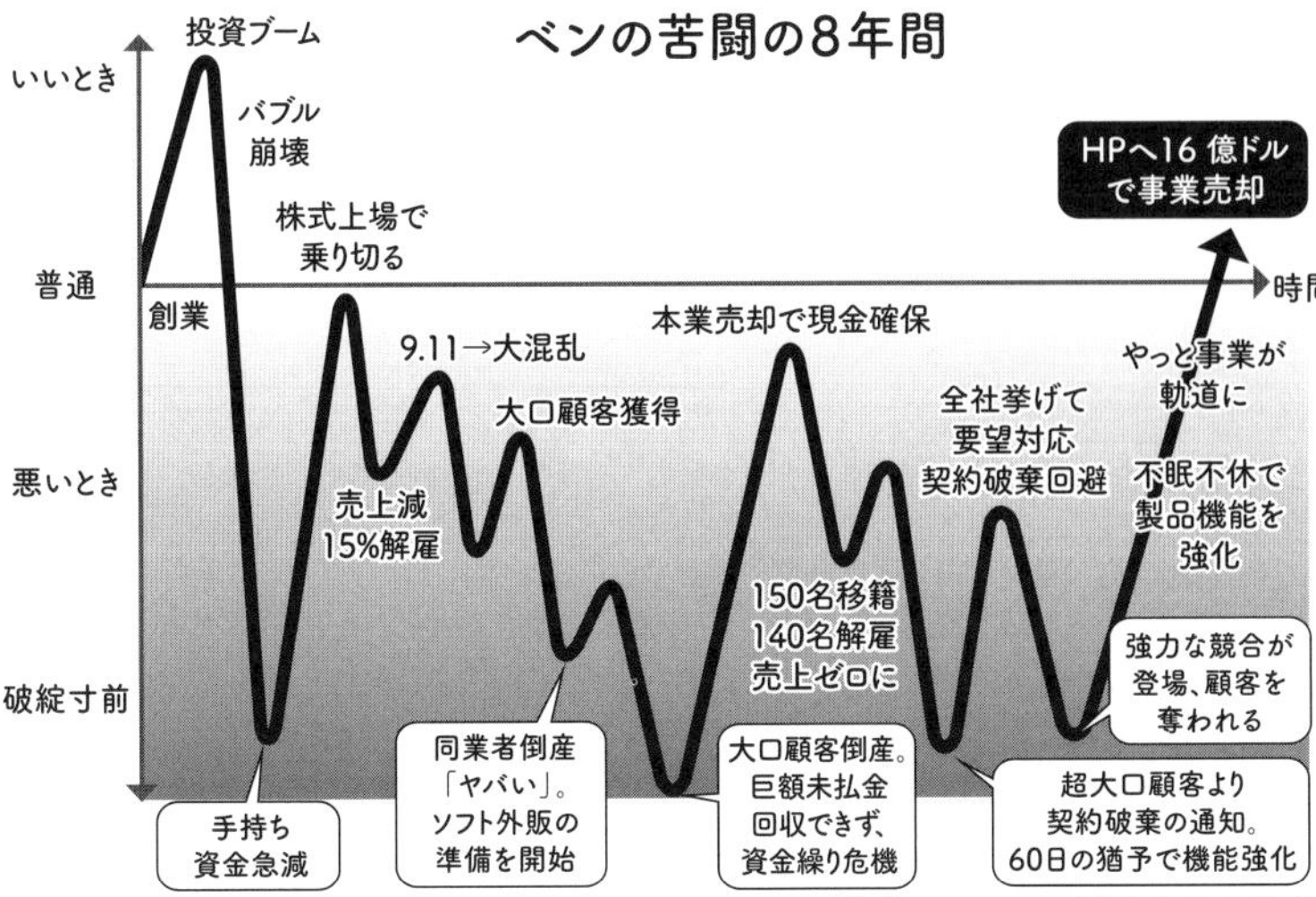

出典:『HARD THINGS』を参考に筆者が作成

ク創業者のマーク・ザッカーバーグも、「偉大な企業をつくり、成長させたい人にとって本書は大いに参考になる」とオススメしている。

起業の現場は、究極のビジネスだ。ビジネス成功のエッセンスが詰まっている。

ここでは、私たちに参考になる部分を厳選して紹介していきたい。最初にベンの起業家としてのキャリアを紹介しよう。

起業家を襲う「悪夢」の数々

図はベンが起業して事業売却するまでの8年間を示している。まさに、ジェットコースターそのものだ。

創業したときはシリコンバレーの投資ブーム。巨額資金で優秀なエンジニアを多数採用し、顧客獲得と新規契約も続き、軌道に乗り始めた。

その矢先にドットコムバブルが崩壊。手持ち資金が急速に減る恐怖。ベンは株式上場でなんとか資金調達し、この危機を乗り切ったが、売上はさらに下落し、断腸の思いで社員15％を解雇。

9・11の大混乱は大口契約獲得で乗り切ったが、同業者は倒産。ベンは「この事業はリスクが高い」と知り、眠れない日々が続いたが、「社内で使っているソフトウェアを外販しよう」と思いつく。ソフト外販の準備を始めたが、その直後に今度は大口顧客が倒産。巨額の未払金が回収できず、資金繰りの危機に陥った。

ベンは対応策を考え抜き、本業をＥＤＳ社へ売却して現金を確保した。しかし、大切な社員のうち１５０名はＥＤＳ社に移籍、加えて社員１４０名を解雇、売上はゼロに戻った。

会社はソフトウェア会社として再出発。すると今度は、超大口顧客から契約解除通告を受ける。なんとか60日の猶予をもらい、全社で顧客要望に対応して乗り切った。

ところが、その直後、今度は強力な競合が登場し、顧客を次々と奪い始めた。そこで製品開発チームが不眠不休で製品を大幅に機能強化。やっとビジネスが軌道に乗り始めた。

買収の打診が多数来るようになり、ＨＰ社と16億ドルで事業売却に合意した。

このように起業の現場は、まさに悪夢の連続だ。

つらくても心が折れない3つの方法

ベンはこの経験をもとに、心が折れずに乗り切るためのヒントを書いている。

❶一人で背負い込まない……トップは「苦しい状況を口に出すと、仲間を苦しめる」と考えて

一人で抱え込みがちだが、本当は逆だ。仲間は喜んで重荷を背負ってくれるものだ。

❷どんなに最悪な状況に見えても必ず打つ手はある……絶体絶命でもギブアップせずに粘り強く戦い続ければ、状況が変わって運をつかめるかもしれない。特にテクノロジーの世界は、今日と明日はまったく違う。今日は解決不可能でも、明日は解決できるかもしれない。

❸被害者意識をもたない……つい他人のせいにしがちだが、問題のほとんどは自分の責任だ。誰にでも過失はある。責任転嫁せず、過度な罪悪感をもたず、主体的に解決しよう。

問題はありのまま話せ

「会社を揺るがす大問題だ。部下が心配するので誰にも言えない。自分で解決しよう」私たちは上の立場に立つと、こう考えて問題を抱え込みがちだが、ベンは「問題はありのまま話し、問題を直せる人に任せろ」と言う。その理由を３つ挙げている。

理由❶ 信頼……深く信頼し合う夫婦は、パートナーが何をしても変に勘ぐらない。ＣＥＯと社員の関係も同じだ。必要なコミュニケーションの量は、信頼のレベルに反比例する。ＣＥＯが真実を語らないと、社員も真実を語らない。まずＣＥＯがありのままを語ることで、社員がＣＥＯを信頼するようになり、社内コミュニケーションの質と効率が格段に高まる。

理由❷ 難題に取り組む脳は多いほどいい……社内にはたくさんの優秀な人材の脳がある。問題解決に使わないのは大きなムダである。

理由❸ 悪いニュースが早く伝わるのがよい企業文化……低迷する会社は、悪いニュースが伝わらず手遅れになることが多い。健全な企業文化は悪いニュースを共有する。だからトップもありのまま話すべきだ。当然、勇気がいる。だからこそトップが率先垂範すべきだ。ベンの考え方は、Book42『オーセンティック・リーダーシップ』で紹介する「本心を偽らずに自分らしさを貫くリーダー」に通じる考え方でもある。

正しく社員を解雇する6つの方法

私は社員を解雇する立場に立ったことがある。自分には解雇を伝えるのは辛い経験だったが、いちばん辛いのは間違いなく、解雇される部下だ。日本企業の終身雇用制が崩れた今、私たちは解雇する立場になる可能性が増える。そこで必要になるのが、解雇の心得である。

業績変動が激しいスタートアップでは、解雇は日常的だ。しかし、解雇する側もされる側も心が痛いのは、日本人も米国人も同じ。ベンは本書で解雇の心得を紹介している。

まず解雇は、会社の文化を壊す危険性が高い。同僚が解雇されるのを見た社員は、会社に献身しようとしなくなる。しかし、ベンは何回も従業員を解雇し、企業を復活させた。これはシリコンバレーでも珍しいという。ベンが正しい方法で社員を解雇して、企業文化を守り抜いたからだ。ベンは、CEOが正しく社員を解雇する方法を紹介している。

方法❶ 自分の頭をしっかりさせる……虎の子の社員を解雇するのは、トップ自身にとっても辛いこと。こんなときこそ、まずは自分自身の心の乱れを鎮《しず》めて、冷静になることだ。

方法❷ 実行を先送りしない……解雇すると決めたら実行までの時間は短いほうがいい。情報が漏れれば社内に疑心暗鬼が広がり、リカバリーが難しくなる。その前に実行すべきだ。

方法❸ 解雇の理由を自分の中で明確にする……解雇する理由はシンプル。業績が悪いから。CEOの責任だ。まず自分の失敗を認め、それをありのまま伝えて信頼を取り戻すべきだ。

方法❹ 管理職を訓練する……CEOの指示で、自分で部下に解雇を伝えるのはマネジャーだ。マネジャーから解雇を言い渡された人はその日のことを細部にわたって必ず覚えているものだ。このタイミングで、一緒に働いた仲間に会社として正面から向き合えるかが問われている。だから、部下に説明できるように明確にマネジャーをガイドすることが大切だ。

方法❺ CEOが解雇の経緯を全社員に説明する……残る社員も「明日は我が身」と考え、解雇される人たちの扱いを注視している。これは会社に残る人たちへのメッセージでもある。

方法❻ みんなの前にいる……「解雇は伝えた。疲れた。飲みに行こう」。これはNG。オフィスにいてみんなと話すこと。荷物運びを手伝い、彼らの努力に感謝を伝えるべきだ。

「銀の弾丸」は幻想。「鉛の弾丸」を大量に使え

かつて私は大の巨人ファンだった。巨人が負けていても、9回裏になると必ず「サヨナラ逆転満塁ホームラン」を期待していた。しかし、私が観ていてそれが実現したのは、中学生だった1976年に末次利光という選手が打った1回だけ。奇跡なんて、まず起こらない。

ビジネスでも奇跡に期待してはいけない。これをベンは「銀の弾丸」にたとえている。「銀の弾丸」とは、恐ろしい狼男を一発で倒せる究極の武器だ。ビジネスでも狼男のように恐ろしい敵と出会うことがある。ベンがCEOのとき、敵が強力な製品で大商談を次々奪ってい

た。このとき、優秀な部下たちがさまざまなアイデアをもってきた。

「大衆路線に方針転換」「他社を買収して機能強化」「サービス事業への特化」

一見よさげだが、実は戦いから逃げているだけで現実を見ていない。現実を直視すれば、市場には顧客がいる。製品も買っている。ただ自社製品ではなく、敵の製品が選ばれている。

「銀の弾丸」は童話の世界のお話。現実の世界では恐ろしい敵に出会っても、普通の「鉛の弾丸」を大量に撃ち続けて戦うしかない。戦うべきときに逃げてはいけない。魔法の解決策に頼らず、一見不可能でも製品機能強化などの正攻法に集中して地道に命がけでやるしかない。

いちばん難しいのは「心のコントロール」

私たちは「CEOはメンタルがとても強い」と思いがちだが、必ずしもそうではない。ベンはCEOとして最も難しかったのが、自分の心理のコントロールだったという。「自分はタフだ」と思っていたが、現実には心が脆《もろ》かった。人の心は弱いものだ。

CEOの仕事は経営しないとわからない。「CEOになるトレーニング」なんて存在しない。すべて自己責任で、現実にはミスも多い。ともすると、CEOはストレスにさらされ続けて疲弊してしまうが、自分の感情を切り離せば、心を鎮めることができる。次の方法が有効だ。

方法❶ 友だちをつくる……同じ経験を積んだ友人と話せば、心を鎮められるかもしれない。

方法❷ 問題点を書き出す……書き出す行為で心理的呪縛から自由になり、決断しやすくなる。

方法❸「何をすべきか」に集中する……常に問題を避けようと心配しすぎると、精神のバランスを崩しかねない。「何を避けるか」でなく、「何をすべきか」に意識を集中することだ。
CEOは常に不完全な情報で意思決定を迫られている。できる限り正確な情報で判断するには、常に自社についてあらゆる情報を知っておくことが大切である。このためには継続的・組織的に情報を入手することだ。これは、Book3『マネジャーの実像』でミンツバーグが「マネジャーは組織の情報中枢」と語っていたことに相通じる。

本書を読んでいると、「なんでこんなに辛いのに、起業なんかするの?」と思ってしまう。しかし、ジェットコースターが怖いはずの私も、なぜかスリルを求めてまた乗ってしまう。起業家も同じなのかもしれない。ベンは本書でいちばん伝えたい教えを書いている。

「苦闘を愛せ」

苦闘を愛せる人間が起業するのかもしれない。そしてジェットコースターと起業では、決定的な違いがある。それは「夢」だ。最後にベンはこの言葉を贈っている。

「幸多かれ、夢の実現あれ」

すべては夢の実現のため。起業家が苦闘を愛せるのは、実現したい夢があるからなのだ。

POINT

起業家の夢は、悪夢と苦闘が絶え間なく続く先にある

7

『新版 組織行動のマネジメント』（ダイヤモンド社）

——あらゆる問題は「人」に行き着く

スティーブン・P・ロビンス

組織行動学の権威。元サンディエゴ州立大学教授。アリゾナ大学で博士号を取得し、ネブラスカ大学、バルチモア大学、南イリノイ大学などで教鞭をとった。マネジメントと組織行動学の分野における世界一のベストセラー教科書の作者。これまでの発行部数は200万冊を超える。米国内の1000校以上の大学で教科書として採用され、世界各国でも使われている。その他の著書に『マネジメント入門』など。

ほとんどのマネジメントの問題は、結局人の問題に突き当たる。しかし、ビジネススクールが対人関係の問題を重視し始めたのは最近のこと。そこで生まれたのが**組織行動学**だ。

組織行動学とは、組織の人間の行動や態度を体系的に考察する学問だ。組織行動学を学べば、私たちが会社の組織で遭遇する多くの問題の対処方法がわかる。

本書は世界1000以上のビジネススクールで使われている組織行動学の定番教科書であり、200万部を超える世界的ベストセラーだ。組織に関するほぼすべての問題を取り上げ、網羅的かつ簡潔にまとめた良書である。著者は多くの大学で教鞭を執ったロビンス教授だ。

組織行動学は、個人・グループ・組織という3つのレベルで人の行動を解き明かす。本書もこの3つについて広範に理論を紹介している。

本書からハイライトを紹介したい。

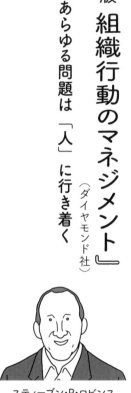

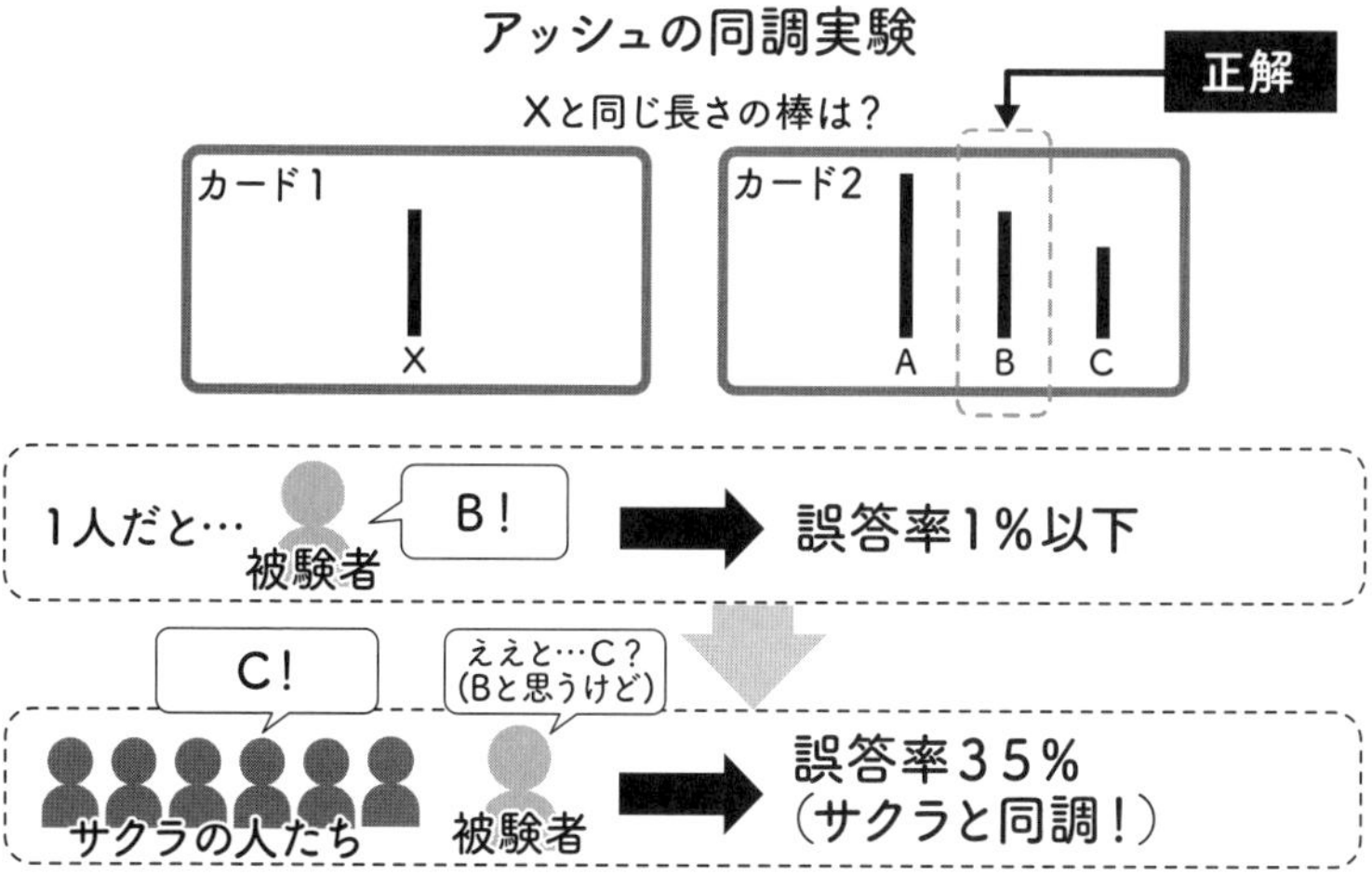

出典：『新版 組織行動のマネジメント』を参考に筆者が作成

組織は同じ目標を共有する集団

集団とは何か？　航空機で乗り合わせた乗客は他人同士で、集団とはいえない。しかし、この航空機がトラブルで砂漠のど真ん中に不時着したとする。乗客は全員無事だが通信装置は壊れ、スマホも圏外。全員が力を合わせて危機から脱出しなければならない。この瞬間、乗客たちは「危機からの脱出」という目的を共有する集団に変わる。

このように**集団とは、特定の目的を達成するために集まり、互いに影響を与え合う複数の人たちの集まり**のことだ。

会社も同じ組織目標を共有する集団だ。集団はさまざまな性格をもっている。

性格❶ 規範

集団には独自の規範がある。銀行員はスーツ着用が必須だが、ＩＴベンチャーでは「制服はＴシャツ」といわれる。この規範のおかげで、集団のメンバーは同調行動を取る。

アッシュという研究者がカードを2枚配り、「Xと同じ長さはどれか」と聞く実験をした（前ページ図参照）。簡単なテストなので通常は誤答率1％以下。そこで7〜8名のグループで被験者1人以外をサクラにした。サクラ全員に間違った答えを言わせた後、被験者に聞いた。35％の被験者は、正しい答えを知っていてもサクラの間違った答えに合わせた。間違っていると知りながら同調したのだ。このように**集団には同調を強要する集団規範**がある。

不祥事を起こした大企業を見て私たちは「なぜ誰も間違っていると言わないのか」と思いがちだが、人は集団の中で周囲と異なる意見を言うことに強いプレッシャーを感じるのだ。

性格❷ 凝集性

私が30代の頃に働いていた職場では、同僚と朝から夕方まで一緒に仕事をした後、いつも深夜まで飲んでいた。お互いを深く理解でき、仕事もスムーズに進んだ。このように集団内で固まる度合いを**凝集性**という。一方で、凝集性が高い集団は「会社の方針には絶対反対」と一致団結して、強力な抵抗勢力になることもある。

次ページ図のように集団凝集性が高く、集団と組織の目標が一致すれば組織の生産性は大きくアップするが、一致しないと生産性は下がる。集団凝集性を高めつつ、その集団と組織目標を共有することが大事だ。集団凝集性を高める方法がある。集団を小規模にし、メンバーがともに過ごす時間を増やす。さらに他集団との競争を促進し、個人でなく集団に報酬を与える。

Book47『タテ社会の人間関係』で紹介するように、圧倒的多数が単一民族で占められて

集団凝集性と生産性の関係

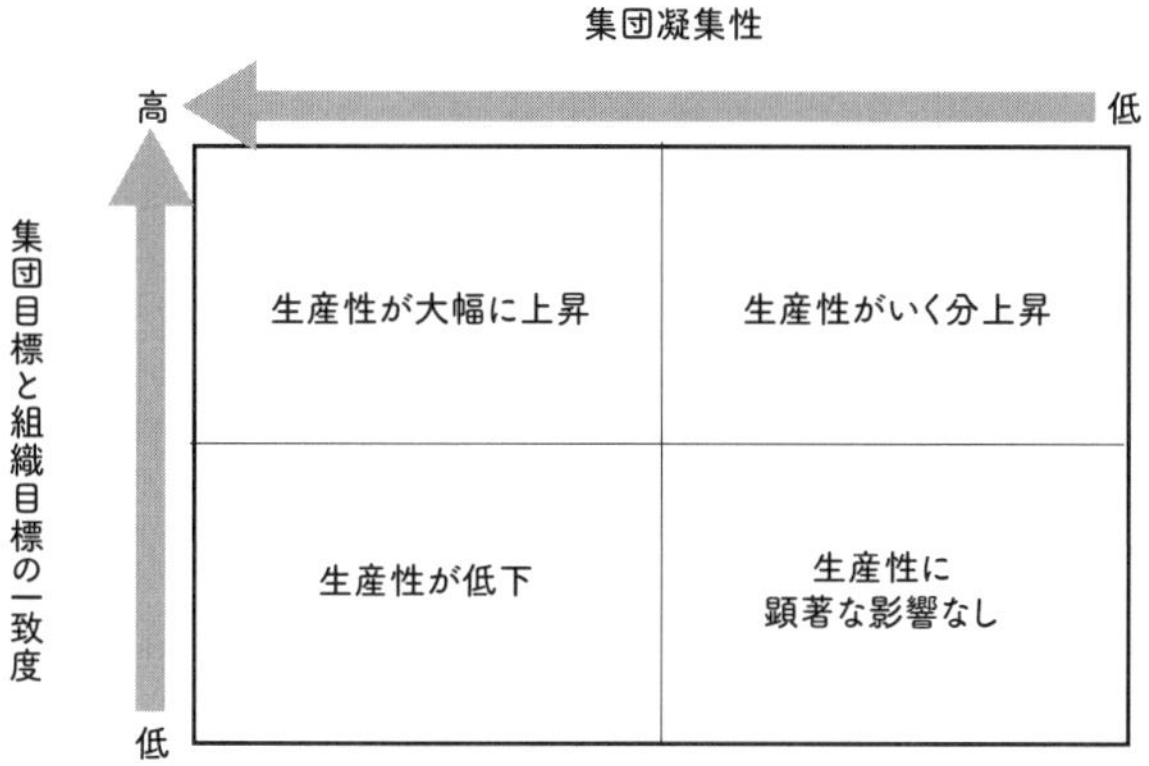

出典:『新版 組織行動のマネジメント』から引用

いる日本社会は高い集団凝集性をもっている。併読すると理解が進むはずだ。

性格❸ 規模

規模も集団の行動に影響する。12名以上の集団は多様な意見や情報を入手できるが、7名前後の集団のほうが生産性が高い。

一方で、集団では**社会的手抜き**が発生する。心理学者のリンゲルマンは、綱引きゲームで個人と集団の業績を比較した。8人で引っ張れば個人の8倍の力が出るはずだが、実験すると3人グループは2・5倍、8人グループは4倍の力しか出なかった。集団では「ただ乗り」する人が増え、努力しなくなる。個人の貢献が評価されないと、サボる人が出てくるということだ。

性格❹「集団」と「個人」の意思決定

個人の意思決定は責任が明確で迅速だ。集団の意思決定はより多くの選択肢を検討でき、個人の意思決定よりもすぐれた業績をあげるが、時間がかかる。個人と集団のどちらがよいかは状況次第だ。重要性が低い場合や十分な情報があれば、個人に任せたほうがいい。重要性が高い場合や情報不足の場合は、より質が高い集団の意思決定を活用すべきだ。Book6『HARD THINGS』で著者のベンが「ありのまま話し、数多くの脳を活かせ」と言うのも、集団の意思決定のメリットを考えてのことなのだ。

リーダーシップに必要不可欠な「信頼」

リーダーシップはどうあるべきか。すぐ答えが出そうなテーマだが、実は難しい。多くの研究者が研究してきたが、「リーダーかくあるべし」という姿は見えてこないのだ。

明確なビジョンと強い影響力をもつ**カリスマ型リーダー**が理想に思える。たしかに危機的状況ではカリスマ性は業績や部下の満足度を劇的に高めるという研究がある。しかし、平時では問題も多く、「カリスマ性は組織を弱体化させる」という研究結果も増えている。

カリスマ性があったカルロス・ゴーンは破綻寸前の日産を短期間で見事に立て直したが、その後、報酬額を有価証券報告書に虚偽記載した容疑で逮捕。CEO・会長職も解任された。カリスマ型リーダーは、Book5『プロフェッショナルマネジャー』の著者であるジェニーンが指摘したエゴチズムの問題にとらわれ、自分の利益と組織の利益を曖昧にする傾向もある。

今日のリーダーにとって重要なのが**信頼**だ。部下が「上司の言動はブレない」と思えば、安心して上司にリスクを預けられる。研究によると信頼を築くカギは、①**誠実性**、②**能力**、③**一貫性**、④**忠誠心**、⑤**開放性**の5つであることがわかっている。信頼構築には、相手に意思決定

リーダーに必要な「信頼」を築くカギ

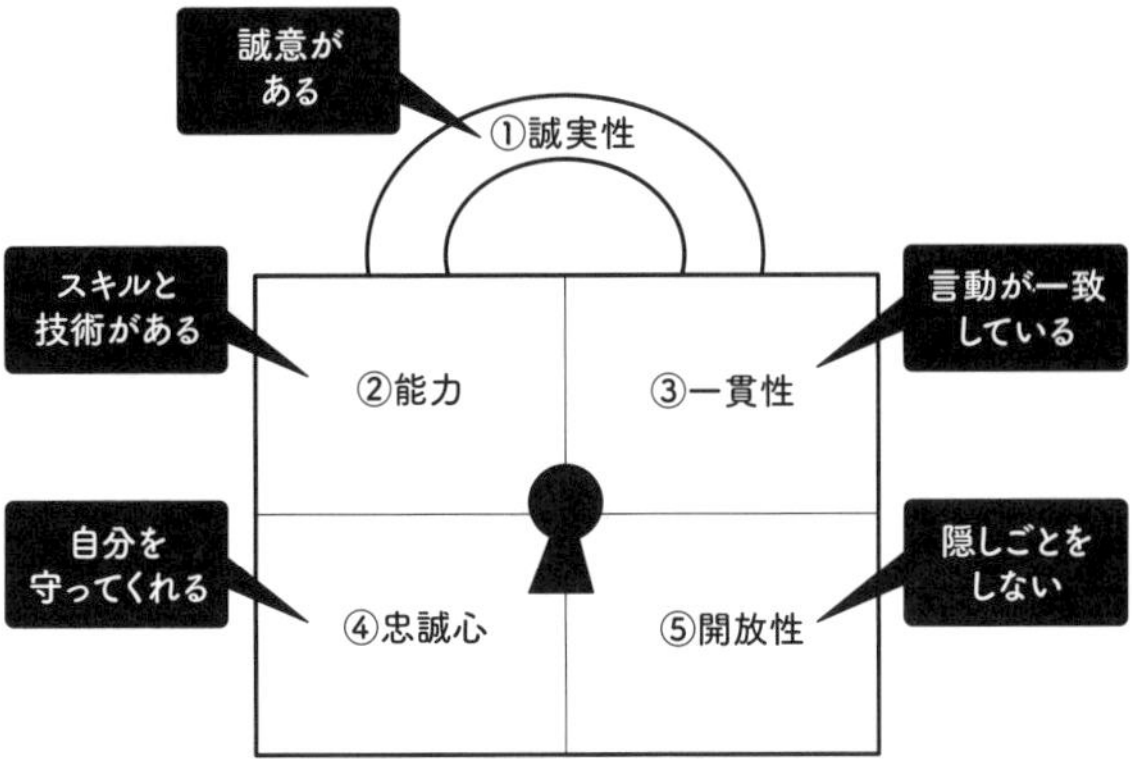

出典:『新版 組織行動のマネジメント』を参考に筆者が作成

の理由と根拠を明確に説明して情報共有すること。公正であり、自分の感情を言葉で表し、誠実に真実を話すこと。言動が一貫し、約束を果たすこと。そして個人から打ち明けられた秘密を守り、自分の能力を示すこと。この当たり前のことを着実に行うのだ。

ただし、リーダーシップは必ずしも必須なものではない。リーダーシップは成功するために必要なさまざまな要因のひとつにすぎない。実際に一度も社長を見たことがない現場社員は多いが、それでも多くの会社はちゃんと回っている。

なお、最近の研究では、リーダーには**EI（感情性知性）**が必要であることがあきらかになっている。平均的な管理職とすぐれた上級管理職の違いの90%は、EIの違いによるものだ。EIについては、**Book41**『EQ こころの知能指数』で詳しく紹介する。

「組織文化」をつくり上げ、常に「変革」せよ！

2011年の東日本大震災。首都圏で大量の帰宅難民が発生したとき、帝国ホテルはロビーや宴会場を開放して2000人の帰宅難民を受け入れた。帝国ホテルは1923年の関東大震災でもおにぎりを提供したという。「困っている人を見ると助けたくなる」のが帝国ホテルの**組織文化**。帝国ホテルのホテルマンにとっては自然な行動なのだろう。

組織文化とは、その組織メンバーが共通してもつモノの見方のことであり、社員の行動を決める台本だ。強い組織文化は、帝国ホテルのように社員の行動に強い影響力をもつ。

組織文化は創業時に原型が形づくられる。つまり起業のタイミングこそが、強い企業文化をつくり上げる最大のチャンスである。ここで重要なのが創業者の行動だ。

創業時のアマゾンでは、倹約のためにホームセンターで買ったドアの木材を創業者ベゾスの机に使っていた。ベゾスの愛車は長年ホンダ・アコード。出張はエコノミーだった。トップ自らあらゆる手段でコスト節約を追求する姿勢が、アマゾンの組織文化なのだ。

このように創業者の考え方や行動が、組織文化として定着していく。

組織文化については、『MBA必読書50冊を1冊にまとめてみた』のBook38『企業文化生き残りの指針』（E・H・シャイン著、白桃書房）もあわせて参照してほしい。

つい最近まで多くの人は、組織が変革する必要があるのは例外的に発生する非常時だけで、

POINT

組織行動学を学べば、組織の統制方法が見えてくる

基本的には平常運転のまま、変革する必要はないと思っていた。たとえると、組織はある特定の港に向かって静かな海を航行する大きな船のようなものだった。船長と船員は何百回も同じ航路を旅している。ときに嵐に遭うが、船長はそのたびに対応して、再び静かな海に戻る。

しかし、現代では常にダイナミックな変化が継続的に起こる。だから、常に組織変革が必要になる。たとえると、組織は急流の川を下る小さなイカダだ。しかも、乗組員10人は一緒に仕事をしたことがなく、この急流も未経験。周囲は真っ暗。どこに障害物があるかわからず、目的地も不明。メンバーも常に交替する。こんな状況で変革が常に続いていく。

このように組織変革が日常的になると、組織を**「学習する組織」**に変える必要がある。詳しくはBook9『学習する組織』で紹介したい。

本書では動機づけ理論や組織構造の設計方法も紹介している。起業で組織運営する際に役立つはずだ。本書は常に改訂され、原著の英語版は2018年に第18版が出ている。だが、最新の邦訳版は2005年刊行の第8版を訳したもの。最新版の邦訳を強く望みたいところだ。

8

『組織は戦略に従う』（ダイヤモンド社）

——実は、戦略も組織に従う

アルフレッド・D・チャンドラー Jr.

元ハーバード・ビジネススクール名誉教授。経営学者であると共に歴史家でもあり、経営史の第一人者として知られる。1918年生まれ。40年ハーバード大学卒業後、海軍、MIT、ジョンズ・ホプキンス大学を経て、70年ハーバード大学教授になる。代表作である本書は1920年代の米国大企業の軌跡を詳細に追い「組織は戦略に従う」との名言を残した。著書に『経営者の時代〈上下〉』などがある。2007年没。

本書は多くの人が読まずに誤解している古典的名著のひとつである。

『組織は戦略に従う』ってことね」と思い込み、読まない人が実に多いのだ。著者のチャンドラーは本書改訂版の序文で「そんなことは言っていない」と否定し、こう書いている。

「**戦略が組織に影響を及ぼすのと同じように、組織も戦略に影響する**」

ハーバード・ビジネススクールの名誉教授だったチャンドラーは、経営戦略論を学ぶと必ず名前が出てくる経営史の第一人者だ。１９６１年刊行の本書は、徹底した企業研究を通じて現代でも大切なマネジメントの本質を示している。戦略も大事だが、戦略を実現する組織も大事だ。あるべき組織の姿をゼロから考えずに過去の事例から学べば、成功の可能性は高まるのだ。

革新的企業4社が行き着いた「事業部制組織」

本書は**事業部制組織**が生まれた経緯を分析し、その本質と、組織と戦略の関係を解明してい

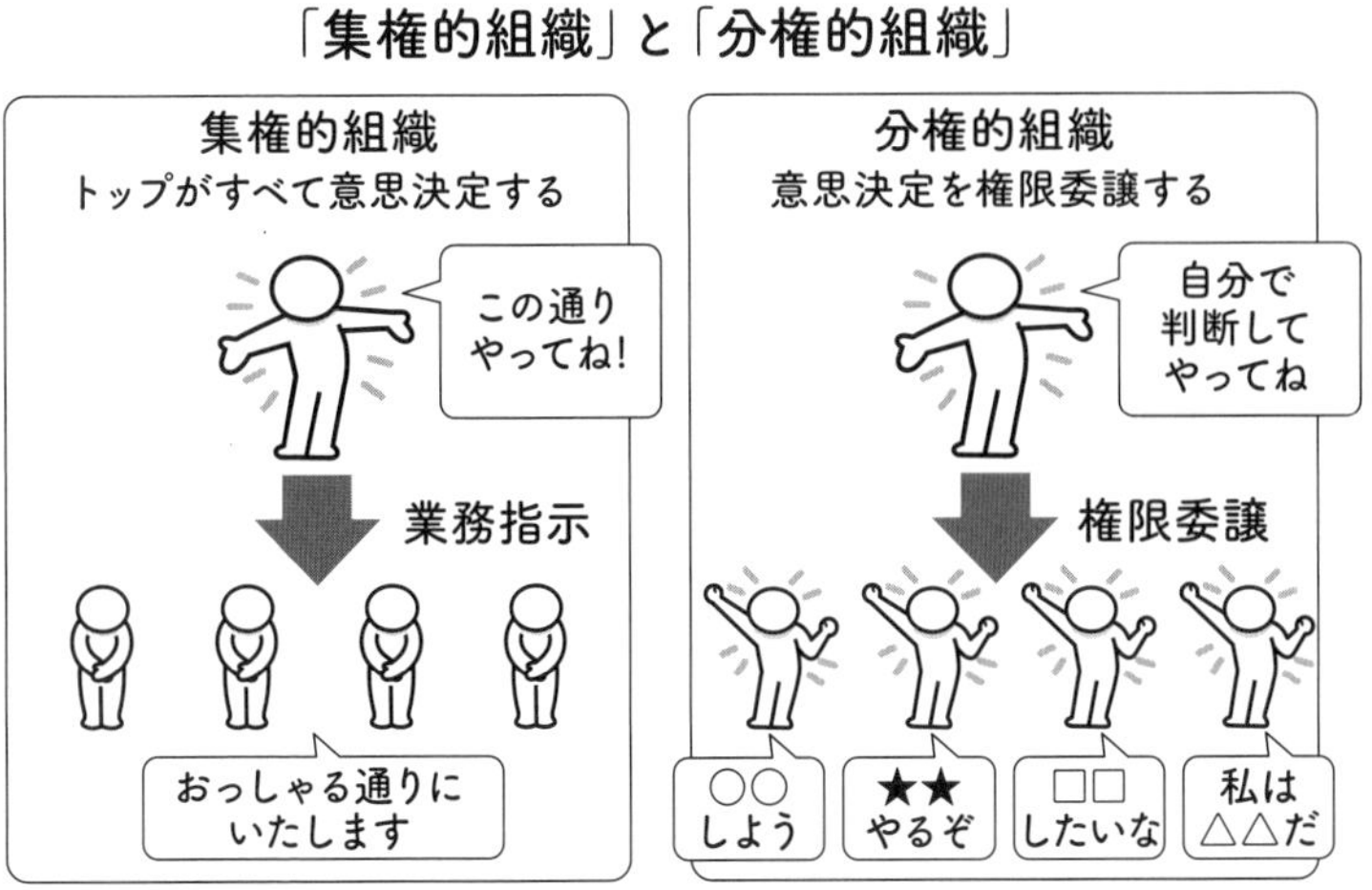

出典：『組織は戦略に従う』を参考に筆者が作成

る。「今さら事業部制？」と思うかもしれないが、事業部制の本質を理解せず、強みが活かせていない組織は多い。事業部制は、先人たちが課題に直面し、試行錯誤の末に生み出したものだ。その経緯を理解すれば、事業部制の強みを活かす方法もわかるし、新たな組織のつくり方も見えてくる。

チャンドラーは、1920年代に事業部制組織を生み出した企業が4社あることを知った。デュポン、ゼネラルモーターズ（GM）、スタンダード石油ニュージャージー（現エクソンモービル）、シアーズ・ローバックだ。

組織には、すべての意思決定をトップが握る**集権的組織**と、意思決定を権限委譲する**分権的組織**がある。4社は当時の米国企業で一般的な集権的組織だったが、事業を多角化して課題に直面した。

企業❶ デュポン……もとは火薬メーカーだった。

余剰人員対策として事業を多角化したが、業績が低迷した。若手幹部を数名投入して分析した結果、事業多角化に合わせた組織にしなかったことが原因とわかった。たとえば、法人顧客と個人消費者ではビジネスのやり方がまったく違うのに、同じ営業部で法人の大口案件に火薬をトン単位で売る傍ら、塗料を売るために小売店と交渉していた。社内で同様のことが至るところで起こり、混乱していた。

企業❷ GM……GMは創業者が拡大路線を突っ走り、数多くの自動車会社を買収で傘下に収めて巨大化したが、創業者は組織づくりには無関心。買収した多数の子会社は放置されてバラバラに自動車をつくるだけ。お互いに連携がなく、ムダが多かった。需要が旺盛な間はよかったが、不況で自動車の需要が急落すると一気に低迷し、創業者は退任した。

企業❸ スタンダード石油ニュージャージー……石油王ロックフェラーが創業した巨大企業・スタンダード石油は、最高裁判所の独占禁止法にもとづく命令で34社に分割された。スタンダード石油ニュージャージーはそのうちの1社だ。分割で多くの事業を失ったので海外市場進出などで多角化を図ったが、組織体制が未熟なため、需要急落や過剰生産などのさまざまな危機に直面すると対応できなかった。

企業❹ シアーズ・ローバック……米国の農村部向けのカタログ通販で成功していた。「自動車が普及して都市化が進むチャンスを捉えよう」と考え、直営小売店展開を始めた結果、1925～29年に事業は急拡大。しかし同社は、カタログ通販ビジネスは熟知していたが、小売直営店の経営ノウハウも人材もないまま急拡大したので、事業運営は混乱した。

4社ともまったく違う業界でビジネス環境も異なるが、各業界で最初に事業を多角化して、誰も経験したことがないさまざまな課題に直面した点は共通していた。

集権的組織だった4社は、当初トップがさまざまな問題に対応した。しかし、多岐にわたる知識が必要となり判断も複雑化。トップ一人で対応するのは無理だった。判断ミスも多く、実務に追われ、本来トップしかできない会社の将来を考える時間が取れなくなった。

4社は個別に試行錯誤の末、**集権的組織を分権的組織に変えて権限委譲する必要がある**と学んだ。そして「ひとつの事業はひとつの事業部に任せ、トップは実務に関わらない」という事業部制組織に行き着き、その後の成長につなげたのだ。

企業❶ デュポン……個々の製品ラインに目を光らせて確実に利益をあげる責任は、誰ももっていないと気づいた。そこで、製品群ごとの事業部制組織に変革し、責任を明確にした。

企業❷ GM……創業者退任後、GMの部品子会社の若手社長・スローンがGMを事業部制組織に変えることを提案、経営陣に了承された。1921～25年にかけて全社方針の下で事業部間を調整して業績評価をする体系的手順をつくった。資金調達・生産・マーケティングを連携させて需要変動に対応できる体制も構築、GMは結束が強い企業に生まれ変わった。

企業❸ スタンダード石油ニュージャージー……デュポンやGMのように明確な計画はなかったが、需要急落や過剰生産などのさまざまな危機に直面して、試行錯誤しながら徐々に組織体制を整備。最終的にデュポンやGMと似通った事業部制組織にたどり着いた。

企業❹ シアーズ・ローバック……組織改編は右往左往を繰り返したものの、最終的に194

8年になって事業部制組織を実現した。

このように4社は、異なる複数の顧客層へまったく異なる製品を販売する際に限界に直面して、事業部制を生み出した。その後、多くの米国企業が、彼らが生んだ事業部制組織を模倣し、米国は発展した。では、事業部制とはどんな組織なのか？

事業部制組織のメリット・デメリット

かつて私がいたＩＢＭも事業部制組織で、サーバーを売るシステム事業部、ソフトウェアを売るソフトウェア事業部、コンサルティングやサービスを売るサービス事業部という3事業部があった。同じＩＴ商材でも、これら3つの商材は性格、ビジネス形態、売り方はまったく違う。だからＩＢＭは事業部制組織にしたのだ。

チャンドラーは「**事業部制組織は4階層構造でマネジメント活動が行われる**」と言う。

・**総合本社**……最上位で全社マネジメントに専念し、全社業績に責任を負う。実務からは離れて、経営陣や専門スタッフが複数事業部の業績を評価し、経営資源を配分する。

・**事業部中央本社**……単一事業を営むひとつの会社のように、特定の製品グループや地域を担当し、本社から与えられた経営資源を活用しながら実務を通じて成果をあげる責任を負う。

この事業部中央本社の下に、販売・研究・製造・購買・財務などのさまざまな職能を担当する**部本部**があり、その下に**現業部門**がある。

左図でいうと、私はＩＢＭではソフトウェア事業部という事業部中央本社のスタッフとして

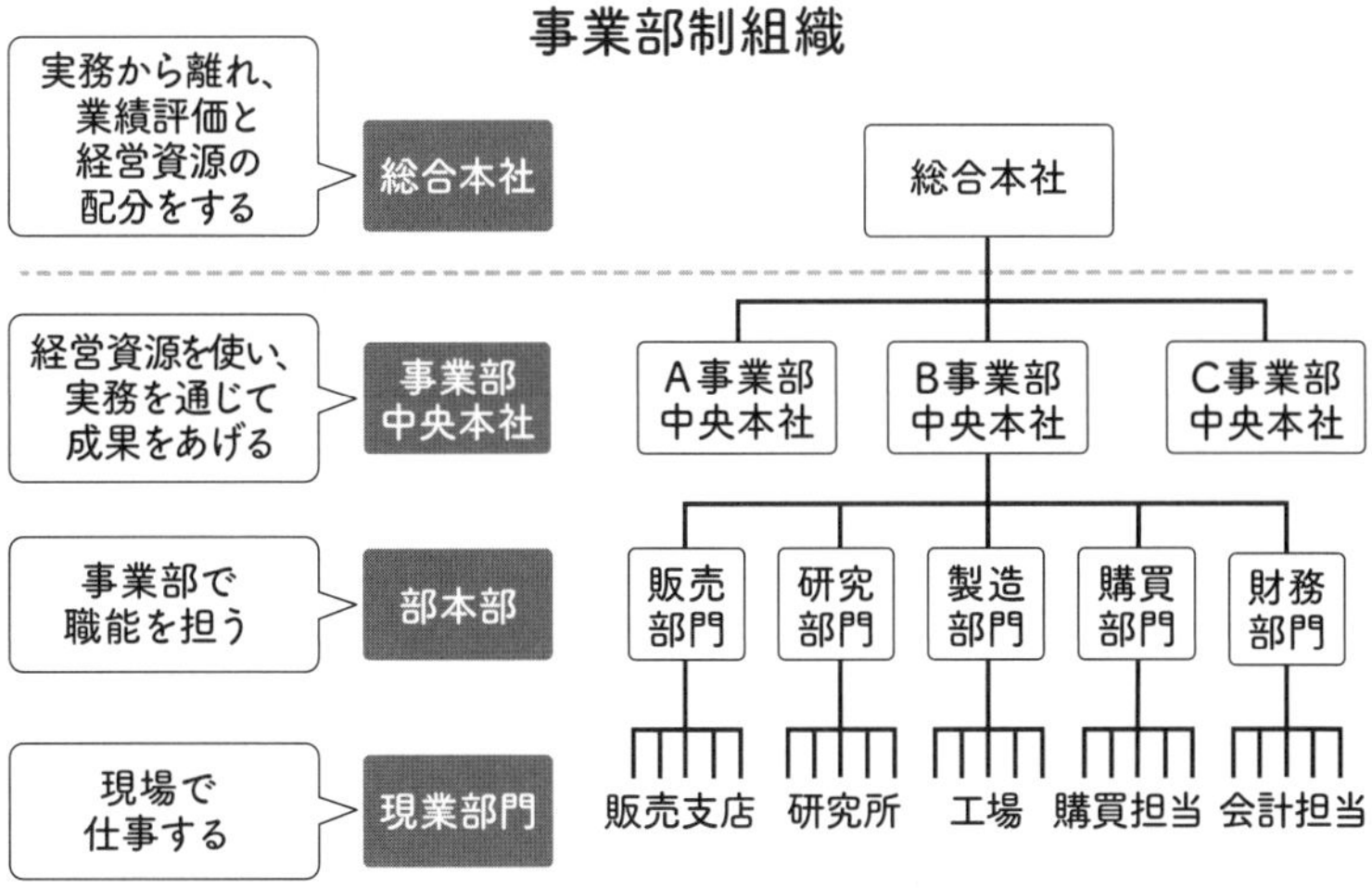

出典：『組織は戦略に従う』の図版をもとに筆者が一部追記

マーケティング戦略を担当した後に、部本部のマネジャーとして人材育成を担当した。

事業部制組織に生まれ変わった4社は、その後成長した。5年間かけて事業部制組織を整えたGMは1924〜27年にかけて米国自動車市場のシェアが19％から43％へ急上昇。自動車業界トップになり、その後は長い間、米国自動車市場を支配した。

事業部制組織では責任が明確になり、意思決定も迅速になる。事業部社員は、スペシャリストとして専門性を磨き上げられ、事業部トップも経営者目線で事業に取り組めるので、社内に多くの経営人材を育てられる。

総合本社は事業部に経営資源を配分して業績を評価することで、各事業部をコントロールする。総合本社トップは実務から解放され、全社視点で長期的な成長戦略を追求できるようになる。

事業部制の本質は、事業部への分権化と強い総合本社による戦略性だ。**事業部制という組織が、新たに戦略を生み出す**のだ。チャンドラーが言うように組織も戦略に影響する。

日立の中西宏明元会長は、ＩＢＭの事業を買収し発足した日立グローバルストレージテクノロジーズ（ＨＧＳＴ）のトップとして米国に乗り込み、経営を立て直した。この経験はその後、日立のグローバル改革の先行体験となった（２０１４年10月21日付『日本経済新聞』の記事「日立復活、帰国組がけん引 世界での戦い方を伝授」より）。

そして日立トップに就任した中西氏は、今度はなんと再建したＨＧＳＴの事業売却を決断。全社戦略である社会インフラ事業に集中するためだ（２０１１年3月8日付『日本経済新聞』の記事「ＨＤＤ事業売却、日立、『最大の課題』決着、社会インフラ分野で攻勢へ」より）。

日立は事業部制組織のおかげで、事業会社ＨＧＳＴで復活のカギとなるグローバル化の先行体験をして、総合本社トップの全社視点で戦略的にＨＧＳＴ売却を決断できたのだ。

事業部制組織なのに、何かあると本社トップにお伺いを立てる事業部幹部や、各事業部に口出しする一方で全社戦略を考えない本社トップは、事業部制の本質を理解していないのだ。

組織はどんなときに進化するのか？

事業部制の誕生は１００年近く前だ。組織の最適解は、事業部制だけではない。技術が進化した現代では、ネットワーク技術を活用し、分権化をさらに進めて個人に１００％裁量権を与えるティール組織のような組織形態も生まれている。そして本書が描いているように、最適な組織形態を決めるのは、ビジネス上の課題だ。では、どのように課題を捉えて、組織を変えていけばいいのか？

チャンドラーは4社以外にも数多くの企業を研究した結果、このようにも述べている。

「組織に大きくメスが入るのは、たいていが経営トップの交代後である」

会社を成長させる経営者は、事業拡大には熱心でも組織体制には無関心なことが多い。結果、組織の問題が放置され、隠れた大問題になる。チャンドラーが取り上げた4社も、創業時からの経営陣が退陣するまで組織の問題に手をつけられなかった。業績が低迷する企業は、経営トップが抱えるさまざまなしがらみのために組織の問題が放置されていることも多い。だから経営トップ交代は、組織変革のチャンスだ。もしあなたが現場のビジネスパーソンならば、新トップ就任は懐で温めていた新しい戦略と組織変革を提案して実現する最高の機会でもある。

組織のあるべき姿は今後もまだまだ進化していく。そのことを学ぶ上で、経営の歴史書ともいえる本書から得られることは実に多いのだ。

POINT

戦略とともに「あるべき組織構造」も考え抜け

9

『学習する組織』

――「管理する組織」から「学び続ける組織」へ進化せよ

（英治出版）

ピーター・M・センゲ

マサチューセッツ工科大学（MIT）スローン経営大学院の上級講師、組織学習協会創設者。1947年米国生まれ。MIT スローン経営大学院の博士課程を修了、同校教授を経て現職。自律的で柔軟に変化し続ける「学習する組織」の理論を提唱。理論構築にとどまらず、ビジネス・教育・医療・政府の世界中のリーダーたちと協働し、学習コミュニティづくりを通じて組織・社会の課題解決に取り組んでいる。

Book6『HARD THINGS』やBook7『組織行動のマネジメント』で紹介したように、現代の組織は激流を下るイカダと同じ。何が起こるか予測も管理もできない。そこで「管理する組織」から、変化に対応できる**「学習する組織」**へ進化する必要がある。本書は「学習する組織」へと変わるための考え方を提唱した一冊だ。

『ハーバード・ビジネス・レビュー』誌は「この75年間でマネジメントに最も影響を与えた本の一冊」に本書を選出。米国アマゾンでも高評価の書評が多い。本書が広く支持されている証しである。本書は企業が進化すべきひとつの方向を示しており、学べることは多い。

センゲはMIT経営大学院の上級講師だ。組織学習協会の創設者として「学習する組織」の理論を提唱してきた。本書はセンゲが多くの「学習する組織」の実践者と出会った経験をもとに1990年刊行の旧版を刷新して2006年に出版した一冊。しかし、580ページの大著で「難解で読めない」という人も多い。そこで要点を絞って紹介しよう。

従来のマネジメントは、もはや限界

学習する組織とは、激しい変化の中でも自ら学び、しなやかに進化し続けられる組織のこと。このためには、人が生まれながらにしてもつ「自ら学びたい」という力を引き出し、組織全体が学んでいくことが必要だ。しかし現実には、従来型のマネジメントは真逆である。

社員は、上が決めた目標に沿って管理され、結果は業績で評価される。高評価は報酬がもらえ、低評価だと減給・解雇。こうした管理は「自ら学びたい」という力、自尊心、喜びと好奇心、創造性を破壊している。一方で目標は社内でバラバラなのが実態だ。もはや管理だけでは限界なのだ。

組織は「学習する組織」に進化すべきだ。本書では学習する組織が獲得すべき5つの学習能力として、**❶システム思考**、**❷自己マスタリー**、**❸共有ビジョン**、**❹メンタル・モデル**、**❺チーム学習**を挙げている。原題も"Fifth Discipline"（5つの学習能力）だ。個別に見ていこう。

能力❶ システム思考……全体を洞察し、根本原因を見極める

「変だなぁ。昨日マッサージしたのにますます肩が凝る」。こんな経験はないだろうか？

これは強く肩を揉むと筋繊維が損傷して筋肉が硬くなる「揉み返し」という症状だ。「肩が凝る→揉む」という対症療法では、問題が悪化することも多い。「商品が売れない→値下げ→一時的に売れるが……→その後さらに売れなくなる」のも、同じく対症療法だ。

「学習する組織」は5つの学習能力でつくられる

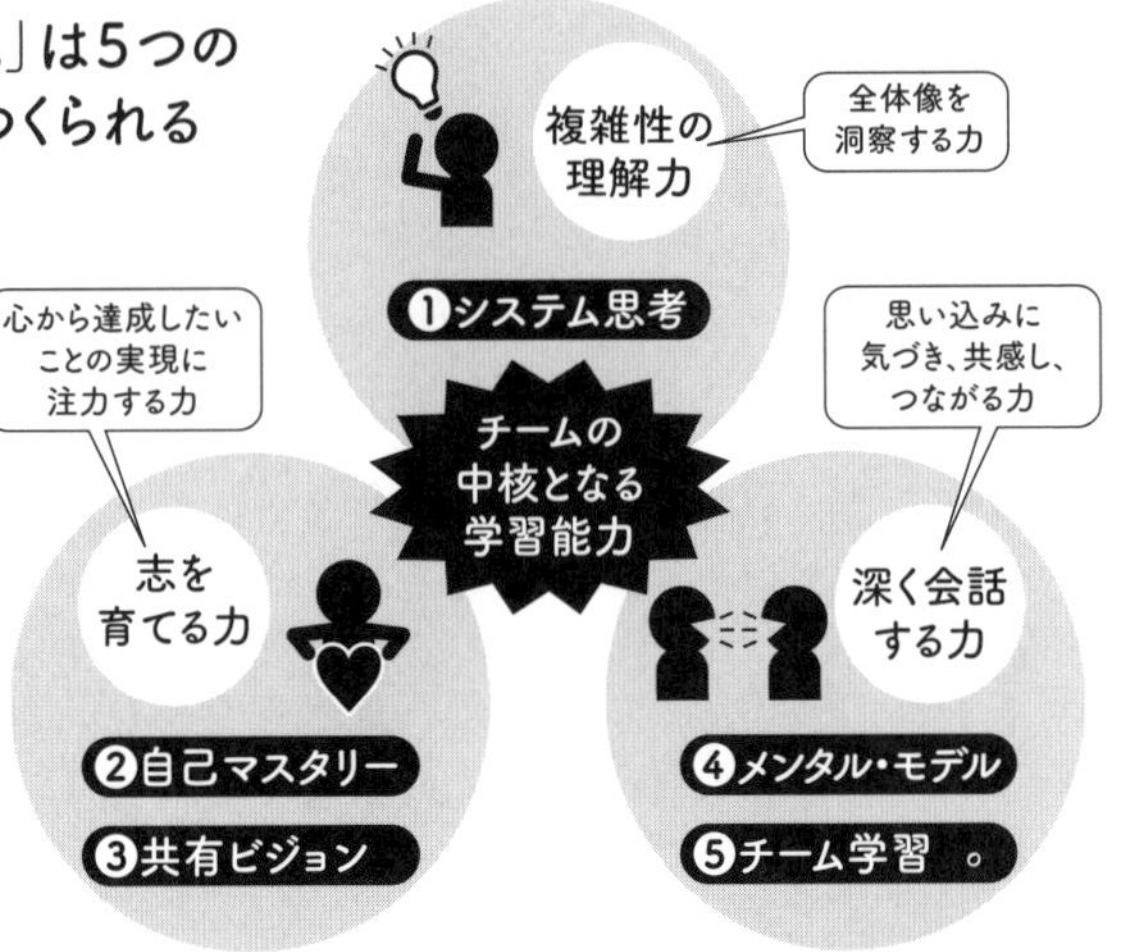

出典：『学習する組織』を参考に筆者が作成

対症療法は、一時的に症状が改善しても根本原因は手つかずだ。問題をさらに悪化させて、悪循環に陥ることが多い。本来必要なのは全体を洞察し、根本原因を見極め、対応することだ。

そこで役立つのが**システム思考**だ。まず**システム思考の3つの基本要素**を理解しよう。

❶自己強化型フィードバック……私は講演のアンケートで要改善点が見つかると、次の講演に反映して常に内容を改善している。フィードバックとはこのように、ある行動の結果を次の行動に反映させる仕組みのことだ。フィードバックには2つあって、そのひとつが自己強化型フィードバックだ。雪だるまが転がり次第に大きくなるように、小さな変化が大きな変化を生むものだ。売上増で顧客が増え、評判が広がり売上がますます増える好循環もあれば、売上減で「あの店は危ない」という口コミが広がり、

「システム思考」に必要な3つの基本要素

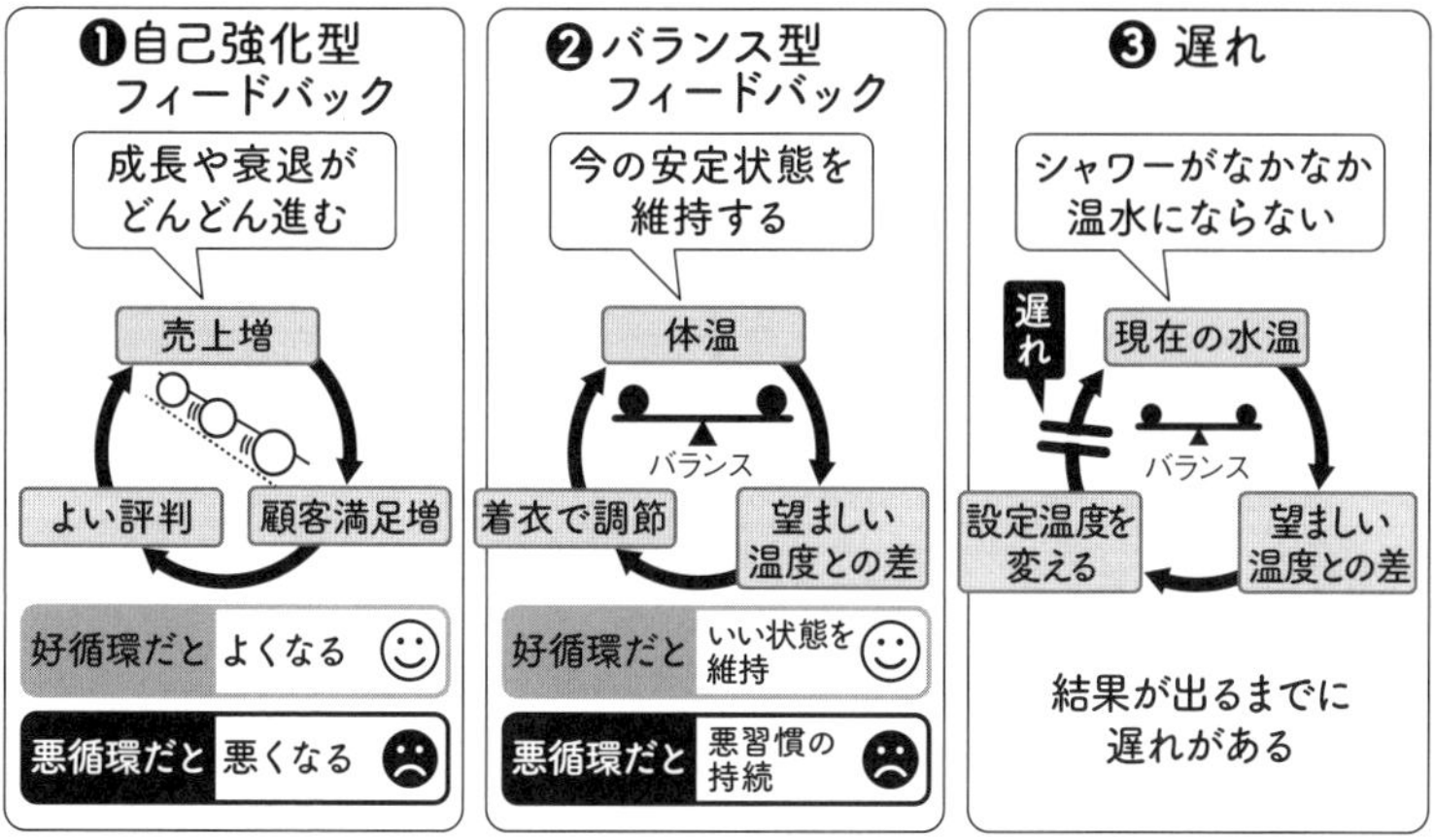

出典：『学習する組織』を参考に筆者が作成

売上が落ちる悪循環もある。

❷**バランス型フィードバック**……安定状態を維持するもうひとつのフィードバック。たとえば「寒い」と感じた人は厚着で暖まり、体温を維持する。いい組織が好業績を生む好循環もあれば、悪い習慣から抜けられない悪循環もある。

❸**遅れ**……システムには遅れがある。シャワーを温水にしても温かくなるのに時間がかかるのも「遅れ」だ。組織も同じで、新商品を出しても売上の結果が出るのに数カ月〜数年かかる。

これら3つの基本要素を組み合わせてシステム全体を洞察できるようにしたものが**システム原型**だ。このシステム原型がわかれば、一見解決が難しい複雑な問題で繰り返し現れる「型」を見抜いて、問題の全体像を把握する直感が働くようになる。本書は9つのシステム原型を紹介している。

そのひとつ、私たちがよく見かける「問題のすり

システム原型「問題のすり替わり」

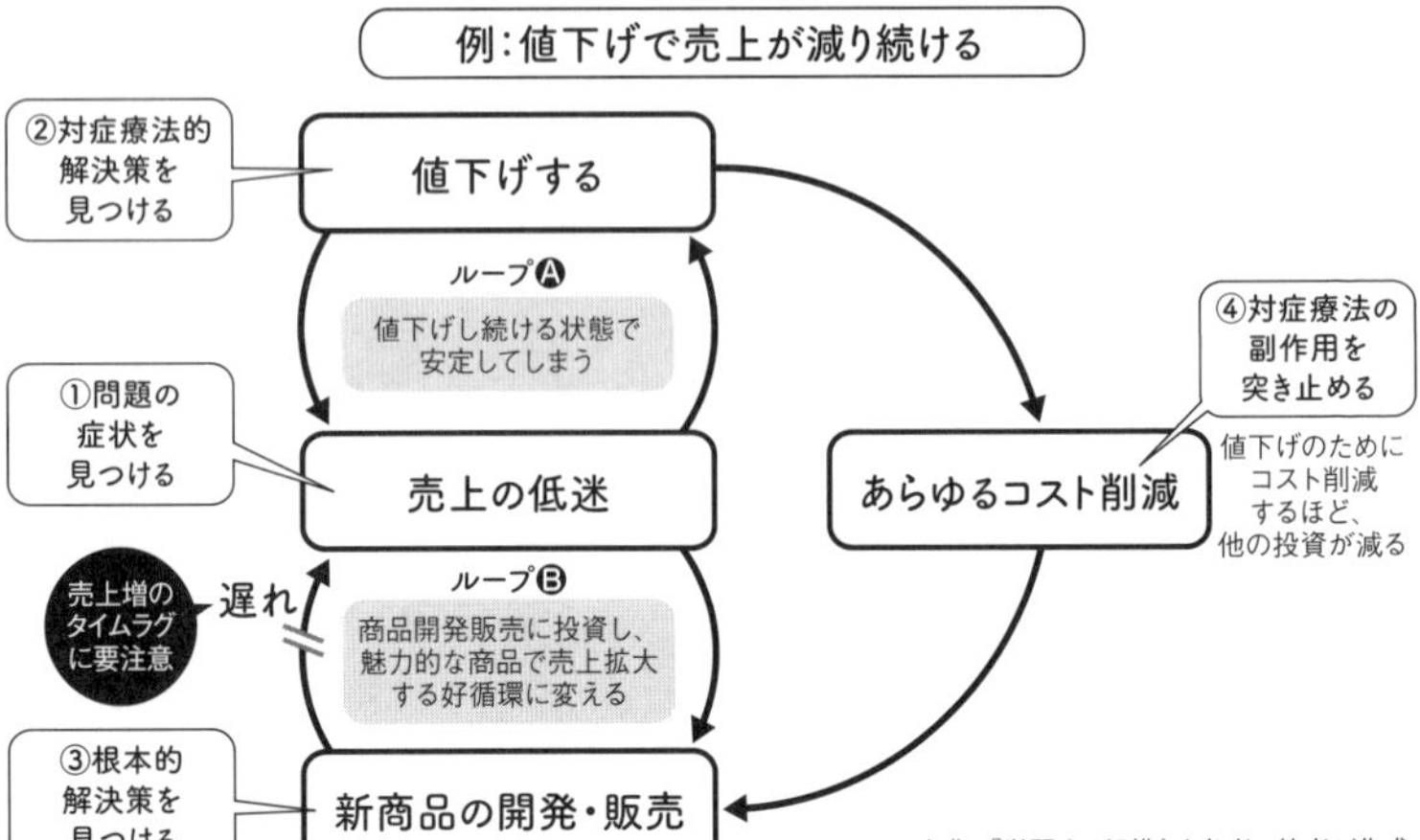
例：値下げで売上が減り続ける
②対症療法的解決策を見つける
値下げする
ループⒶ
値下げし続ける状態で安定してしまう
①問題の症状を見つける
売上の低迷
売上増のタイムラグに要注意
遅れ
ループⒷ
商品開発販売に投資し、魅力的な商品で売上拡大する好循環に変える
③根本的解決策を見つける
新商品の開発・販売
④対症療法の副作用を突き止める
あらゆるコスト削減
値下げのためにコスト削減するほど、他の投資が減る

出典：『学習する組織』を参考に筆者が作成

替わり」を紹介しよう。

商品が売れず、値下げしてさらに売れなくなる悪循環は「**問題のすり替わり**」に陥っている。上図の例でいえば、問題の症状が「売上の低迷」(①)。ループⒶが対症療法的な解決策。売上低迷に対して値下げすることで一時的に売れるが、すぐ売れなくなる(②)。ループⒷが根本的解決策。根本的解決策は、新商品を開発・販売して売上拡大を定着させることだ。が、商品開発が売上増につながるには1~2年の遅れがある(③)。一方で値下げの副作用もある。全社命令であらゆるコスト削減を徹底する必要があり、商品開発費も削減されてしまうので、そもそも新商品開発にお金が回らない(④)。

全体像がわかれば「値下げを我慢して商品開発に投資すべきだ」とわかる。商品開発が売上増につながる1~2年の遅れを我慢できるかがカギだ。

「創造的緊張」が自己マスタリーのエネルギー

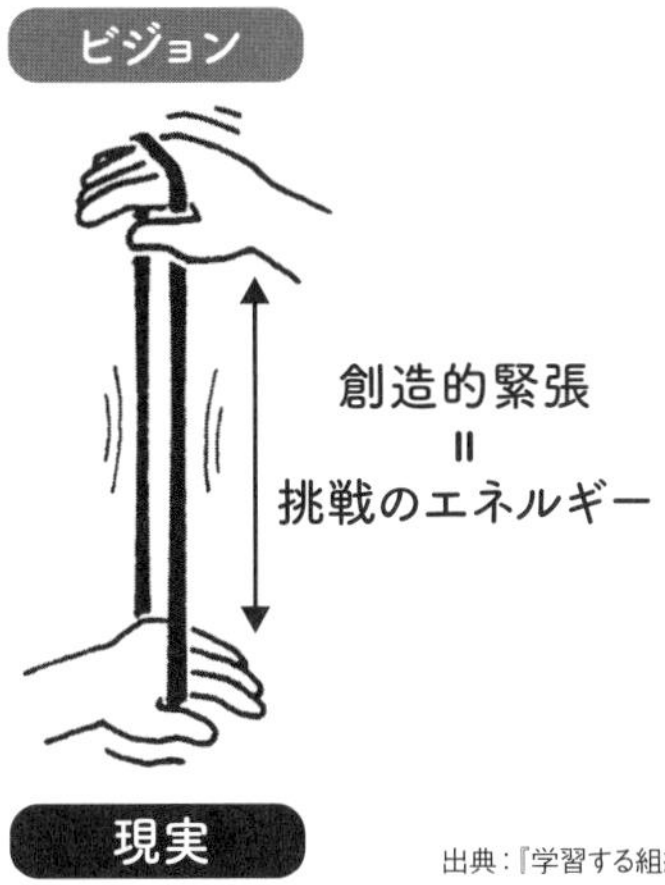

出典:『学習する組織』を参考に筆者が作成

能力❷ 自己マスタリー……目標に向かってまっすぐ成長

小学6年生のイチローが書いた作文がある。

「ぼくの夢は一流のプロ野球選手になること。そのためには練習が必要です。3歳から練習を始め、3年生のときから365日中360日は激しい練習をやっています。……そんなに練習をやっているのだから、必ずプロ野球選手になれると思います。……高校を卒業したらプロに入団するつもりです」。その後のイチローの活躍はご存じの通りである。

自己マスタリーとは、イチローのように個人が心からやりたいこと(**個人ビジョン**)を明確にしてエネルギーを注ぎ込む学習能力のことだ。

ビジョンと現実が見えれば、両者の乖離《かいり》はゴムバンドのようにピンと張る**創造的緊張**を生み、挑戦のエネルギー源になる。ビジョン実現に向かう行動を起こせるし、あらゆることはビジョン実現のための学びのチャンスに変わる。組織は個人が集まってできている。組織学習の大前提は、個人学習なのだ。ただし、他者は自己マスタリーを強制できない。自己マスタリーは個人の心から自然に湧き出るものだからである。上司は日頃から個人の成長を尊重すべきだ。Book 2『完全なる経営』における「自己実現」の意味も、ぜひ理解したい。

能力❸ 共有ビジョン……組織が目指す方向を決める

センゲは、ジョン・F・ケネディ大統領が1961年に出した声明を紹介している。

「10年以内に人類を月に着陸させ、無事帰還させる」

米国はこの共有ビジョンの下で総力を結集、1969年に人類は月面に降り立った。

共有ビジョンは「自分たちは何をしたいのか?」の答えだ。共有ビジョンがあれば組織として「何を学ぶべきか」が決まり、学習の焦点を絞ることができる。

共有ビジョンは、組織にいる人々が心から「達成したい」と感じてワクワクし、具体的なものであることが必要だ。ビジョンは先述のゴムバンドのように現実を目標へと引き上げる力がある。逆にビジョンがないと、組織では現状維持する力が優勢になる。

ポイントは、共有ビジョンは個人ビジョンとの相互作用で生まれるということだ。

IBMを再生したガースナーは著書『巨象も踊る』(日本経済新聞出版)で、IBMをコンピュータ企業からサービス企業に変革したときの状況を書いている。ガースナーのビジョンは、IBMの子会社・ISSC社の責任者ウェルシュの構想がもとである。ウェルシュは他社製品も採用して顧客のシステム構築から管理運用まですべて引き受ける企業像を理想に描いていた。ウェルシュのビジョンはガースナーがＩＢＭの顧客企業を経営していたときに熱望していたもの。歴史に残るＩＢＭのサービス変革も、出発点はウェルシュという個人のビジョンだったのだ。

能力❹ メンタル・モデル……先入観の克服

ゲーム中毒の息子が「プロゲーマーになる」と言うと、多くの親は驚愕し、なかには反対する親もいるかもしれない。しかし、世界では年収1億円のプロゲーマーは珍しくない。親が驚くのは「ゲームは遊び」という先入観、つまり**メンタル・モデル**があるからだ。私たちはメンタル・モデルを通して世界を見ている。メンタル・モデルは潜在意識にあるので普段見えないが、私たちを呪縛して真実を見えなくさせ、学習を妨げる。

本書には、米国自動車会社の重役が日本の自動車会社の工場を見学した話が登場する。「本物の工場は見せてくれなかった」と、その重役は不満顔。在庫がなかったからだ。「製造業に30年携わってきたからわかる。在庫ゼロなんて視察用の芝居に決まっている」

その工場とは在庫ゼロを実現したトヨタ生産方式の工場だった。「工場には在庫がある」と思い込む彼の目には、その後、米国自動車会社を圧倒した最新工場の真の姿が見えなかったのだ。過去の経験がメンタル・モデルをつくる。克服するには「自分の大前提は間違っているのでは？」と疑い、議論を通じて自分の考えを振り返る習慣をつけ、自分の欠点を探し出すことだ。

組織メンバーの方向性を合わせる

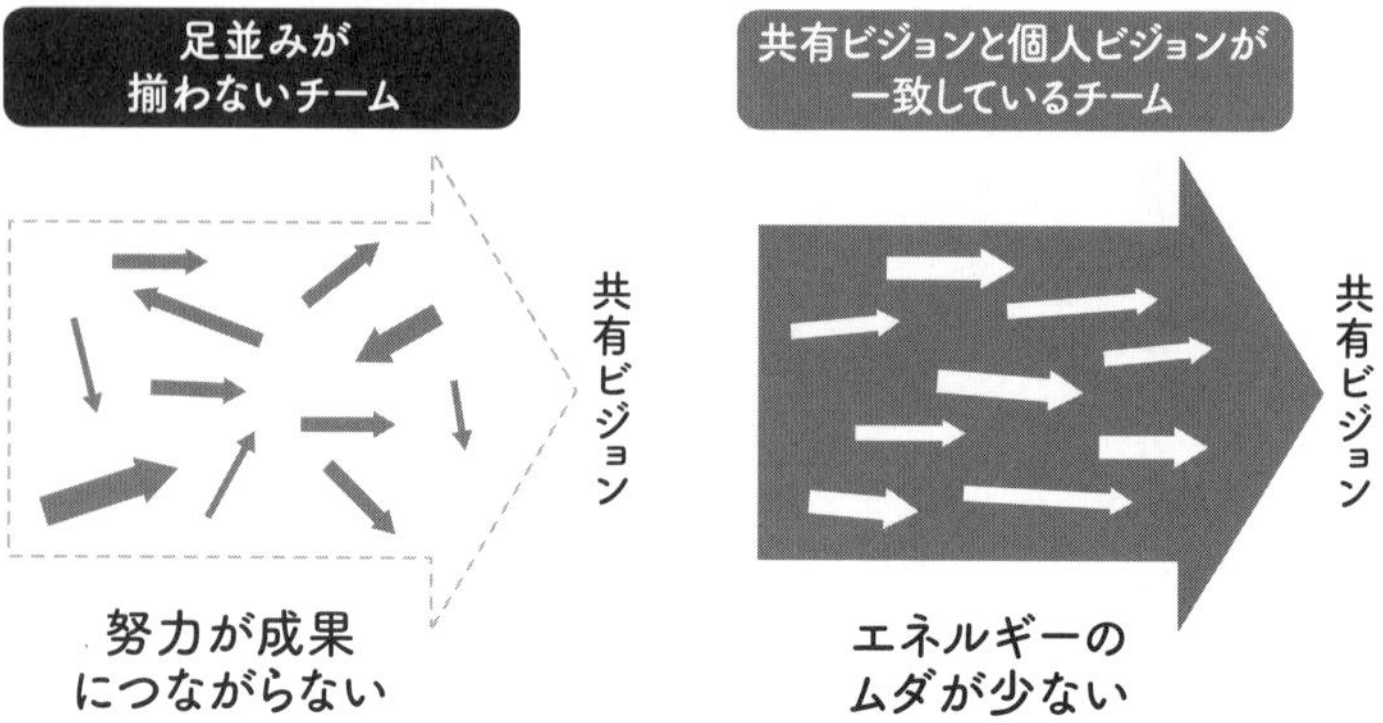

出典：『学習する組織』を参考に筆者が作成

組織がメンタル・モデルを理解すれば、「学習する組織」の構築へと一歩大きく前進できる。Ｂｏｏｋ10『組織の罠』のダブル・ループ学習を併読すれば、理解が進むはずだ。

能力❺ チーム学習……ダイアログで答えを探求

「学習する組織」は、全体が一体感ある状態を目指す。個人ビジョンと組織の共有ビジョンの方向性が合えば、相乗効果が生まれる。

そこで必要なのがチーム学習だ。チームの知性を活用すれば、個人の知性を格段に上回る深い洞察が生まれる。Ｂｏｏｋ7『組織行動のマネジメント』でロビンスが「集団の意思決定は個人の意思決定に勝る」と述べた通りだ。

そのためには意見の対立を怖れないこと。意見が対立すると「ここは丸く収めましょう」と言う人が出てくる。これはチーム学習を妨げる最悪な行動だ。未熟なチームは対立を避け、対立すると自己弁護を始め、最後はケンカだ。

各自が率直な会話を心がけ、対立を見える化してそれを活かすことが大事だ。

「対立しているのは意見であり、私たち自身は対立していない」と認識することだ。

チーム学習では、**ディスカッション（議論）**でなく**ダイアログ（対話）**が必要である。

ディスカッションの目的は、意見を主張して議論に勝つこと。勝者と敗者が生まれる。

ダイアログは各自の考えの違いを明確にした上で、チームで解決策をつくり、全員勝者になることを目指す。そこで必要なことは次の3つ。メンバーは大人になるべきなのだ。
①全参加者は、自分の考えはあくまでも「叩き台」と考え、自分の意見に固執しない
②参加者は仲間だと考え、肩書きや序列はもち込まない
③全員でひとつの答えを探求する

センゲは「学習する組織は、プロトタイプ段階」と言う。さまざまな組織が変革に着手し始めている段階だ。本書ではさまざまな組織の取り組みを紹介している。

私も現代のビジネスでは「組織の学習」が最重要であると肌で実感している。

仕事の現場で学び続ける私たちは、マネジメント体系をつくり替える最前線にいるのだ。

POINT

「学習する組織」への変革は時間がかかる。じっくり取り組め

10

『組織の罠』（文眞堂）

――「私だけは別」という無意識の思考が組織変革を阻む

クリス・アージリス

世界的に影響力のある組織研究の大家で、「組織学習論の父」と称される。1923年米国・ニュージャージー州に生まれる。クラーク大学で心理学とビジネスを学び、カンザス大学で修士号（経済学・心理学）、コーネル大学で博士号（組織行動論）を取得。イェール大学教授（経営学）を経て、71年からハーバード大学教授および同大学ビジネススクール教授。ハーバード大学名誉教授。2013年没。

「オープンに話し合って信頼し合う組織に変えたい。皆さんの協力が必要なんです」

新任トップは熱く語ったが、幹部たちは沈黙。そこで同席していた著者のアージリスがこう言った。「やり方が変わると困る人もいるでしょう。皆さんは反対なのでは？」

その後も沈黙が続き、最後に古参幹部がこう言った。「ご方針なら従うまでですね」

その古参幹部は、会議が終わるとすぐさまアージリスに近づき、こう言った。

「まったくあなたのおっしゃる通りです。困るんですよ。あとでトップに直接言います」

「なぜ、今日言わなかったんですか」と尋ねると、「ウチの組織では言えませんねぇ」

翌日。トップは「あの古参幹部には失望したよ。率直に言うと思ったんだけどなぁ」

アージリスが「本人に言いましたか」と尋ねると、「いや、それは言えないねぇ」

これは著者が米国・国務省で経験した実話である。「オープンに話し合おう」というトップ自身がオープンに話さないし、同意した古参幹部も組織のせいにして発言しない。現場にいると「ウチもあるある」だろう。組織変革が阻まれる大きな原因は、この個人の思考の罠に起因する**組織の罠**だ。しかし、従来の組織行動論は、この組織の罠の存在を無視している。

本書はこの組織の罠に正面から挑んでいる。著者のアージリスは「組織学習論の父」と称される組織行動学の大家。本書は長年に及ぶアージリスによる研究の集大成だ。

「タテマエ」と「ホンネ」が違う理由

アージリスは30年間、経営コンサルタントとして現場で組織変革に関わってきた。冒頭のように「言うこと」(タテマエ)と「やること」(ホンネ)が違うのは、実に多くの組織で起こっており、これが組織変革を阻んでいた。

これを示したのが次ページ図の左側である。**標榜理論**がタテマエ。新任トップが「オープンに話し合う組織にしよう」、古参幹部が「方針には従う」と言ったように、人前で自分の考えを言う際にもとになる考え方だ。**実用理論**がホンネ。トップも古参幹部も「それは言えない」と言ったように、実行動につながる考えだ。このように多くの場合、標榜理論と実用理論にギャップがあるが、自分では気づいていない人がほとんどだ。だから始末が悪い。

「オープンに話し合おう」と言うトップは、ホンネでは「自分は新任だから波風を立てたくない」と事なかれ主義で考え、「方針には従う」と言う古参幹部は、ホンネでは「理想はごもっとも。ウチの組織はしがらみが多すぎて無理ですけど、上司命令ならば従いますよ」と考えている。そして2人とも、「自分はまったく間違っていない」と思っている。

タテマエとホンネを一致させよう

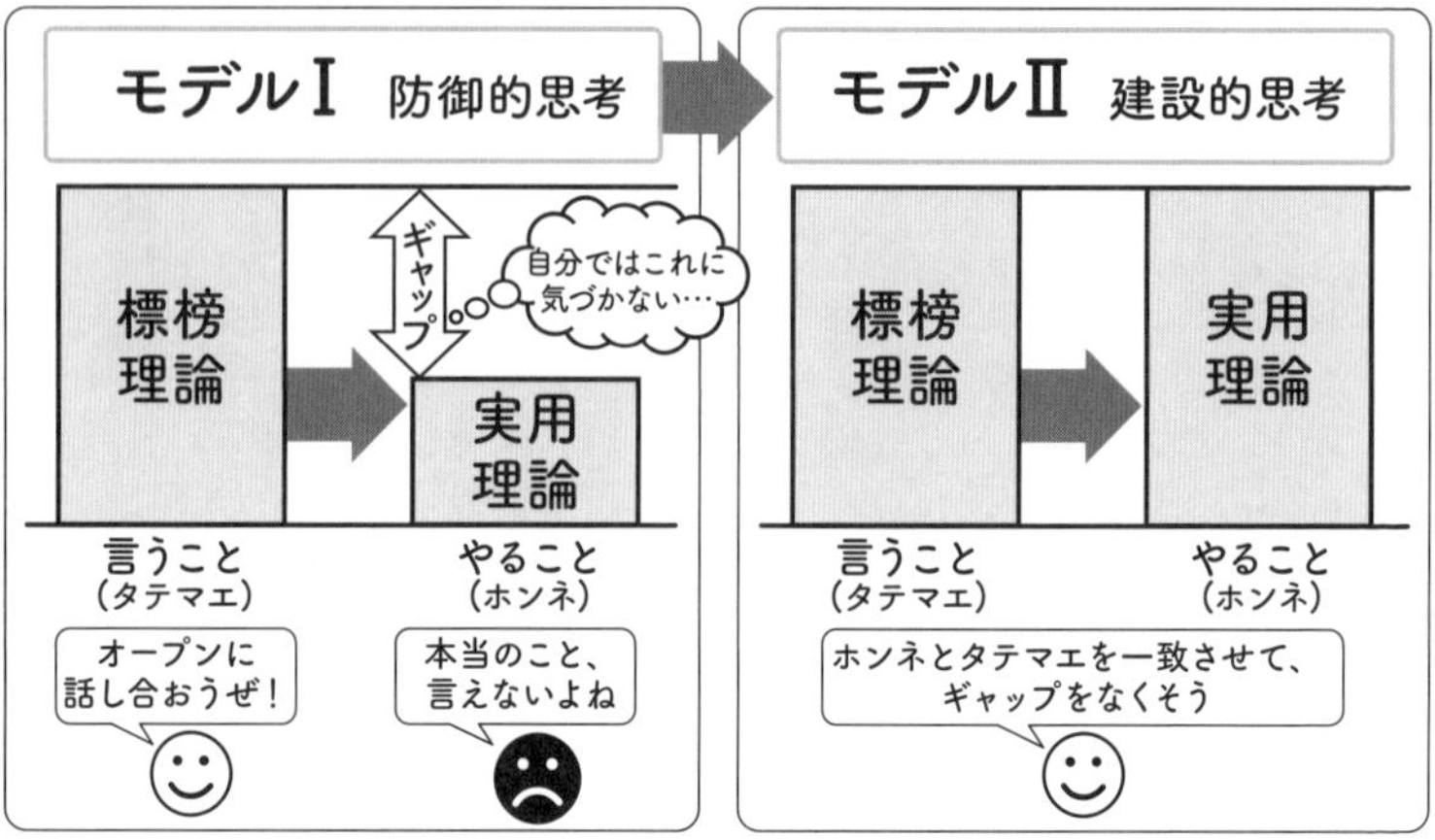

出典：『組織の罠』を参考に筆者が作成

こうして無意識に「自分は間違っていない。悪いのは相手」と考える思考の枠組みが、**モデルⅠ（防御的思考）**だ。「自分は間違っているかもしれない」とは夢にも思わない。

さて、ここまで読んで、あなたはこう思ったかもしれない。

「いるいる。そういう人、多いよね。○○さんもそうだし（でも私は別だけどね）」

実はそれこそがモデルⅠ（防御的思考）の罠なのだ。あなたも、そしてこうして書いている私自身も陥る可能性がある、実に危険な罠がモデルⅠ（防御的思考）なのである。

モデルⅠ（防御的思考）の怖さは、当の本人は例外なく「自分は被害者。問題は組織や周囲の人間」と信じ込んでいること。誰もが無責任。これが「組織の罠」の正体だ。

標榜理論と実用理論を一致させ、図の右側のように言うこと（タテマエ）とやること（ホンネ）

を一致させるべきなのだ。ここで必要なのが事実にもとづき学び続け、必要ならば自分の考えを躊躇《ちゅうちょ》せず変えること。アージリスはこれを**モデルⅡ（建設的思考）**と呼ぶ。

新任トップが本当に「オープンに話し合う組織に変えたい」と考えるのであれば、誰も発言しないときに（自分の考えは正しいのだろうか？）と自問自答した上で、幹部に「この方針は間違いないだろうか。方針に従えないのなら、理由はなんだろう。率直に教えてほしい」と問いかけて、じっくりと時間をかけて話し合うべきなのだ。

トップも含め組織メンバーがモデルⅡ（建設的思考）に変わり、「待てよ。本当の原因は自分かもしれないな。変えるべきは自分の考えじゃないか？」と気づき始めれば、やっと変革がスタートする。では、具体的にどのようにすればいいのか。

「シングル・ループ学習」から「ダブル・ループ学習」へ

アージリスはCEO34人が参加するセミナーで、「次期CEOに内定していたが『うぬぼれが強く横柄』という理由でCEOになれなかった」というCOO（本当はセミナー指導員が演じる仕掛け人）を登場させた。

そして、CEOたちに「相談相手になって、彼の欠点を矯正してほしい」と求めた。

CEOたちは次々と親身なアドバイスをしたが、COOは「もっと具体的に言ってくれないとわからない」などと言ってアドバイスを受け入れない。業を煮やしたCEOたちは口々に「彼は強情だなぁ。自分をよくしたいと言うけど怪しいもんだ」

するとセミナーの進行係がこう言った。「皆さんは誰一人、『私はあなたを助けたいと思っています。私の助言が役立たないと思われるのはなぜですか？』と尋ねませんでしたね」

CEOたちは一同沈黙してしまった。34人のCEOは全員、「自分は正しい」というモデルI（防御的思考）に陥っていたのである。

モデルI（防御的思考）をモデルII（建設的思考）に変えるには学びが大切だが、このように現実はとても難しい。人は無意識に「自分は正しい」と思うからだ。

人は**シングル・ループ学習**に陥ると大前提を微塵《みじん》も疑わず、決めた目標を実現すべく挑戦を繰り返してしまう。CEOたちは「なぜ彼は納得しないのか。自分が間違っているのでは？」と考えるべきだった。しかし、彼らはシングル・ループ学習から抜け出せなかった。CEOたちは「自分の経験なら彼を変えられる」と信じ、手を尽くして説得を試み、受け入れられないと「自分は間違っているかも」とは夢にも思わず、「彼は自分をよくしたいと言うけど怪しいもんだ」と相手を責めたのだ。

このシングル・ループ学習の問題は、至るところで起こる。

身近なところでは、「何がなんでも製品売上10％増」と目標達成のため脇目もふらず頑張るのも、シングル・ループ学習の産物だ。勝ちに徹底的にこだわるので攻撃的に見えるが、大前提が変わっても目標や戦略を見直さずに大前提を守り抜く「防御的思考」に陥っている。

そこでアージリスは「大前提そのものを疑う**ダブル・ループ学習**に進化しよう」と提唱する。戦略があってもその大前提を含め「そもそもこれは本当に正しいのか」と疑ってかかる。

「シングル・ループ学習」から
「ダブル・ループ学習」へ進化せよ

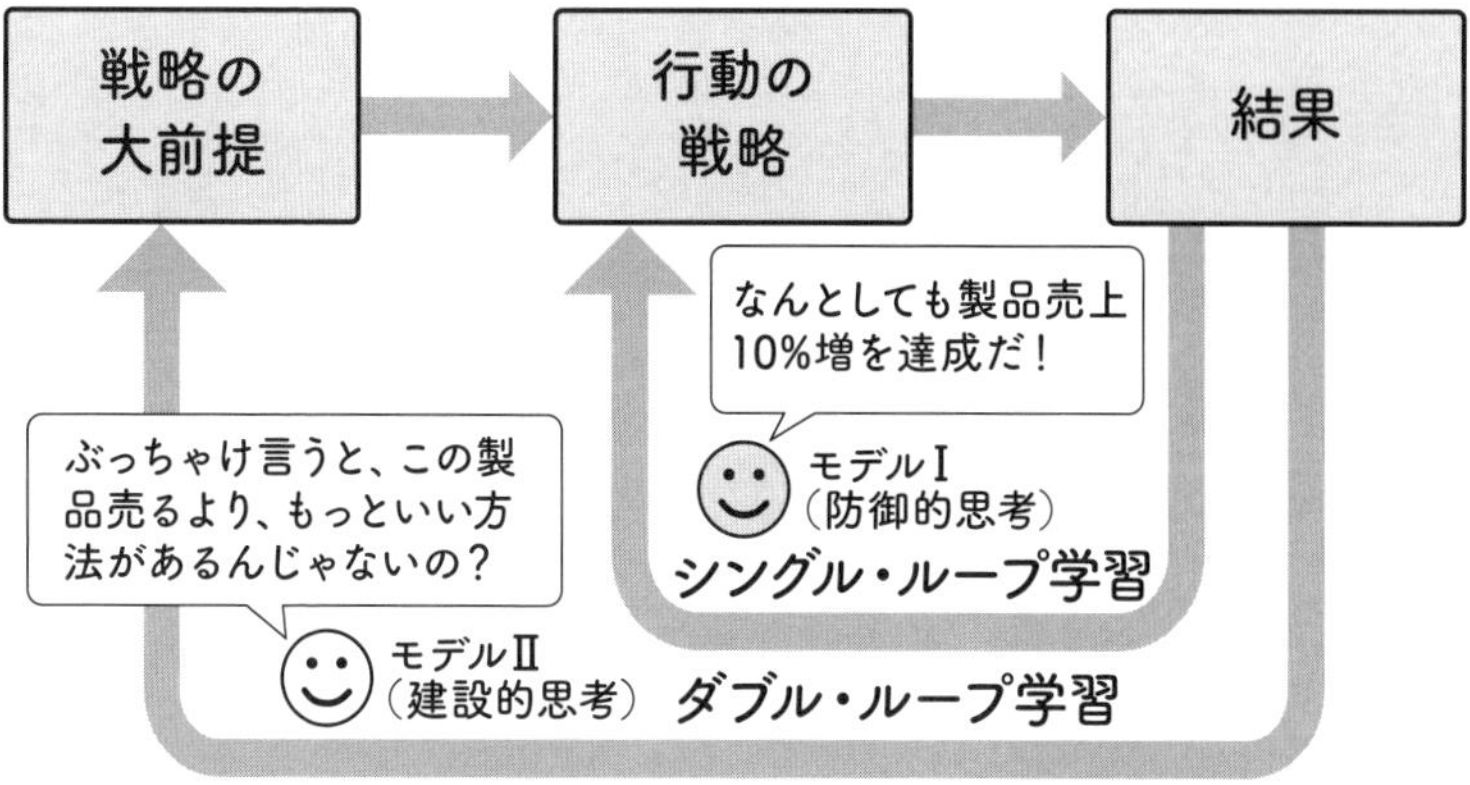

出典：『組織の罠』を参考に筆者が作成

大前提を覆す事実が検証できたら、躊躇せずに大前提・目標・戦略を変える。

ダブル・ループ学習では「製品売上10%増」という目標があっても「製品単体売りでは売上変動が激しい。もっといい方法があるかも」と大前提そのものを疑う。そして、たとえば「サブスクで提供しよう。短期売上は落ちるが、安定した収益基盤を築ける」と考えて製品売りを撤退し、新サービスに注力する。これはソニーがゲーム事業で実際に行って成果をあげた方法だ。こうして「建設的思考」で大前提そのものを見直すのだ。

ダブル・ループ学習に移行するには、「**自分は間違っているかもしれない**」**と想定し、事実にもとづいて考え、謙虚に学び続ける**ことだ。大前提を疑うダブル・ループ学習を意識の片隅に置くだけでも、モデルⅠ（防御的思考）に陥るリスクは激減する。ダブル・ループ学習は、1978年にアージリスと組織学習の研究者ドナルド・ショーンとの共同研究で生まれた考え方だ。

世の中にはさまざまな組織変革の理論や文献があるが、アージリスはそれらを個別に検証した上で「組織の罠を取り上げている文献や研究はほとんどない。『組織のあるべき姿をつくれば、組織変革は成功します』と主張する文献ばかりだ」と嘆いている。

アージリスの薫陶《くんとう》を受けた一人がBook9『学習する組織』の著者センゲだ。アージリスをワークショップのファシリテーターとして招くと、わずか数分で参加者が覚醒《かくせい》した。自分のメンタル・モデルに気づき、一気にレベルアップするのを目の当たりにして驚嘆したという。

「組織には罠がある」というアージリスの指摘に、私は深く共感する。私も現場でホンネとタテマエが乖離して組織が動かない体験を繰り返してきた。一方で、事実をもとにホンネで議論し、仲間と一緒に大前提を変えようと考え始めると、組織が動くことも多く体験している。

成功のカギはアージリスが言うように、ダブル・ループ学習で大前提を疑うことなのだ。

2013年に他界したアージリスは、本書でこんな問いかけを遺した。「組織の罠の減少は不可能という人がいるが、組織改革で罠を減少させずに無視すると、罠を成長させてしまう」

本書はアージリスの到達点であり、私たちにとって新たな挑戦への出発点なのである。

POINT

「ダブル・ループ学習」で大前提を疑え

第2章

仕組み

組織には、仕組みが必要だ。

組織の仕組みには、定番の考え方がある。一方で、その考え方は時代の変化とともに変わってきた部分もある。

そこで第2章では、組織の仕組みを学ぶための実践書と理論書を13冊紹介したい。

11

『競争優位の戦略』（ダイヤモンド社）

——価値連鎖は企業の「解体新書」である

M・E・ポーター

米国の経営学者。ハーバード・ビジネススクール教授。ハーバード大学ユニバーシティ・プロフェッサー。1947年米国生まれ。69年にプリンストン大学航空宇宙機械工学科卒業。71年ハーバード大学大学院で経営学修士号、73年に経済学博士号を取得。82年には同大学史上最年少の正教授就任。世界各国の政府幹部や企業経営者のアドバイザーとしても活躍している。著書に『競争戦略論〈Ⅰ・Ⅱ〉』など。

ビジネスでは、ライバルとの戦いは避けられない。しかし、賢い企業はライバルとの消耗戦を巧みに回避して余裕で勝つ。本書はそんな勝ちパターンを身につけるための一冊だ。

著者のマイケル・ポーターは『ＭＢＡ必読書50冊を１冊にまとめてみた』のBook1で紹介した『競争の戦略』（ダイヤモンド社）で、競争に勝つ「３つの基本戦略」を示した。続編の本書は、３つの基本戦略を実践するために**価値連鎖（バリューチェーン）**という概念を提案している。この価値連鎖がわかれば、それまで見えなかったビジネスの全体像が突然見え始めて、競争優位を構築できる。まずは価値連鎖の概念から紹介しよう。

「価値連鎖」を構成する９つの活動

モリさんは食材にこだわっておいしいパンをつくり、ご近所に配るので評判だった。ある日、近所のパン屋が「すごくおいしいので、当店で売りたい」と言ってきた。そこでモリさん

価値連鎖（バリューチェーン）
モリさんの「パン工房」の場合

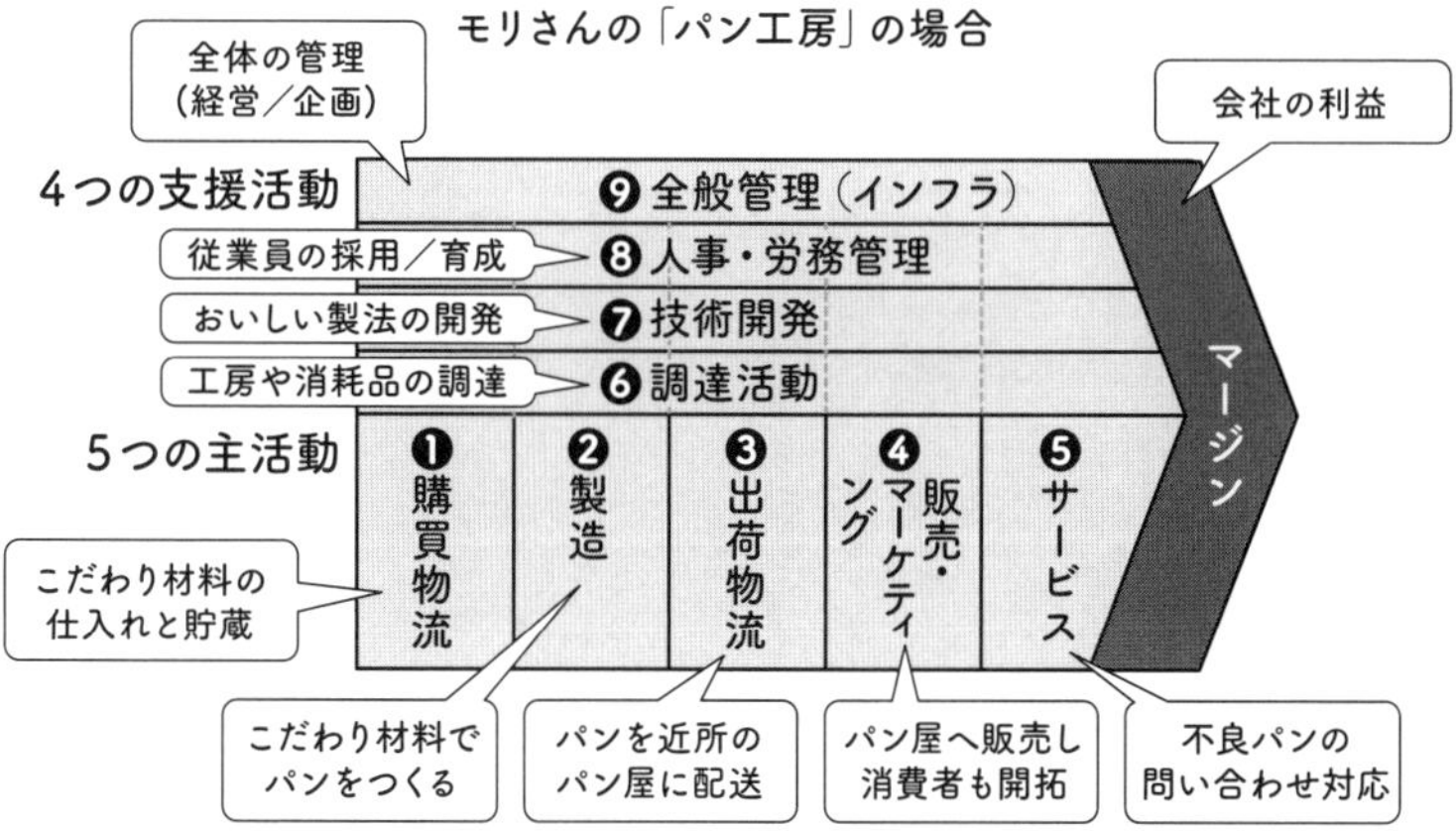

出典：『競争優位の戦略』を参考に筆者が作成

は本格的にパンづくりの会社を立ち上げた。パンづくりに特化して、パン工房をつくり、従業員も雇って、地域のパン屋十数店にパンを提供するようになった。

　モリさんの会社はさまざまな活動をしているが、これらは価値連鎖の概念で整理できる。

　価値連鎖は**買い手の価値をつくる9つの活動**と**マージン**からなる。買い手の価値をつくる活動は、**5つの主活動**と主活動を支援する**4つの支援活動**に分けられる。マージンとは会社がつくる総価値と、価値をつくる活動の合計コストの差、つまり利益だ。パン工房の主活動は次の5つだ。

❶購買物流……パンをつくるために食材を仕入れる。つまり原材料を購入し、貯蔵する活動だ。

❷製造……パンをつくる。つまり原材料の加工。

❸出荷物流……焼きたてのパンを近所のパン屋に配送する。製品を買い手に届ける活動だ。

❹販売・マーケティング……パン屋に販売する。

買い手が買えるようにする活動だ。

❺サービス……不良品や苦情に対応する。

この5つの主活動で、パンが買い手のパン屋に届けられる。しかし、会社を動かすには、この他に次の4つの支援活動が必要だ。

❻調達活動……設備・消耗品の調達だ。パン工房の設備をつくり、消耗品を調達する。

❼技術開発……品質と効率の向上。もっとおいしいパンの製法を開発する。

❽人事・労務管理……従業員の採用・教育・育成・動機づけ・給与払いが必要だ。

❾全般管理（インフラ）……価値連鎖全体の管理。パン工房を経営するのだ。

どんな会社でも社内の活動は、価値連鎖のこれら9つの基本的活動に分けられる。

価値連鎖は、いわば企業という身体のつくりを解明した「解体新書」なのである。

あなたの会社の価値連鎖はどうなっているのか、ぜひ考えて当てはめてみてほしい。

会社の競争優位は、9つの活動のいずれかで生み出されている。「競争優位の源泉は製品をつくる製造にある」と考えがちだが、必ずしもそうとは限らない。モリさんだけがこだわりの材料を独占して仕入れられれば、**購買物流が競争優位の源泉**になる。独自の工夫で食べる直前にパンを焼きたて状態で届けられれば、**出荷物流が競争優位の源泉**になる。

また、ある企業の価値連鎖は、**価値システム**という大きな仕組みの一部だ。モリさんのパン工房は、供給業者から食材を買ってパンをつくるし、パン屋などの流通業者を経由して消費者

商品は「価値システム」を通して買い手に届く

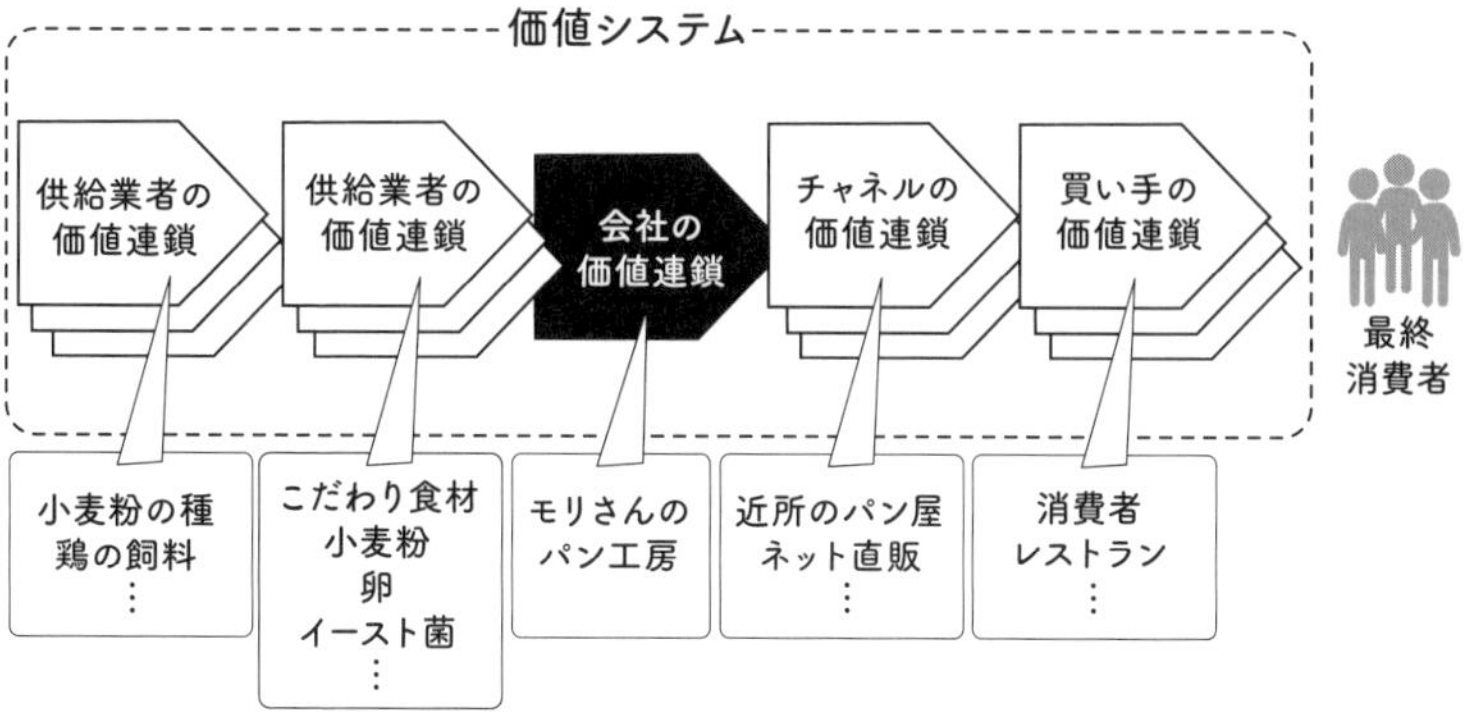

出典:『競争優位の戦略』を参考に筆者が作成

にパンを届ける。これら供給業者も流通業者も、社内に独自の価値連鎖がある。それぞれの会社の価値連鎖がお互いにつながり、商品が最終消費者に届くのだ。

この価値システムの見方ができれば、業界内の自社の位置づけがわかるし、他社といかに組めば競争優位を高められるかもわかる。

たとえば、世界最大のディスカウントストア「ウォルマート」と日用品大手メーカー「P&G」は販売状況を共有している。おかげでP&Gは製造・出荷物流の計画を立てて、低価格・高品質の商品をウォルマートに供給している。価値連鎖をうまくつなげれば、競争優位を高められる。

競争を優位にする3つの戦略

この価値連鎖を理解すれば、競争優位を獲得して**❶コストリーダーシップ戦略**、**❷差別化戦略**、**❸集中戦略**という3つの基本戦略で戦う方法もわ

価値連鎖で資産コストの分布を見える化し、「コストリーダーシップ戦略」につなげる

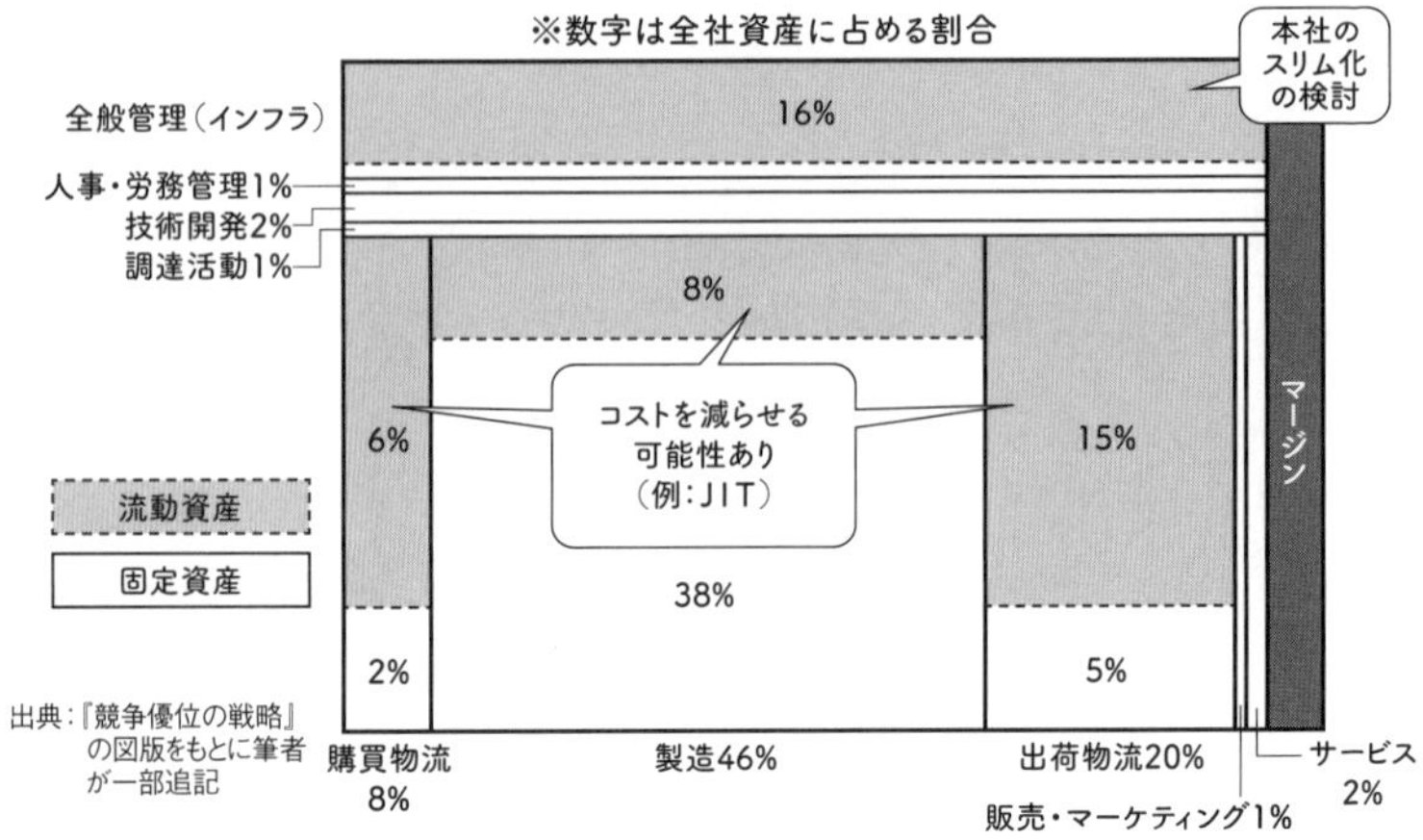

出典：『競争優位の戦略』の図版をもとに筆者が一部追記

かる。

❶コストリーダーシップ戦略

コストリーダーシップ戦略は、**業界で最も低コストにして高収益を実現する戦略だ**。

価値連鎖の活動ごとにコストの分布を把握すれば、どの活動でコストが発生しているかが見える化でき、全社的な視点で効果的なコスト削減ができる。上図はある会社の資産を固定資産（長期間保有する建物や設備などの資産）と流動資産（商品・原料・預金・売掛金など短期間で現金化できる資産）に分け、そのコスト内訳を示したもの。

見える化により対策も見えてくる。たとえば私ならば、会社資産コストの中で、購買物流で6％・製造で8％・出荷物流で15％を占める流動資産（原材料や商品在庫）を減らすために作業全体を見直して、トヨタのジャストインタイム（JIT）生産システムのように各活動の原材料・部

品・商品を減らすことによるコスト削減を検討する。さらに全社コストの16％もかかっている本社管理業務のスリム化も検討する。

コストは、次の**コスト構造要因**に左右される。これらを基本的活動ごとに確認する。

要因❶ 規模の経済性・非経済性……規模が大きくなるとコストが下がるのが**規模の経済性**だ。パン1個当たりのコストは、1日10個よりも100個生産するほうが下がる。しかし、規模が大きくなりすぎると、調整が複雑になって逆に効率が落ちる**規模の非経済性**が発生する。たとえば、パンを1日数十万個つくろうとすると、生産調整や配送が複雑になってコスト高になる可能性もある。

要因❷ 習熟度……同じ従業員でも、長期間パンづくりを続ければ習熟度が増し、より多くのパンを高品質でつくれるようになってコストが下がる。習熟度は小さな進歩の積み重ねだ。

要因❸ 連結関係……価値連鎖の他の活動とうまくつなげれば、全体のコストが下がる。たとえば、おいしいパンを効率よく高品質につくる技術を生み出せば、製造のコストが下がる。

要因❹ 価値連鎖の再構成……競合とはまったく違う新しい価値連鎖をつくれば、コストを下げられる。たとえば、販売先のパン屋にレシピを提供して製造を委託し、自社は技術開発と厳選した食材調達に特化すれば、コストの大部分を占める製造コストが不要になる。

売り手と買い手の価値連鎖を連結し、差別化を図れ

モリさんのパン工房と、買い手のパン屋の場合

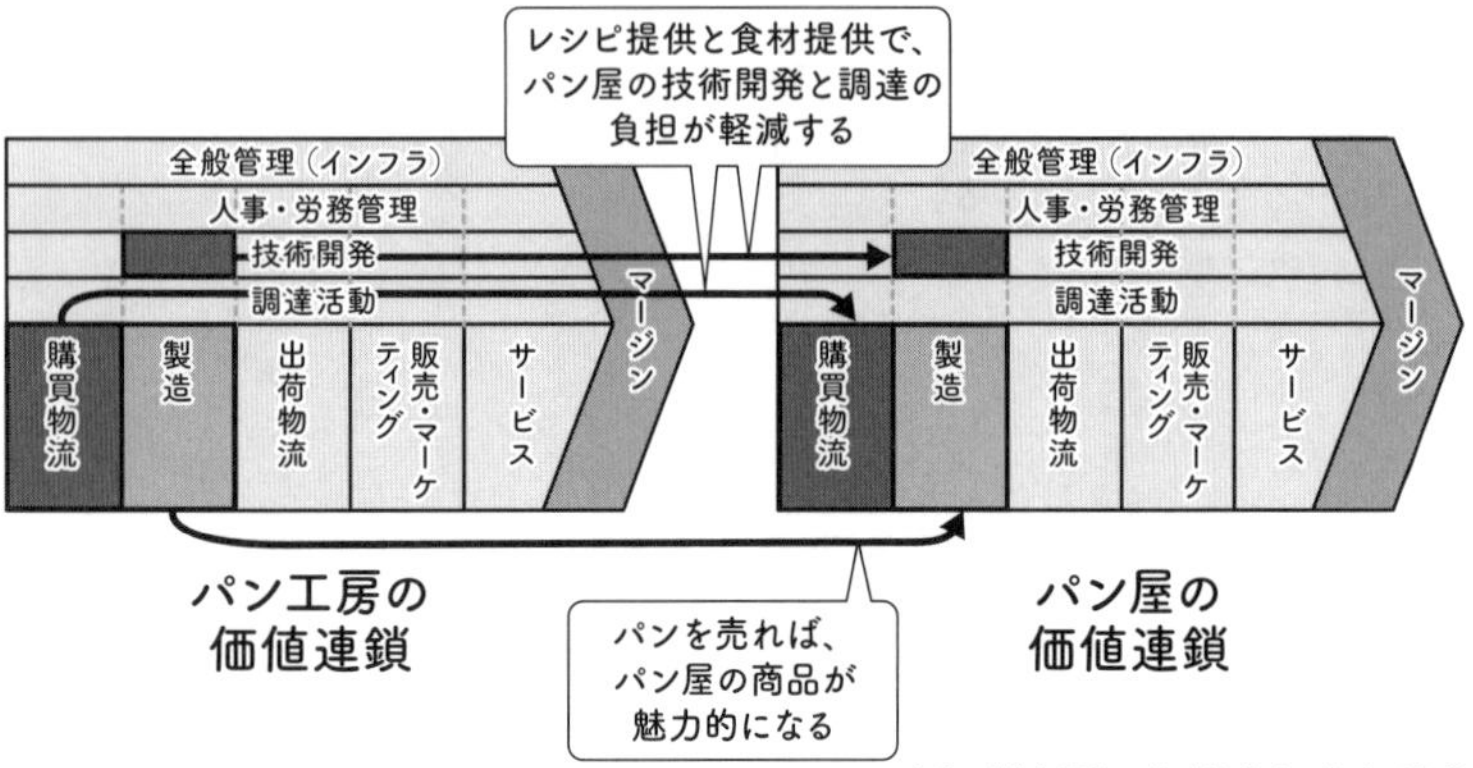

出典：『競争優位の戦略』を参考に筆者が作成

❷差別化戦略

差別化戦略は、**買い手に対して「このニーズに応えられるのは当社だけ」という状況をつくり出して、ライバルと差別化する戦略**だ。

モリさんのパン工房は、買い手のパン屋の商品を魅力的にして消費者に買いたくさせる。また、パン工房が技術開発とこだわり食材提供に徹してパン屋にレシピと食材を提供することで、パン屋がおいしいパンをつくれるようになれば、パン屋は技術開発と食材調達のコストを減らせる。

このように差別化戦略では、お互いの価値連鎖を連結して、買い手のコストを下げるか、買い手の実績を向上させて、買い手の価値連鎖を強化し、買い手の競争優位をつくり出すのだ。

❸集中戦略

集中戦略とは**狭いターゲットに自社を最適化**

し、**他社を排除する戦略**だ。たとえば、高級生食パン専門店「乃《の》が美《み》」のように食パンに特化するのは、**製品の種類を絞る集中戦略**だ。また、セイコーマートのように広大で過疎地が多い北海道に特化したコンビニエンスストアとして北海道民の生活基盤になるのは、**顧客を絞る集中戦略**だ。

集中戦略で狭い特定市場に特化すれば、その市場に低コストで最適化できる。乃が美は食パン、セイコーマートは北海道だけ考えればいい。結果、ターゲットを広くとる他社よりも強いコストリーダーシップや差別化を実現でき、買い手にとってベストの売り手になる。

ただ、集中戦略には落とし穴もある。他社が集中戦略を真似しやすいと過当競争に陥りかねない。乃が美の登場で「高級食パンは高価格で売れる」と気づいたライバルが多数参入し、高級食パン市場の競争は激化した。集中戦略では他社が模倣しにくい障壁も必要だ。たとえば、食パン専業にするのであれば、他社が絶対に真似できない製法・材料でおいしさを追求する。

本書を理解すれば、会社の全体像を踏まえた上で、どこで価値がつくり出されているのかを把握し、競争優位性を獲得するヒントが得られる。

『競争の戦略』とあわせて、ぜひ理解したい一冊である。

POINT

自社の9つの基本活動を見極め、買い手の価値連鎖を強化せよ

12

『仮説思考』（東洋経済新報社）

——「答え」は最初に決めてしまえ

内田和成

経営学者・コンサルタント。早稲田大学ビジネススクール教授。1951年生まれ。東京大学工学部卒業。慶應義塾大学経営学修士（MBA）。日本航空株式会社を経て、85年ボストン・コンサルティング・グループ（BCG）入社。2000年から2004年までBCG日本代表、09年12月までシニア・アドバイザーを務める。ビジネススクールで競争戦略論やリーダーシップ論を教えるほか、企業のリーダーシップ・トレーニングも行う。

「プロジェクト計画策定の進行状況は？」「情報収集をしています」
「進んだ？」「分析中です」

締切前日。膨大な書類が完成したが、調査報告だけで何をするかが書かれていない。
「で、このプロジェクトで何をするの？」と聞かれても、全員顔を見合わせて黙っている。
プロジェクトは明日から本格的に動き出すのに、まだ何も決まっていない……。

こんなことがさまざまな会社で起こっている。現代は時間勝負。しかし、多くのビジネスパーソンは「意思決定は情報が多いほどいい」と考え、経営陣から現場までが「情報コレクター」になっている。これでは時間切れで手遅れになり、プロジェクトは確実に失敗する。仕事の成否を分けるのは意思決定の速さと質だ。そこで、イチオシしたいのが本書である。

著者の内田和成氏はボストン・コンサルティング・グループ（BCG）日本代表として数多くの日本企業の経営戦略策定プロジェクトを実施した経営コンサルタントだ。

経営コンサルタントは仕事が速い。しかし、内田氏によると「彼らは特別に頭の回転が速いわけではない。後天的に**仮説思考**を身につけているので、問題解決のスピードが格段に速くなる」。その仮説思考の方法をまとめたのが本書である。

仮説思考では、まず答えを決めてしまってから仕事を進める。私も仕事で本書の仮説思考を実践してみたら、企画のスピードが数倍速くなり、アウトプットも高品質になった。

答えを出すのが速い人は、分析が進んでいない段階でも自分なりの答えを出す。彼らは、**早い段階で自分なりの「仮説」を立てている**のだ。仮説とは「まだ証明されていないが、最も答えに近いと思われる答え」のことだ。

「仮説？　難しそうだなぁ」と尻込みする人は多いが、普段の私たちも仮説をもとに行動している。「今日は雨になりそうだ」と考えて傘をもち歩くのも、仮説にもとづいた行動だ。

私たちが普段から行っていることをビジネスに応用するのが、仮説思考なのである。

「網羅思考」を「仮説思考」に変えろ

内田氏は棋士の羽生善治さんを例に挙げている。将棋にはひとつの局面で約80の指し手があるが、羽生さんは80すべてをつぶさに検証しない。80のうち77～78は過去の経験から「考える必要なし」と瞬時に判断、「これがよさそうだ」という2～3手を熟考する。羽生さんは「直感の7割は正しい」と言う。羽生さんが行っているのは、まさに仮説思考だ。

ビジネスでも、ひとつの局面で打ち手は何十もある。情報コレクターは全体像を見る前に闇

「網羅思考」から「仮説思考」へ

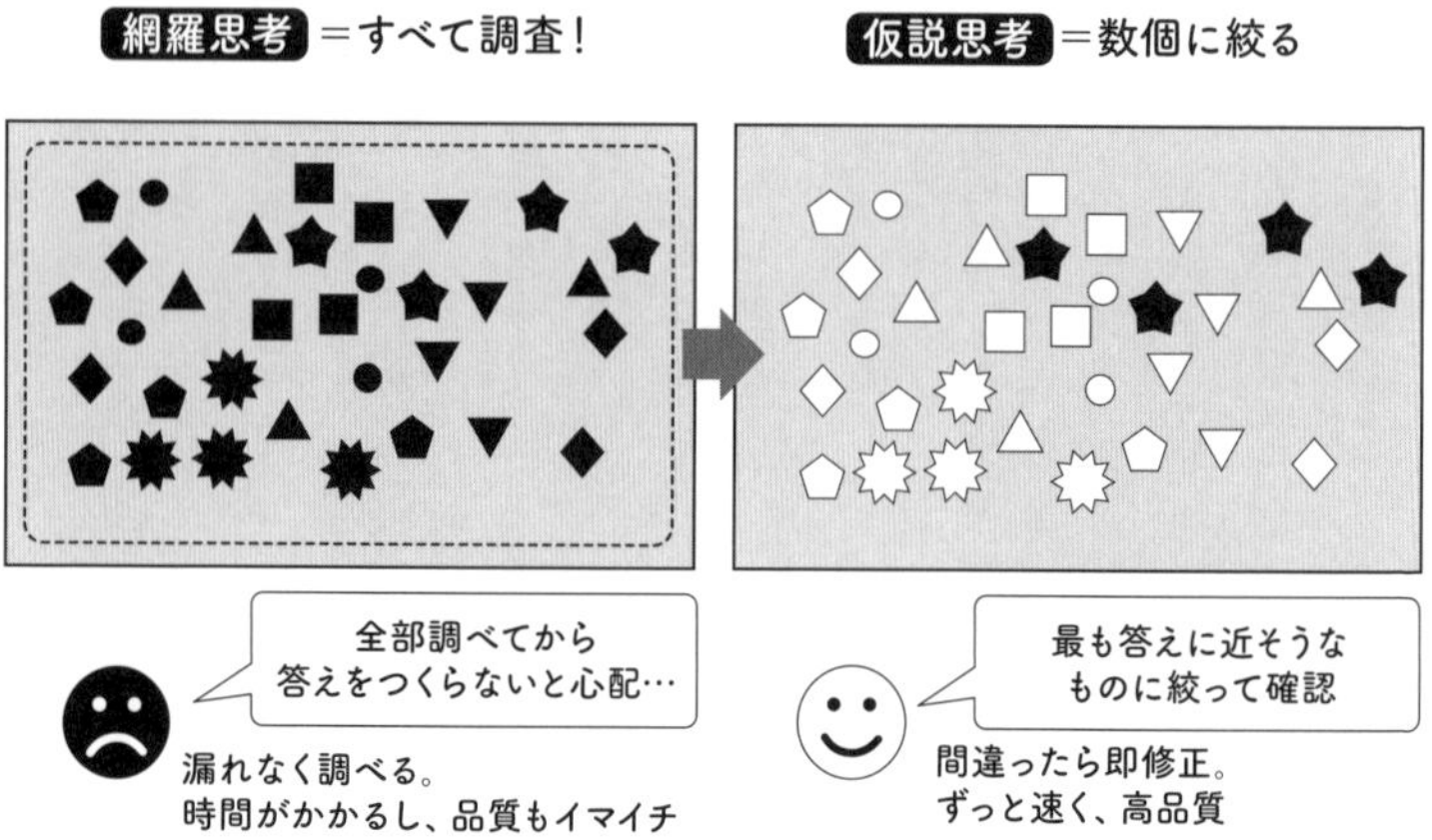
網羅思考＝すべて調査！
仮説思考＝数個に絞る
全部調べてから
答えをつくらないと心配…
漏れなく調べる。
時間がかかるし、品質もイマイチ
最も答えに近そうな
ものに絞って確認
間違ったら即修正。
ずっと速く、高品質

出典:『仮説思考』を参考に筆者が作成

雲に情報を集め、目の前の打ち手を一つひとつすべて検証しようとする。これを**網羅思考**という。将棋で網羅思考をすると、時間切れで負け。まさに冒頭のチームのようになる。

仮説思考では**最初に数個の打ち手（＝仮説）に絞り込み、その仮説が正しいかを検証する。**こうすれば網羅思考よりもずっと速いし、仮説も深掘りできるので成果も高品質だ。

「最初の仮説が間違ったら、どうするの？」と思いがちだが、それは杞憂だ。仮説が間違っていたら、検証段階で仮説の証拠が集まらない。早めに仮説を見切れば、十分に軌道修正できる。2つや3つの仮説が間違っていても4つめで正解にたどり着き、深掘りすれば、100個を網羅的に見るよりもはるかに速く、品質も高い。

医師も仮説思考を使う。腹痛の患者は盲腸、胃潰瘍、胆石などさまざまな原因が考えられる。そこで医師は症状を診てからあたりをつけ、特定箇

「問題発見の仮説」と「問題解決の仮説」で考える

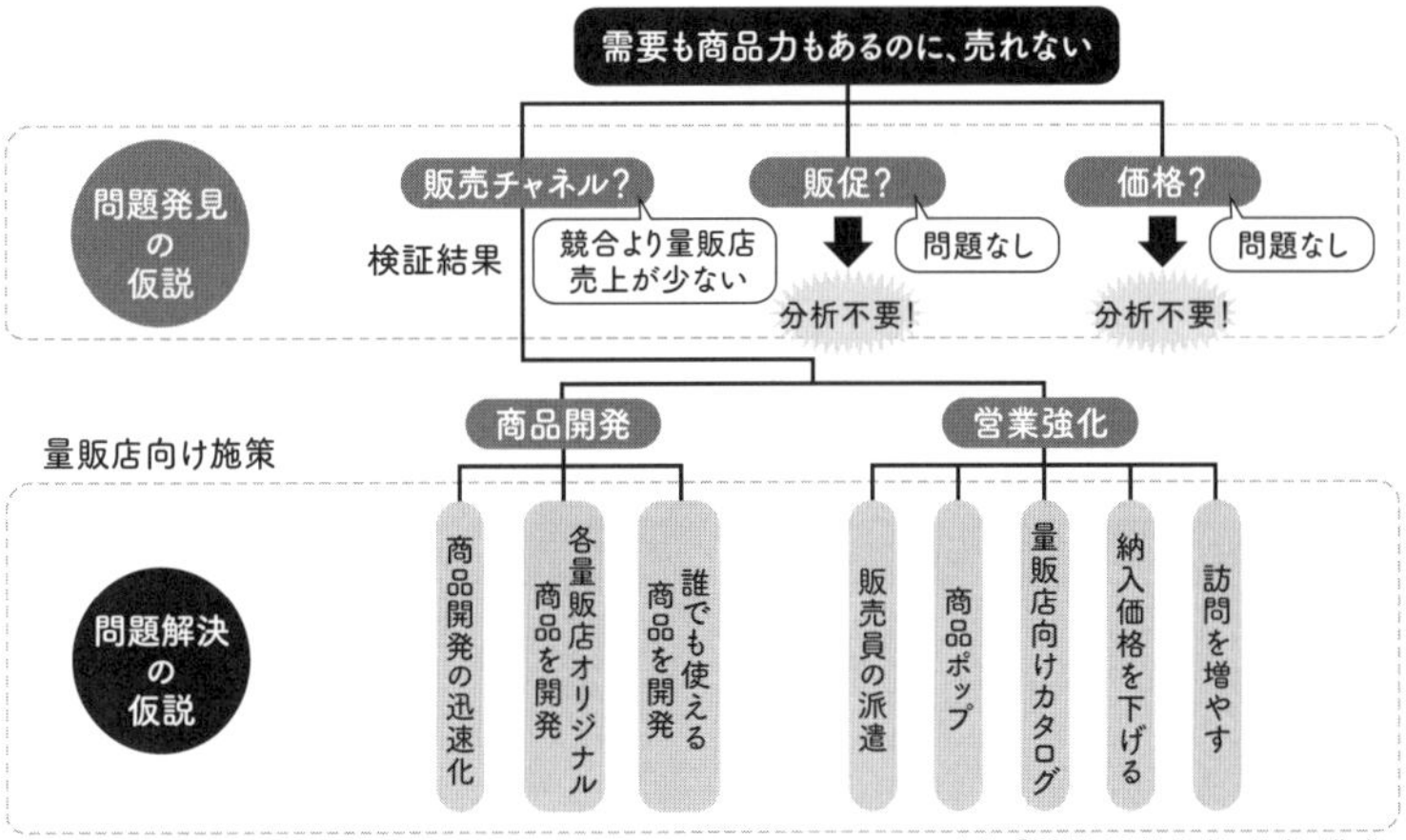

出典：『仮説思考』を参考に筆者が作成

所のレントゲンを撮り、原因を絞り込む。

仮説には「問題発見」と「問題解決」がある

問題解決には、2段階の仮説がある。**問題発見の仮説と問題解決の仮説**だ。

A社の家電は需要も商品力もあるのに売れない。仮説思考を使って解決策を考えてみよう。

まず「売れない理由」の仮説だ。仮説思考では、「おそらくコレだろう」という可能性が高い「問題発見の仮説」を立てる。ここでは「競合よりも価格が高い」「販促の問題」「販売チャネルの問題」の3点に絞る。

実際に店などに出向いて調べると、次のことがわかった。①価格は競合と違いなし、②販促も違いなし、③量販店では自社商品が競合と比べて陳列商品数が少ない。店員に商品のことを尋ねると、他社製品をすすめられた。

ここまで検証できれば、販売チャネルの問題に絞り込み、他の2つは捨ててもOKだ。

次に「問題解決の仮説」を立てる。量販店の売上拡大の打ち手を「商品開発」「営業強化」の2つに分け、それぞれを具体的に掘り下げたのが前ページの図だ。これらが実際に効果をあげるかどうかを、費用・人員・体制・量販店の強み／弱みなどの視点から検証し、打ち手を絞り込んでいく。

こうして仮説思考で考えれば、迅速かつ的確に正解にたどり着けるのだ。

「よい仮説」と「悪い仮説」

仮説にはよい仮説と悪い仮説がある。「売れない理由」として次の仮説はどうだろう?

仮説❶ 営業の効率が悪い

仮説❷ 営業が教育を受けていない

これらは「悪い仮説」だ。掘り下げが甘く、具体的でない。「だから何?」である。

では次の仮説はどうだろう?

仮説❸ 営業がデスクワークに忙殺され、取引先に出向く時間がない

仮説❹ 営業所長が自分の案件を抱えており、部下を指導できていない

これらが「よい仮説」だ。具体的だし、検証して仮説が正しければ、対策もとれる。

仮説❸ならデスクワークを減らす、仮説❹なら所長の仕事配分を見直せばいい。

「だから何?」と自問し続けて、具体的なよい仮説をつくれば、問題解決はスムーズに進む。

POINT

仮説検証の「食わず嫌い」を乗り越えろ

仮説検証の経験が蓄積されれば、脳内で無意識に仮説検証を素早く行うことができ、最初から筋がよい仮説を立てられるようになる。そして直感的に問題の答えがわかるようになる。経験を重ねることだ。次々と仮説を立てて、間違っていたら次の仮説を立てて、仮説を進化させていく。このトレーニングを続ければ確実に仮説思考力が身につく。

そのためには、**失敗から学ぶ**ことだ。失敗を恐れずに「仮説構築→検証→進化」のステップを踏んで仮説の精度が高まると、問題解決スピードは格段に速くなる。これは頭のよさとはあまり関係ない。何度も何度も挑戦して学びとれる人が成功する。愚直さが大事だ。

日本人は問題が明確なときの問題解決力は超一流だが、問題発見能力が低い。しかし、これはスキルの問題だ。仮説思考で問題発見力が身につけば、日本人は大きな力を発揮する。

ただ、仮説思考は最初に答えを決めるので、慣れないと独特の気持ち悪さがある。この気持ち悪さを乗り越えないと仮説思考は身につかない。内田氏は「牡蠣を食べるのと同じ」と言う。見た目は悪いが食べると「こんなにおいしいモノがあったのか」と驚く人は少なくない。仮説思考を使いこなせれば、本章で紹介しているさまざまな本が自然と使いこなせるようになるはずだ。ぜひ「仮説検証の食わず嫌い」を乗り越え、活躍してほしい。

13

『経営者になるためのノート』（PHP研究所）

――現場のビジネスパーソンも「経営者目線」をもて

柳井正

ファーストリテイリング代表取締役会長兼社長。1949年山口県宇部市生まれ。早稲田大学卒業。84年カジュアルウェアの小売店「ユニクロ」第1号店を出店し、同年社長に就任。91年、社名をファーストリテイリングに変更。99年に東証1部に上場。2002年代表取締役会長に就任し社長を退くも、05年に社長に復帰。01年の「ユニクロ」のロンドン出店以降、積極的に海外展開を進める。著書に『一勝九敗』など。

50代後半の私が感じるのは「**ビジネスパーソンの人生はわからない**」ということ。

私のある友人は、学生時代は普通の人間だったが、今では日本を代表する大経営者だ。一方で会社に同期入社したときは超優秀だった人間が、意外と伸び悩んでいたりする。ビジネスパーソンが経営者として成功するかどうかは、案外わからないものだ。

本書の著者・ファーストリテイリングの柳井正会長兼社長も日本を代表する大経営者だが、なんと「自分はダメな経営者だった」と書いている。柳井氏のコンサルタントを長く務めた河合太介氏は、本書の解説で「（柳井氏は）大学時代はゼミにも入らず麻雀などしてブラブラ。仕事したくないと思いながら就職し、10カ月足らずで退職。地元に戻り家業を継いで思うままやったら、一人を除いて全員が辞めてしまった」と述べている。現在の柳井氏からは想像もできない姿だが、それから覚悟を決めて「経営者」としての自分づくりを始めた。本書はそんな柳井氏が、数多くの失敗の中から経営の原理原則を学び、実践を繰り返し、考えて学んだことをまとめた一冊だ。

柳井氏は「この本を読む人はあきらかに私より優秀な人たち。皆さんが早い段階で経営の原理原則を学び実践で身につければ、私より早く、より大きな経営者になれる」と言う。

会社員はともすると会社の看板に安住して、言われた通りに仕事をする日々を過ごしがちだ。しかし、これでは成長しない。**重要なのは経営者目線を養うこと**だ。

「自分はヒラ社員だから関係ない」と思うかもしれないが、これで大きな差がつく。経営者目線とは「あるべき姿」を思い描き、「現状」を把握し、「何を行うべきか」を考え抜いて実現すること。そんな力を身につければ、現場の社員でも仕事の成果は飛躍的に上がる。

この経営者目線は、一朝一夕には身につかない。若い頃から磨く必要がある。

そこでオススメしたいのが本書だ。ファーストリテイリングでは、店長から執行役員までこのノートをもとに教育を受ける。もともと社外秘だったが「日本をもっと元気にしたい」という柳井氏の思いで公開された。本書は余白を大きく取っている。自分の気づきを書き込み、汚すことで、世界で一冊しかない自分だけの「経営者になるためのノート」になるようにデザインされている。早速、ポイントを見ていこう。

「儲ければいい」は間違い

経営者とは**成果をあげる人**であり、成果とは**約束したこと**だ。

経営者は顧客・社会・従業員・株式市場などの関係者に対して「やる」と言ったら、なんとしてもやり遂げ、成果をあげる。それができて初めて関係者から信頼され、会社は存続する。

そのためには、自分たちの存在意義＝使命を考えることだ。

ファーストリテイリングの使命は、「**服を変え、常識を変え、世界を変えていく**」。使命に少しでも近づくために「これをやる」と約束し、成果を実現するのだ。

そして儲けることが大切だ。しかし、「儲ければいい」のではない。なかには儲けるために品不足で困っているお客に高値で売りつけたりする人もいる。これは「モラルなき商売人」であり、「経営者」ではない。「儲けることが大切」と「儲ければいい」はまったく違う。

経営者の正しい姿は、会社の使命に沿った約束をして成果を出し、正しく儲けることだ。

経営者が成果をあげるには、４つの力（４つの顔）が必要だ。

❶変革する力（イノベーターの顔）、**❷儲ける力**（商売人の顔）、**❸チームをつくる力**（リーダーの顔）、**❹理想を追求する力**（使命感に生きる者の顔）――である。

ここでは、「❶変革する力」について紹介したい。

変革するリーダーになる７つの習慣

習慣❶ 目標を高くもつ

Book5『プロフェッショナルマネジャー』でジェニーンが述べた通り、経営はまずゴールを決め、目標設定から始める。目標を現状1～2割増ではなく3～5倍にすると「既存の延長」という発想の呪縛から解放される。同社も売上80億円の頃から、目標は「世界一のアパレル」。周囲は失笑していたが、試行錯誤を繰り返し、成長してきた。
「常識で考えたらまともでない」くらいの高い目標が、イノベーションにつながるのだ。

習慣❷ 常識を疑う

会社の成長と進化を妨げる最大の敵は「常識」だ。私たちは勝手に今の状況を「常識」と考えてしまう。たとえば「フリースはアウトドアメーカーが扱うもの」。

そんなルール、誰も決めていない。自分の思い込みで潜在能力を封じ込め、不安感から勝手に「そんなのムリ」と思い込んでいる。しかも、「やりもせずに」である。

経営者は「不安感」にとらわれてはいけない。「危機感」にもとづき経営するべきだ。具体的に不安を書き出して正体を突き止めてみよう。正体を突き止めると、実は悩んでもしかたないし、たいしたものではないこともわかる。まずやってみることが大切だ。

習慣❸ 基準を高くもつ

ヒートテックは2003年に商品化されて150万枚売れた。その後、毎年機能を追加、2006年には東レとの提携で進化させ、2010年に8000万枚を達成。「冬はヒートテック」が常識になった。毎年質の基準を上げ、磨き続ける努力を継続した結果だ。

高い基準をもつと、たいてい最初は失敗に終わる。しかし、それでいいのだ。

お客様が「本当によい」と思う質の基準は、どんどん上がる。だから基準を高くもち続けることが重要だ。そんな高い基準は、経営者が目指さない限り誰も挑戦しない。「自分なりにできている」という人は多いが、単に設定する基準が低いだけのことも多い。

習慣❹ リスクを恐れず実行し、失敗したらまた立ち向かう

「安定志向」の経営は、言葉はキレイだが、会社はダメになる。安定志向の人は挑戦する人を「現実を直視していない」と揶揄《やゆ》するが、現実はものすごいスピードで変わっている。そのことを考えると、安定志向の人のほうがよほど現実を直視していない。

リスクなくして利益なし。リスクをとると決めたら結果が出るまで徹底的にやる。未体験なので最初は当然失敗する。原因を検証し、次にどうするかを考え、また実行するのだ。

習慣❺ 厳しく要求し、核心をついた質問をする

Book1『現代の経営』で紹介したドラッカーの「顧客の創造」という概念は、普通の人にはなかなかわからない。だから、経営者が具体的に伝えるべきだ。

経営者は「お客様はどう思っている?」と問いかけ、答えが甘ければ「本当にそうか?」「どうしてそう考える?」と問いかけ、より考えることを要求すべきだ。トヨタの社員は仕事で常に「なぜ」を5回繰り返している。それくらいやらないと、顧客に関心をもち、想像力を働かせて仕事をする力が弱まる。考える力の弱体化が、顧客創造の障害になる。

習慣❻ 自問自答する

「常に断崖の上を歩いていて、少しでも油断したら真っ逆さまに落ちる」という危機感をもつのが「正常な経営」だ。私も独立後、常に意識するようになった。会社が危機に陥らないか不安で眠れない夜もある。だから、常に打ち手を考えている。これが正常な姿だ。お恥ずかしいことに会社員時代はそこまで考えずに、会社員の立場に安住していた。日頃から真剣に自問自

答し、多くの人と話して試行錯誤すると、勘が働き、すぐれたアイデアが出るのだ。

習慣❼ 上を目指して学び続ける

柳井氏は経営者の本を好んで読むという。数多くの疑似体験ができるからだ。

「自分がやろうとしていることはどこかで誰かがやっている」と常に考え、そういう人たちが書いた本を読み、実際に見に行く。そして使ってみて、話してみる。これがとても参考になる。

さらに、本物の人と情報交換することが大切だ。そういう人は本物の情報をもっている。そこで、自分も相手に与える情報を蓄積し、対話できる力を養う。さもないと対話にならない。そして仕事で実績をあげる。相手は実績で信用する。「あいつは力になる」と認められると本物の人とのネットワークが広がる。これが学びにつながり、好循環が生まれる。

本書はすぐ読み通せるが、わかったつもりの人と常に読み返す人とでは雲泥の差が出る。経営者になったつもりで仕事をすれば、仕事は楽しくなり、成果も明確に変わる。経営者として活躍したい人は、ぜひ本書に徹底的に書き込んで、使い倒してほしい。

POINT

経営者は使命を果たすべく正しく儲けろ

14

『OODA LOOP』（東洋経済新報社）

——規模や技術で圧倒する敵には「スピード」で勝つ

チェット・リチャーズ

戦略コンサルタント。航空機企業や専門的サービス企業のコンサルタント。OODA ループの発案者である元米国空軍大佐、故ジョン・ボイドに長年師事し、親しい間柄であった。米国空軍大学（US Air Force University）で講義を行い、ケネソー州立大学で教鞭を執っていた。ミシシッピ大学より博士号（数学）取得。

本書では、最強のチェス・プレイヤーに勝つ方法を紹介している。ルールを2つだけ変えればいい。

❶対戦相手が最初に指す

❷対戦相手が1手指すたびに、こちらは2手指せる

駒落ちでも、余裕で勝てるという。これは小規模の組織が量的なハンデを克服するヒントを教えてくれる。最強の敵でも、相手が1手指す間に2手指すような圧倒的なスピードを獲得することで、勝てるのだ。これはビジネスでも同じである。

スピードで敵を圧倒するために、本書は**OODA**（ウーダ）**ループ**という意思決定方法を提唱している。OODAループを使いこなせば、あたかもチェスで相手が1手指す間に2手指すように、圧倒的なスピードを獲得して勝てる。

OODAループは、さまざまな分野に広がっている。起業家のエリック・リースは、OOD

Aループを新規事業立ち上げに応用した**リーン・スタートアップ**を提唱した。

ユニ・チャームはかつてPDCAサイクルにもとづく経営管理の仕組みを使っていたが、ともすると計画にこだわりすぎて成果が出ないこともあったという。これでは想定外が起こる現代では対応できない。そこで、2019年からOODAループを導入している。

OODAループは、もとは米空軍の戦略家であるジョン・ボイドが生み出した思想だ。

本書は欧米諸国の軍事戦略に大きな影響を与えたボイドの思想を、直弟子の著者が初めてビジネス向けにまとめた一冊だ。ボイドは古今東西の戦いに加え、孫子や宮本武蔵などの東洋思想、大野耐一のトヨタ生産方式などから深く学び、自身の理論を体系化したのである。

組織の「意思決定」を省略する

OODAループは4つの活動からなる。

❶観察（Observe）……あらゆる情報を取ってくる
❷情勢判断（Orient）……最重要ステップ。情報を経験や価値観と組み合わせ、洞察を得る
❸意思決定（Decide）……方針を決める
❹行動（Act）……実際の行動に移る

実は、このO→O→D→Aの4ステップを踏むのは、OODAループではまだまだ初心者レベル。本当のOODAループは、**Dを省略し、O→O→Aで動くことで真価が発揮される。**

宮本武蔵のような剣豪が、敵を瞬時に斬るのをイメージしてほしい。剣の達人は相手の刹那《せつな》

OODAループ

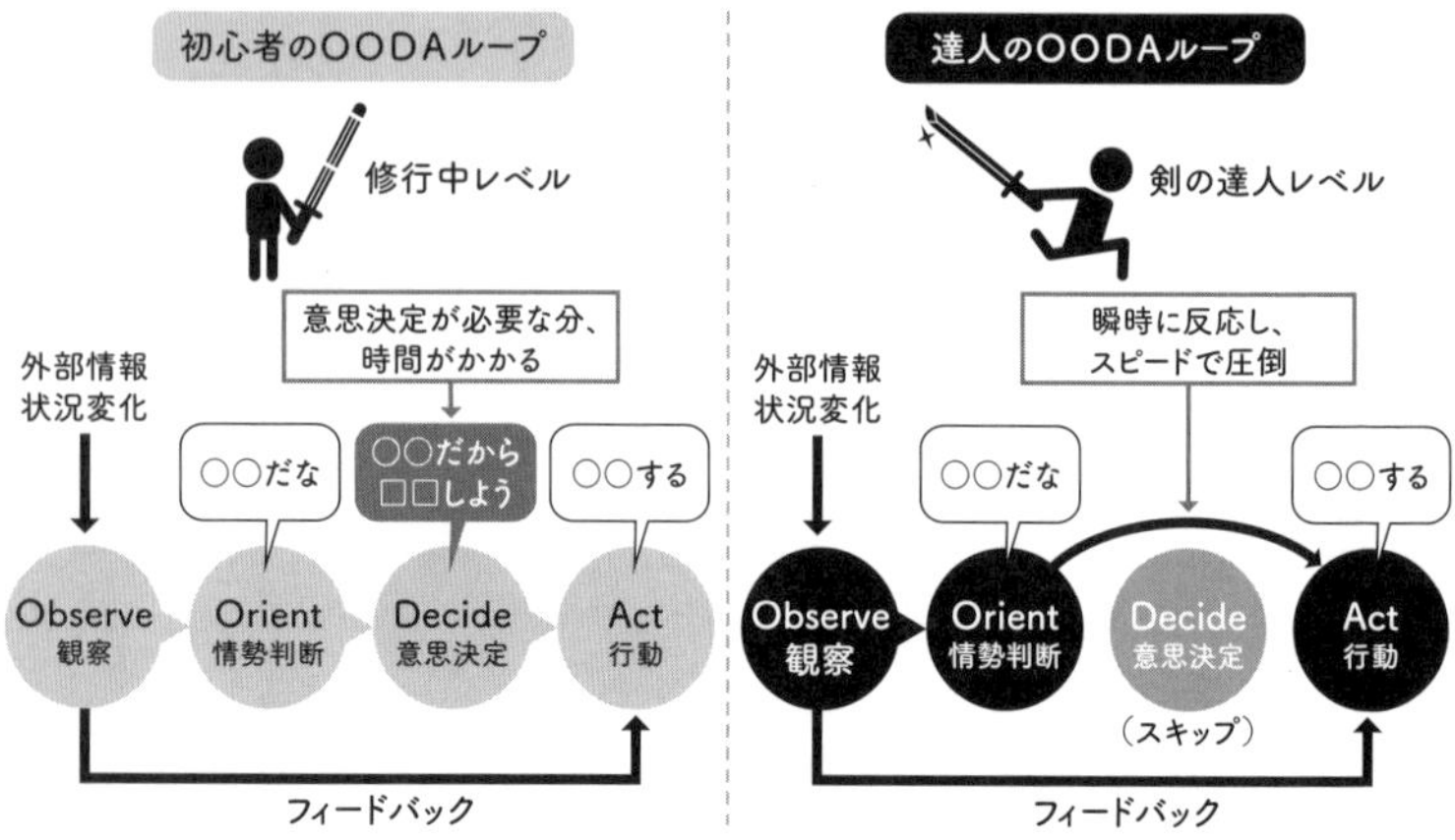

出典：『OODA LOOP』を参考に筆者が作成

の気配を感じ（観察：Observe）、攻撃を察知（情勢判断：Orient）した瞬間、抜刀して相手を斬る（行動：Act）。鍛錬に鍛錬を重ねた結果、考える（意思決定：Decide）プロセスを省略して、O→O→Aが一瞬で行われ、敵をスピードで圧倒して斬るのだ。

OODAループは剣の達人の境地を組織で目指す。しかし、こう思うかもしれない。

「宮本武蔵ならわかるけどさ。本当に組織で、そんなことができるの？」

それを実際にやったのが、ボイドがOODAループのヒントを得たドイツ軍である。

圧倒的不利を覆したドイツ軍の「電撃戦」

1940年5月、ドイツ軍は隣接するベルギーとオランダ経由で、フランスに侵攻した。当時のドイツ軍は劣勢と見られていた。

・当時のドイツ軍はフランス軍に対して量的な優

位性はなく、技術面でも遅れていた
・フランスとイギリスの連合国は過去のドイツ軍の戦術を研究し尽くし、国境の地形も熟知
・さらに連合国は、ドイツ軍の攻撃を事前に予測していた
従来の常識ではドイツ軍に勝てる要素はないが、ドイツ軍は圧倒的な勝利を収めた。

戦闘が始まると、ドイツ軍は罠を仕掛ける遊撃軍と奇襲を仕掛ける主力軍が密に連携し、敵の手薄な最前線ただ一点に兵力を集中させた。敵の弱点に穴を空けて戦車群を突入させ、数百キロメートルを電光石火のごとく進軍。１カ月後にはフランスの首都パリに無血入城した。

ドイツ軍は「敵に先んじる1分こそが優位性」と考え、スピードを最重視し、前進を続けた。一方のフランス軍は行動のスピードが遅く、刻々と変化する状況に対応できずに軍内部は麻痺状態、ドイツ軍に翻弄され続けた。

リアルな戦場の現場ではさまざまな情報が錯綜する。フランス軍の現場指揮官は数キロメートル内にいる敵しか見えないため全体の状況を把握できず、「カオスな状況」に右往左往するばかり。逆に先手を取ったドイツ軍はカオスな状況をつくり出してフランス軍を混乱に陥れた。ドイツ軍は「電撃」のように短期間で決着をつけたこの戦法を、**電撃戦**と名づけた。

ボイドは電撃戦を徹底的に研究し、**スピードを武器とするOODAループの概念をつくり上げた。**さらに**トヨタ生産方式**（**TPS**）からも学び、OODAループの基本原則がトヨタでも実践されていることを発見した。トヨタの経営陣もTPSをこう説明している。

「TPSは、受注から納車するまでの時間を短縮化することを目的としたものである」

個の力を「組織の力」に変える

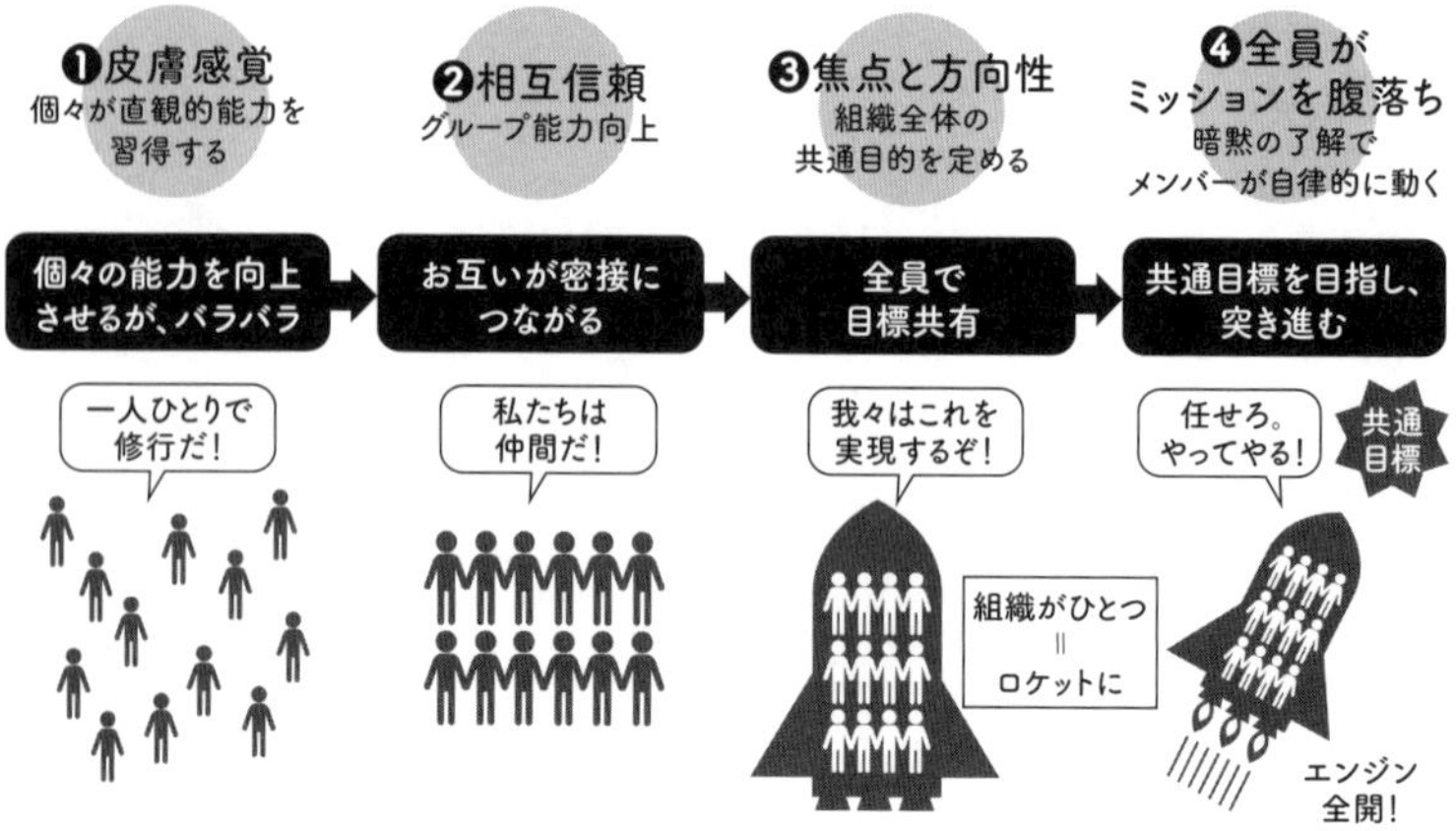

出典:『OODA LOOP』の図版をもとに筆者が一部追記

オペレーション成功のための組織文化

ドイツ軍の電撃戦やトヨタが成功したのは、彼らの組織が、個の力を組織の力に変える4つの特性をもっていたからだ。

特性❶ 個人の皮膚感覚と直感的能力……剣の達人が刹那の気配を感じるように、個人が皮膚で感じるくらいの直観的感覚を身につければ、カオスな状況でも状況を洞察できる。ドイツ軍は電撃戦の何カ月も前から訓練を続け、この感覚を身につけた。

火災現場で素早い行動が必要な消防士も、直観的に判断して即行動したときに最善のパフォーマンスを生み出しているという。

この「直観知」は長年の経験と自己鍛錬でのみ獲得できる。日本の剣道でも「竹刀が竹刀でなくなり、意識が無意識になる」まで日夜鍛錬する。

熟練者は剣の達人のように、自然な動きで即座に成果にたどり着く。著者はトヨタも同じだとして、本書でこう言っている。

「トヨタの作業員は特に並外れた激務を行っているようには見えないが、工場のラインスピードは競合他社のどこよりも速い。……このシステムが機能するのは、トヨタの作業員がもつ感知力・改善業務における直観的能力の高さがあるからにほかならない」

特性❷ 仲間の相互信頼……組織の仲間の相互信頼は、一体感と結束力を生む。第一次世界大戦に敗れたドイツは兵力を大幅に減らされ、少数の専門的職業軍人だけが軍に留まった。そして数多くの訓練を通じて、強い相互信頼が醸成されていった。

戦いでは、強い集団感情をもつ側が優位だ。同じ試練の経験を共有すれば、強い信頼の絆《きずな》ができる。多くの日本の会社員は同期とタメ口で、互いに強く信頼し合っている。日本企業が新卒を一括採用し、厳しい研修を行うのは、相互信頼を醸成する合理的な方法だ。

特性❸ 組織の焦点と方向性……相互信頼がある組織がミッションを共有して何を目指すかが明確になれば、組織は全行動を集中できる。ミッションが決まれば、個々人もおのずから何をすべきかわかる。ドイツ軍もフランス軍への攻撃目標を明確に定めた。

特性❹ 全員がミッションを腹落ち……想定外の状況が頻発する戦場では、上に指示を仰ぐ時間がない。しかし、高い能力をもつ個人や部隊が組織のミッションを理解すれば、ロケットのように迅速に動き、大きな戦果をあげられる。ドイツ軍も現場が自律的に動き、敵をスピードで圧倒した。上官と部下が信頼し合い、暗黙の了解で意思疎通できれば細かい指示は不要だ。

Book4『HIGH OUTPUT MANAGEMENT』で紹介したように、アイリスオーヤマは毎週月曜に丸一日かけて行う新商品開発会議に全責任者が集まり、50案件以上の新商品の可否を社長同席で即決する。合意が取れれば開発チームが全責任をもって自律的に商品開発にまい進する。こうしてロケットのように他社を圧倒する商品開発スピードが生まれる。

「あうんの呼吸」が圧倒的なスピードを生み出す

組織が圧倒的なスピードで動くための前提が、**以心伝心のコミュニケーション**だ。あうんの呼吸で意思が組織内に伝われば、電撃戦やトヨタのようにOODAループを速いスピードで回せるようになり、圧倒的な競争力を獲得して敵を圧倒できる。

剣の達人が刹那の気配で攻撃を察知し、瞬時に抜刀して相手を斬るように、組織でもD（決定）を省略し、O→O→Aのプロセスで回せるようになる。こう考えると、「日本企業が得意な以心伝心やあうんの呼吸は古い」と言われているのは大間違いとわかるだろう。

以心伝心やあうんのコミュニケーションは、組織が圧倒的なスピードを生み出す前提条件であり、日本型組織の貴重な財産なのだ。しかし課題もある。そのひとつが日本人以外の人たちとの間で、いかにグローバルな以心伝心を実現するかである。

このあたりは、トヨタ生産方式を紹介したBook19『リーン生産方式が、世界の自動車産業をこう変える。』とBook47『タテ社会の人間関係』もぜひ併読してほしい。

POINT

ＯＯＤＡループで勝てる市場を自らつくれ

ＯＯＤＡループを実現できる組織文化をつくり上げるには、時間がかかる。関係者を３日間の研修に参加させればすぐに身につくような代物ではない。

著者は組織文化づくりを庭園づくりにたとえている。経営陣の仕事は庭園（組織文化）を設計し、何（組織文化の要素）を育てるかを決め、育つ条件を整えること。土の条件や気候などの皮膚感覚をもつ専任の庭師（専任担当者）も必要だ。条件を整えて種を撒《ま》けば、植物は自然と育っていく。重要なのは、雑草（組織文化の障害や反対者）を間引くこと。

これには時間がかかる。トヨタでもＴＰＳを構築し、定着させるのに28年間を要した。

また、「ＯＯＤＡループを高速で回す目的は、市場の変化に迅速に対応するためだ」と言う人がいるが、これは間違いだ。ＯＯＤＡループの目的は受動的に変化へ対応することではない。**先んじて能動的に変化を生み、望ましい市場をつくり上げる**ことだ。

「ヒト・モノ・カネ」に次ぐ第４の経営資源「時間」を徹底的に組織が活かす上で、本書の考えは大いに役立つはずだ。

15

『Measure What Matters 伝説のベンチャー投資家がGoogleに教えた成功手法OKR』（日本経済新聞出版）

――グーグルを一枚岩の組織に変えた目標管理法

ジョン・ドーア

世界的ベンチャーキャピタル「クライナー・パーキンス」の会長。1951年米国生まれ。80年クライナー・パーキンス・コーフィールド・アンド・バイヤーズに加わり、Amazon、Google、Twitter、ネットスケープなど多くの世界的な成功企業に初期段階から投資。投資先が時価総額世界2位と3位の大企業へと成長を遂げた。公教育、気候変動、貧困等の問題に関心を寄せる社会起業家とも共に活動する。

本書に序文を寄せているグーグル創業者のラリー・ペイジは、こう述べている。

「グーグルが大きく成長する上で、OKRは重要な役割を果たした」

実際にグーグルは創業2年目からOKRを採用し、大きく成長した。

OKRとは社員の潜在能力を引き出しつつ、全社員が同じ課題に一枚岩で取り組めるようにする目標設定・管理の方法論だ。全員で同じ課題を共有し、個人の能力を目一杯引き出して取り組めば、会社はとてつもない力を発揮できる。

著者のドーアは伝説のベンチャーキャピタリストだ。OKRの伝道師としてグーグルをはじめ投資先企業に数十年間、OKRを布教し続けてきた。

いまやOKRはツイッター、リンクトイン、オラクルなどのシリコンバレー企業だけでなくBMW、ディズニー、サムソン、エクソンなどの大企業でも活用されている。日本企業でも、花王などの大企業が本格導入を始めている。

数多いＯＫＲ関連書の中では、本書がいちばんまとまっているので、ぜひ紹介したい。

ＯＫＲは、**目標（Objective）**と**主要な結果（Key Result）**の頭文字をとったものだ。「目標を決め、結果を確認する」。この当たり前なことを、仕組み化するのだ。

ドーアがグーグルに初めてＯＫＲのプレゼンをしたときのＯＫＲは、こうなっていた。

著者の目標（Ｏ）：グーグルのために事業計画の仕組みを構築する

主要な結果（ＫＲ１）：プレゼンを時間通りに終わらせる

主要な結果（ＫＲ２）：プレゼン参加者全員でグーグルの四半期ＯＫＲのサンプルセットをつくる

主要な結果（ＫＲ３）：ＯＫＲを3カ月間試運用することに経営陣の同意を得る

実際にプレゼンした結果、ＫＲ１〜３はすべて達成。その後のグーグルは、本書執筆時点で75四半期途切れなく全社でＯＫＲを行っているという。

著者がプレゼン後にＫＲの結果を確認したように、期限が来たらＫＲの達成度を判断する。ＫＲがすべて達成されていれば、必ずＯが達成されているはずだ。もし達成されていなければ、ＯＫＲの設定が間違っていることになる。

ＯＫＲはチームで共有する

ついに体重１００キロを超えたイケダさんの口ぐせは「明日からダイエットするよ」。

OKRの実施イメージ
イケダさんのダイエットの場合

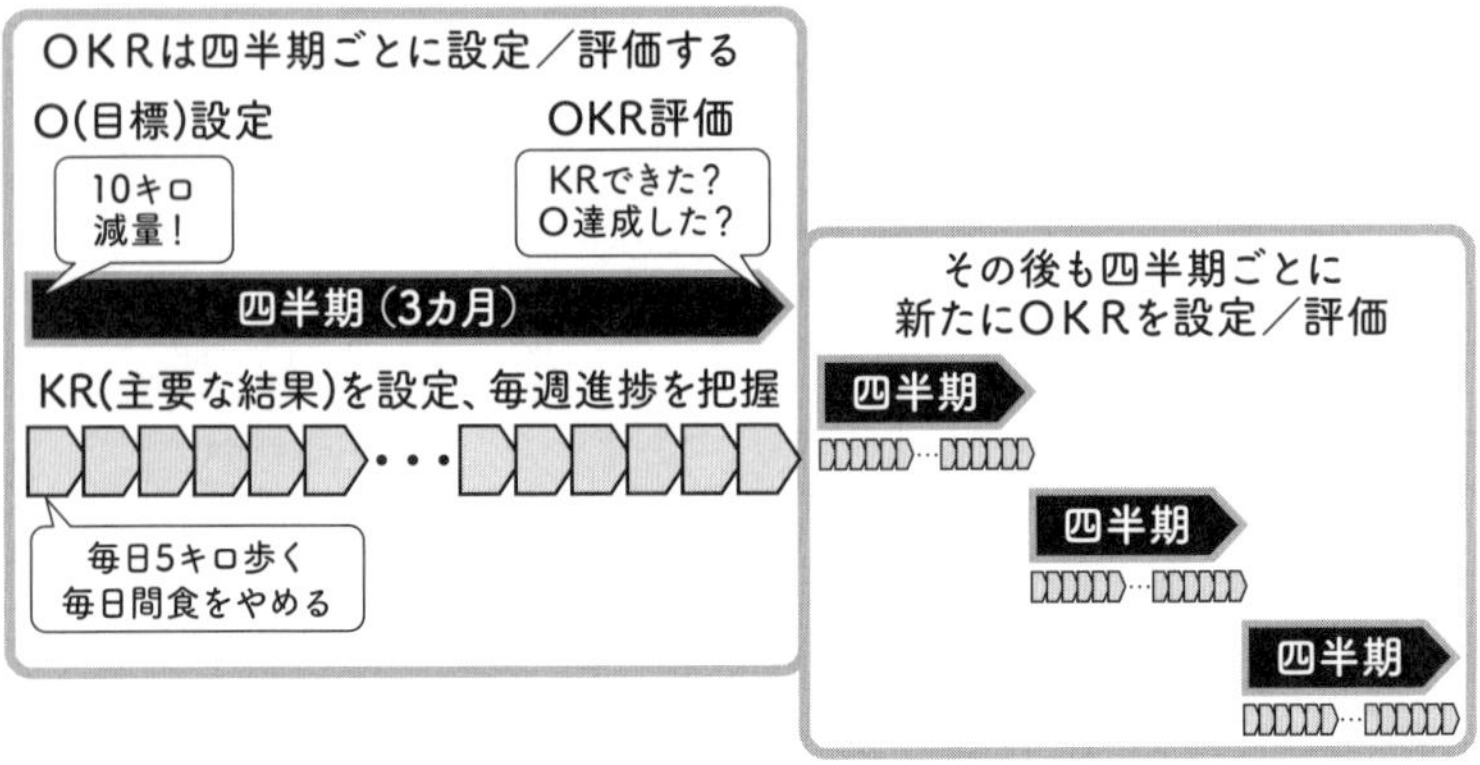

出典：『Measure What Matters』を参考に筆者が作成

しかし、そう言いつつ今日もアイスクリームを食べている。目標設定と目標管理が甘いのだ。OKR的に言うとイケダさんは「3カ月後に10キロ減量する」というOを決めて、「毎日5キロ歩く」「毎日3食とって間食をやめる」といったKRを設定し、毎週「今週は毎日守れたか」を確認すればいい。そして3カ月後に「KRが達成できたか」と「10キロ減量したか」を確認し、次の3カ月間のOKRを決める。こうすれば1年後にはかなりスリムになっているはずだ。

このように**Oは「コレやるぞ」と気合いが入る遠くの目標、KRは「Oの実現のためコレは着実にクリアしよう」と身近に感じるものを設定する。**

KRで短期目標や締切を設定することは、業務遂行を促す効果がある。あなたも「今日の夕方までにコレを仕上げる」と決めれば、すぐに取りかかるだろう。

会社全体では、このOKRを毎四半期ごとに

「企業のOKR」→「部門/チームのOKR」→「個人のOKR」へと展開していく。

個人のOKRでは、一人ひとりが「自分は何をしたいのか」を考えた上で、会社・部門のOKRと整合性のとれた自分の目標（O）を設定し、主要な結果（KR）を決める。

そして、上司・同僚・部下とオープンに共有し、KRの進捗を毎週細かく確認していく。

こうしてメンバーが目標を共有して連携し進捗管理するチームは、大きな能力を発揮できる。

OKRは「人事評価」に使ってはいけない

四半期が経ったら、達成度でKRを採点し、検証する。目標数値は客観的なので、結果は明快である。グーグルでは0から1・0の尺度でスコアを色分けし、評価する。

・0・0〜0・3……赤（進捗はなかった）
・0・4〜0・6……黄（進捗はあったが完了できなかった）
・0・7〜1・0……青（完了）

「毎日5キロ歩く」というKRを設定したイケダさんが3カ月間毎日歩いたら、達成度は1・0だ。ただ、「1・0を達成したから、それでオーケー」ではない。

OKRでは「背伸びした目標に挑戦したか」を重視し、達成可能性が五分五分の目標が求められる。1・0を達成したら「それってKRの目標数値が低すぎない？」という話になる。たとえば、イケダさんは、次の四半期のKRは「毎日7キロ歩く」にすることを検討すべきだ。

ＯＫＲは、Ｂｏｏｋ４『HIGH OUTPUT MANAGEMENT』の著者グローブがインテル社長時代に開発したものだ。

ＯＫＲが達成度１・０にこだわらないのは、グローブ独特の考えによるものだ。

グローブは「自己実現の欲求」を提唱したＢｏｏｋ２『完全なる経営』の著者マズローに心酔していた。グローブは、誰に言われなくても常に自分の能力ギリギリの限界に挑戦して、ベストの結果を出す人がいることに興味をもっていた。一方でグローブは、普通の人々はそんなことはなかなかやろうとしないことも理解していた。そして、普通の人々から最大の成果を引き出すには、「背伸びした目標が有効」と考えたのである。

「一見不可能な目標に挑戦すべし」というグローブの考えはグーグルのラリー・ペイジに継承され、その後のグーグルの爆発的な成長を生み出した。

ＫＲを検証する目的は「結果を検証し、どう改善するか」を学ぶことだ。人事評価とは切り離されている。目標が報酬を決める基準になると、社員は守りに入って実力を超えるようなリスクに挑戦しなくなる。だからＯＫＲでは、人事評価は別途行うのだ。

ＯＫＲは「ＰＤＣＡの弱点克服」のために生まれた

ＯＫＲは一見、ＰＤＣＡプロセス（計画：Plan→実行：Do→検証：Check→対策：Action）に似ているが、大きく違う点がある。ＯＫＲが生まれた経緯を知れば、この違いがわかる。

「インテルを偉大な企業にしたい」と考えたグローブは、ＯＫＲを生み出すために経営理論を

MBO／PDCAの弱点克服のために生まれたOKR

トップが決めた目標を達成できるように、キッチリ管理しよう

リスクに挑戦しなくなってしまった……

社員個人がやりたいことを考えて、リスクに挑戦しよう

	MBO／PDCA	OKR
コンセプト	「何をやるか」	「何を、どのように行うか」
期間	年次	四半期ごと（あるいは毎月）
目標と結果	非公開、タコツボ化	全社公開、透明性
目標の設定	上から与えられる	上の目標を考慮しつつ、50%は社員個人がやりたいことにする
目標の達成	100%達成を評価	頑張って50～60%達成を評価
報酬	報酬と連動	報酬とはほぼ完全に分離
リスクへの挑戦	リスクを回避したがる	積極的・野心的になり、リスクに挑戦する

出典：『Measure What Matters』の図版をもとに筆者が一部追記

徹底的に学んだ。出発点はドラッカーだった。

ドラッカーはBook1『現代の経営』で「企業は個人の強みと責任感を発揮させ、ビジョンと努力の方向を一致させてチームワークを育むべきだ」として、MBO（目標による管理：Management By Objective）を提唱した。

この理念自体にはグローブも賛同した。

しかし現実は、MBOには限界があった。

本社が決めた目標が、末端の現場に降りるまで恐ろしく時間がかかるのだ。さらに目標のビジョンは立派でも、末端の現場に降りる頃には魂が抜けた「売上目標は対前年20％増」といった数値目標に化けてしまう。

さらに、MBOはPDCAサイクルで目標管理する。全社目標を細かく分け、社員に個人目標を与え、達成度を評価する。しかし、トップダウンは指示待ち社員を生み、社員は全社目標の中で自分がいかに挑戦するかを考えなくなった。さら

に、多くの企業がＭＢＯと給与を連動させたので、社員は「給与が下がるかもしれない」と、失敗のリスクをとらなくなった。これでは、現代では勝てない。**ＭＢＯやＰＤＣＡは万能ではなかった**のだ。要は、管理過剰の弊害である。

グローブは「既存の経営理論は、そのままでは役に立たない」と知って、よりすぐれた経営手法を編み出すために、経営学だけでなく当時登場したばかりの行動経済学や認知心理学の文献を読み漁《あさ》ってＯＫＲを生み出し、インテルで展開した。

著者のドーアはベンチャーキャピタリストに転身する前の１９７５年、インテルの若手社員としてグローブからＯＫＲの活用法を学んだ。インテル社内では全員がお互いにどのようなＯＫＲを設定・管理しているかを見ることができ、誰が何をしているかがすぐにわかった。さらにドーアも自分でＯＫＲ設定しているおかげで何をすべきか明確になったし、インテルでまったく新しい仕事を依頼されたときも、ＯＫＲを根拠にその仕事を受けるか断るかを即答でき、気がラクになったという。

ＯＫＲが生み出す組織文化

ＯＫＲは当初、シリコンバレーのスタートアップを中心に広がったが、大企業も組織文化を変革する手段としてＯＫＲに注目している。ＯＫＲが社員の潜在能力を引き出す可能性を秘めているからだ。中期経営計画で「社員活力の最大化」を掲げる花王も、２０２１年から人事評価制度を刷新してＯＫＲを導入した。

現場で大きな変化が起こる現代では、現場社員が自分で何をすべきかを考えて決める仕組みが重要であり、そのような行動を促す組織文化も必要だ。ＯＫＲにより、チームを最優先しつつ、現場主導で組織が連携して動く組織文化を生み出せる可能性がある。

一方でＯＫＲを会社に導入するには、独自の組織文化や企業の個性にあわせて微妙なさじ加減が必要になるので、導入当初は失敗することが多いという。

そこでＯＫＲは、導入当初は失敗することを前提に考えて、企業ごとの独自の組織文化に合わせて調整しながら実践する必要がある。**いきなりＯＫＲを全社展開せずに、まずは小規模な部門で試行するのもひとつの方法**だ。

試行錯誤を通して学びながら、ＯＫＲを組織に最適化していくことが必要なのだ。

Book47『タテ社会の人間関係』で紹介するように「タテ社会」の日本の組織はセクショナリズムに陥りがちで、個の力も抑えられがちだ。ＯＫＲはこれらの問題を克服し、個人の活力を最大化し、目標を共有した一枚岩の組織をつくる有力な方法論になり得る。こう考えると、日本でもＯＫＲは日本独自の文化に合わせた形で徐々に広まっていくかもしれない。

POINT

「目標」と「結果」をテコに個人の力を引き出せ

16

『失敗の科学』（ディスカヴァー・トゥエンティワン）

――「失敗」は最もコスパが高い改善方法だ

マシュー・サイド

英『タイムズ』紙の第一級コラムニスト、ライター。1970年生まれ。オックスフォード大学哲学政治経済学部（PPE）を首席で卒業後、卓球選手として活躍し、10年近くイングランド1位の座を守った。英国放送協会（BBC）『ニュースナイト』のほか、CNNインターナショナルやBBCワールドサービスでリポーターやコメンテーターなども務める。他の著書に『多様性の科学』『きみはスゴイぜ!』などがある。

ゴルフが上達する秘訣は、一打一打集中して試行錯誤を繰り返すことだ。しかし、暗闇でいくら練習を続けても、打った後どこに飛んだかわからないので、絶対にうまくならない。著者は、多くの人がこの「暗闇のゴルフ」をやっていると言う。

たとえば、プロジェクトがあきらかに失敗しているのに失敗を認めないことは少なくない。「失敗」から学ばないのは暗闇のゴルフと同じで、決して改善につながらない。失敗のフィードバックは最もコスパが高い改善方法なのだが、現実には失敗から学べないことが多いのだ。

生命を預かる医療業界と航空業界は失敗の影響が大きい業界の代表である。米国の医療業界では、医療ミスによる死亡者が年間4万4000～9万8000人いる。医療関係者は決してサボっているわけではなく、真面目に仕事をしている。一方でかつて死亡率が高かった航空業界は、2013年の航空機搭乗者は30億人で、死亡者はわずか210人だ。

両者の違いは、**失敗への向き合い方**にある。医療業界は失敗に向き合えていない。航空業界は組織文化の奥底に「失敗から学ぼう」とする姿勢がある。この姿勢の違いが大きい。

そこで本書は、失敗から学べない原因を深掘りし、失敗を活かす方法を提示している。

著者は異色の経歴の持ち主だ。英国オックスフォード大学で学ぶ傍ら、バルセロナとシドニーオリンピックに卓球選手として出場した。その後スポーツジャーナリストに転身して、執筆活動を開始。2冊目の本書は22カ国で刊行され、世界的なベストセラーとなった。

「失敗からの学び」を蓄積する効果

失敗の大切さは、「最も適したモノが残る」という**累積淘汰**の仕組みでわかる。本書では進化生物学者のドーキンスが著書『盲目の時計職人』(早川書房)に書いた例を紹介している。

猿がランダムにタイプライターの鍵盤を打って、シェイクスピアの『ハムレット』の"Methinks it is like a weasel."(オレにはイタチのように見えるがな)という一節(28文字)を打ち出す確率はどのくらいか?

鍵盤の文字数は合計27文字だ。3文字目"Met"まで正しく打つ確率は1/27×1/27×1/27で1万9683分の1。最終的に28文字を正しく打ち出す確率は「10の40乗分の1」だ。猿が28文字を1秒で高速キータイプしても、偶然この一節を打つには、宇宙の年齢138億年を10億倍し、さらに10京倍した膨大な時間が必要になる。

ここでドーキンスは、累積淘汰の仕組みを応用した。まず猿が打つようにランダムな文章をパソコンで自動的に生成するプログラムを作成。ここでひと工夫。ランダムに文章をつくるたびにプログラムが毎回チェックし、目標の一節に少しでも近い文字だけを選び、残りは排除。残った文章にランダムな変化を加え続けてチェック……という作業を続けたのだ。

第1世代の文章は、「WDLTMNLT DTJBKWIRZREZLMQCO P」。まったく意味不明。

第10世代の文章は、「MDLDMNLS ITJISWHRZREZ MECS P」。まだまだ意味不明。

第20世代の文章は、「MELDINLS IT ISWPRKE Z WECSEL」。やや似てきた。

第30世代の文章は、「METHINGS IT ISWLIKE B WECSEL」。だいぶ似てきた。

第43世代の文章は、「METHINKS IT IS LIKE A WEASEL」。ここで一致した。

一致するまでたった30分。使ったのは１９８０年代の旧式パソコン。30分で完成できたのは、世代ごとに正しい選択を記憶させ、世代から世代へとつなぐ累積淘汰の仕組みを組み込んだからだ。生命が単細胞から複雑な人類に進化したのも、この累積淘汰のおかげだ。

「突然変異でさまざまな個体が生まれ、その中から環境に合う個体が自然淘汰で残る」という選択を積み重ねて、まるで知性がある創造主がつくったかのように生命は急速に進化した。

この累積淘汰のカギが「**失敗して、その結果からの学びを蓄積すること**」なのだ。

人間社会も同じである。映画『ハドソン川の奇跡』は、ニューヨーク上空でトラブルに見舞われた航空機がハドソン川に不時着水し、乗員・乗客全員が無事に生還した実話だ。

トム・ハンクス演じる主人公のモデルになった機長は、こう語る。

「我々が身につけたすべての航空知識、ルール、操作技術は、どこかで誰かが命を落としたために学ぶことができたものばかりだ」

「それなら医療業界に『失敗から学べ』と言えばいい」と思いがちだが、問題はそんなに簡単ではない。そもそも人間は、なかなか失敗から学べないようにできているのだ。

失敗が放置される「クローズド・ループ現象」

２世紀、ギリシャの医学者が「瀉血《しゃけつ》」という血液の一部を抜き取る排毒療法を広めた。当時最高の知識をもった学者が善意で生み出した療法だが、現実には病で弱った患者はさらに体力を奪われた。しかし、瀉血療法は19世紀まで広く使われ続けた。医師たちは患者がよくなれば「瀉血で治った」、患者が死ねば「瀉血でも救えない。よほど重病だったのだな」と考え、１７００年もの間、一度も治療法を検証しなかったのだ。

このように失敗が放置され、学習しない現象が**クローズド・ループ現象**だ。本書では、心理学者のフェスティンガーが著書『予言がはずれるとき』（勁草書房）の中で紹介した、この現象が起こる理由を取り上げている。

１９５４年、フェスティンガーは「12月21日、大洪水で世界は終末を迎える」と予言する教祖が率いるカルト教団があることを知った。信者たちは家族の反対を振り切って仕事を辞め、教祖と暮らしていた。フェスティンガーは「予言が外れた後、信者はどうするんだろう?」と興味をもち、なんと教団に信者として潜入した。怖いもの知らずである。

「予言が外れたら、みんなが教祖を詐欺師と非難して、もとの生活に戻る」と考えがちだが、信者たちは行動を変えなかった。予言が外れた後、信者たちはこう言ったのだ。

「神は我々の信心深さに感心し、第二のチャンスを与えた。我々が世界を救ったのだ！」

そして歓喜に酔いしれ、さらに以前よりも熱心な信者になる者すらいたという。

信念と異なる事実が出たとき、人は次のいずれかの行動をとる。

❶事実を認め、信念を変える

❷事実を否定し、信念は変えない。そして都合のよい解釈をつくる

❶は難しい。「自分はダメだった」と認めるのは怖い。❷を選べば信念を貫ける。信者はすべて捨てており、もはや後戻りできない。だから教祖を信じ続けたのだ。

フェスティンガーは、この現象を**認知的不協和**と名づけた。クローズド・ループ現象はこの認知的不協和が引き起こすのだ。「そんなの非科学的だね。私は騙されないよ」と思っている私たちも、日々の生活で認知的不協和によるクローズド・ループの罠に陥っている。

「ケーキは今週4個目。でも、自分へのご褒美。今日は特別」と言って、太る人。

「タバコは身体に悪いけど、やめると体重が増える」と言って、吸い続ける人。

「私ではなく、アイツが選ばれた。これは絶対間違いだ！」と言って、怒る人。

自分の信念を変えずに事実の解釈を変えている。失敗から学ばない点で、信者と同じだ。

「非難の心理」が失敗からの学びを妨げる

失敗から学べないもうひとつの理由は、**非難の心理**だ。

医療ミスを減らすために、投薬ミスを管理する8つの看護チームを6カ月間調査した研究がある。あるチームは看護師長が部下の看護師を徹底的に問いただし、ミスに厳罰を処した。ミス報告は他チームの1割に激減したが、調査すると実際のミスは平均よりも多かった。一方、非難しないチームは、ミス報告は多かったが、実際のミスは少なかった。

『「失敗はダメだ」と厳しく罰すれば、社員は規律を正し、真面目に働く』と考えるトップは多いが、**罰則強化ではミスの数は減らないばかりか、ミスの報告数が減り、改善意見も出なくなる。**現実には、ミスはさまざまな要因が重なって起こる。誰か一人が犯人であることは少ない。だから、さまざまな角度から検討して、初めて原因が見つかる。しかし、分析をサボり、誰かを血祭りにあげる非難が実に多い。これは脳が複雑な出来事を「これは○○の責任」と単純な結論で片づけたがるからだ。これでは失敗からは学べないし、ミスも減らない。

かつて哲学者のカール・ポパーは、こう言った。

「真の無知とは、知識の欠如ではない。学習の拒絶である」

「失敗は学習のチャンス」という組織文化が根づけば、非難せずに何が起こったかを調査するようになる。航空業界では、ニアミスを起こしたパイロットは、10日以内に報告書を提出すれば処罰されない。常に失敗から学ぶ組織文化をつくり上げて航空機による旅行は安全になった。

では、失敗から学ぶにはどうすればいいのか？　著者はいくつかの方法を提唱している。

客観的な評価のための「ランダム化比較試験」

医師は1700年間、瀉血の効果を確認しなかったが、**ランダム化比較試験**で瀉血の効果は

「ランダム化比較試験」で瀉血の効果を検証する

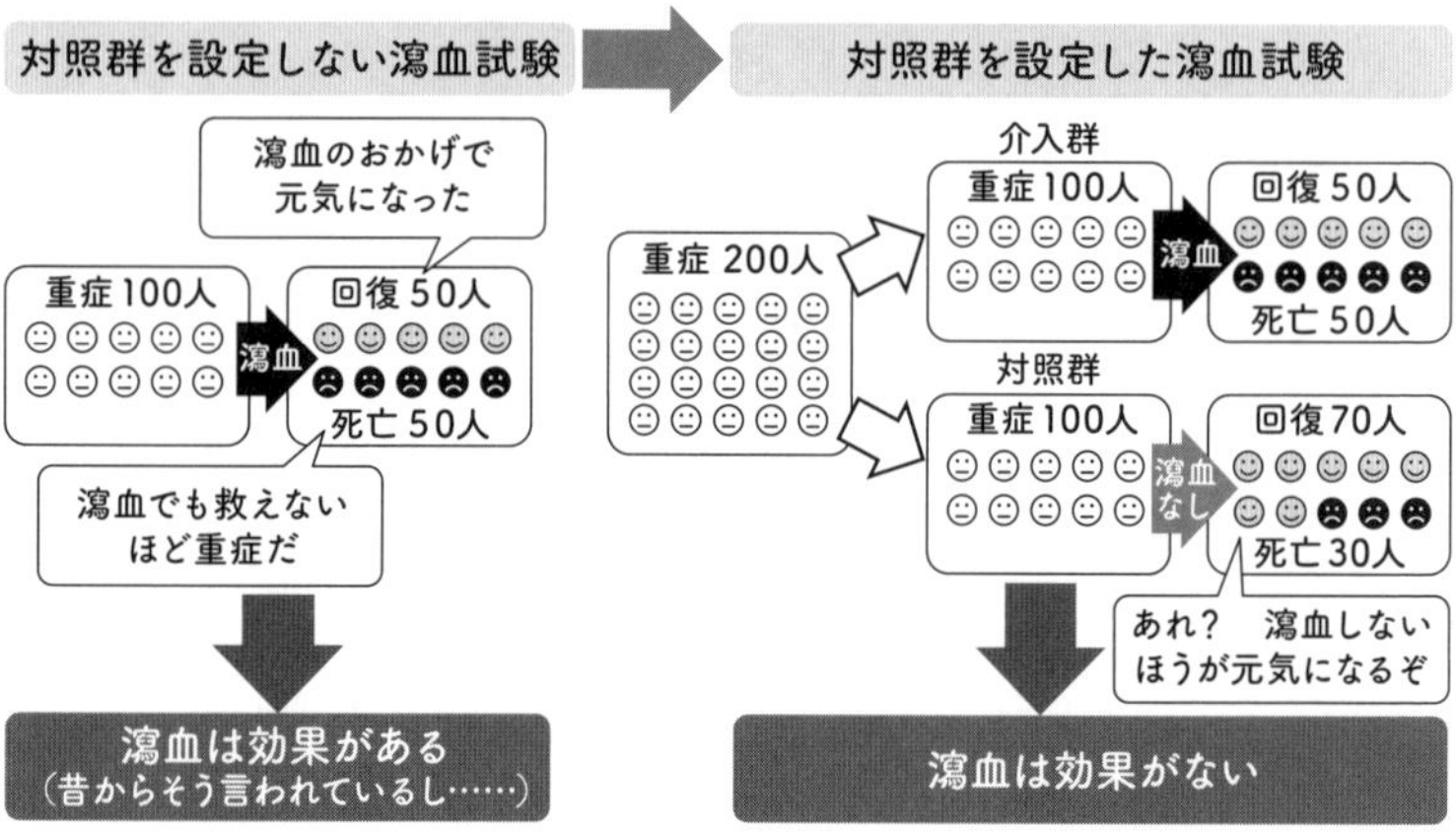

出典：『失敗の科学』を参考に筆者が作成

確認できる。瀉血した重症患者グループ（介入群）を、瀉血しない重症患者グループ（対照群）と比較するのだ。瀉血した介入群が50人回復し、瀉血しない対照群が70人回復したら、むしろ瀉血療法が多くの人を死に追い込む原因だとわかる。

このようにランダム化比較試験で検証精度が高まり、客観的評価ができる。このランダム化比較試験はワクチンの効果検証でも活用されている。

失敗を想定して検証する「事前検死」

最近注目の方法が、心理学者のゲイリー・クラインが提唱する**事前検死**という方法だ。

プロジェクト失敗後、反省会で「なぜ失敗したか」を議論することがある。事前検死では、プロジェクト実施前に失敗を想定し、「なぜうまくいかなかったのか？」をチームで事前に検証する。全員を集めて「このプロジェクトが大失敗したとします」と告げた上で、メンバーに失敗の理由をできるだけ書き出させ、プロジェクト責任者から順に理由を発表していく。これを理由がなくなるまで行う。この方法により、通常は埋もれている失敗理由が浮かび上がる。

これはプロジェクトを中止させることが目的ではない。未然に失敗を防ぐために先手を打って強化することが目的なのだ。シンプルだが、低コストかつ高成果が期待できる手法である。

T型フォードを生み出すまで2つの会社を潰したヘンリー・フォードは、こんな言葉を残している。**「失敗はより賢くやり直すためのチャンスにすぎない」**

「日本人は失敗からなかなか学ばない」と言われることがある。その理由を分析した本も多い。しかし、人間が失敗から学べない原因も、その対策もわかっている。

実際にセブン－イレブンは「仮説検証」の組織文化をもち、トヨタは「トヨタ生産方式」で失敗から学ぶ社内の仕組みがある。そう考えれば、本書は失敗から学ぶための指南書ともいえるだろう。失敗からの愚直な学びの積み重ねは、最強の武器になり得るのである。

POINT

失敗からの愚直な学びの積み重ねこそが「最強の武器」となる

17

『偶然の科学』（早川書房）

――成功は「運とタイミングの産物」である

ダンカン・ワッツ

米国の社会学者。ペンシルベニア大学教授。1971年オーストラリア生まれ。コーネル大学で理論応用力学の博士号を取得。コロンビア大学教授、ヤフー・リサーチ主任研究員を務める。98年、ストロガッツと共にスモールワールド現象（数人の知人をたどれば世界中の人間がつながるという説）をネットワーク理論の見地から解明した論文で脚光を浴び、ネットワーク科学の世界的第一人者として知られる。

１００円ショップのダイソーは、売上５０００億円。国内外の店舗数は５０００店を超える。そのダイソーを創業した矢野博丈氏は、あるインタビューでこう語っている。

「ワシは運が良かったんです。……１００円均一いうのは計算が面倒くさくないように始めただけなんです。先見の明とかそんな話じゃありません。おかげさまで売上も前年より伸びています。これも運でしょうな。運の悪い企業は油断するとすぐに倒産しかねません。改めて考えると、ダイソーも本当に大大夫なんでしょうか。お話ししている間に怖くなってきました」

（『日経ビジネス』２０１７年12月11日号より）

つい（矢野さん、大成功しているのに謙遜しすぎですよ）と思ってしまうが、矢野氏は実に正しく物事を見ている。

私たちは成功すると「成功した理由は○○だ」と直感的に考えがちだが、著者のワッツによるとこのような直感は大きな勘違いであり、**現実世界は偶然が支配している**という。

まさに矢野氏が言う通り、「**成功は運とタイミングの産物**」なのだ。

この仕組みがわかれば、より的確に意思決定ができるようになる。

本書は、この偶然の仕組みと対処方法を解き明かした一冊である。著者は物理学者から社会学者に転じ、現在はソーシャルネットワーク研究の第一人者であるダンカン・ワッツだ。

ひとつの要因で結果が決まるわけではない

私は30冊近くの本を書いている。売れる本もあれば、まったく売れない本もある。評価が高くても、必ずしも売れると限らない。その理由も「運とタイミング」である。

著者はあるソーシャルネットワークの協力を得て、８つの仮想的な「パラレルワールド」をつくり、楽曲の人気順位の変動を比べる実験をした。

具体的には、まず会員１万４０００人を8グループに分類。グループ同士は完全に切り離された状態にする。会員は無名バンドの曲を聴いて採点し、ほしい曲をダウンロードする。ネット上には曲名とそのグループでの曲のダウンロード回数だけが表示される。こうして、各グループ内で曲の順位がどのように変動するかを調べたのである。

順位が品質のみで決まるのならば、どのグループでもほぼ同じ順位になるはずだ。

結果はグループごとに順位はバラバラ。ある時点で人気な曲はさらに人気になり、不人気な曲はさらに不人気になった。評価が最高でも1位になれないこともあれば、評価が最低でも健闘することもあった。高評価な曲は、低評価な曲よりも平均して順位が上だった。

当初のわずかな優位の差が、時間経過により大きく広がる状況を「**累積的優位性**」という。人気の差は、当初のわずかな人気のバラツキによる累積的優位性で決まったのだ。

現実の世界は、何かひとつの要因だけで結果が決まるわけではない。偶然と小さい行動の蓄積に加え、さまざまな相互の影響で決まる。矢野氏が言う通り、**運とタイミング**なのだ。

また、最初の小さくてランダムな変動が、次第に大きくなって長期的に大きな変動をもたらすこともある。中国で蝶が羽ばたくと、海の彼方でハリケーンが起こるというカオス理論の「バタフライ効果」に通じる現象が起こる。

しかし多くの人は、この「運とタイミング」をなかなか認められない。今の状態は「何かの理由があって、こうなっている」と思い込んでしまう。心理学者はこれを「**遅い決定論**」と呼んでいる。

また、人には「**後知恵バイアス**」もある。ある心理学者は、被験者に未来を予測させて、結果が出た後に再び面談するという実験を行った。多くの人は当たった予測については「自信があった」、外れた予測については「自信がなかった」と語った。人は予測が当たると、後知恵で「前から知っていた」と思い込むのだ。

成功した人が「私が成功した理由は、○○と□□」と語ることがある。これも「遅い決定論」と「後知恵バイアス」の産物だ。「ワシは運が良かったんです」と言う矢野氏は、実は「遅い決定論」や「後知恵バイアス」にとらわれない現実主義者なのである。

そもそも世の中には「予測できるモノ」と「予測できないモノ」がある。

未来の株価は「確率を推測」することしかできない

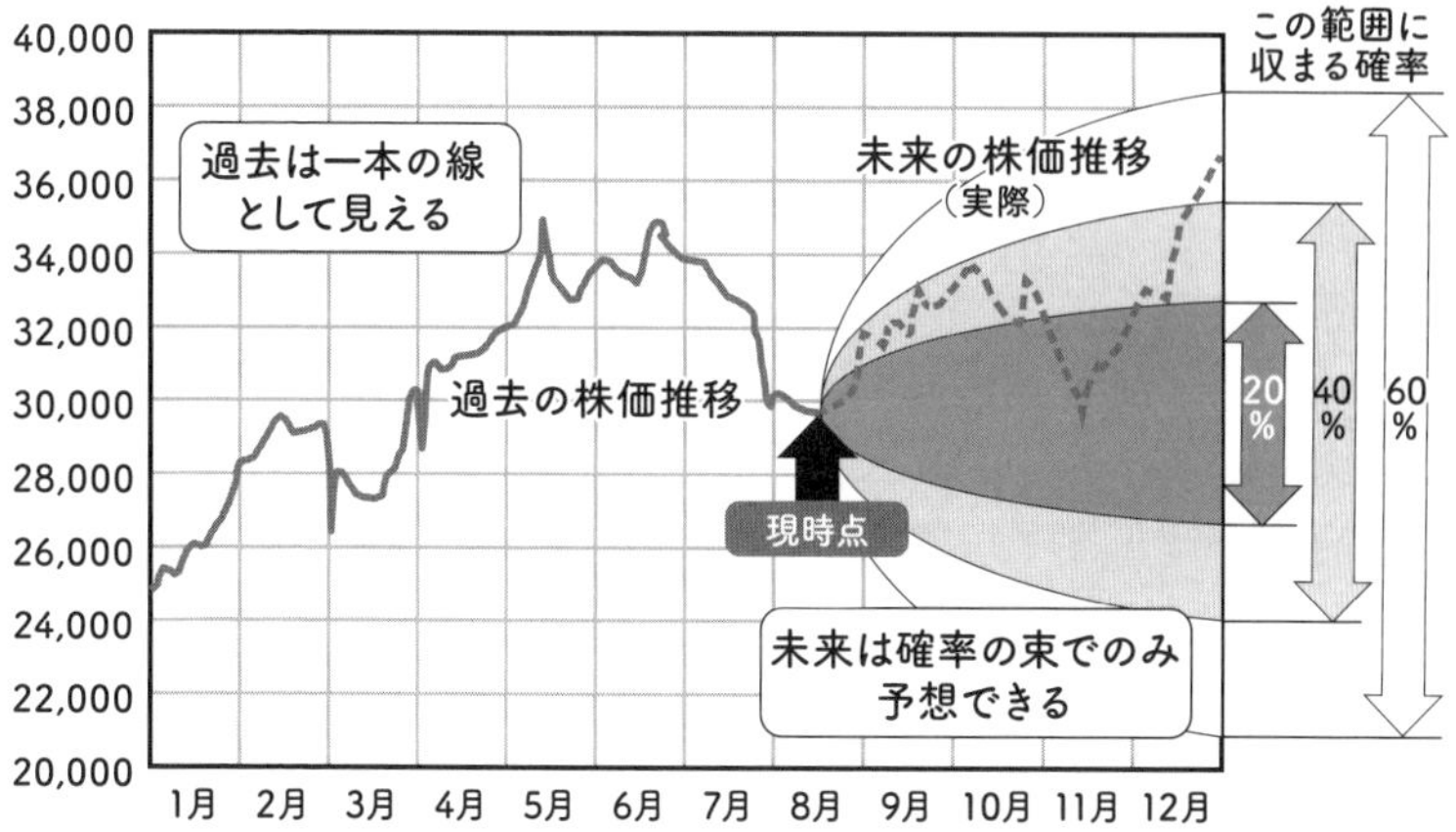

出典：『偶然の科学』から引用

次にその違いを見てみよう。

「複雑なシステム」は正確に予測できない

世の中には**単純なシステム**と**複雑なシステム**がある。単純なシステムは、数式モデルで科学的に計算して予測できる世界だ。宇宙探査機の軌道は、太陽と惑星の重力で計算できる。

複雑なシステムはまったく違う。たとえば、株価は何百万社の企業、数億の人々、天候、金利などさまざまな要因が影響し合い、わずかな乱れが増幅されて複雑に相互作用した末に決まる。

株価のように複雑なシステムでは「明日は50％の確率でこうなる」というような形で確率を推測することしかできない。だから、過去と未来の見方も変える必要がある。

過去の株価は1本の線で表現できるので、私たちは未来も1本の線で予測できると思ってしまうが、現実には、複雑なシステムの未来は上図のように「確率○○%でこの範囲内に収まる」という形でしか予測できないのだ。

優秀な戦略をとる組織が大失敗する理由

未来は予測できない。だから、戦略を立てるのは途端に難しくなる。

著者は本書の中で「確たるビジョン、大胆なリーダーシップ、徹底した実行という『すぐれた戦略』をとる組織が、実は最も誤りを犯しやすい組織になる」という「**戦略のパラドックス**」を紹介している。戦略コンサルタントのマイケル・レイナーが提唱する考え方だ。

たとえば、ソニーのビデオデッキ・β（ベータ）マックスは、VHSに敗れた。

ソニーはβマックスの戦略策定をサボっていたわけではない。むしろ徹底的に戦略を検討した。検討の結果、「家庭で番組録画に使われる」と想定し、録画品質にこだわった。当時は1時間番組が多かったので、録画時間は1時間にした。

一方で当時レンタルビデオ店が生まれていたが、誰も成功すると思っていなかった。しかし、そのレンタルビデオ市場が、想定外の速さで成長した。「家庭でも長時間の映画鑑賞が必要だ」とわかったときには、すでにVHSがレンタルビデオ市場を制していた。

結果だけ見るとソニーは戦略を誤って失敗したように見えるが、現実は違うのだ。ソニーは徹底的に戦略を考え抜いていた。しかし、レンタルビデオ市場の急激な成長は、まったくの想定外だった。消費者の需要が、業界の誰もが予想できないほど急激に変化したことが失敗の真の原因なのだ。

これが戦略のパラドックスである。レイナーは「**戦略上の失敗の主原因は、劣悪な戦略ではない。優秀な戦略がたまたま誤るのだ**」と論じている。

優秀な戦略の成否は、最初の展望が正しいか否かにかかっている。確たるビジョン、大胆なリーダーシップ、徹底した実行によって全力で戦略を進めたのに、最初の想定が間違ってしまうと、損害は甚大だ。

しかし、未来は予測できない。展望が正しいか否か、前もって知るのは不可能だ。シナリオをいくら考え抜いても必ず想定外が起こり得る。

では、すぐれた戦略がうまくいかないのであれば、どうすればいいか？

「戦略計画」よりも「測定・対応戦略」

ファッション業界の関係者は常に次の流行を考え続けているが、そんな流行の予測にまったく無関心なのが、スペインのファッションブランド「ＺＡＲＡ」である。

ＺＡＲＡは「**測定と対応**」に専念する。繁華街など人が集まる場所に調査員を送り、人々が着ているものを観察させ、「これがウケる」という案を大量に出させる。さまざまな色、生地、スタイルの商品を少量生産して店に届けて、そこで何が売れ、何が売れないかを測定し、この情報をもとに売れる商品の製造を拡大する。新しい衣料のデザインから全世界販売まで2週間でできる。

これは経営学者のミンツバーグが提唱する「**創発戦略**」だ。創発戦略では長期的な戦略動向を予測せずに、現場の変化に迅速対応することを優先する。今、何が役立っているかを知る能力を向上させ、迅速に変化へ対応し、役に立たないものから手を引いて、成功しているモノに早急にリソースをシフトさせるのだ。

「スピード命」という点で、Book12『仮説思考』、Book14『OODA LOOP』も同じ視点である。現在の変化にいち早く対応することにより勝つ戦略だ。

解決策は現場に落ちている

本書では、具体的な測定・対応戦略も取り上げている。いくつか紹介したい。

❶現場で実験する

現場で実験すれば、何が正しいか確実に検証できる。特にオンラインでは現場実験のコストが低い。ユーザーも多いし、測定結果もすぐわかる。インターネット広告も、事前にいろいろなバリエーションを試して事前に効果を検証している。

❷他と比べてうまくいく方法を横展開する

本部で戦略を考えなくても、すでに現場が有効な問題解決策を見つけていることも多い。

ある教授は貧困地域の子どもの栄養状態に関する研究を調べて、どんな地域でも他の子どもより栄養状態がいい子どもがいることに注目した。その子どもの母親から成功談を学び、地域の他の母親に地域に根ざした解決策を教えるだけで、子育てに役立つと気づいた。この方法は発展途上国で使われ成功している。

別の例もある。米国の一部の病院で行っていた特殊な手洗い習慣が細菌感染を減らすことがわかり、全医療機関で採用されつつある。

何かを計画するとき、計画担当者は自ら解決策をつくり出すのではなく、**すでにどこかに存在している解決策の探索に注力する**ように大きく考えを変えるのもひとつの方法だ。

「直感は意外と間違っている」という本書の主張は、「直感で仮説をつくれ」というＢｏｏｋ12『仮説思考』とは矛盾するように聞こえるかもしれない。

しかし、仮説思考の主張は「仮説は直感で素早くあたりをつけてつくり、その仮説を検証せよ」だ。一方で本書の主張は「直感にはバイアスがあるので、先入観を排し、測定・検証して対応せよ」ということだ。両者の考えのよい点を取り入れることで、より迅速に正しい解決策を立てられるようになるはずだ。

POINT

直感にはバイアスがある。先入観を排して検証せよ

18

『ザ・ゴール』（ダイヤモンド社）

――成果を決めるのは「ボトルネック」だ

エリヤフ・ゴールドラット
イスラエルの物理学者、経営コンサルタント。1948年生まれ。84年に出版されたビジネス小説『ザ・ゴール』は全世界で1000万人以上が読んだ大ベストセラーに。その中で説明した「TOC（制約条件の理論）」を単なる生産管理の理論から、新しい会計方法（スループット会計）や一般的な問題解決の手法（思考プロセス）へと発展させ、生産管理やサプライチェーン・マネジメントに大きな影響を与えた。2011年没。

本書は米国の大ベストセラーだが、著者は15年以上日本語版を許可しなかったという。理由は、1984年刊行当時の日本企業は、米国が貿易戦争の標的にするほど強かったからだ。著者はこう書いている。「日本人は部分最適の改善では世界で超一級。その日本人に本書の全体最適の手法を教えると、強くなりすぎて世界経済が破滅する」。

見方を変えると、本書は日本人が強化すべき全体最適の考え方を教えてくれるのだ。

物理学者だった著者は、物理学の知識を応用して工場の生産性を劇的に改善する方法を生み出し、その方法を実現するソフトウェアを開発した。しかし、斬新な概念ゆえに世に広がらない。そこで「小説形式でこの概念を伝えよう」と考え、執筆したのが本書だ。

出版社二十数社に企画をもち込んだがすべて断られ、「3000部も売れないだろう」と言われた出版社から刊行したら、大ベストセラーになった。本書の理論は、その後、**TOC理論（制約条件の理論）**と名づけられ、世に広まった。

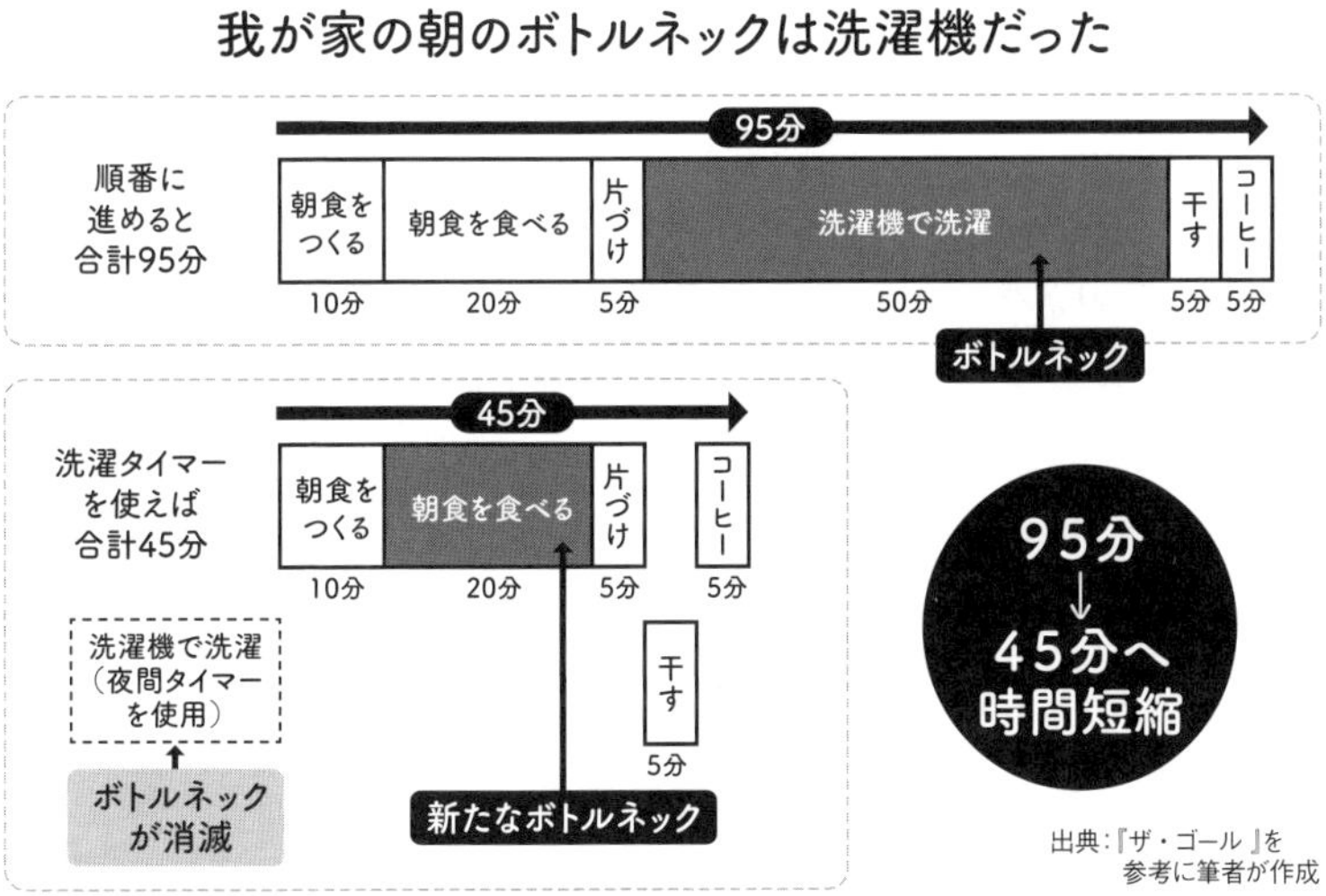

TOC理論のカギは**ボトルネックの見極めと対応**だ。ボトルネックとは瓶の首のこと。一升瓶を逆さにしても、瓶の首に妨げられてお酒が全部一気に流れ出すことはない。この瓶の首のように、ボトルネックは全体の流れを滞らせる。あらゆるプロセスには、このように全体のプロセスの速度を決めるボトルネックがある。

ボトルネックを見極めて対応すれば、生産性は劇的に改善する。我が家の朝も同様だ。

朝の「ボトルネック」は洗濯機だった

我が家では起床後、さまざまな作業がある。順番にやると95分、最も時間がかかるのが洗濯だ。我が家の朝のボトルネックは洗濯機といえる（わかりやすいように、あえて単純化している）。

そこで夜間タイマーをセットすれば、このボトルネックは消滅し、45分ですべて完了する。このようにボトルネックを見つけて、ひとつ対策する

【問題】ボトルネックに在庫が溜まり、全体の生産量も少ない

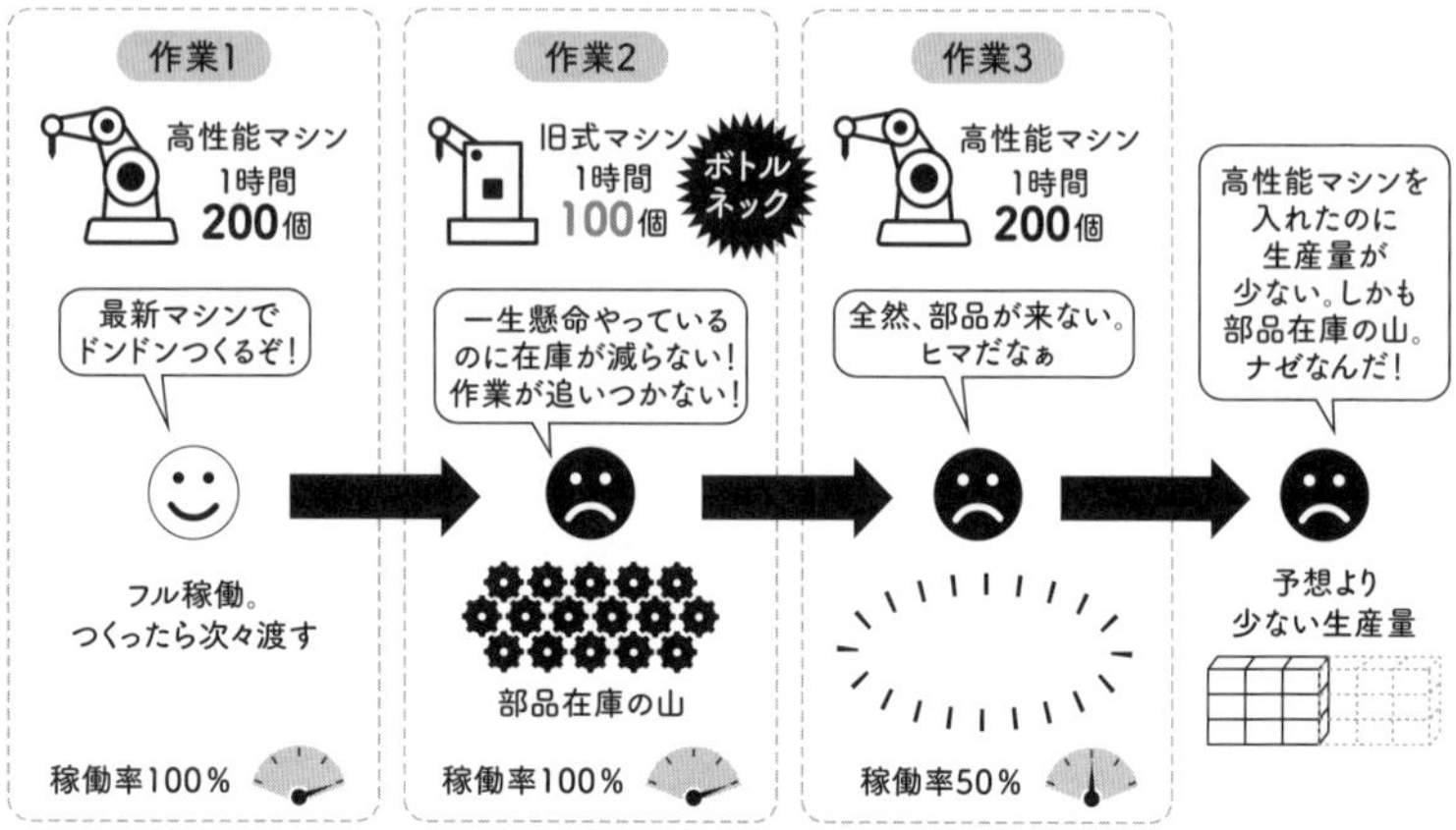

出典：『ザ・ゴール』を参考に筆者が作成

だけで「95分→45分」と半分以上の時間短縮ができる。このボトルネックの概念がわかれば、工場で発生する問題も解決できる。

「ボトルネック」を活用して生産性を上げる

高性能マシンを入れても、生産量は増えずに在庫が増えて、コスト増に苦しむ工場は多い。これもボトルネックが原因であることが多い。

上図のように単純化して、作業1→2→3の3段階で製品をつくる工場を考えよう。各作業は前の作業でつくった部品を組み立てる。作業1と作業3は高性能マシン、作業2は性能半分の旧式だ。作業1がフル稼働し、部品を1時間200個ペースで順調につくっても、作業2は旧式なので1時間100個しか組み立てられない。結果、作業2で部品在庫の山ができる。

一方で作業3は高性能マシンなのに、作業2から部品が来ないので稼働率は50%に留まり、手も

ち無沙汰になる。つまり高性能マシンを入れたのに生産量は少なく、しかも在庫が増えてしまうという不思議なことが起こる。ちなみに、使われない在庫はムダそのもの。何も生み出さないのにおカネだけはかかっている。ムダな在庫はすべて撲滅しなければならない。

これもボトルネックが原因だ。ボトルネックでは作業が滞るので在庫が大量に溜まる。ここでは在庫が溜まっている作業2がボトルネックだ。1時間100個しか組み立てられないのに、作業1が高性能マシンをフル稼働して次々と部品をつくるからだ。

システム全体のスループット（処理能力）を決めるのは、ボトルネックの処理能力なのだ。そこでボトルネックを発見して対策すれば、コストを削減しつつ生産性を向上できる。

対策のカギは、ボトルネック以外ではボトルネックより速くモノをつくらないことだ。次ページ図の【対策1】は、作業1ではボトルネック（作業2）に合わせて稼働率を50%下げ、1時間100個しかつくらない。こうすれば生産量は変わらないものの、部品在庫が消えてコストが下がる。

さらに【対策2】は、ボトルネックの性能向上を図る改善策だ。作業2を行える補助マシンをもう1台調達して作業2の能力向上を図る。こうすれば作業1と3の作業量はやや増えるが、フル稼働をする必要はなく、全体の生産量が劇的に向上する。

私たちは「全員が忙しく働く工場が効率的」と考えるが、大間違いだ。全員フル稼働すると、過剰在庫が発生し、ムダを生みがちだ。むしろボトルネックを活用して全体最適化することで、ムダが生じることなく、生産性も高まる。

【対策1】ボトルネックよりも速くつくらない

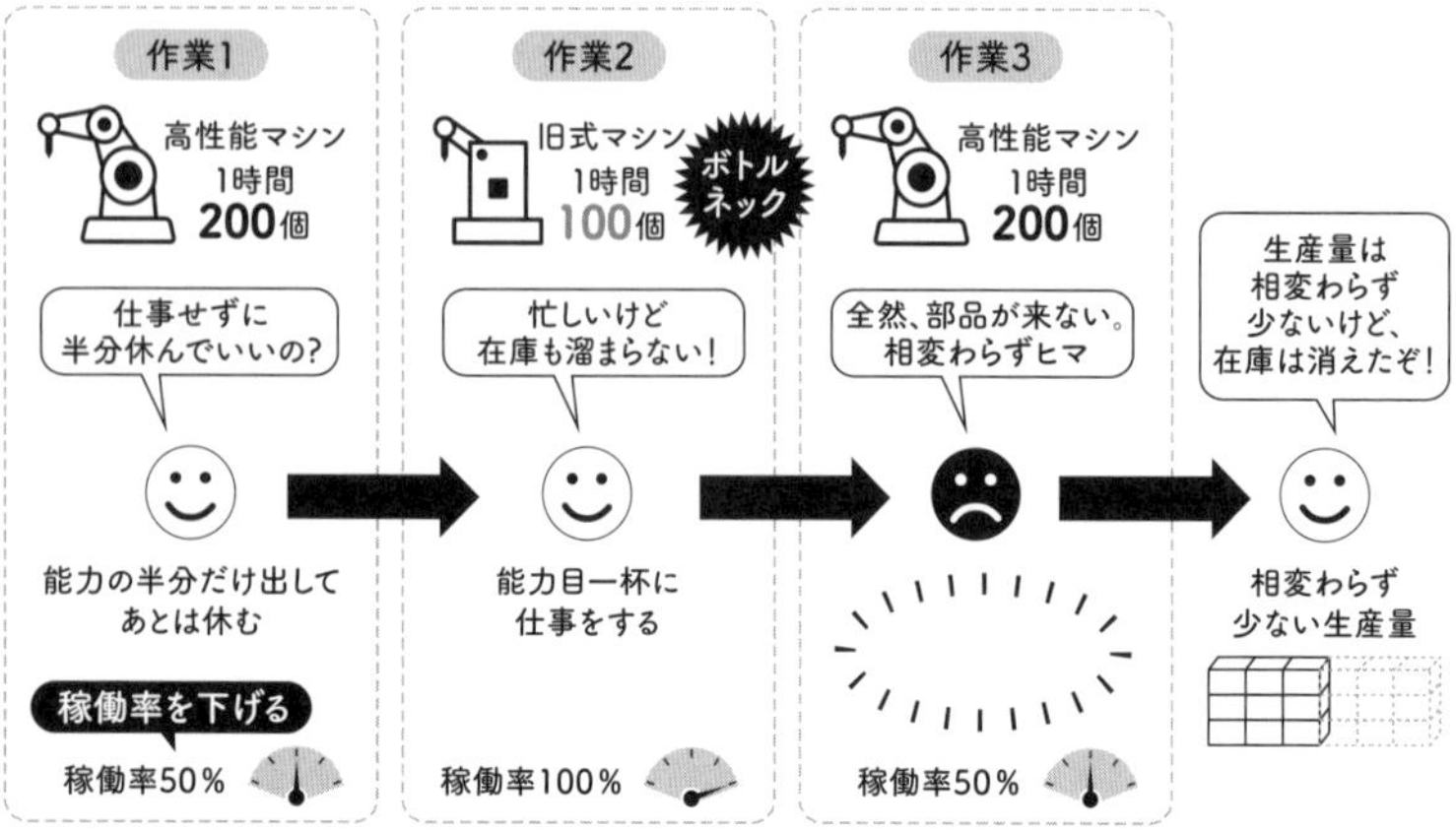

【対策2】ボトルネックの能力を向上させる

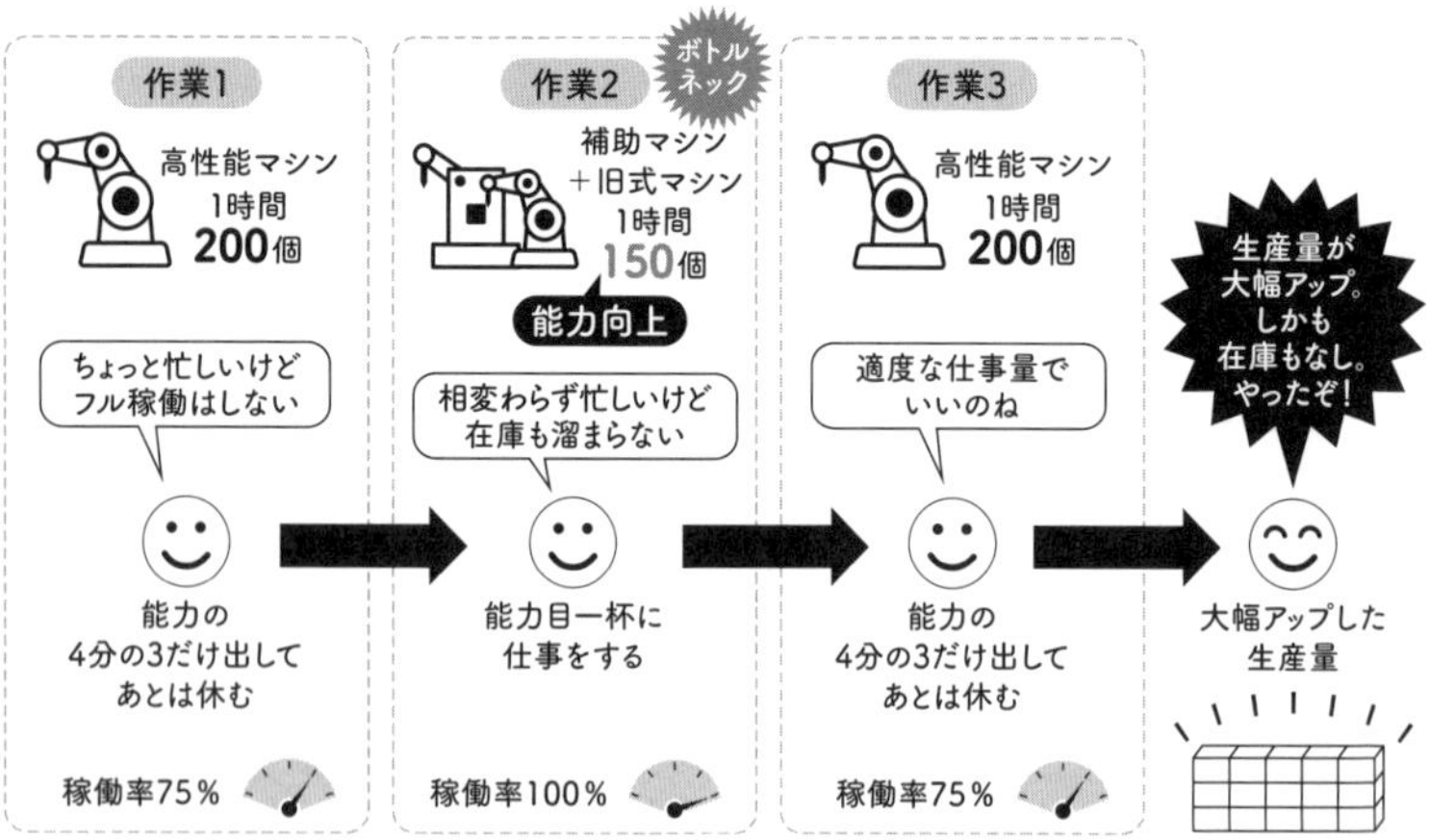

出典:『ザ・ゴール』を参考に筆者が作成

また、**ボトルネックが解消すると、新たに別のボトルネックが生まれる。**冒頭の我が家の事例では、当初洗濯機がボトルネックだったが、夜間タイマー設定で解消。そして「朝食を食べる」（20分）が新たなボトルネックになった。

本書は次の5ステップでボトルネックを活かして生産性を向上させることを提唱している。

❶ボトルネックを見つける→❷ボトルネックをどのように活用するか決める→❸他のすべてを❷に従わせる→❹ボトルネックの能力を高める→❺ボトルネックが解消したら、❶に戻って新たなボトルネックを探す

この考え方は幅広く応用できる。ボトルネックを知らずに一生懸命仕事すると、成果が出ないばかりか、ムダが生じて大損をする……。これは多くの仕事でよく起こる。

たとえば企画。膨大な時間をかけたのにアイデアがイマイチで時間切れ……という経験をする人は多い。企画のボトルネックは「アイデアづくり」だ。そこでアイデアを大量生産する仕組みがあればボトルネックは解消し、企画の生産性は劇的に改善して質も高まる。

ブレインストーミングやマメなアイデアのメモは、そのための仕組みでもある。

あらゆる仕事には「プロセス」があり、プロセスにはボトルネックがある。全体の生産性を劇的に改善するには、ボトルネックを見極め、活かす習慣をつけよう。

POINT

ボトルネックの能力向上を図れば、劇的に成果があがる

19

『リーン生産方式が、世界の自動車産業をこう変える。』（経済界）

──日本人は「トヨタ生産方式」の本当のすごさを知らない

ジェームズ・P・ウォマックほか
マサチューセッツ工科大学（MIT）教授、リーンエンタープライズ協会会長。ハーバード大学で修士、MITで「日本、ドイツ製造業比較研究」により博士の学位取得。MITの常勤研究員として米国企業のマルチクライアント方式によるジャパンプログラムなどに参画。共著者のダニエル・ルースはMIT教授、ダニエル・T・ジョーンズは英サセックス大学研究員、英リーンエンタープライズ・アカデミー会長。

1980年代の米国の自動車業界は、日本の自動車会社の猛攻勢でタジタジだった。

「オーマイガッ！　アイツら30年前まで戦争で焼け野原だった。車つくれなかったぞ」

「特にトヨタがヤバい。安い上に品質もグッド。いったいどうなっているんだ？」

「偉い先生方に、ちゃんと研究してもらおう」

こうして米国のMIT（マサチューセッツ工科大学）で研究プロジェクトが始動した。

トヨタ生産方式（以下、TPS）のすごさは、ひと言でいうとムダを徹底排除している点。研究チームはTPSを一般的な方法論にまとめて、**リーン生産方式**と名づけた。リーンとは「ぜい肉がない」という意味だ。この研究を一冊にまとめたのが本書である。

多くの日本人は意識していないが、TPSは海外で高く評価されている。Book18『ザ・ゴール』の著者ゴールドラットも「日本企業は他国が到底及ばない組織能力を備えている。TPSを正しく理解し、進化させるべきだ」と言っている（『ハーバード・ビジネス・レビュー』

2009年5月号より)。

いまや日本社会で生まれたTPSはグローバルに展開され、さらに製造業の枠を超えてさまざまな分野で応用されている。日本人がTPSを知らないのは、実にもったいないのだ。

TPSの解説書としては、TPSの生みの親・トヨタの大野耐一の名著『トヨタ生産方式』(『MBA必読書50冊を1冊にまとめてみた』Book20に掲載)がある。平易な言葉で書かれているが、その奥にある思想まで読み取るのは正直難しい。本書はTPSを客観的に比較分析し、そのすごさを徹底解明している。この2冊を読めば、TPSの理解は一気に進む。

本書によると、車の生産は次のように進化してきた。

❶手づくり生産方式 → ❷大量生産方式 → ❸リーン生産方式

まず、この流れを具体的に見ていこう。

「大量生産方式」によって車が庶民のものになった

❶手づくり生産方式

19世紀末まで車づくりの主流だった。小さな工場で熟練職人が顧客の注文に合わせてつくっていた。生産台数は年間50台程度。車はすべて客の要望に合わせた特注品。車は高価で裕福な人しか買えず、しかも品質はバラバラだった。

❷大量生産方式

20世紀初頭、ヘンリー・フォードがT型フォードの生産で実現した。大量生産方式をすぐ理解できる映画が、喜劇王チャップリンの代表作『モダン・タイムス』(1936年公開)だ。チャップリンが演じるのは、大工場で働く作業員。ベルトコンベアーを流れる部品のネジを締めるという単純作業を繰り返し、休む間もなく働かされるうちに精神に変調を来して病院送りに。退院後もさまざまなトラブルに遭う……という物語だ。

この大工場が典型的な大量生産方式の現場だ。部品をベルトコンベアーで流し、「ボルトにナットを付ける人」「ナットを締める人」と作業を徹底的に細分化する。標準化を徹底追求し、作業員は同じ作業を繰り返す。作業繰り返しによる「慣れ」で生産スピードが上がり、同じ車を大量生産できる。これにより車の価格は一気に下がって庶民も買えるようになった。フォードは自動車業界のトップに立ち、手づくり生産方式は消滅した。

作業員は数分間の単純作業の訓練を受けて、すぐラインに配置された。作業員は決められた作業をするだけ。改善の提案をしても「言われたことだけをやれ」と無視された。

大量生産方式は1955年に全盛期を迎え、自動車業界からさまざまな製造業に広がっていった。一方でチャップリンが映画で描いたように、働く環境は悪化する一方。労働者の不満は溜まり、労働争議も起きた。ちょうどその頃、日本で新しい方法が生まれつつあった。

モノもカネもない状況で生まれた「トヨタ生産方式」

❸リーン生産方式

1950〜60年代にトヨタが生み出した仕組みだ。しかし、当時のトヨタは今とはまったく異なり、戦後に車の生産を始めたばかりの弱小自動車会社だった。

1950年、トヨタの若き技術者・豊田英二（のちのトヨタ自動車会長）は、当時世界一だった米国フォードの工場を視察。3カ月間かけてすべてを学び尽くした。「生産の天才」と呼ばれた大野耐一も、米国デトロイトの自動車工場を何度も訪れた。

彼らの結論は、**「米国の大量生産方式はムダだらけだ。まだまだ改善できる」**。

とはいえ、当時のトヨタは問題山積みだった。破産寸前に追い込まれ、苦渋の決断で社員の4分の1を解雇した直後。車の生産経験は乏しく、国内市場は小さい。日本経済は戦争で壊滅してお金もなく、最新設備導入はムリだった。また、戦後は占領軍が労働者の保護政策を打ち出したため、労働者の立場が強くなっていた。このため日本人労働者は交換可能な部品のように扱われるのを嫌がり、大量生産方式の導入もムリ。ないない尽くしである。

そこで、徹底的に知恵を絞り出した。ここで日米の生産方法の違いを見てみよう。

まず、米国の方法から。車にはボンネットやドアなどさまざまな種類の部品がある。これらの部品は工作機械でつくる。各部品の専用工作機械を数百台ズラッと並べて、各工作機械に作業員を置き、定型作業を繰り返させて部品をつくり、組み立てていく。このように工作機械を大量に使えるのは、年間100万台以上つくる米国自動車会社だからだ。

次に、トヨタが考えた方法を見てみよう。当時、トヨタの生産台数は数千台だった。お金がないので工作機械を何百台もズラッと並べる芸当はムリ。1台の工作機械を血が滲《にじ》み出るような創意工夫をして使いこなし、車を組み立てるために必要となるさまざまな部品をつくる必要

「大量生産方式」と「リーン生産方式」の違い

	大量生産方式（米国自動車会社の方式）	リーン生産方式（TPS：トヨタ生産方式）
考え方	標準化し、計画通り生産（ムダは出ても仕方ない）	ムダを徹底的に削減し、必要な量だけ生産
部品在庫	各工程で必要な量を確保	徹底的に削減する
現場の工夫と改善	不要「言われた通りやれ」	重要。「『5つのなぜ』で現場で徹底的に考えろ」
生産ラインでの問題発生時	上級幹部だけが生産ラインの停止権限をもつ	問題を発見したら、誰でも生産ラインを停止できる
作業員のやる気	やる気のなさが目立つ（レイオフの繰り返し）	「いい車をつくる」という目的意識がある（終身雇用）
部品メーカーとの関係	競争原理。仕様と期限を示し部品メーカーが入札	共存共栄。部品メーカー同士に協力して改善させる

比較結果：リーン生産方式は、組み立て時間半分以下、欠陥3分の1、在庫は極めて少量

出典：『リーン生産方式が、世界の自動車産業をこう変える。』を参考に筆者が作成

があった。

このおかげでコストが下がった。まず必要な部品だけつくるので、在庫コストが消えた。そして組み立て前につくる部品が少ないので、ミスもすぐ目に入って気がつく。作業員は以前よりも品質に気を配るようになり、不良部品が大量に出回ることもなくなった。

米国自動車会社は「不良品は最後に見つけて直せばOK」と考えていた。作業員は品質を気にせず、同じ不良品が大量につくられていた。

大野は「コレはムダが多い」と考え、**「問題が起きたら即ラインを止めよ」**と指示を出した。早めに不良品を見つけて問題解決すれば、コストは大きく下がる。発生した問題は、現場で「5つのなぜ」を繰り返し、原因を徹底究明する。

大野は、この仕組みを豊田市の自社工場で実験してみた。当初、生産ラインは再三再四止まったが、根本原因を追い続けるうちに不良箇所は大幅

に減少。そして出荷する完成車の品質も向上し始めた。トヨタは、この仕組みを順次、自社工場に導入していった。

リーン生産方式の出発点は、**モノもカネもない状況でムダ削減のために知恵を絞る**ことだったのだ。しかし、最終組み立て工場は工程全体のごく一部。1万個以上の部品をつくる部品メーカーとの協力も必要だった。大野は、部品メーカーとの関係も徹底的に見直した。

部品メーカーとの共存共栄

米国の自動車会社は部品設計図をつくって部品メーカーに渡し、期限を示して競争入札させた上で、最安値メーカーに発注していた。大野は「この方法はダメだ。部品メーカーの改善や提案意欲を削いでしまう。長期的なお互いの利益も考えなくなり、短期的な儲けを追求するようになる。私たちは共存共栄の仕組みをつくる必要がある」と考えた。

大野は部品メーカーをグループに分けて別々の役割を割り振り、具体的な目標（たとえば、時速100キロで走る車を60m以内で止めるブレーキ。コストは1個1万5000円）を与えた。そして、部品メーカー同士で協力して改善策を探るようにさせた。部品メーカー同士はお互い別々の部品をつくっていて競合しないので、積極的に協業を始めた。

高品質・低コストのリーン生産方式は、米国でも成功した

リーン生産方式は大量生産方式と比べて、圧倒的に低コスト、かつ高品質だった。著者らは

米国GMフレミンハム工場（大量生産方式）とトヨタ高岡工場（リーン生産方式）の生産性と品質を調査し、比較した。結果は、高岡工場のほうが組み立て時間は半分以下、欠陥は3分の1、在庫はGMの2週間分に対し2時間分だった。

GMフレミンハム工場はまさにムダだらけ。各作業場の横には在庫が山積み。生産ライン最後部では欠陥がある完成車が大量に置かれ、出荷前の手直しをしていた。作業員はやる気のなさが目立った。レイオフ（一時解雇）を6回も行った結果だった。

トヨタ高岡工場はムダがなかった。全作業員が組み立て作業に集中し、作業員の脇には最低限の1〜2時間分の在庫品があるのみ。また、GMではライン停止権限をもつのは上級幹部だけだが、トヨタの作業員は誰でも問題を発見するとラインを止めていた。作業員は「いい車をつくる」という目的意識があった。終身雇用で職が保障されているためだ。

私たちは「TPSを実践できるのは、日本人が勤勉だから」と考えがちだが、それは違う。

著者らは、トヨタとGMの合弁企業の工場（NUMMI）でも同じ調査をした。NUMMIはGMの古い工場を使い、元GM従業員が80%。トヨタから来た上級幹部がトヨタ流で工場を運営した。このNUMMIの品質と生産性は、トヨタ高岡工場と同等だった。

現実には**米国の元GM従業員でも、仕組みを用意すればリーン生産方式を実践できる**のだ。

リーン生産方式の本質は次の3点。これらを実践できるか否かがカギだ。

❶作業の責任を、車に価値を付与する現場作業員にできる限り委譲する
❷欠陥を発見したら、原因を徹底究明するシステムをもつ

POINT

「現場への権限委譲」と「原因の徹底究明」で圧倒的アウトプット力をもて

❸ダイナミックなチームワークをもつ

本書刊行時点で米国のみに生産拠点をつくっていたトヨタは、現在はメキシコ、南米、欧州、アフリカ、中国、東南アジアに工場をもち、現地従業員がTPSを実践している。

弱小自動車会社だったトヨタは、フォードやGMから大量生産方式を徹底的に学び、「大量生産方式は使えない」と結論づけてTPSを生み出した。そして成長したトヨタの猛攻勢を受けた米国はTPSの秘密を解き明かし、普遍的な「リーン生産方式」という方法論にまとめた。いまやリーン生産方式はBook14『OODA LOOP』やエリック・リース著『リーン・スタートアップ』(日経BP社)にあるように、まったく異なる分野にも広がっている。

海外からのさまざまな脅威に直面し、少子高齢化などの国内問題も抱える現代の日本も、大野たちがTPSに取り組んだ当時のように苦しい状況にある。こんな時代こそ、私たちは大野や本書の著者たちのように、ライバルから謙虚かつ貪欲に学ぶ姿勢を見習うべきだろう。

20

『起業の科学』

——起業には成功確率を上げる「型」がある

（日経BP社）

田所雅之

1978年生まれ。大学卒業後、外資系コンサルティングファームに入社し、経営戦略コンサルティングに従事。独立後は日本で企業向け研修会社と経営コンサルティング会社、エドテック（教育技術）のスタートアップの3社、米国でECプラットフォームのスタートアップを起業。シリコンバレーのベンチャーキャピタルのベンチャーパートナーも務めた。2017年スタートアップの支援会社ユニコーンファームを設立。

最初に質問だ。次の4人の中で、正しいのは誰だろう？

Aさん「スタートアップを立ち上げて、オシャレなカフェを原宿で始めるぞ」
Bさん「スタートアップを立ち上げた以上、早く収益化しないとね」
Cさん「オレたちスタートアップだからさ。リスクにはガンガン挑戦しようぜ」
Dさん「誰ももってない技術なので、スタートアップを立ち上げて事業化します」

4人ともありがちな考え方だが、本書を読むと、全員間違いであることがわかるはずだ。

スタートアップを起業する人が増えているが、残念ながら根本的な勘違いをしていて失敗する人は少なくない。**多くの起業の失敗は、未然に防げる失敗だ。**

起業について基本の型を身につけて挑戦すれば、成功の確率は一気に高まる。そこで、おすすめしたいのが本書だ。起業の段階ごとに何をやるべきかを時系列で整理している。

著者は日本や米国でスタートアップを立ち上げ、投資家としても活動。1000人以上の起

「スタートアップ」と「スモールビジネス」の違い

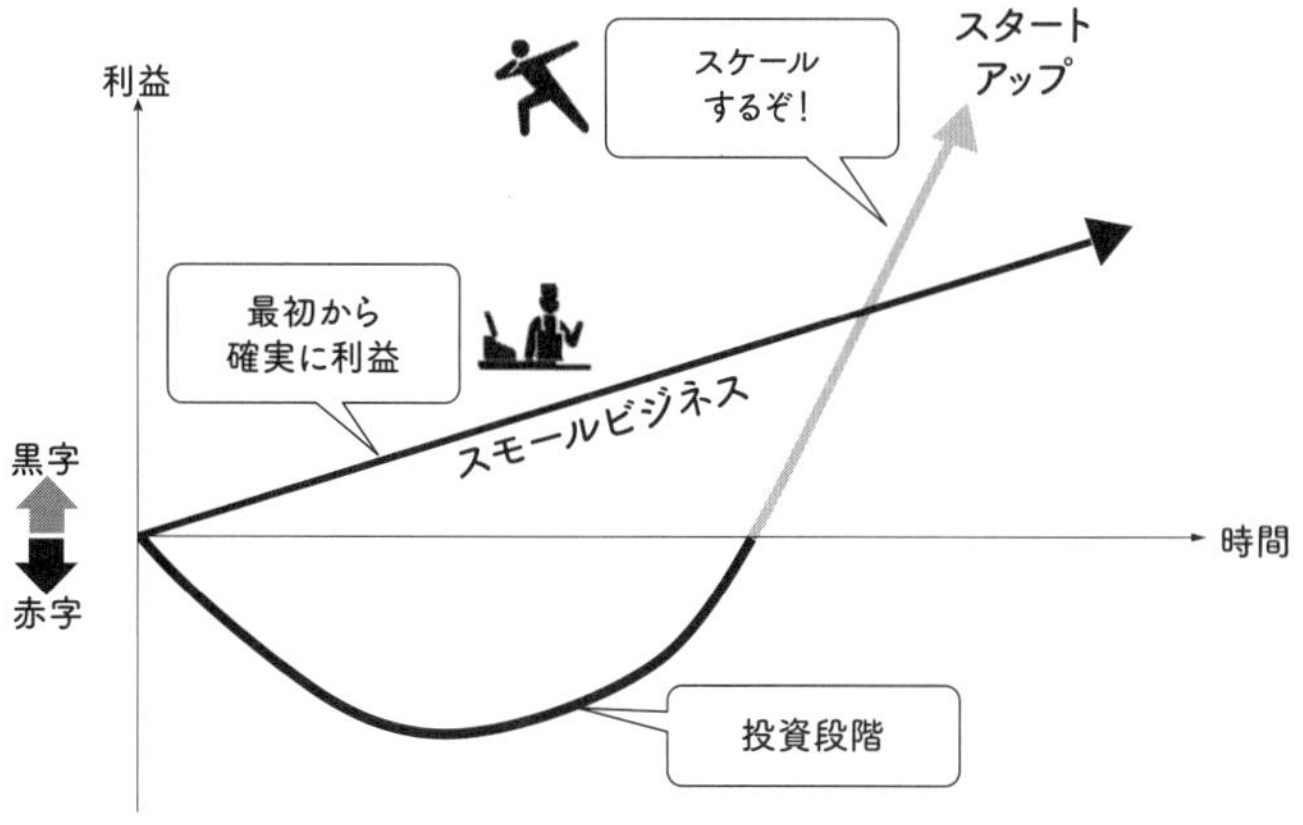

出典：『起業の科学』の図版をもとに筆者が一部追記

業家や投資家と対話してきたという。その学びが本書に濃縮されている。

ところで、本書はスタートアップ起業の本だが、あなたはスタートアップとは何かを説明できるだろうか？

「スタートアップ」と「スモールビジネス」の違い

「スタートアップを立ち上げて、オシャレなカフェを原宿で始めるぞ」というAさんは、スモールビジネスをスタートアップと勘違いしている。

オシャレなカフェを始めるのは、既存市場を狙うスモールビジネスだ。リスクが低いので、銀行から資金を借りて最初から収益化を目指す。

「カフェだって成功するかはわからない。リスクは高いでしょ」と思うかもしれないが、スタートアップは存在しない市場に挑戦する。スタートアップのほうがはるかにリスクは高い。

グーグルもネット検索市場が存在していない時

期に創業、投資を続けた。長年赤字が続いたが、市場を制覇、いまや高収益企業だ。

スタートアップはゼロから市場をつくり出すので大きな先行投資が必要だし、赤字が続くことも多い。しかし、成功すると事業規模は一気に拡大し、収益化する。この規模が拡大することを**スケールする**という。リスクが高いので、銀行はお金を貸さない。そこでBook34『起業のファイナンス』で紹介するように、ベンチャーキャピタルが出資する。

スタートアップはこんなお金の使い方をするので、起業家は自社がもつ残りの現金を睨みつつ、いつ資金が枯渇し、新たな資金調達が必要かを常に把握している。また、スタートアップは試行錯誤で計画修正を繰り返すが、これもお金がかかる。そこで、残り資金で大幅な計画修正が何回できるかも把握する必要がある。私の知り合いの起業家は、こう言っていた。

「僕らはスピード命。社員が30人いたら給料分、確実にお金が減ります。『食糧1カ月分しか積んでいない漂流船で宝島を目指すなら、何を躊躇しているんですか』ということです」

Bさんのように「スタートアップを立ち上げた以上、早く収益化しないとね」と考える人は、この「スケールを目指して投資する」という考え方も理解してほしいところだ。

スタートアップは「仕組み」でリスクを排除する

Cさんのように「オレたちスタートアップだからさ。リスクにはガンガン挑戦しようぜ」という起業家は多いが、アマゾン創業者のベゾスはこう言っている。

「誤解されがちだが、**すぐれた起業家はリスクを好まない。リスクを抑えようとする。会社を

スタートアップは体系的にリスクを排除する

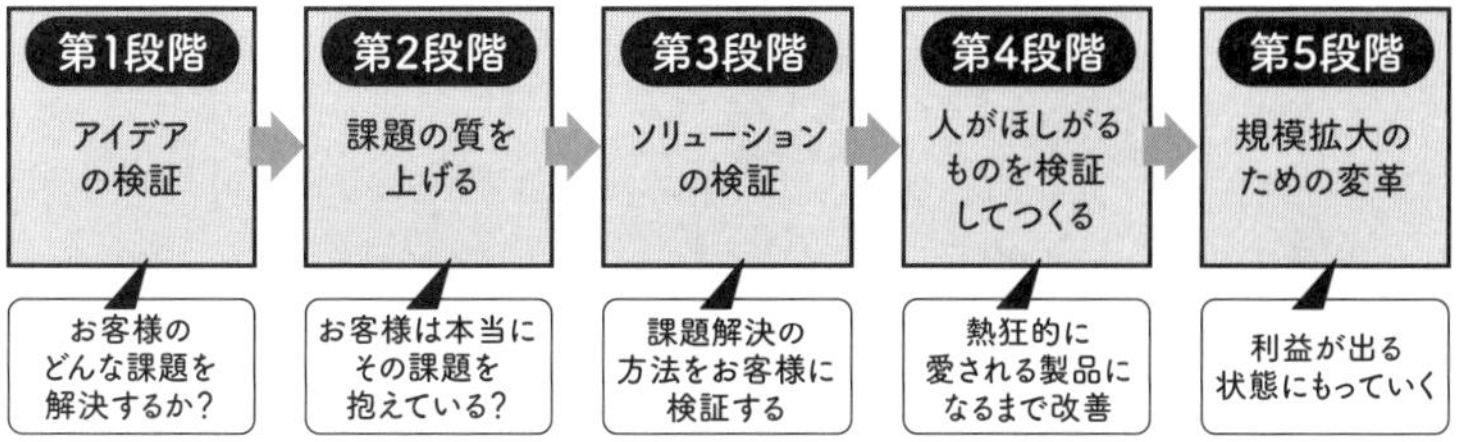
第1段階
アイデアの検証
お客様のどんな課題を解決するか？
第2段階
課題の質を上げる
お客様は本当にその課題を抱えている？
第3段階
ソリューションの検証
課題解決の方法をお客様に検証する
第4段階
人がほしがるものを検証してつくる
熱狂的に愛される製品になるまで改善
第5段階
規模拡大のための変革
利益が出る状態にもっていく

すぐれた起業家はリスクを好まない。
リスクを抑えようとする。
体系的にリスクを排除していく。
——アマゾン創業者　ジェフ・ベゾス

出典:『起業の科学』の図版をもとに筆者が一部追記

始めること自体にリスクがある。だから創業期には体系的にリスクを排除していく」

リスクを抑えるために本書では起業の流れを、図のように5段階に分けて紹介している。

「検証ばかりで面倒くさいなぁ。サクッと製品つくって、サッサと売ろうよ」と思うかもしれない。しかし、サクッとつくった製品に顧客が興味をもたなければ製品は売れず、仕事はすべてムダになる。

起業では自分の勘や経験を信じて製品をつくったものの、売れずに失敗するケースが少なくない。自分の勘や経験に自信をもつ起業家たちは多いが、現実には、人は誰でも「自分が見たいように現実を見る」という**確証バイアス**がある。これが起業では命取りになる。

そこで、「アイデア→課題→ソリューション」とひとつずつ検証し、失敗するリスクを仕組みで排除する必要がある。まずは、出発点となる起業

「よいアイデア」の見つけ方

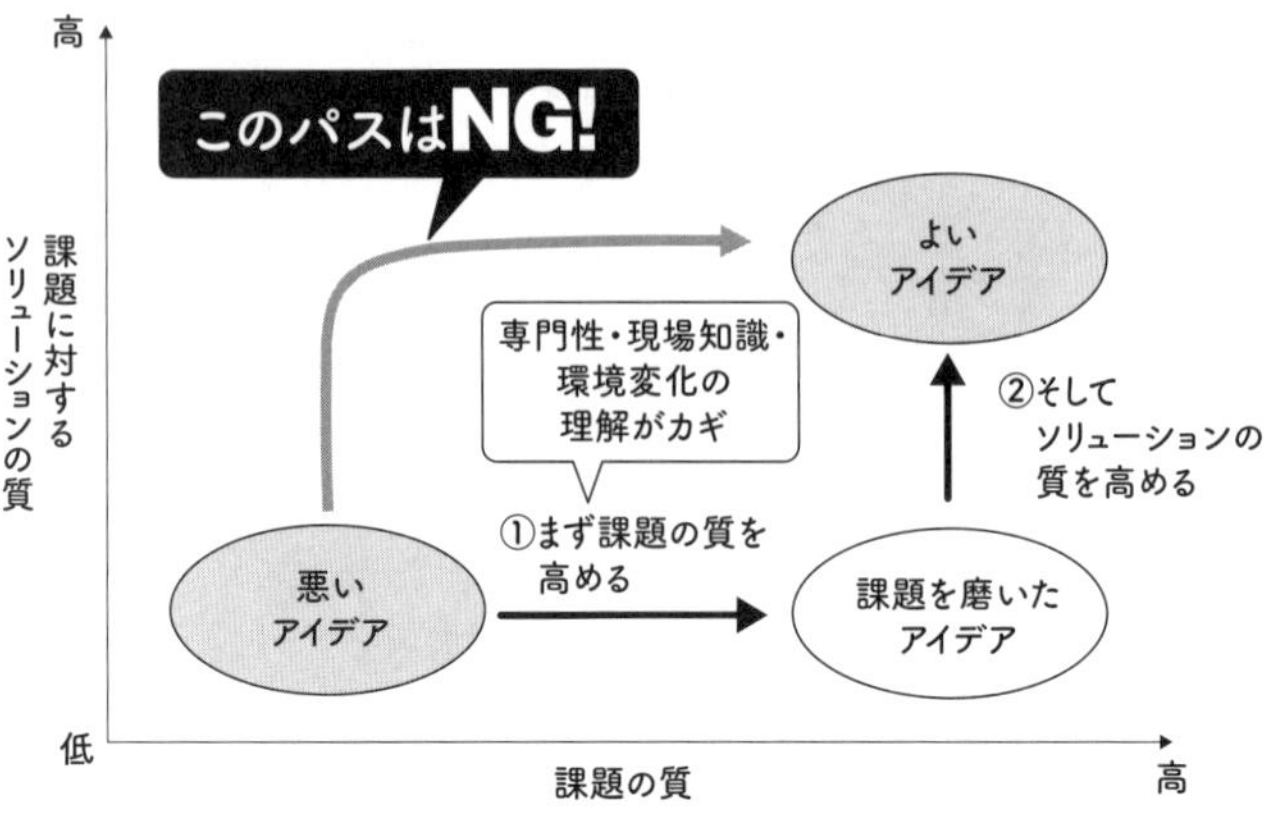

出典:『起業の科学』の図版をもとに筆者が一部追記

のアイデアについて考えてみよう。

まずは「課題の質」を上げる

「誰ももっていない技術なので、スタートアップを立ち上げて事業化します」というDさんは、失敗ほぼ確実の大きな勘違いをしている。

出発点は顧客の課題の見極めだ。**まず徹底的に顧客の課題を理解し、「課題の質」を上げる。**その上で、課題解決のソリューションを検討するという順番で考えるべきだ。Dさんのように課題もわからないのに起業してソリューションに投資しても、膨大な労力と時間を注ぎ込んだ末に失敗して、誰も買わない製品が残ることが多い。

カギは**「その製品を心からほしがっているのは誰か？」**と聞かれて、答えられるかだ。

著者は、ベストの回答は起業家自身、次によいのは顧客を熟知していることがわかる回答だと言う。顧客の課題に強い共感をもっていれば、課題を徹底的に磨き込める。これがビジョンとミッションにつながり、競争優位性になる。ミドリムシを活用するバイオベンチャー「ユーグレナ」の出雲充社長の原体験はバングラデシュで栄養失調に苦しむ人々と出会ったことだった。

排尿・排便のタイミングを検知するデバイスを開発した「トリプル・ダブリュー・ジャパン」の中西敦士ＣＥＯの原体験は、少々汚い話で恐縮だが、引っ越し途中に我慢できず道端で大便を漏らしたことだ。同社の排泄予測技術は介護現場で需要が高く、実用化された。

「栄養失調に苦しむ人と出会った。ミドリムシを活用したい」「大便を漏らした。排便予測は大事だ」というように、**「突飛すぎて、話すのが恥ずかしくなるアイデア」がよいアイデアだ。**アイデアをうまく言語化できずに説明が難しい段階は、大きなチャンス。誰も説明できないのは、ライバル不在の証しである。逆に**「誰が聞いてもよいアイデア」がいちばんダメだ。**大企業も参入する。スタートアップが大企業と戦っても勝てない。

シリコンバレーの投資家であるピーター・ティールはこう言っている。

「競争は負け犬がすることだ」

スタートアップでは難しくて誰もやらないことに挑戦するほうが、実は近道なのだ。簡単なこと、自明なことに挑戦するのは、結局遠回りになる。

小さな市場を制覇し、周辺に広げよ

小さな市場を見つけたら、まず独占すべし。

「TAM」の広げ方

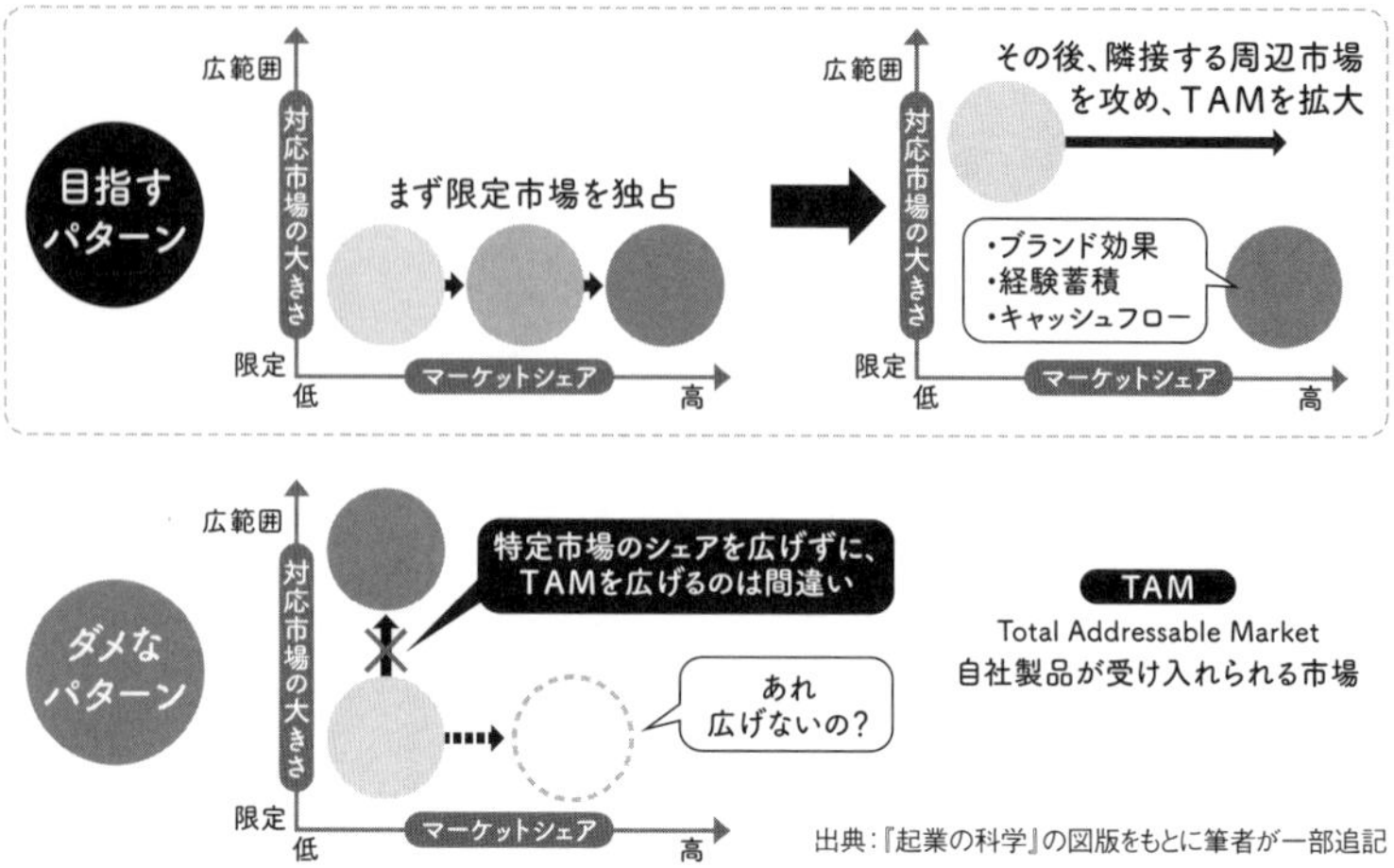

出典:『起業の科学』の図版をもとに筆者が一部追記

TAM(Total Addressable Market)という概念がある。自社製品が受け入れられる市場のことだ。TAMを独占したら、徐々にTAMを広げて、隣接する周辺市場に参入していく。

セブン-イレブンの1号店は、東京都江東区豊洲にできた。当時のトップ・鈴木敏文氏はこう言った。「江東区から一歩も出るな」

セブン-イレブンは江東区に店舗展開を集中し、同区を独占。その後は周辺へ広げていった。

アマゾンも、まず書籍市場で圧倒的品揃えと低価格でシェアを獲得。そしてCDやDVD、ゲームなどの周辺市場にTAMを広げた。

小さな市場を制覇していないのに、次々と新市場に参入しても競争で疲弊するだけである。

小さくても市場を独占すれば、ブランドを獲得し、経験も蓄積できる。その市場でキャッシュも稼げるようになる。これを原資にして周辺市場を攻め、さらにTAMを拡大するのだ。

スタートアップは副業で始めろ

顧客の課題の検証は、会社勤務と並行して副業でも可能だ。

「甘い考えでスタートアップを始めるな。起業して逃げ場をなくし、自分を追い込め」と言う人がいるが、切羽詰まった状況で、よいアイデアは生まれない。

副業なら余裕をもって好奇心を追求できる。重要なテーマも見極められる。起業すると、この余裕を失う。焦りからよいアイデアも生まれず、スタートアップの強みである突飛さも失う。入山章栄氏はBook22『ビジネススクールでは学べない世界最先端の経営学』の中で「ハイブリッド起業は起業リスクを軽減する」と言っている。アダム・グラントもBook28『ORIGINALS』の中で「起業一本に絞らないことが大事。リスクをとるのでなくリスクのバランスをとれ」と言う。サラリーマンの副業は、起業に挑戦する上で強い武器なのだ。

本書では他にもプロトタイプづくり、ユーザー実験、ピボット（計画修正）、収益化の財務指標などについても言及され、実に具体的だ。スタートアップへの挑戦において心強いシェルパになるだろう。

POINT

リスクを排除するための「起業の型」を会得せよ

21

『はじめの一歩を踏み出そう』（世界文化社）

——自分が不在でも成長するビジネスを目指せ

マイケル・E・ガーバー

1936年米国生まれ。スモールビジネス向けの経営コンサルティング会社E－Myth Worldwideの創設者。同社では独自のメソッドを開発し、これまで7万社以上のスモールビジネスに対してアドバイスを行った。そのメソッドは大企業でも高く評価され、アメリカン・エキスプレス、ソロモン・スミス・バーニー、マクドナルド、ジョン・ハンコック・グループ（大手保険会社）など顧問先は多数に及んだ。

近所に店長一人で切り盛りする和菓子屋がある。ある日、和菓子を買いに行くと「来月で閉店」という張り紙。妻がお気に入りの店だ。閉店は困る。早速、店長と話した。

「『好きな和菓子づくりでお客さんを喜ばせたい』と思って、3年前にこの店を始めたんですが、もう限界なんです……」。店長はうなだれていた。

「今朝も午前3時起きで、4時から和菓子を仕込み、店を開けてお客さんに対応。閉店後は売上精算して、明日の仕込みの準備をしたら夜10時。3年間頑張りましたが、店は休めないし、自分の時間もまったくとれません。お客さんに喜んでもらって、独立することで自由も手に入ると思ったのですが……。今は好きだった和菓子づくりが苦痛なんです……」

起業して同じ状況に陥っている人は、実に多い。本書はこんな店長のための本だ。

本書の店長に対するメッセージは明快である。

「自分が不在でも成長するビジネスを目指せ」

「自分で和菓子をつくらない？　それはムリだよ」と思うだろう。しかし、これはすべての経営者に必要な考え方だ。本書は、独立した経営者が陥る罠を避ける考え方を示した一冊だ。

Book20『起業の科学』で紹介したように、起業には**スモールビジネス**と**スタートアップ**がある。両者はまったく違う。スモールビジネスは、和菓子屋のように確実に利益を出すことを狙う。スタートアップは、新市場をつくるためにリスクをとって大規模投資をする。

本書はスモールビジネスに関する本だが、「個人に依存しない組織をつくろう」という考え方は、あらゆる企業の経営に役立つ。リーダーを目指す会社員にも求められる考え方だ。

本書の初版は1986年。世界20カ国以上で翻訳され、累計700万部のベストセラーだ。米国のアマゾンでは書評数6000件以上。米国の起業家向け雑誌『Ｉｎｃ．』のアンケートで、ビジネス書第1位に選出。ロバート・キヨサキの『金持ち父さん』シリーズでも推薦書として取り上げられている。本書は2001年に大幅改訂され、冒頭の店長のように、パイ専門店の経営に悩むサラが学びながら経営ノウハウを身につける物語に一新された。

著者は2021年時点で7万社以上の中小企業をコンサルティングし、「世界ナンバーワンの中小企業のグル（導師）」と呼ばれるマイケル・Ｅ・ガーバーだ。

自分の「3つの人格」に気づこう

頑張っている店長が報われないのは、**根本的な勘違い**をしていることが原因だ。

「**おいしい和菓子がつくれれば、店は成功する**」。同じ勘違いをしている人は多い。

スモールビジネス経営者の中では、3つの人格が争っている

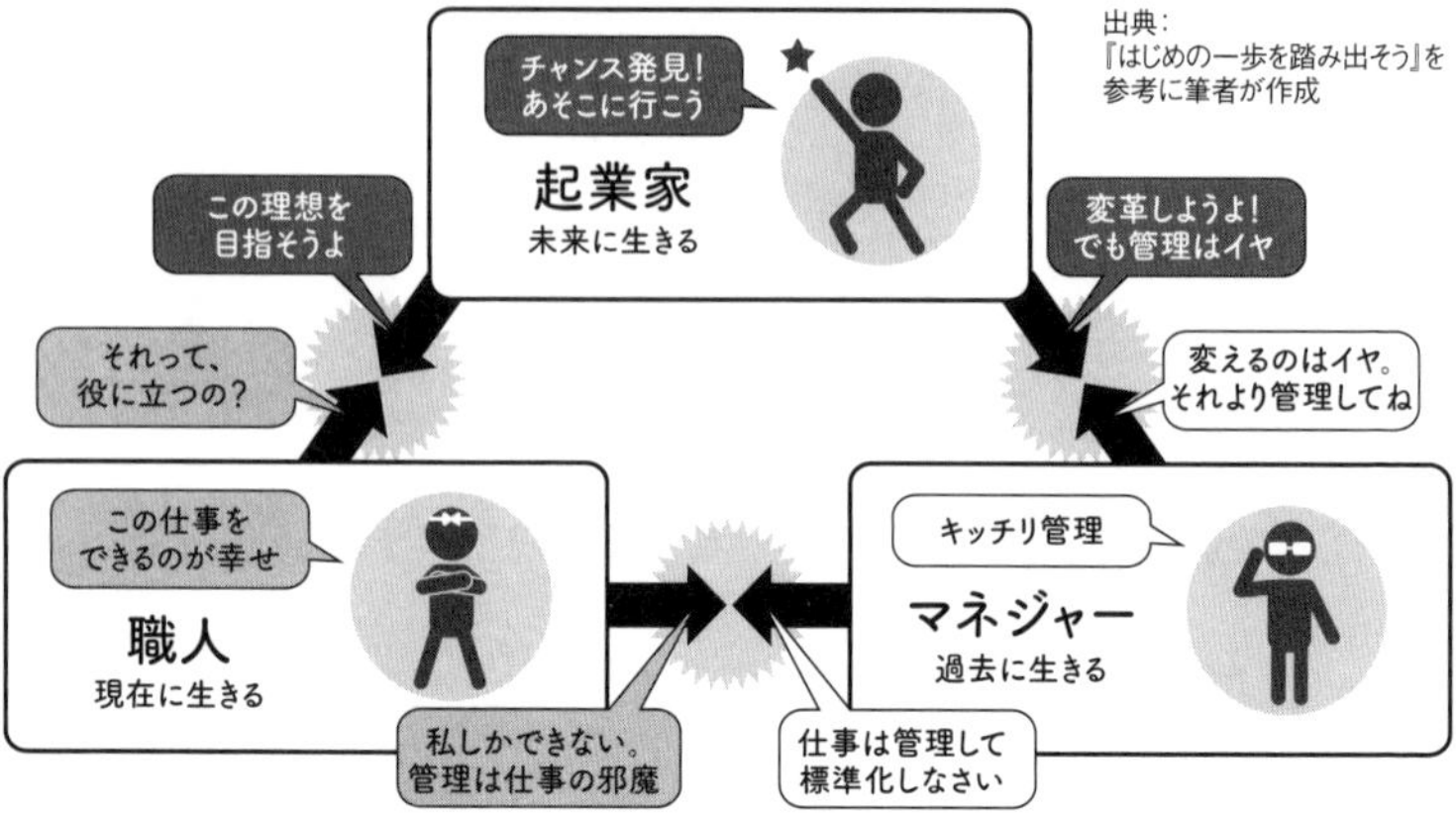

出典：『はじめの一歩を踏み出そう』を参考に筆者が作成

「カラーリングが得意で美容が好き。だから美容店を開く」

「音楽が好きで音大卒。だから楽器店を開く」

しかし、専門的能力だけでは経営は成功しない。和菓子づくりをすることと、和菓子づくりの店を経営することは、まったく別である。経営を始めた途端に帳簿づけ、従業員の雇用、集客など、人に雇われているときは見えなかった未経験の仕事が次々と降ってくる。経営に必要な能力のうち、専門的能力はごく一部なのだ。

著者は「**スモールビジネスの経営者の中では3つの人格の争いが起こっている**」と言う。

人格❶ 起業家……理想主義者でチャンスを見つけるのが得意。未来の世界に生きる。しかし、管理や周囲と仕事するのは苦手。

人格❷ マネジャー……管理が得意。なんでも片づけないと気がすまない。過去に生きる。一方で管理するやり方を変えたくないので、変革に

は反対しがち。

人格❸　職人……手を動かして決められた手順で仕事をするのが生きがい。現在に生きる。しかし、抽象的な理想に対しては「それって役に立つの？」と疑いがち。

この３つの人格は、お互いに対立している。職人は誰にも真似できない名人芸を発揮したがるが、マネジャーは名人芸を封印して誰でもできるように標準化したがる。一方で、起業家の理想は、職人にとっては単なる夢想に聞こえる。

成功する経営者は、この３つの人格のバランスがうまくとれているが、そんな人は例外的だ。現実にはほとんどのスモールビジネスの経営者は、どれかひとつの人格が強い。

著者は、典型的なスモールビジネスの経営者は**起業家型が10%、マネジャー型が20%、職人型が70%**だという。**圧倒的に多いのは職人型**だ。店長のように「和菓子づくりが好きで得意だから店を開いた」という人である。

この職人型の人がスモールビジネスの経営をすると、必ず行き詰まる。一人で全部やろうとするので、仕事量が増えると休みもとらずに１日18時間働いても終わらない。

そこで冒頭で述べたように、自分が不在でも成長するビジネスを目指すべきなのだ。

「和菓子をつくりたいから、店を始めたのに……」と思うかもしれない。しかし、和菓子づくりだけしたいのなら、他人が経営する店に雇われて職人として和菓子づくりに専念すべきだ。

現実には、スモールビジネスの経営で成功するのは、会社で働くよりも難しい。

職人の腕だけでなく、起業家の能力とマネジャーの管理能力が必要になるからだ。

しかし、店長が諦めるのは、まだ早い。そもそも店長が和菓子店を始めたのは「好きな和菓子づくりでお客さんを喜ばせたい」と思ったからだ。自分で和菓子をつくるのが唯一の方法ではない。経営者になっておいしい和菓子をお客さんに提供する仕組みをつくれば、より多くの人においしい和菓子を提供できる。

そこで必要なのが、事業のオーナーとして事業の全体像を描くことだ。そのためには、スモールビジネスがどんな段階を経て成長するかを理解することが必要になる。

スモールビジネスの3段階

スモールビジネスは、次の3段階を経て成長していく。

段階❶ 幼年期……事業を立ち上げた段階。オーナーがいないと事業は回らない。店長が事業そのもの。しかし、事業が大きくなると一人で仕事が回らなくなる。そこで青年期に入る。

段階❷ 青年期……会社の能力を高めるために人を雇う段階。ここで職人型がやりがちなのが、人を雇って会計や従業員の管理・教育などの苦手な仕事を丸投げすること。一見、権限委譲のようだが、現実には単に苦手な仕事から逃げているだけだ。いずれ品質低下や顧客のクレームという形で会社に跳ね返り、大問題になる。自分の内側にあるマネジャーと起業家の人格を呼び起こし、管理の仕組みをつくることが必要だ。

段階❸ 成熟期……マクドナルドやディズニーのような立派な企業になる段階。これらは現在は立派な企業だが、スモールビジネスの時代からあたかも成熟企業のように経営していた。

スモールビジネスの経営者は、多忙な日々の業務に没頭したまま幼少期と青年期を過ごしがちだが、これでは成熟期は迎えられず、そのうち失敗してしまう。成功するには**幼少期の段階で、成熟期を迎えたはるかに大きな自社の将来像を思い描く**ことだ。事業の全体像を描くのである。そのためには自分の中に眠る起業家人格を目覚めさせる必要がある。

この起業家人格を目覚めさせるきっかけがある。本書では「収益を生む事業を定型化してパッケージにしてしまおう」という**「事業のパッケージ化」**の考え方を提唱している。

マクドナルドが初めて実現した「事業のパッケージ化」

普通の会社は5年で8割が廃業するが、**フランチャイズは5年で25%しか廃業しない**。成功確率が高いのだ。これは「事業のパッケージ化」のおかげである。

フランチャイズで初めて「事業のパッケージ化」を実現したのが、マクドナルドだ。

1952年、のちにマクドナルドを創業するレイ・クロックはマクドナルド兄弟が経営するハンバーガー店を見て驚いた。高校生のバイトでもおいしいハンバーガーをつくる仕組みを実現していたのだ。「これはお金を生み出す機械だ」と直感したレイ・クロックは、誰でもおいしいハンバーガーをつくって収益が上がる仕組みづくりに取り組み始めた。

たとえば「フライドポテトはべとつかないように保湿器に7分以上置かない」というように作業を細かく標準化。ハンバーガー大学という教育機関もつくり、最初からうまく店を経営できるようなサポートも整備。こうして構築した仕組みを「ハンバーガー店を出したい」という

「事業のパッケージ化」で成功確率は大きくアップ

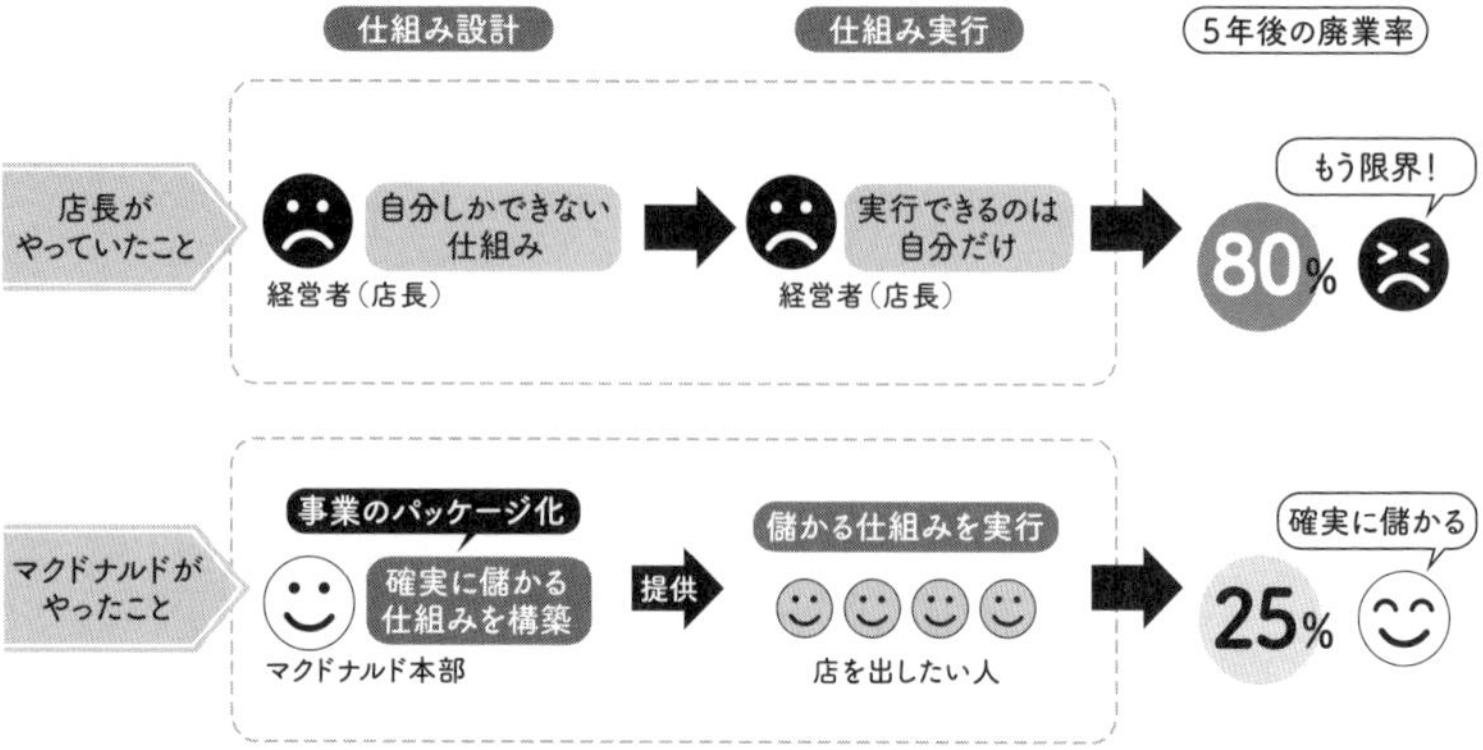

出典：『はじめの一歩を踏み出そう』を参考に筆者が作成

人たちに売り込んだ。マクドナルドの店を出したい人はマクドナルド本部と契約し、仕組みを学んで出店。そして収益の一部をマクドナルドに支払う。こうしてマクドナルドは大成功した。レイ・クロックは個人の能力に依存せずに利益が出る仕組みをつくったのだ。

スモールビジネスの経営でも「事業のパッケージ化」をすればいい。誰がやっても高品質のハンバーガーをつくって儲けられる仕組みをつくったように、**誰がやってもうまく動く仕組みをつくる**のだ。そのために組織づくりを行い、業務をマニュアル化し、誰が店を運営しても顧客に安定して商品やサービスを提供できるようにする。

このためには、事業規模が小さなうちに試行錯誤の実験を通して学ぶことだ。レイ・クロックも、マクドナルドが小さい頃にさまざまな実験を繰り返し、その学びを仕組みに取り入れた。

同社は2020年時点で、世界で3万9000

店舗を展開し、売上9兆円の巨大企業になったが、自社を「**世界で最も成功を収めたスモールビジネス**」と呼んでいるという。

和菓子屋の店長も同じことをすべきだ。名人芸を封印し、誰でも和菓子ができる手順をつくる。そのための組織づくりを考え、店の業務をマニュアル化し、人を雇い、彼らの仕事を管理することだ。小さな1店舗しかもたない今こそ、試行錯誤の実験を繰り返して仕組みをつくる絶好のチャンス。そして「好きな和菓子づくりでお客さんを喜ばせたい」という店長の夢を実現するのだ。ゆくゆくはマクドナルドのように、世界展開も可能かもしれない。

本書の改訂版刊行から20年経った。経営の仕組みは低コストになり、起業の敷居は低くなった。たとえば、会計クラウドで会計の手間・コストは減り、さまざまな業務も外注可能だ。本書刊行時と比べて現代では、規模さえ追わなければ、独立して人を雇わずに職人型を貫いても成功する可能性は高まっている。しかし、ビジネスを拡大する場合は、現代でも仕事量を増やすために人を雇う必要がある。

起業・副業が広がった現代だからこそ、本書の考え方は参考にすべきだろう。

POINT

「事業のパッケージ化」で誰がやっても儲かるビジネスを目指せ

22

『ビジネススクールでは学べない世界最先端の経営学』（日経BP）

――「経営理論は役立つことを目的としていない」という衝撃の事実

入山章栄
早稲田大学大学院経営管理研究科（ビジネススクール）教授。慶応義塾大学経済学部卒業、同大学院経済学研究科修士課程修了。三菱総合研究所で主に自動車メーカー・国内外政府機関への調査・コンサルティング業務に従事した後、2008年に米ピッツバーグ大学経営大学院より博士号を取得。同年より米ニューヨーク州立大学バッファロー校ビジネススクール助教授。著書に『世界標準の経営理論』など多数。

「うわっ、お義母さまからまた大量の漬物！　私、漬物が大嫌いなのに！」

宅配便の箱を開けてハナコさんが顔をしかめた瞬間、夫の実家から電話がかかってきた。

「ちょうどおいしそうなお漬物が届きました。お夕飯でいただくのが楽しみですぅ」

かくして、お義母さまはますます「ハナコさん、本当に漬物が大好物ね」と思い込み、またハナコさんのもとに大量の漬物が届く。お義母さまのハナコさんへの誤解は根深い……。

本書によると、ビジネスパーソンも経営学者に対してお義母さまと似たような誤解をしている。多くのビジネスパーソンは「経営学者は仕事で役に立つ研究をしているから、経営理論も仕事ですぐに役立つはず」と考えているが、著者の入山章栄《あきえ》氏によるとこれは誤解で、「**実は、経営学者にとって理論が仕事の役に立つかどうかは重要ではない**」と言う。

まさに「ハナコさんは漬物大好き」と信じ込むお義母さまである。

本書は早稲田大学ビジネススクール教授・入山章栄氏が私たちの誤解を解いた上で、世界最先端の経営理論を広く紹介し、仕事で役立てるヒントを授けてくれる一冊だ。

私たちは経営学を誤解している

では、なぜ経営学者にとって理論が仕事の役に立つかどうかは重要ではないのか。

入山氏は、経営学者は研究者であり、最も重要なのは「物事の真理を知りたいという知的好奇心」であり、**役立つことよりも斬新さと厳密性を重視するからだ**、と言っている。

科学者のニュートンは、天体がどんな原理で動くのかを研究して「万有引力の法則」を生み出した。研究者の役割はこのような「真理の解明」だ。その研究が役に立つかどうかは、言い方は悪いが、研究者本人には、ぶっちゃけどうでもいい話なのだ。ただ、その本音を表立って言えないのはハナコさんと同じである。

逆にいくらビジネスで役立っても「斬新さと厳密さ」がないと研究者として評価されない。

本書では例として、経営学者がドラッカーをどのように考えているかを紹介している。ドラッカーは現在もユニクロの柳井正氏や星野リゾートの星野佳路氏をはじめ多くの経営者から信望を集めているが、本書によると、ドラッカーを読んだことがない経営学者は多いという。「ドラッカーは経営の基本でしょ?」と驚く人も多いだろう。

Book1『現代の経営』で述べたように、ドラッカーは経営における聖書であり論語だ。聖書も論語もドラッカーも役に立つが、科学的な斬新性と厳密性は示していない。経営学者もドラッカーはビジネスで役立つと認めているが、忙しい経営学者が研究競争に勝つには、ドラッカーよりも斬新さと厳密さを追求する若手経営学者の研究論文を読むほうに時間を使う。

では、学者の経営理論は役立たないかというと、もちろんそんなことはない。

ニュートン力学が企業の研究開発で役立っているのと同様、ちゃんと役に立つ。

ただし、経営理論は抽象化されているので、そのままでは役に立たない。工夫が必要だ。考える際に**思考の軸として使う**のだ。教科書で学んだことはそのままでは社会で使えないが、思考の軸にはなる。同様に経営学も、ビジネスで思考の軸として使えばいい。

本書では、さまざまな世界最先端の経営学を紹介している。その中に「**ハイブリッド起業**」という、会社員にとっては見逃せないテーマもある。副業のことである。

副業は「サラリーマン起業」の最強兵器

私は日本ＩＢＭに30年近く勤務した後に、独立・起業した。

30歳の頃から「50歳で独立」とボンヤリ考えていた。しかし、週末の時間を使って写真家を目指したり、アレやったりコレやったりと右往左往。やっと具体的に形になり始めたのが10年以上経った40代後半。会社の承認を得て、副業でマーケティングの本を書き始めたときだ。本を書き始めて3年目、たまたま『１００円のコーラを１０００円で売る方法』がベストセラーになった。しかし、素人芸人が一発芸で話題になったものの、独立後は全然売れないという話は多いし、会社員時代に大活躍していたのに会社の看板を失った途端、仕事が消えて苦労する人も多く見てきたので、「独立はまだ早い」と思っていた。

そのうちマーケティングの講演や研修依頼をいただくようになったが、依頼内容を読むと、勤務時間中の平日昼間の講演・研修ばかり。丁重に辞退せざるを得なかった。

しかし、週末の依頼は、会社と利益相反しなければ無償で引き受けていた。

ある日、「どうしても謝礼を払いたい」という会社があった。金額は予想よりずっと高かった。当時、私は勤務先で人材育成部長として外部研修会社に社員研修を発注していたが、その発注額と同額だった。「独立して本が売れなくても講演や研修の仕事がある」とわかった。

試しに「IBMを辞めても、私に依頼しますか?」と尋ねたところ、「正直言って独立してくれたほうがお願いしやすくなって助かる」というご返事。会社の看板を外しても仕事があることもわかった。ちょうど『100円のコーラ』シリーズ第3弾が発売直前だった。第2弾の感触から、ほぼ確実に売れることは予想できたし、本が売れると講演・研修依頼が急増することも経験から予想できた。独立は、このタイミングしかない。

そこで私は、日本IBMを退職して独立。おかげさまで現在まで8年間、順調だ。

私が独立に至った経緯は、本書で紹介されているハイブリッド起業を実践したものだったのだ。

ハイブリッド起業とは、会社勤務と並行して起業する考え方だ。著名起業家の中にもハイブリッド起業は多い。超有名どころではアップルの共同創業者スティーブ・ウォズニアック。スティーブ・ジョブズと創業した後も、しばらくはHP社の技術者だった。

ハイブリッド起業はリスクが少ない
（スウェーデンでの研究結果 n＝44,613）

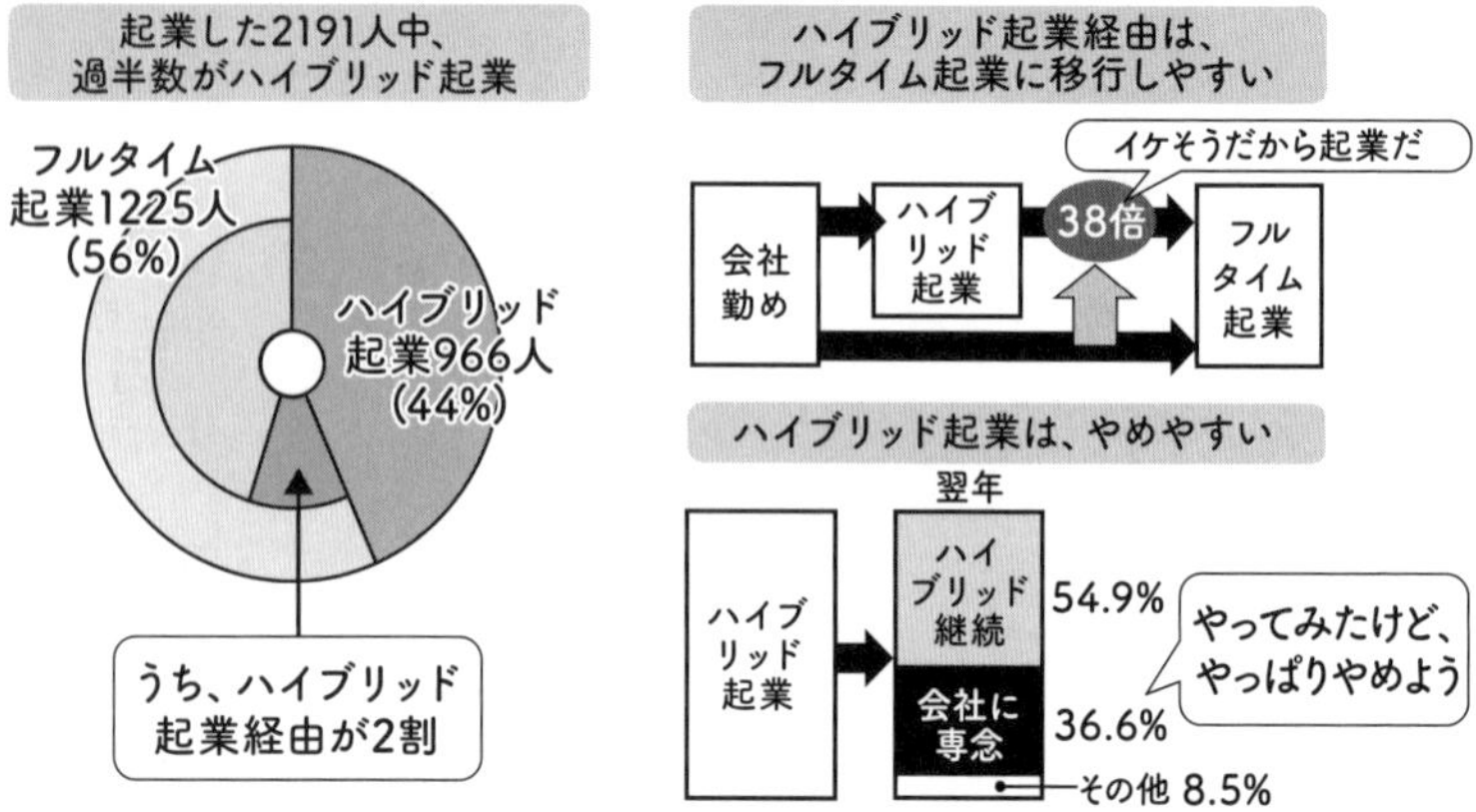

出典：『ビジネススクールでは学べない世界最先端の経営学』を参考に筆者が作成

ハイブリッド起業の最大のメリットは、**起業のリスクを軽減できる**ことだ。

起業の成功確率はそもそも低いので、会社を辞めて起業し、自分の時間とキャリアのすべてを賭けるのはリスクが高い。しかし、会社に勤めつつ副業として小さく事業を始め、成功・失敗の不確実性を下げれば、リスクは下がる。モノになれば会社を辞めて専念すればいい。ダメなら会社の仕事に戻ればいい。かく言う私も、本の執筆に行き着くまで10年以上試行錯誤し、執筆してから独立するまで5年かかった。その間に会社でマーケティングや人材育成部長のキャリアも積めた。

世界最先端の経営学では、ハイブリッド起業の研究も進んでいる。本書では、スウェーデンで１９９４年にハイテク産業に就職した20～50歳の男性４万４６１３人の行動を追跡したデータを統計分析し、検証した研究を紹介している。7年後に起業したのは５％弱の２１９１人。うち９６６人が会社を辞めないハイブリッド起業。残り1225人はフルタイム起業だったが、このうち2割はハイブリッド起業経由。つまり**ハイブリッド起業が過半数**だった。

また、「ハイブリッド起業→フルタイム起業」の移行確率は「会社勤め→フルタイム起業」より38倍高かった。「副業でうまくいきそうだからフルタイム起業」は多いのだ。

さらに、ハイブリッド起業家の36・6%は、翌年に起業活動をやめて会社の仕事に専念していた。**ハイブリッド起業でダメだった場合は本業に戻る人も多い**、ということだ。

現代の日本は、残念ながら脱サラして起業に失敗した人が再就職するのは難しい。ハイブリッド起業は、この起業の失敗リスクを大きく軽減できる。

入山氏は「ハイブリッド起業の研究は端緒についたばかりで一般化には慎重になるべき。(一方で)柔軟性に富んだハイブリッド起業の活性化は、『起業大国』を目指す日本にとって有意義なはずだ」と述べている。副業を経由して独立した私も、深く共感する。

経営理論は抽象的だが、ビジネス力向上のヒントの宝庫だ。そのためにも本書は役立つはずだ。入山氏には他にも『世界標準の経営理論』(ダイヤモンド社)という大著もある。最新経営理論を網羅的・体系的にまとめた世界初の書だ。興味がある人はこちらにも挑戦されたい。

POINT

世界最先端の経営学から確かな「思考の軸」をつくれ

23

『兵法三十六計』

——したたかな中国の「策略」から学べ

（三笠書房）

人気コミック『鬼滅《きめつ》の刃』で最強のラスボス・鬼舞辻無惨《きぶつじむざん》は圧倒的に強いが、彼のすごさは技だけではない。窮地に追い込まれると恥も外聞もなく一目散に逃げることだ。つい「卑怯者」と思ってしまうが、**兵法三十六計**を学べば、実に合理的な戦い方だとわかるはずだ。

中国にはさまざまな兵法書がある。共通するのは「**戦わずして勝つ**」。たとえ劣勢でも、戦わなければ損害はゼロ。そこで中国では武力（力）でなく策略（頭）で勝つ膨大なノウハウを蓄積してきた。兵法三十六計は策略に特化した兵法書だ。策略を6グループ36種類に分類している。「**三十六計、逃げるに如《し》かず**」は、36番目の「走為上《そういじょう》」から来ている。

兵法三十六計は1500年前の将軍・檀道済《たんどうせい》の言葉をまとめた書だ。中国では有名な兵法書『孫子』よりも広く民間で読まれている。現代の私たちはしばしば、したたかな中国人の行動に戸惑うことがあるが、本書を読めば彼らの考えや行動の背景がよくわかる。

兵法三十六計を学ぶには、中国古典を翻訳・紹介してきた守屋洋氏による本書がベストだ。

檀道済（解説：守屋洋）
『三十六計』の著者である檀道済は、東晋末から宋初頭にかけての中国の武将。宋の建国者である劉裕に仕え、大いに功績をあげた。宋第2代皇帝・少帝の後見になったが、のちにその武名を恐れた第3代文帝によって殺害された。436年没。檀韶・檀祗の弟。解説の守屋洋は中国文学の第一人者として著述、講演等で活躍。

また、欧米社会に初めて兵法三十六計を紹介した『兵法三十六計　かけひきの極意』（ハロー・フォン・センゲル著、ダイヤモンド社）も、欧米視点で兵法三十六計を解説していて参考になる。この2冊を参考にしながら、兵法三十六計を紹介していこう。

「策略」を知らない欧米人と日本人

本書は策略で勝つための本だが「策略で騙すのは卑怯」と考える人もいるだろう。しかし、これは狭い考え方だ。**策略とは、通常の手段では果たせないことを果たすために相手の意表を突いて勝つことだ。**もう一冊の著者・センゲルによると、古代中国では「世界は、陰と陽でできている」と考えていたという。陽は天・太陽・光、陰は地・月・闇を表す。そして「陽の中に陰があり、陰の中には陽がある」と考える。だから中国では「**正しいことをするには、策略も必要だ**」と考えるのだ。

対照的に理性を重視する欧米では「人の理性は策略なしに動く」と考えるので、策略の発想がほとんどない。プロイセン王国の軍事学者・クラウゼヴィッツも著書『戦争論』で「策略は最後の悪あがき」「強ければ策略は不要」と述べている。例外的にマキアヴェッリが**Book 39**『君主論』の中で「策略」を述べているが、詳細な事例はない。欧米のビジネス書でも、策略は取り上げられていない。

しかし、実際に欧米人とのビジネス経験がある方は、こう思うのではないだろうか？

「**たしかに彼らは基本的にフェアだけど、策略も結構使うよ。自分は苦労している**」

その通りだ。私も経験している。欧米人も日本人も、大っぴらに口には出さないだけで、交渉で策略を使う。中国人が違う点は、さまざまな策略手法を具体的に分類して兵法三十六計としてオープンにしている点だ。だから数多くの中国人が、策略を使いこなせる。

策略を知らないと、策略を仕掛けられても最後まで気づかずに、分析すらもできない。兵法三十六計を策略のチェックリストとして使えば、私たちはこの盲点を克服できる。

策略には、よい策略と悪い策略がある。**よい策略は公利が目的で人々を豊かにする。悪い策略は私利私欲が目的だ。**これからさまざまな策略の例を紹介するが、「これはよい策略か、悪い策略か」と判断する習慣をつけると、よい策略を使いこなす力が高まるだろう。

三十六計の全体像は190〜191ページ図を参照してほしい。実は兵法三十六計はやや荒削りな面があり、たとえば第六計「声東撃西《せいとうげきせい》」と第八計「暗渡陳倉《あんとちんそう》」のように、やや意味が被っているものもあることを念頭に置いて学ぶ必要がある。では、三十六計からいくつか紹介しよう。

第五計……趁火打劫《ちんかだきょう》

敵の弱みや災難につけこみ、一気に攻める。相手が弱点をさらすまでじっと待つ。

かつて世界トップレベルだった日本の半導体メーカーの技術者は、給料が安かった。最先端の半導体技術をなんとか入手したい韓国や中国の半導体メーカーは、高給で日本の半導体技術者をヘッドハンティングして、最先端技術を難なく手に入れた。

また、東日本大震災の4日後、中国の『東方日報』は「日本が大災害で混乱している今、中国が魚釣島（尖閣諸島）を奪回する絶好のチャンスだ」という論説記事を載せた。

敵の大きなトラブルや内部対立は隙をつくる。この隙に容赦なくつけ込むのである。

戦国時代、武田信玄が今川と北条から経済封鎖をされて塩不足で困っていたときに、信玄のライバル上杉謙信は信玄に塩を送って助けた、という通説がある。つくり話とも言われているが、これは日本では「敵に塩を送る」という美談になる。しかし、中国から見ると「趁火打劫のチャンスなのに、本当に勝つ気はあるのか？」となるのだ。

第十計……笑裏蔵刀《しょうりぞうとう》

悪巧みを隠して笑顔で敵に近づき、敵が警戒心を解いたところで一気に攻める。

中国政府は、米国との外交が順調なときは日本に強硬路線で接し、米国との外交でトラブルを抱えているときは日本と友好的に接する、といわれている。これも笑裏蔵刀のパターンのひとつだ。逆に中国では「敵が笑顔を見せているのは、なんらかの狙いがある」と見る。

第二十計……混水摸魚《こんすいぼぎょ》

相手の内部混乱に乗じて勝つ。混乱がなければ混乱を起こして、その混乱につけ込む。

陽明学の始祖・王陽明は軍略も一流だった。軍司令官として反乱を鎮圧したときのこと。

敵が進撃を始めたのに自軍は迎撃態勢が整っていない。そこで敵トップの腹心の部下2名宛

混戦計　予断を許さぬ混戦の戦い方

第19計	釜底抽薪《ふていちゅうしん》	敵の補給を絶ったり、志気や大義名分を破壊する
第20計	混水摸魚《こんすいぼぎょ》	敵に内部混乱を起こし操る
第21計	金蝉脱殻《きんせんだっかく》	相手に気づかせずに、秘かに主力を移動させる
第22計	関門捉賊《かんもんそくぞく》	弱小な敵を徹底的に包囲殲滅
第23計	遠交近攻《えんこうきんこう》	遠くの敵は同盟し、近くの敵を攻撃する
第24計	仮道伐虢《かどうばつかく》	敵と自国の間の小国は守る

併戦計　同盟同士で優位に立つ戦い方

第25計	偸梁換柱《とうりょうかんちゅう》	相手組織の中身を弱体化する
第26計	指桑罵槐《しそうばかい》	Aの代わりにBを非難することで、間接的にAを批判する
第27計	仮痴不癲《かちふてん》	バカを装い油断させ時期を待つ
第28計	上屋抽梯《じょうおくちゅうてい》	わざと隙を見せ誘い出し、殲滅
第29計	樹上開花《じゅじょうかいか》	弱小兵力を強大に見せて、威圧
第30計	反客為主《はんかくいしゅ》	いったん客の立場になり、機を見て組織を乗っ取る

敗戦計　負けそうなときの戦い方

第31計	美人計《びじんけい》	強大な敵を、美女で籠絡《ろうらく》する
第32計	空城計《くうじょうけい》	自軍が手薄なとき、あえて無防備に見せることで敵を惑わす
第33計	反間計《はんかんけい》	敵のスパイを逆利用する
第34計	苦肉計《くにくけい》	わざと自分で傷をつけて、敵を信じ込ませる
第35計	連環計《れんかんけい》	敵同士で足を引っ張り合うようにする
第36計	走為上《そういじょう》	どうしても勝算がなければ、一目散に走って逃げる

出典：『兵法三十六計』から引用

兵法三十六計

勝戦計　余裕があるときの戦い方

第1計	瞞《まん》天《てん》過《か》海《かい》	何度も攻撃のそぶりだけ見せ、油断したところで攻める
第2計	囲《い》魏《ぎ》救《きゅう》趙《ちょう》	相手を分散、疲労させて叩く
第3計	借《しゃく》刀《とう》殺《さつ》人《じん》	第三者の力を利用し、敵を叩く
第4計	以《い》逸《いつ》待《たい》労《ろう》	守りを固めて、敵の疲れを誘う
第5計	趁《ちん》火《か》打《だ》劫《きょう》	敵の苦境に乗じて一気に決着する
第6計	声《せい》東《とう》撃《げき》西《せい》	東に陽動作戦を仕掛け、敵を混乱させ、手薄になった西を攻める

敵戦計　敵の弱みにつけ込む戦い方

第7計	無《む》中《ちゅう》生《しょう》有《ゆう》	無いのに有るように見せかけ欺く
第8計	暗《あん》渡《と》陳《ちん》倉《そう》	Aを攻撃して守りを固めさせ、本命のBに攻撃を集中、攻略する
第9計	隔《かく》岸《がん》観《かん》火《か》	敵内部の乱れを静観、自滅を待つ
第10計	笑《しょう》裏《り》蔵《ぞう》刀《とう》	敵に友好的に接し、油断させ攻撃
第11計	李《り》代《だい》桃《とう》僵《きょう》	局部的損害と引き換えに全面勝利
第12計	順《じゅん》手《しゅ》牽《けん》羊《よう》	どんな小さな隙でも必ず突いて、敵に損害を与える

攻戦計　手強い敵との戦い方

第13計	打《だ》草《そう》驚《きょう》蛇《だ》	偵察で隠れた敵を見つけ出す
第14計	借《しゃく》屍《し》還《かん》魂《こん》	利用できるものはなんでも利用し、勢力拡大を図る
第15計	調《ちょう》虎《こ》離《り》山《ざん》	敵を自軍が有利な場所におびき出した上で戦う
第16計	欲《よく》擒《きん》姑《こ》縦《しょう》	敵に逃げ道を残して猛反撃を防止
第17計	抛《ほう》磚《せん》引《いく》玉《ぎょく》	おとりの餌に食いついた敵を殲滅
第18計	擒《きん》賊《ぞく》擒《きん》王《おう》	敵トップを捕らえ、敵を殲滅する

に「状況を教えてくれてありがとう」という密書をでっちあげ、事前に捕らえていた敵スパイに密書をさりげなく渡して逃がした。敵トップはスパイから入手した密書を読み、考え込んでしまった。腹心の部下2名の言うことが信じられず、動けない。敵トップが「密書は王陽明の策略」と気づいたときには、王陽明はすでに迎撃態勢を万端に整えていた。

中国では、顧客相手の商売でもこの方法が使われる。曖昧な表現で顧客を騙すのだ。

ある大手家電店は「特売日にテレビを半額で売る」と発表。当日早朝から行例ができたが、テレビは3台だけ。広告に台数は明記されておらず「先着順」と書かれていたという。

第二十五計……偸梁換柱《とうりょうかんちゅう》

家の梁《はり》や柱を取り換えるように、相手の組織を変えて弱体化させる。

旧ソ連は1950年代からアフガニスタン侵攻を準備していた。ソ連はアフガン上層部の抱き込みのため、軍や政府機関に大人数の顧問団や専門家を送り続け、並行してさまざまな手段で反対派を弾圧・追放、親ソ勢力の登用を図った。結果、軍や機関をほとんど親ソ派で押さえた。そして、親ソ勢力のクーデター支援のため、ソ連はアフガニスタンに侵攻した。

ビジネスでも提携企業に幹部を送って支配し、影響力を拡大するのは常套手段だ。

第三十六計……走為上《そういじょう》

凡庸なトップほど前に進むだけで退き方を知らないが、中国ではそんな人物を「匹夫《ひっぷ》の勇」

と呼んで軽蔑する。勝算なき戦いから逃げれば、勝てないが負けない。戦力も温存できる。

三国志の奸雄《かんゆう》・曹操の勝率は8割。圧倒的に強かった。ライバルの劉備は勝率2割以下。曹操の勝因は、①兵法書をよく研究し、②敗因を徹底分析して同じ負け方をせず、③「勝てない」とわかるとためらわずに即撤退したことだ。

「逃げるのは卑怯」という考えを叩き込まれている日本人は、特攻隊のような無茶な戦い方もやる。中国人は不利な状況では、まず逃げることを考える。そして戦力を温存し、巻き返しを図る。どちらがよいか一概には言えない。「当たって砕けろ」で大勝ちもある。しかし、全軍玉砕もある。少なくとも日本人は逃げることを、選択肢のひとつとして考えるべきだ。

兵法三十六計がわかれば、さまざまな策略の兆候と意図を読み解き、その行動の背景がわかるようになる。

日本人は全般的にお人好しだ。しかし、策略で負けても、誰も同情してくれない。策略を学んで、したたかにビジネスをしたいものである。

POINT

「策略」はグローバルビジネスの作法だ

第3章 人材

「指示した通りやれ」というトップダウンは大量生産時代の遺物だ。知識社会で必要なのは、従業員の情熱を引き出し、創造性を生み出し、組織の使命を達成することだ。

リーダーシップも変わる。カリスマは不要。むしろ弱さを隠さずに自分らしさを貫くリーダーが、人々の共感を生み出し、組織を動かす。

第3章では、従業員の情熱を引き出し、組織の人々を動かすための理論書と実践書を9冊紹介したい。

24 『ハーバードで教える人材戦略』（日本生産性本部）

——「ヒト」という経営資源を最大限に活かせ

M・ビアーほか

ビアーは、ハーバード・ビジネススクール名誉教授。国際的にも著名な戦略的変革の専門家であり、経営コンサルティング会社トルー・ポイント・パートナーズ社を創設した。組織変革や人材戦略に関する著書も多く、豊富なコンサルティングと教育の経験をもっている。共著者のB・スペクター、P・R・ローレンス、D・Q・ミルズ、R・E・ウォルトンはハーバード・ビジネススクールの執筆当時の同僚。

「ヤバい。人材戦略なんて全然考えてなかったぞ。日本企業に負けてしまう！」

そう気づいた米国が、40年前につくった世界初の人材戦略の教科書が本書である。

1960年代までの米国経済は、GMやフォードなどの自動車会社のおかげで絶好調。圧倒的な物量作戦による大量生産方式の賜物だ。

雲行きが怪しくなったのが1970年代。モノもカネもなく貧乏だった日本のトヨタなどの自動車会社は、もうひとつの経営資源「ヒト」を活かして、高品質・低価格を武器に米国市場に進出し始めた。今では想像もできないが、当時、米国最大のライバルは日本だったのだ。

Book19『リーン生産方式が、世界の自動車産業をこう変える。』で紹介したように、米国の自動車会社はトップダウンですべてを決め、「**作業員は黙って言われたことだけやれ**」。

一方の日本の自動車会社は「**現場で徹底的に考えろ**」。

日本企業は、終身雇用や労使協調で従業員を大切にしていた。

当時の米国企業には、日本企業のように「ヒトを活かす」という発想がなかった。

さらに、当時の米国のビジネススクールでは人材戦略全体の講義がなかった。労務管理・人事管理・組織行動・組織開発などを人事の専門家向けにバラバラに教えていたのだ。

「これではマズい」と危機感をもったハーバード・ビジネススクール精鋭の教授陣が、バラバラだった人材関連理論を統合した人材戦略「HRM（ヒューマン・リソース・マネジメント）」を新たに開設して必須課目にした際につくった教科書が、本書である。

問題が起こると、実用的で体系的な対策を迅速に立てるのは実に米国らしい。本書はもはや古典だが、経営視点で人と組織の全体像を考える内容は現代でも大いに役立つ。

人材戦略は「全体像」をつかめ

本来、人材戦略は経営戦略の実現のためにある。しかし、現実はどうか。

人事業務は、人事異動の根回し、新卒・中途採用面接、給与調整といったさまざまな日常業務に、その場しのぎで対応していたりする。これでは「人材戦略で経営戦略を実現」なんて夢のまた夢だ。人材戦略は次の4領域に分けて、包括的に考えるべきだ。

領域❶　従業員がもたらす影響……昔はフォード生産方式のように「言われた通りやれ」でよかったが、トヨタはトヨタ生産方式（TPS）で、現場に徹底的に考えさせ、低価格・高品質な車をつくった。会社としていかに従業員の声を活かすかを決める必要がある。

領域❷　ヒューマン・リソース・フロー……必要なときに必要な人材がいないと、企業の仕事

人材戦略は首尾一貫して考えるべし

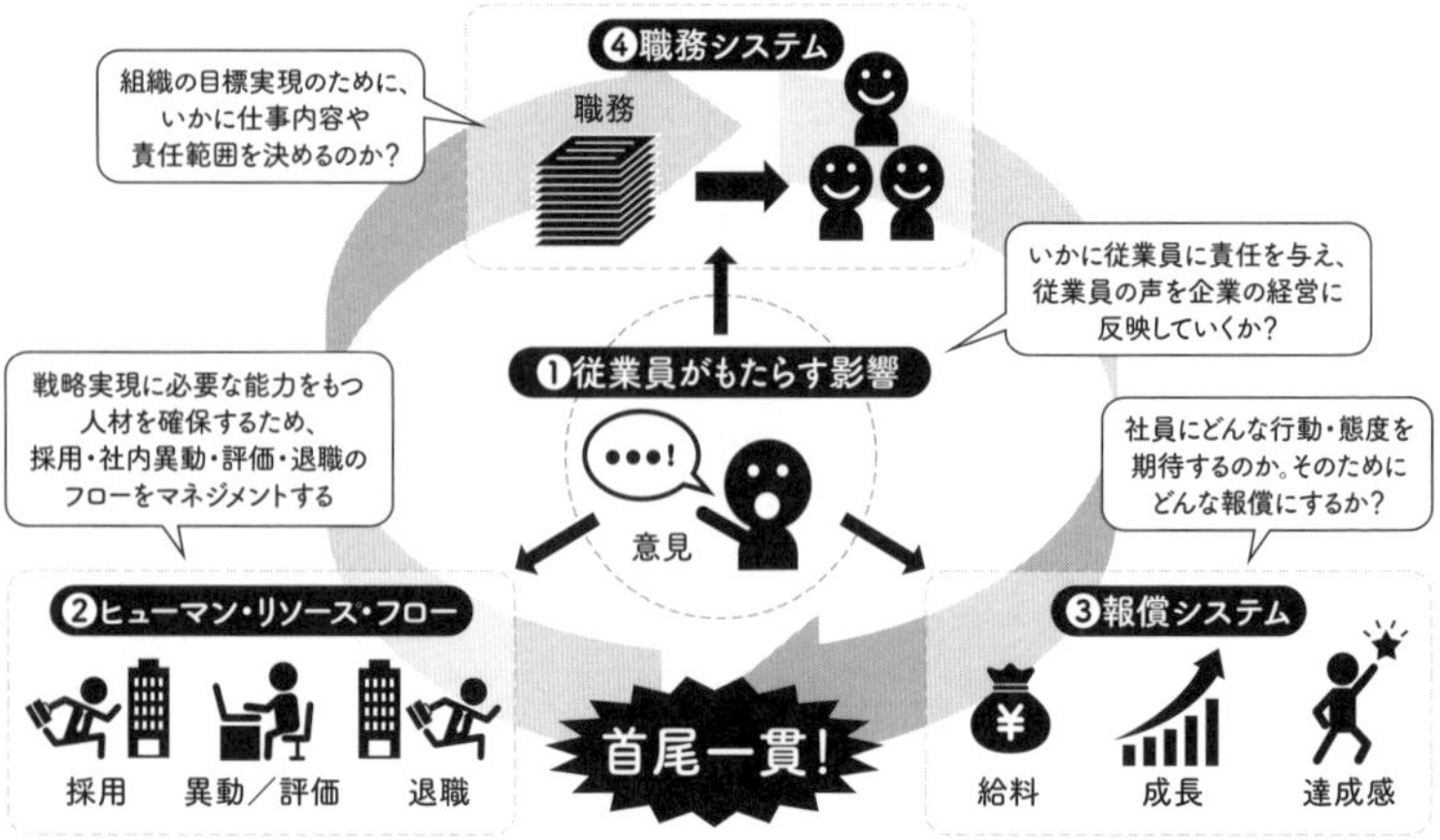

❹職務システム
組織の目標実現のために、いかに仕事内容や責任範囲を決めるのか？
職務
いかに従業員に責任を与え、従業員の声を企業の経営に反映していくか？
❶従業員がもたらす影響
戦略実現に必要な能力をもつ人材を確保するため、採用・社内異動・評価・退職のフローをマネジメントする
●●●！
意見
社員にどんな行動・態度を期待するのか。そのためにどんな報償にするか？
❷ヒューマン・リソース・フロー
採用
異動／評価
退職
首尾一貫！
❸報償システム
¥
給料
成長
達成感

出典：『ハーバードで教える人材戦略』を参考に筆者が作成

は回らない。そこで、経営戦略を実現する人材を採用し、社内異動・評価・退職のフローを決めて、しっかり回す必要がある。

領域❸ 報償システム……社員の行動を決めるのは報償の仕組みだ。給与やボーナスなどの外的報償も大事だが、「カネをやるから黙って働け」では社員は打算的になり、力を発揮しない。人はやりがい、達成感、成長、責任感といった内的報償により内なる力を発揮する。

領域❹ 職務システム……組織の目標を実現できるように個人の仕事内容や責任範囲を決める。

大事なのは、**この4つが首尾一貫して連携し、お互いに相乗効果を発揮すること**だ。

全社がチームワーク重視の方針なのに、声が大きい営業部長の鶴の一声で売上の大きいセールスにボーナスを出すと、個人プレーに走る人間が続出し、チームワークが崩壊しかねない。

どうするべきか。改めて上図を見てほしい。

全社が「チームワーク重視」の方針ならば、「❶従業員がもたらす影響」でチームワーク重視の人材に責任を与えて彼らの声を経営に反映する仕組みを考え、「❷ヒューマン・リソース・フロー」で仲間を大切にする人材を採用して育成する流れを設計し、「❸報償システム」でチームの成果に報いる仕組みをつくり、「❹職務システム」で社内で協業しあう仕事内容と責任分担を決める。さらに、これらを互いに連携させて相乗効果を生み出すべきなのだ。

ただし、この「人材戦略の決定」は、人材戦略の最初の一歩にすぎない。この人材戦略の施策を実施し、その成果を検証した上で、施策を常に改善し続けることが必要なのだ。

こうして策定して実施する人材戦略が、企業の強い競争力の源泉となる。

強い企業文化の土台は「創業者と人事制度」

リクルートは「3年で退社して独立する」と言う学生を喜んで採用するという。普通の会社ならあり得ないが、起業家精神重視のリクルートにとっては当たり前のことなのだ。この企業文化が、次々と新規事業を生み出すリクルートの強みの源泉になっている。

トヨタにも「原因究明してカイゼンし続ける」という考え方が深く根づいている。

このように企業文化とは「従業員の行動の台本」だ。企業文化は内部の従業員にとって空気や水のようにごく当たり前の存在なので、外部から見るとすごいことでも、従業員はごく自然にやってしまう。だから強い企業文化は、圧倒的に強い競争力を生み出す。

強い企業文化をつくり出す上で、人事制度は大きな役割を果たすのだ。

たとえば、「失敗したら給料を下げる」と言われたら、誰も新しいことに挑戦しなくなる。「失敗は不問。成功したら給料を上げる」と言われたら、多くの人が新しいことに挑戦し、起業家精神が根づくようになる。従業員は会社の人事施策に沿って行動するのだ。

さらに、企業文化をつくる上で決定的に重要なのが創業者だ。

松下電器（現パナソニック）の創業者・松下幸之助は「**企業は社会のためのもの。従業員は顧客に有益な商品を提供する責任がある。利益は目的ではない。利益は、この使命を実現する手段だ**」と考えた。この理念実現のために終身雇用制にし、個人業績ではなく年功重視の給与体系にして人材育成に注力、社員を大切にする企業文化をつくり上げた。

トヨタは戦後まもなく経営危機に陥って従業員の4分の1を解雇した際、残った従業員に**終身雇用と年功序列の給与体系を保障**した。**Book19**『リーン生産方式が、世界の自動車産業をこう変える。』で紹介したように、トヨタでは各自の職務を全うする見返りに職が保障されたことで、工場労働者のやる気はきわめて高かった。一方で、米国GMの工場では6回のレイオフ（一時解雇）を経験した従業員のやる気のなさが目立った。

本書は「強い企業文化は終身雇用システムの中で生まれやすい。従業員は企業に対し一体感をもちやすいし、企業文化になじんでいきたいと考えるからである」と述べている。

このように創業時の理念を反映して人事制度がつくられ、企業文化が生まれる。

起業は人材戦略を通じて、創業者の理念を企業文化に組み込むベストタイミングなのだ。

「ジョブ型雇用」が失敗する理由

現代の日本企業では**ジョブ型雇用への移行**が大きな話題だ。ジョブ型雇用とは、職務内容と処遇を明確に定義して、その職務内容に合った人材を雇って処遇する雇用形態だ。

このジョブ型雇用の導入が日本で進まない理由も、本書を読むとよくわかる。

本書のキーメッセージは、**人材戦略では「首尾一貫性」が何より大事**ということだ。

日本の多くの企業は、年功序列・終身雇用・新卒一括採用などが前提の**メンバーシップ雇用**（別名、日本型雇用）だ。お手軽にジョブ型雇用だけ導入して他を変えないと、人材戦略は破綻する。たとえば高給で採用した若手の高度ＩＴ人材に、新卒一括採用の研修を受けさせたり、年功序列で少額ずつ昇給させたりするような会社では、せっかく採用した人材は見切りをつけて早々に辞める。ジョブ型雇用を導入するのなら、人材戦略全体も見直すべきだ。

日本社会の特性を考えた人材戦略策定のためには、Ｂｏｏｋ48『日本の「安心」はなぜ、消えたのか』も併読してほしい。

「人材戦略は経営者視点で考えよ。常に全体像をつかみ、首尾一貫して施策を展開せよ」という本書のメッセージは、現代の日本企業にとってもいまだ貴重な箴言《しんげん》だ。

POINT

人材戦略は全体像を描き、首尾一貫して展開せよ

25

『WHYから始めよ！』（日本経済新聞出版社）

――誰もが共感する「大義名分」が人を突き動かす

サイモン・シネック

リーダーや企業、非営利組織に対して「人々をインスパイアする方法」を伝授してきたコンサルタント。米国連邦議会議員、外交官、国連、国防総省、マイクロソフトなどで「WHY」の力を伝授してきた。コロンビア大学で戦略的コミュニケーションプログラムの講師を務めるほか、ランド・コーポレーションの非常勤研究員も務める。2009年「WHY」について語ったTEDトークの再生回数は4000万回を超えた。

宇宙戦艦ヤマトはイスカンダル星への往復33万6000光年の旅に発った。ヤマトの乗組員が危険を顧みずに宇宙の旅を志願したのは、「放射能汚染で人類滅亡まで1年に迫った地球を救う」という大義名分を共有し、信じていたからだ。

人々を突き動かすのは「**誰もが共感する大義名分**」、言い換えれば「**WHY**」である。

アップルのジョブズは次々と魅力的な商品を世に送り出し、「なぜこの商品が必要なのか」という理念を語ることで人々を熱狂させ、世界を変えた。キング牧師も〝I have a dream〟（私には夢がある）という有名な演説で米国公民権運動を指導し、米国を変えた。

彼らのように人々を鼓舞して世を変えるのは、ひと握りのカリスマリーダーだけの才能と思われている。しかし、コンサルタントである著者のシネックは「パターンを学べば誰でも彼らのように人々を鼓舞できる」と言う。そのポイントが「**WHYから始めること**」だ。

本書はその方法論をまとめた一冊。米国のアマゾンでは書評数1万8000件の大ベストセ

大義名分が人を突き動かす

宇宙戦艦ヤマトの乗組員が危険を顧みず挑戦したのは、WHYが明確だったからだ

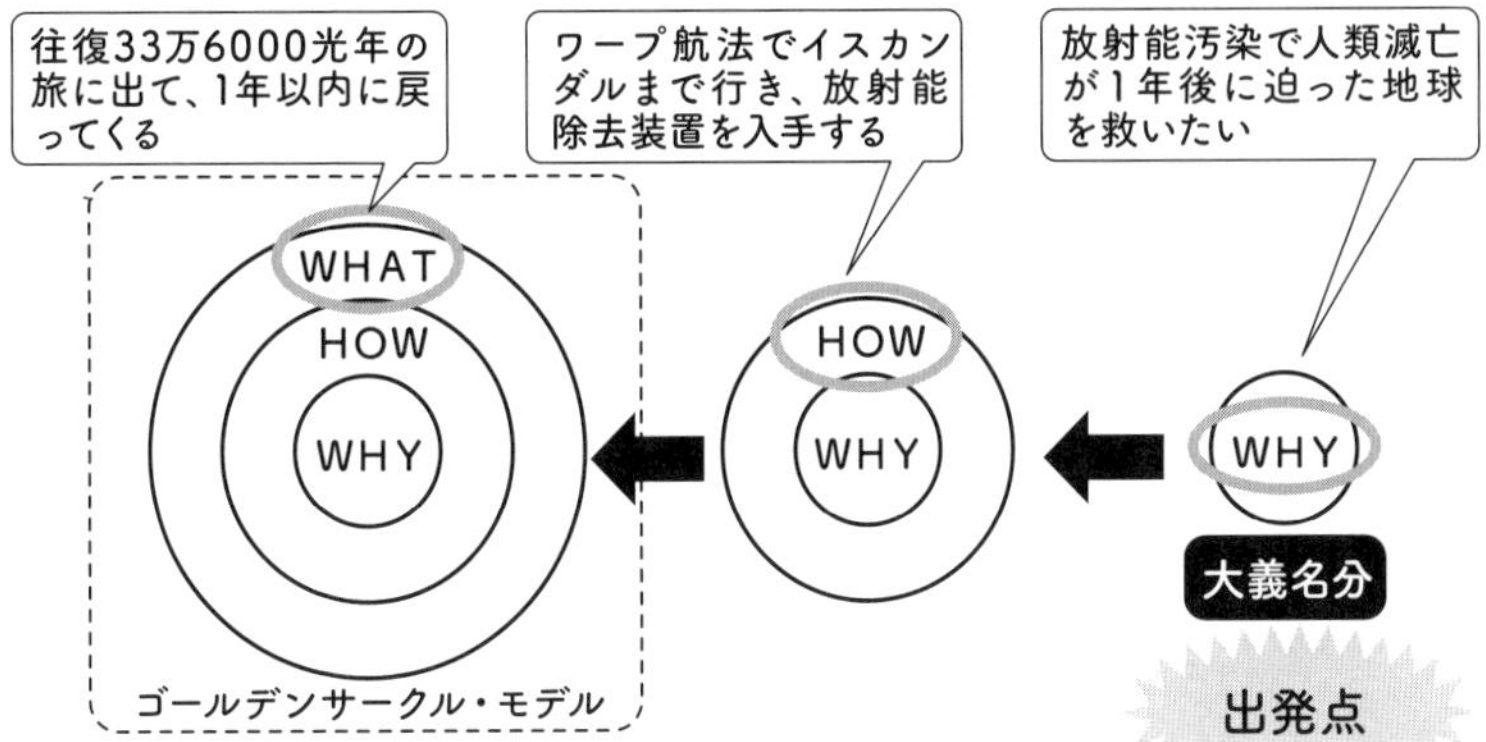
往復33万6000光年の旅に出て、1年以内に戻ってくる
ワープ航法でイスカンダルまで行き、放射能除去装置を入手する
放射能汚染で人類滅亡が1年後に迫った地球を救いたい
WHAT
HOW
WHY
HOW
WHY
WHY
大義名分
出発点
ゴールデンサークル・モデル

出典：『WHYから始めよ！』を参考に筆者が作成

ラーだ。WHYから始めれば、私たちも人々を鼓舞し、突き動かすことができる。

「ゴールデンサークル」で人を動かせ

シネックが、人々を鼓舞して偉業を達成する人たちの秘密を解き明かすために考えたのが、図の**ゴールデンサークル**というモデルだ。WHAT、HOW、WHYの３つの円が同心円上に重なっている。

・**WHAT**……その組織や人が何をしているか。外部から見て、WHATはわかりやすい。ヤマトでは「往復33万６０００光年の旅に出て１年以内に戻る」。しかし、これだけ言われても普通なら「なぜそんな無茶をするの？」と思うだろうし、誘われても断るだろう。

・**HOW**……WHATをどんな方法でやるかだ。HOWまで理解している人は少ない。ヤマトでは「ワープ航法でイスカンダルまで行き、放射能除去装置を入手する」。しかし、方法がわかっても、「やっぱりやめる」という人が多いだろう。

・WHY……WHATをやる理由。「それをする意義は何か？」という大義名分や理念であり、人々を共感させるものだ。WHYがわかると、人の行動は一変する。ヤマトの沖田艦長は「放射能汚染で人類滅亡まで1年に迫った地球を救う」という目的を乗組員と共有した上で、乗艦するかどうかは本人の判断に任せた。そして全員乗艦した。

「WHY→HOW→WHAT」の流れを首尾一貫させる

普通の人は、製品やプロジェクトのWHATしか語らない。だから誰も動かない。人々を鼓舞する人たちは、**WHYを起点に、「WHY→HOW→WHAT」の順で語る。**

ヤマトの沖田艦長もこう語った。

「放射能汚染で人類滅亡まで1年に迫った地球を救いたい。そのためにワープ航法でイスカンダルまで行き、放射能除去装置を入手する。そこで往復33万6000光年の旅に出て、1年で戻る。ヤマトに乗艦するかどうかは、諸君の判断に任せたい」

本書はアップルが、新製品が出るたびに朗々と大義名分から語る例を紹介している。

「現状に挑戦し、他社と違う考え方をするのが、私たちの信条です（WHY）

製品を美しくデザインし、使いやすくシンプルにすることに挑戦しています（HOW）

その結果、すばらしいコンピュータが生まれました（WHAT）。1台どうです？」

アップルはWHAT起点のこんな言い方はしない。

「すばらしいコンピュータをつくっています。使いやすく美しいデザイン。1台どうです？」

これでは他社のパソコンメーカーと同じ。多くの会社はライバルが売れ筋商品を出すと、そのままパクった商品を発売する。WHATだけ真似する商品は顧客の心に響かない。

顧客はWHYに共感する。顧客はWHATではなく、WHYを買っているのだ。

キング牧師も、人種や肌の色の垣根を越えて公民権運動を成功させるには、人々の心に「なぜそれが必要か。未来はどうなるか」（WHY）を訴えなければいけないとわかっていた。だから、"I have a dream."（私には夢がある）とWHY起点で演説したのだ。

そして、**「WHY→HOW→WHAT」の流れが首尾一貫していることが大切だ。**

本当はWHYなんてないのに、まるでWHYがあるかのように振る舞っても、周囲は普段のなにげない言動や振る舞いから、本能的にその言葉が「偽り」だと鋭く見抜く。

いつもアップルのデザインをパクっているパソコンメーカーが、「私たちは他社と違う考え方をするのが信条です」とアップル流にWHYを語っても、顧客は「WHYまでアップル流をパクっているよ」と思うだけである。

終始一貫した信念と行動からは、**オーセンティシティ**（authenticity：本物であること）が伝わる。沖田艦長、ジョブズ、キング牧師の言葉で人々が動かされたのは、彼らの行動（WHAT）が心からの信念（WHY）から生まれた嘘偽りのないものだと日々の言動で伝わったからだ。常にWHY起点で考え、首尾一貫して行動することが必要なのだ。

「本物」はWHY→HOW→WHATが
常に首尾一貫している

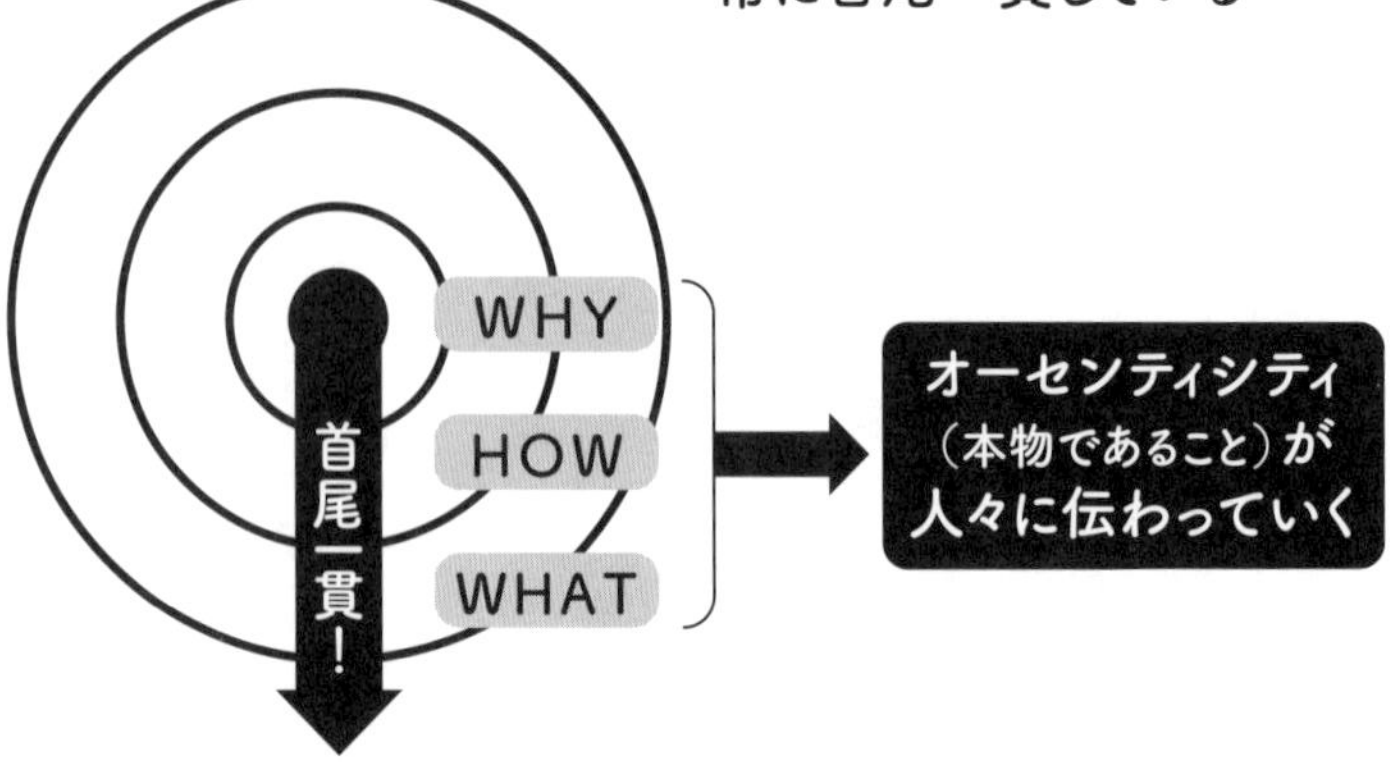
WHY
HOW
WHAT
首尾一貫!
オーセンティシティ
(本物であること)が
人々に伝わっていく

出典:『WHYから始めよ!』を参考に筆者が作成

このあたりはぜひBook42『オーセンティック・リーダーシップ』も併読してほしい。

この考え方は、企業経営でも重要だ。

企業は「WHY」を徹底的に共有せよ

保険代理店を経営している知人の社長はスーパーセールスだ。

保険商品の中には、セールスに高額な手数料が入る割高な商品がある。そんな商品を顧客に売りつけて儲ける一方、自分や家族は別の格安保険商品に入る保険セールスもいたりする。

彼はそんな不誠実な売り方はしない。顧客の課題を徹底的に聞き届け、最適な保険を提案するので顧客から信用されている。そんな彼の会社にはセールスが数十名いる。セールススキルは社長のように高くはないが、会社は高収益だ。

理由は、**セールスが社長と同じ判断をできるように徹底している**からだ。同社の経営理念は「お客様の〝生きる〟を〝本気〟で考える」だ。そして「お客様を親兄弟と考え、お客様のニーズを先読みし、魅力ある人間を目指すこと」を日々の業務で徹底している。

スキルはすぐに真似できないが、同じ状況で同じ判断をするように徹底することはできる。

組織でＷＨＹを共有すれば、誰もがトップと同じ明確な判断ができるようになるのだ。

「会社はどのような大義や使命のために存在しているのか？」

それが**企業の理念**（ＷＨＹ）である。

企業を強くするのは、規模でも影響力でも製品でもない。企業の理念と文化だ。

全社員が「同じ理念、同じ信条、同じ価値観を共有している」という感覚をもつ企業が強い企業だ。企業の理念（ＷＨＹ）を明確にし、その理念に心から共感を覚える人材を採用すべきなのだ。ここでも「ＷＨＹ→ＨＯＷ→ＷＨＡＴ」の首尾一貫性が問われている。

理念だけは立派でもやっていることにギャップのある会社は、次第に化けの皮が剥がれる。

常にＷＨＹ＝大義名分を考え抜き、問い続け、ＷＨＡＴ＝日々の行動を首尾一貫させていくことが、何よりも大事なのである。

POINT

「ＷＨＹ」を問い続け、「ＨＯＷ→ＷＨＡＴ」につなげる

26

『THE CULTURE CODE 最強チームをつくる方法』（かんき出版）

——最強チームは互いに「弱さ」を見せ合う

ダニエル・コイル

米国のジャーナリスト。ライフスタイル情報誌『Outside』の上級編集者を経てフリーに。ノースウェスタン大学特任研究員。『ニューヨーク・タイムズ』紙や『スポーツ・イラストレイテッド』誌への寄稿多数。その他の著書に『才能を伸ばすシンプルな本』『天才はディープ・プラクティスと1万時間の法則でつくられる』など。著書はいずれも『ニューヨーク・タイムズ』紙のベストセラーとなった。

本書は冒頭で、こんな実験を紹介している。4人のチームをつくり、①乾麺20本、②セロテープ90㎝、③糸90㎝、④マシュマロ1個を使って、できるだけ高い構造物をつくり、てっぺんにマシュマロを置く実験をしてみた。ＭＢＡ現役生チームから幼稚園児チームまで、さまざまな人たちが参加した。

ＭＢＡチームは戦略を議論し、材料を吟味。アイデアを出し合って組み立てる。幼稚園児チームはまったく無計画。「こっち！」「違う、こっち！」と組み立てながら話している。

結果は、幼稚園児チームの圧勝。平均の高さは66㎝。対するＭＢＡチームは25㎝。

ＭＢＡチームは議論しながら「誰がリーダーだ？」「反論していいかな」と空気を読んで余計なことを考えるが、本当の問題（乾麺が折れやすいなど）まで頭が回らない。幼稚園児は一見でたらめだが、余計なことは考えず作業に没頭し、問題を見つけて協力し合う。

幼稚園児がＭＢＡ現役生より賢いのではない。**幼稚園児のほうが賢く協力し合った**のだ。

現代の組織は、現場のチーム力で成果が決まる。しかし、まったく同じメンバーでも、やりようによってチーム力は何倍にも増幅するし、逆に間違えると何分の一にも低下する。

本書はチーム力を高めるために、この幼稚園児チームの方法を詳しく解説している。

Book28『ORIGINALS』の著者であり、組織心理学者のアダム・グラントは、本書を「チームワークに関する本の最高傑作」と激賞している。著者のコイルは『ニューヨーク・タイムズ』のベストセラー作家だ。世界で最も成功している8つのチームを分析し、共通スキル——❶安全な環境をつくる、❷弱さを見せる、❸共通の目標をもつ——を発見した。

「安全な環境」が高いパフォーマンスを生む

チームの成果を決めるのは、実はちょっとしたしぐさや態度だ。こんな実験がある。

組織行動学者のフェルプスは、チームに悪影響を与える人間は、①性格が悪い（攻撃的・反抗的）、②怠け者（努力しない）、③周囲を暗くする（愚痴や文句ばかり言う）の3タイプだと考えた。そこで、大学生を4人のチームに分けて課題を解かせる実験を行い、一部のチームに悪影響を与える役を演じる仕掛け人・ニックを送り込んで検証した。結果、ニックがいるチームは成果が30〜40％低下した。たとえば、みんなやる気満々の会議で、ニックだけ疲れた顔でずっと下を向くと、次第に他メンバーに伝染し、疲れてやる気を失うようになる。

しかし、ニックがどんなに頑張っても、まったく成果が落ちないチームがあった。それは物静かで口調は穏やか、常にニコニコしているジョナサンがいるチームだ。ニックが暴言や嫌みを言っても、ジョナサンはあからさまな対抗はしない。代わりに身を乗り出して笑顔を振りまく。すると緊張した空気が一転して、和やかな雰囲気になる。小さなことだが、この繰り返しによってチームは再び自由に意見交換を始める。**ジョナサンは「ここは安全だから、自由に意見を言っていいよ」というメッセージをチームに送り、ニックの毒を中和していた**のだ。だからメンバーは安心して意見を言って、チームが活気づく。

人類は何十万年もの間、群れで生活してきた。だから言語よりも早く、しぐさや視線などのシグナルが生まれ、人の脳はそのシグナルを感知する能力を発達させてきた。こうして育まれた集団内の「安全なつながり」をつくるさまざまなしぐさが、**帰属のシグナル**だ。私たちは本能的に帰属のシグナルを送り合い、「安心できる関係」をつくっているのだ。

「弱さの共有」が強い協力関係をつくり上げる

かつての私は、考えに考え抜いて詳細な企画をつくり、ドヤ顔で同僚に説明していた。

「こんな企画をつくってみました。これでやりましょう!」

しかし、同僚たちは「へー」と言うが、動かない。振り返ると、かなりイタい企画マンだ。考えた末、やり方を変えた。簡単な企画案をサクッとまとめ、こう言うのだ。

「企画の叩き台をつくりました。ご意見お願いします。どんどん叩いてください」

すると忌憚《きたん》のない意見が集まり始めた。厳しい意見のおかげで企画は急速に進化。同僚も動くようになった。「孤軍奮闘していた時間はなんだったの?」と思ったりする。

弱さのループを確立せよ!

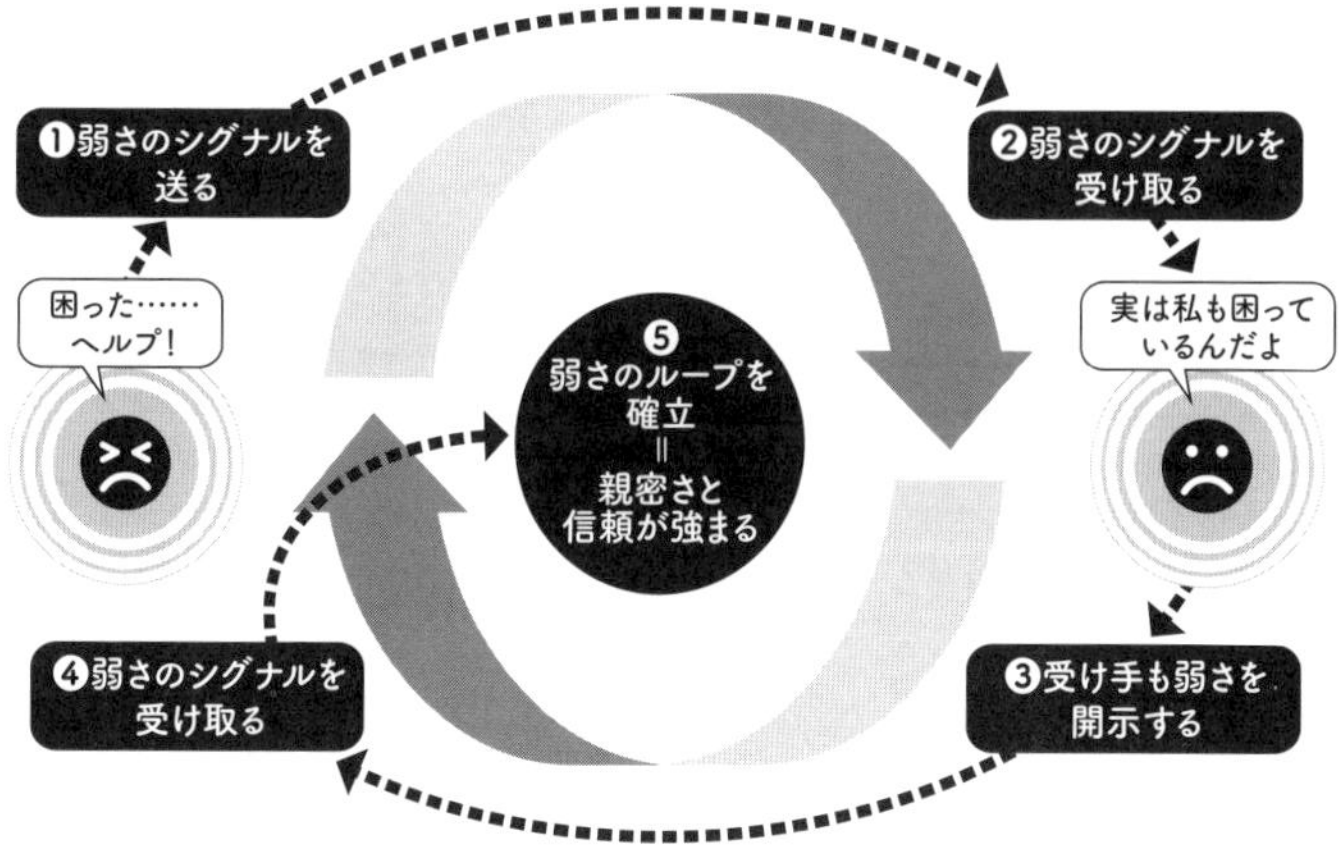
❶弱さのシグナルを送る
困った……ヘルプ!
❷弱さのシグナルを受け取る
実は私も困っているんだよ
❸受け手も弱さを開示する
❹弱さのシグナルを受け取る
❺弱さのループを確立
=
親密さと信頼が強まる

出典:『THE CULTURE CODE』を参考に筆者が作成

「自分は弱い。助けが必要だ」というメッセージをやり取りできれば、相手との間に**弱さのループ**が生まれる。このループが広がれば、チーム全体に信頼が生まれて、協力し合うようになる。

しかし現実には、多くのリーダーが「強くあれ」と考え、弱さを隠してしまう。こうなると部下も弱さを隠すようになり、チームに信頼が生まれにくくなる。

弱さを共有し、結束があるチームは、気まずい瞬間を意図的につくって、言いにくいことも率直に言い合える仕組みも仕込んでいる。

本書によると、映像制作会社のピクサーは、長編映画17本を製作し、1本当たりの収益は平均5億ドル以上。アカデミー賞も13回受賞している。だが、ピクサー映画の最初のバージョンは例外なく駄作だという。駄作を傑作に進化させる仕組みが、**ブレイントラスト**という社内会議だ。制作中の映画に対して率直な指摘を繰り返し、徹底的に映画の問題を洗い出す。制作者が弱さを認めて意見を求めるからこそ可能な仕組みだ。そして、さらに信頼し合えるチームになり、傑作映画を生み出す（ブレイントラストはBook27『恐れのない組織』でより詳細に紹介する）。

協力体制をつくる上で、弱さはリスクではない。不可欠な要素だ。チームをつくるのは、個人の長所を組み合わせてスキルを補完するため。自分の限界を認め、他人の力を借りなければ、目標は達成できない。弱さを認めれば、安心してワンチームとして動けるようになる。

「自分が働く意味」の理解が最強チームをつくる

最強チームをつくるには、**各自が「自分が働く意味」を具体的に理解する**ことも大切だ。

本書は組織心理学者のアダム・グラントが、卒業生に寄付を募る大学のコールセンターの改善を依頼されたときのことを紹介している。グラントは寄付金で奨学金を受けた学生一人に感謝の気持ちを手紙にしてもらい、さらに彼をコールセンターに招待して「奨学金のおかげでこんな学生生活ができ、感謝している」と職員に向けて5分ほど話してもらった。

1カ月後、職員が電話をかける時間は142％増加。寄付金も172％増加した。「自分たちが働く意味」を知った職員は、高い目的意識をもつようになったのだ。

このようにチームで大切なのは、**共通目標をもち、さらに自分の今の仕事がどのように共通目標の実現のために具体的に役立っているのかを、全メンバーが理解する**ことだ。

現実はどうかというと、残念ながら組織の共通目標はほとんど共有されていない。

多くのリーダーは「自分の言葉は部下に通じている」と考えている。しかし、現実にはほとんど通じていないのだ。米ビジネス誌が「会社の優先事項トップ3を知っている社員は何%か」と600社の幹部に質問したところ、平均は64%。しかし、同誌が同じ会社の従業員に「優先事項トップ3を知っているか」と質問すると、知っていたのはわずか2%だった。

リーダーの言葉は「耳にたこができる」くらい伝え続けた末にやっと通じるのだ。

本書の指摘は、Book42『オーセンティック・リーダーシップ』の「弱さを隠さない強さをもて」という主張や、『ビジョナリー・カンパニー2』(ジム・コリンズ著、日経BP社)の「ビジョナリー・カンパニーをつくり上げた人は単純な方法でビジネスをしているごく普通の人」といった考えとも一致している。

本書のテーマは、Book27『恐れのない組織』でさらに掘り下げたい。

よく「高いスキル、優秀なメンバー、迅速な意思決定、強いリーダーシップが重要」といわれるが、現実には、それだけでは組織は成果を生み出せない。

本書は日々のさりげない行動の積み重ねが大事であることを示している。

強がらずに弱さを認めて、凡事徹底するチームが、圧倒的な成功を生み出すのだ。

POINT
弱さを見せられる「安全な環境づくり」がカギ

27

『恐れのない組織』

——VWが不正に手を染め、ピクサーが傑作を生み続ける理由

（英治出版）

エイミー・C・エドモンドソン

ハーバード・ビジネススクール教授。リーダーシップ、チーム、組織学習の研究と教育に従事し、経営思想家ランキング「Thinkers50」にも選出された。組織学習とリーダーシップに関する論文は、数多くの学術誌や経営雑誌で取り上げられ、全米経営学会の組織行動部門では、最優秀論文賞（2000年）、カミングス賞（2003年）が贈られた。著書に『チームが機能するとはどういうことか』などがある。

ある会社のブレインストーミングにファシリテーターとして参加したときのことだ。若手から役員まで参加する中、ある若手社員が斬新なアイデアを出した。私が（おっ、なかなかいいな）と思いながら聞いていると、黙っていた役員が立ち上がってこう言った。

「おまえ、今のお客さんのこと、全然考えていないだろ。無責任な発言は慎め！」

このひと言で若手社員は沈黙。まったく発言しなくなった。

社員から新しい意見が出ない組織には共通点がある。

それを解くカギが本書のテーマ「**心理的安全性**」だ。心理的安全性の概念がわかれば、高い成果を生むチームをつくるポイントのひとつがわかるようになる。

著者のエドモンドソンはハーバード・ビジネススクール教授。「人々が一丸となり最高の仕事ができる職場環境をつくるには何をすべきか」という研究を続ける組織行動学者だ。経営思想家ランキング「Ｔｈｉｎｋｅｒｓ50」にも選出されている。

「心理的安全性」は集団のもの
「信頼」は個人のもの

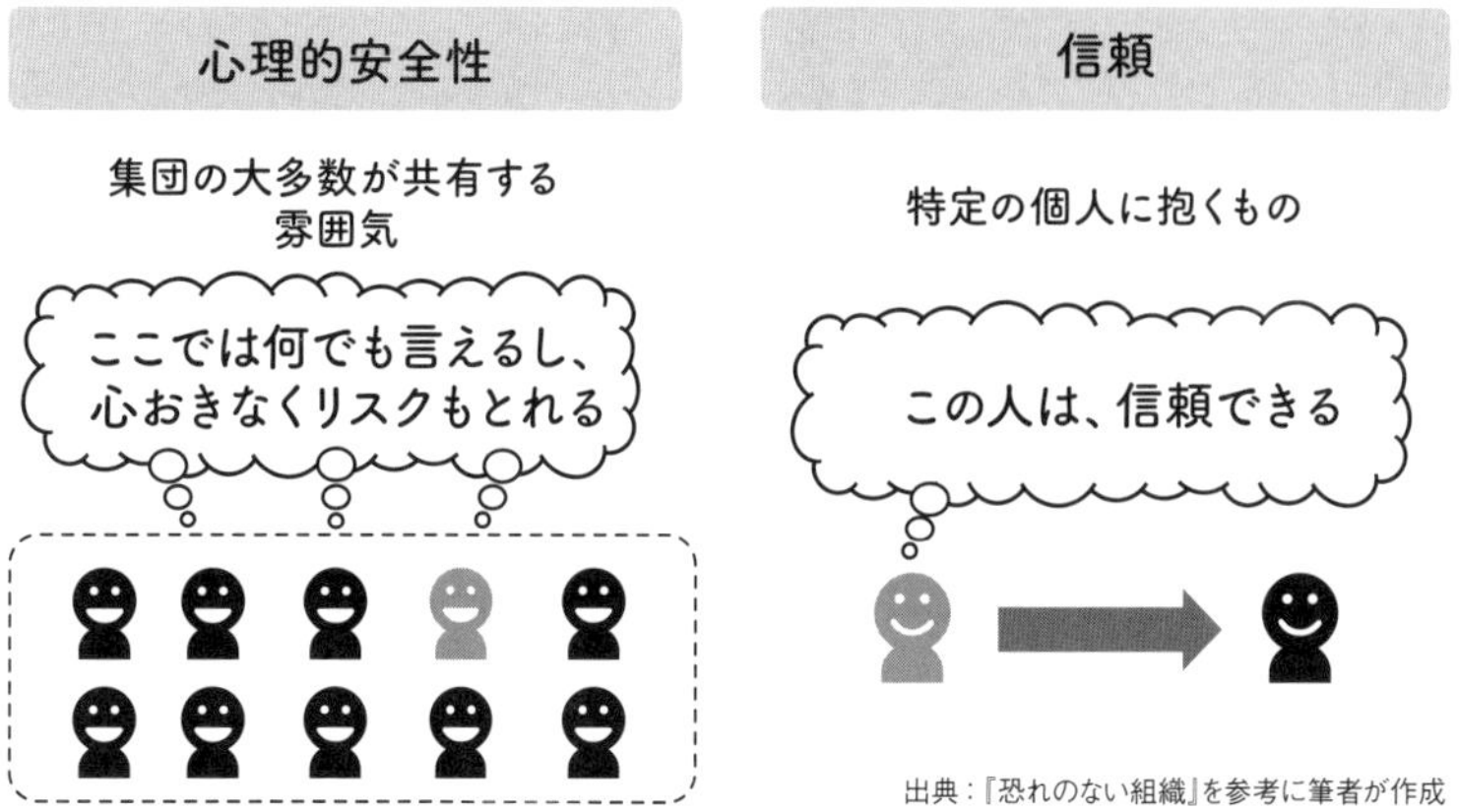

出典：『恐れのない組織』を参考に筆者が作成

活発な議論を促す「心理的安全性」

冒頭のように、率直な意見を言って一喝される仲間を見た途端、誰も本音を言わなくなる。私も叱られるのはイヤである。誰でも叱責は怖い。

心理的安全性とは、**集団の大多数が「ここではなんでも言える。心おきなくリスクがとれる」と感じる雰囲気**のことだ。心理的安全性があれば、組織のメンバーは安心して活発に議論できるようになる。ただし、ゆるくて仲のよい組織ではない。むしろ逆で、新たな挑戦が求められるのだ。

心理的安全性と混同されがちな言葉が、「信頼」だ。信頼とは誰かが特定の個人に感じるものであり、個人間で起こる。一方で**心理的安全性は、組織全体で共有される**。

「心理的安全性」がイノベーションを生む

グーグルは「最高のチームをつくる要因」を突

き止めるためにプロジェクト・アリストテレスを立ち上げ、数年間かけて全社180チームを分析した。わかったのは、**イノベーションを生むには心理的安全性が必要**であること。それは同社の抜群に有能な優秀社員も例外でなかった。イノベーションは、さまざまなアイデアを活かして新しい組み合わせを発見し、失敗を恐れず挑戦することで生まれる。自由に意見交換すれば、アイデアが新しいアイデアを生む好循環ができるし、リスクをとって失敗することが許されれば、新たなことに挑戦するようになり、自然とイノベーションが生まれる。

逆に心理的安全性が低い組織は、アイデアを口に出さないので新しい組み合わせが生まれないし、失敗も隠してしまう。その典型が2015年に大スキャンダルを起こしたフォルクスワーゲン（VW）だ。

心理的安全性がない組織は「沈黙」する

「世界一の自動車メーカー」を目指していたVWは、米国の厳しい窒素酸化物（NOx）排出テストに合格するために、排出テスト中だけNOx排出量を下げるソフトウェアを不正に組み込んだ。10年後にこの不正がバレて大問題になった。VWは販売を停止し、時価総額の3分の1を喪失。「私は不正行為を一切知らなかった」というCEOは辞職した。

しかし著書は、原因はそのCEOだと指摘する。CEOは悪い報告をすると大声で罵倒する人物。社員を恐怖で支配する文化をつくり出し、組織のパフォーマンスを上げていた。

明確な指標と期限を部下に与えて目標達成度を評価する組織は、「ムチを見せないと社員は

心理的安全性が高い組織はイノベーションを起こしやすくなる

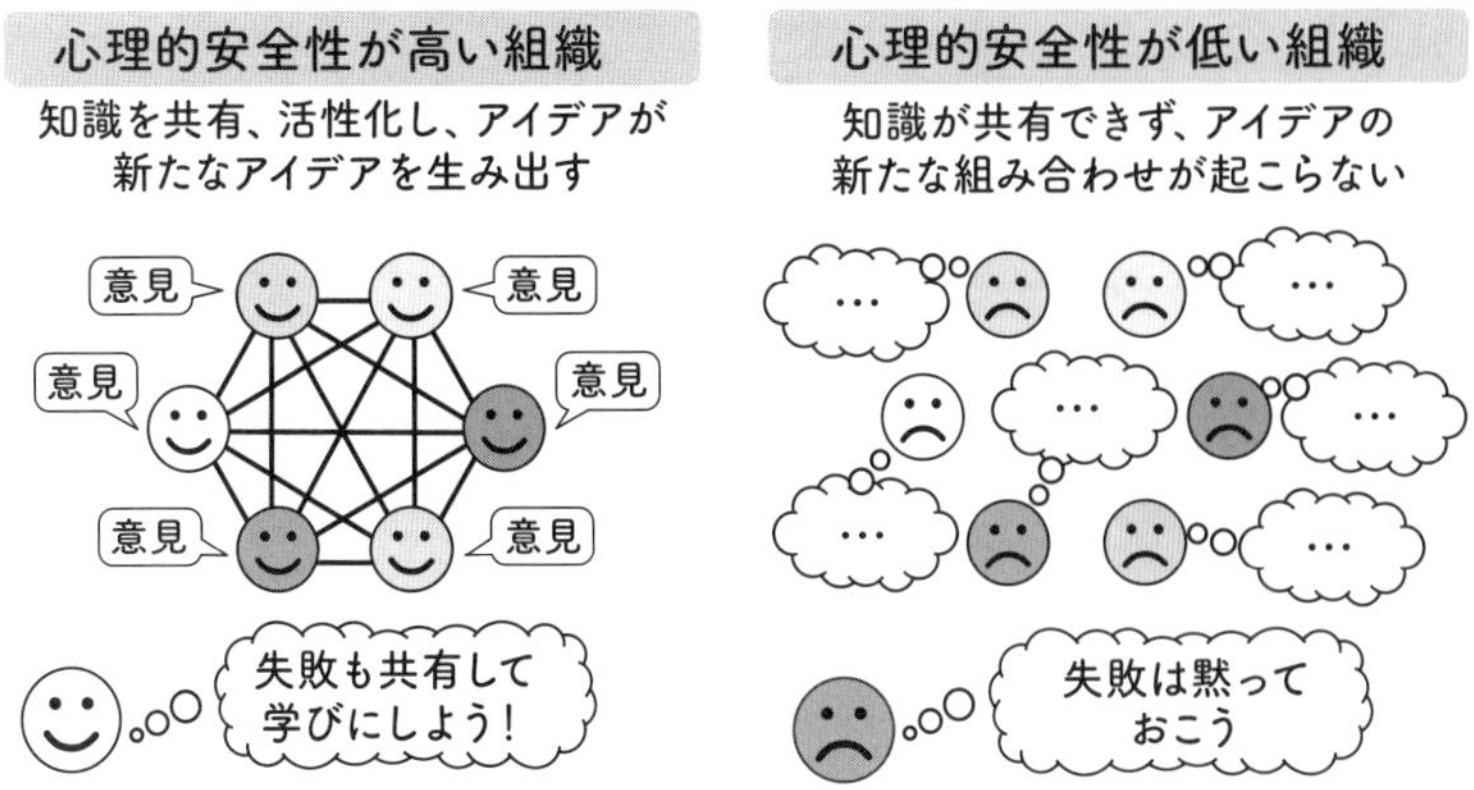
心理的安全性が高い組織
知識を共有、活性化し、アイデアが新たなアイデアを生み出す
意見
意見
意見
意見
意見
意見
失敗も共有して学びにしよう！
心理的安全性が低い組織
知識が共有できず、アイデアの新たな組み合わせが起こらない
…
…
…
…
…
…
失敗は黙っておこう

出典：『恐れのない組織』を参考に筆者が作成

サボる」と考えている点で、VWのCEOとたいして変わらない。100年前のフォード大量生産方式の時代ならば、上が決めた通りに仕事をすることで成果が出た。しかし、現代は知識社会。必要なのは一人ひとりの創造力や情熱だ。上からの指示では、これらは生まれない。

心理的安全性が低い職場ではいいアイデアがあっても黙ってしまう。著者たちはその原因を探るため、さまざまな現場でインタビューした。ある工場の製造技術者はこう言った。

「子どもたちが大学に通っているんです」

一見すると意味がよくわからないが、実に切実な答えだ。隠れた本音はこうである。

「率直に話すなんて危ない真似はできない。私は仕事を失うわけにはいかないんです」

心理的安全性が低い組織で黙ってしまう人間の本能は、こんな言葉にも表現されている。「沈黙していたために解雇された人は、これまで一人もいない」

これは、人の上に立つ人にぜひ覚えておいてほしい。大事な場面で社員が意見を言えない状況は、見た目ではわからない。外から見えないから、マネジャーは軌道修正できない。だから、VWのような大問題が起こる。

これは見方を変えると、隠れたチャンスでもある。**心理的安全性が低い業界は、心理的に安全な職場にすれば圧倒的な優位に立てる可能性がある**のだ。

Book46『座右の書「貞観政要」』で紹介するように、名君中の名君といわれた唐の二代目皇帝・李世民《りせいみん》は、自分の誤りを指摘する諫議大夫《かんぎたいふ》として、死をも恐れず辛口で諫言《かんげん》する魏《ぎ》徴《ちょう》を召し抱えた。

現代では心理的安全性が高い組織をつくることにより、組織の全メンバーが安心して魏徴になれる組織にすることが必要なのだ。では、そのためにはどうすればいいのか？

「心理的安全性」が高い組織のつくり方

著者のエドモンドソンは、本書でピクサーを深く分析している。同社ほどヒット作を出し続ける映像制作会社は他にない。共同創業者エド・キャットムルは「**成功の要因は率直さ、つまりざっくばらんに腹蔵なく話すことだ**」と言う。

ピクサーには**Book26**『THE CULTURE CODE』でも簡単に触れた**ブレイントラスト**というミーティングがある。ここでは詳しく紹介しよう。

ピクサー映画は傑作揃いだが、エド・キャットムルによると「どの作品も最初は箸にも棒にもかからない駄作」。ブレイントラストで駄作を磨き上げる。映画の制作中、数カ月ごとに関係者が集まって、直近につくられたシーンを一緒に観て評価し、忌憚のない意見を監督に伝えて創造的な解決を手伝う。作品の成功は、誠実で正直なフィードバックを繰り返し行えるか否かにかかっている。ブレイントラストでは3つのルールがある。

ルール❶ 建設的なフィードバック……個人でなくプロジェクトに対して意見し、監督は喜んで批判に耳を傾けること

ルール❷ 相手には強制しない……意見の採用・却下は、監督が最終責任をもつ

ルール❸ 共感の精神をもつ……フィードバックは「粗探しで恥をかかせる」ことが目的ではない

斬新な挑戦を続けるピクサー作品では、制作の早い段階で積極的に失敗できるかどうかが成功のカギとなる。冒険や学習が必要な創造的活動では、リスクや失敗が不可欠だ。逆に失敗を回避する行動が命取りになる。そこで、ピクサーは社員が失敗を恐れない心理的安全性の高い組織になるように、常に努力を続けている。

また、**リーダーが無知であることは大きな強み**になる。

「すべてを知っているのがリーダーでしょ？」と思いがちだが、これは違うのだ。

米国でアパレルブランドを立ち上げて70の直営店を運営するアイリーン・フィッシャーは、

自らを「無知の人」と呼ぶ。極度に内気で「初めてのデザインを断られたらどうしよう」と尻込みし、売り込み先の百貨店になかなか入れなかったくらいだ。それでも日本の着物からヒントを得て創業した。

人の話をよく聞くアイリーンは、「知らないから真剣に耳を傾けます。すると、みんなが力を貸そうとしてくれます。教えてあげたいと、みんな思うんですね」

彼女には「知らない」という弱さと、知識を吸収する力がある。だから、メンバーは安心して自分のアイデアを突き詰めて考える。無知は逆にアイリーンの強みでもあり、そのおかげで心理的安全性が高い「恐れのない組織」ができるのだ。

謙虚さとは「自分はすべて答えをもっているわけではない。未来も見通せない」と率直に認めることだ。研究によれば、**リーダーが謙虚さを示すと、チームは学習行動に対する積極性が増すこと**があきらかになっている。Book42で紹介する**オーセンティック・リーダーシップ**は、心理的安全性が高い組織をつくることにつながるのだ。

心理的安全性が高い職場ではミスが迅速に報告され、すぐに修正される。そして組織を超えて協業できるようになり、イノベーションにつながるアイデアも生まれ、組織で共有される。

日本企業も「心理的安全性が高い組織」をつくれる

日本企業も、心理的安全性が高い組織はつくれるのか。本書では福島第一原発事故を詳細に分析しており、調査委員会の黒川清委員長が事故報告書に記した言葉を引用している。

POINT

「心理的安全性」が高い組織が変革を生み出し、生き残る

「根本原因は**日本文化に深く染みついた慣習**――盲目的服従、権威に異を唱えないこと、『計画を何がなんでも実行しようとする姿勢』、集団主義、閉鎖性――のなかにある」

この報告書について、著者のエドモンドソンは異を唱えている。

「黒川が挙げた『深く染みついた慣習』は、いずれも日本文化に限ったものではない。それは、**心理的安全性のレベルが低い文化に特有の慣習だ**」

「日本では率直な発言やミスの報告を促そうとしても、徒労に終わる」という意見に対しても、エドモンドソンは本書でこのように異を唱える。

「トヨタ生産方式は立場の上下を問わずに、全従業員に積極的に誤りを指摘することを求める。……**つまり、やろうと思えばできる**、ということだ」

これらの指摘はまさに慧眼《けいがん》だ。私たちは「これは日本特有の問題→だから仕方ない」と考えがちだ。しかし、そんな視野の狭い言い訳に陥ると、解決策が見えなくなる。

「人間はどこの世界でもそれほど変わらない」と考えれば、解決策が見えてくる。

最新経営理論を学び続ける意味は、こんなところにもあるのだ。

28

『ORIGINALS 誰もが「人と違うこと」ができる時代』（三笠書房）

――起業で成功するのは、先延ばしを好む「後発企業」

アダム・グラント

ペンシルベニア大学ウォートン校教授。組織心理学者。1981年生まれ。同大学史上最年少の終身教授。『フォーチュン』誌の「世界で最も優秀な40歳以下の教授40人」に選ばれるなど、受賞歴多数。デビュー作『GIVE&TAKE「与える人」こそ成功する時代』は31カ国語で翻訳され、全世界で大ベストセラーに。

著者のアダム・グラントのもとに、学生が出資を求めてやってきた。

「友だち3人とメガネのオンライン販売を始めたいんです」

「じゃぁ、この夏はその事業立ち上げに捧げたんだね」

「いいえ。失敗すると困るので、企業のインターンシップに行きました」

「じゃぁ、卒業してから事業立ち上げに専念するんだね」

「いいえ。念のために、全員別の仕事に就きます」

こんな状況が続き、6カ月後のメガネ発売前日になってもウェブサイトすら未完成。「やる気もサイトもない。これはダメだ」と考えたグラントは、出資を断った。

実はこの会社、2010年に創業し、5年で年商1億ドル（105億円）を達成したワービー・パーカーである。企業価値は10億ドル（1050億円）超。ビジネス誌『ファスト・カンパニー』の「世界で最も革新的な企業」で1位に選ばれた。絶好の出資のチャンスで判断ミスしたグラント家では、その後の投資判断は妻がすることになったらしい。

グラントは「そもそも自分は、なぜ彼らの成功の可能性を見抜けなかったのだろう?」と考え、独創性をもつ「オリジナルな人」の研究を始めた。その結果をまとめたのが本書である。

「成功する起業家はいちばん乗りを目指してリスクを恐れず全力投球し、アイデアを絞り込む」と思われがちだが、グラントいわく、これは「都市伝説」だ。**成功する起業家は後発。リスクを徹底的に避けてアイデアの量で勝負する。**本書では、この事実を圧倒的な数の事例と研究で実証する。

グラントは、ペンシルベニア大学ウォートン校で同大学史上最年少の終身教授。雑誌『フォーチュン』の「世界で最も優秀な40歳以下の教授40人」、経営思想家ランキング「Thinkers50」に選ばれるなど、今、世界で最も注目される組織心理学者である。ここでは本書から、起業で成功するヒントを3つに絞って紹介したい。

❶急がずに「先延ばし」しろ

私は早め早めに仕事を仕上げる。グラントも同じ。しかしなんと、これは間違っているという。

博士課程のある学生がグラントに「先延ばしするほうが創造的になるのでは」と言った。

そこで、学生たちに新しい事業アイデアを考えさせる実験をしてみた。コンピュータゲームをやらせて課題を考えるのを先延ばしにさせたグループの提案は、ゲームをやらせず考え続けたグループよりも創造性が28%高かった。頭の片隅に課題を置いてゲームをすることで、意外

クリエイティブな仕事では「先延ばし屋」が勝つ

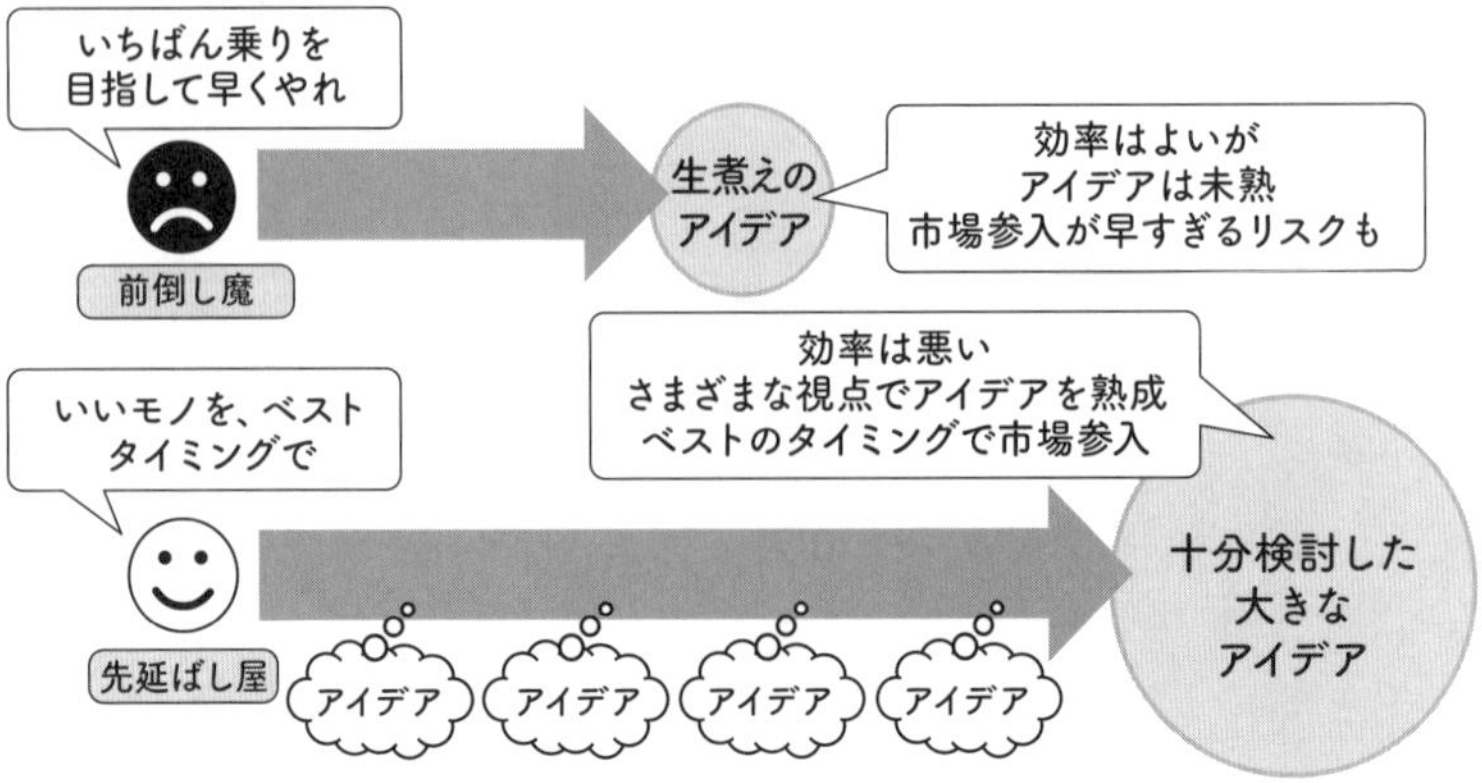
いちばん乗りを
目指して早くやれ
前倒し魔
生煮えの
アイデア
効率はよいが
アイデアは未熟
市場参入が早すぎるリスクも
効率は悪い
さまざまな視点でアイデアを熟成
ベストのタイミングで市場参入
いいモノを、ベスト
タイミングで
先延ばし屋
アイデア
アイデア
アイデア
アイデア
十分検討した
大きな
アイデア

素早く着手し、仕上げにじっくり時間をかけ、
最後に決めて、アイデアを最大化

出典：『ORIGINALS』を
参考に筆者が作成

な可能性まで考えが及び、おもしろいアイデアが生まれたのだ。

振り返ると、私も似たことをよく経験する。考えが行き詰まると、作業をやめてまったく関係ない映画を観て気分転換するのだ。これで新しいアイデアが次々と湧いてくる。(決して逃げているのではない)

ワービー・パーカーも同じだ。「メガネのオンライン販売は誰もやっていない。先を越されないうちにすぐやろう」と考えがちだが、4人の創業者は焦らずに時間をかけて何度も話し合いを重ねた。アイデアを熟成させてリスクを下げたのだ。

そうして彼らが話し合ったもののひとつが、ビジネスモデルだ。

当初、彼らが考えていたのが「無料返品」である。「オンラインでメガネが買いやすくなるはずだ」と考えたのだが、聞き取り調査をすると「無料返品では買う人はいない」とわかり、すっかり落ち込んだ。ようやく立ち直って4人でさらに話し合い、思いついたのが「無料試着」。顧客が自宅で数種類のフレームを試着、ひとつ選んで不要なフレームを送り返す仕組みだ。これが好評を博し、注文が殺到して営業開始後48時間で販売停止するほどだった。さらに、返却されたフレームは再利用できるので、購入後にレンズ入りフレームを無料返品されるよりも低コストになる。

多くの人は先発企業になりたがるが、実は先発企業は不利である。先発企業と後発企業で、失敗率の違いを比較した研究がある。失敗率は先発企業が47%、後発企業は8%。生き残った場合の市場占有率は、先発企業が平均10%、後発企業が平均28%だ。

先発企業は後発企業よりも失敗率が6倍高く、生き残ってもシェアは3分の1に留まる。

起業で必要なのは、いちばん乗りになることではない。市場の準備が整うのを待つことなのだ。iPhoneのように先発企業が成功することもあるが、確率的に言うと後発は圧倒的に有利なのだ。

先発者は、未知の分野で試行錯誤して学ぶ必要がある上に、市場参入時期が早すぎると失敗する。後発企業は先発者が試行錯誤した結果を学べるし、タイミングも見計らえる。顧客が求めるタイミングで他よりもすぐれていればOK。いちばん乗りにこだわりすぎると、失敗する。

❷アイデアの不安に向き合い、リスクは徹底的に下げる

「自信満々なのが起業家だよね。彼らはどうも自信がなさそうだ。これはダメだ」

グラントがワービー・パーカーに出資しなかった理由のひとつが、これである。

起業家は自信満々に見えるが、実は多くの場合そう見えるだけ。内心は不安と疑問でビビりまくっている。ワービー・パーカーの4人は、単に正直だったのである。

不安には2種類ある。「本当に私なんかに起業ができるんだろうか」という自分への不安と、「こんなアイデアで起業できるんだろうか」というアイデアへの不安だ。

大切なのは、**アイデアの不安に向き合うこと**。アイデアが不安なら、アイデアを突き詰めればいい。ワービー・パーカーの4人は時間をかけてアイデアの不安に向き合った。

グラントによると、ここで役立つのが「**ブ・ジャ・デ**」だという。グラントの造語だ。よく知られる「デ・ジャ・ヴ」は、初めて見たものなのに前に見たことがあるような感覚のこと。「ブ・ジャ・デ」は逆に、見慣れたものを新しい視点で眺めて、新たな洞察を得る。

ワービー・パーカーの創業者たちは、メガネ愛用者だった。メガネは高価だが、彼らは「メガネが高いのは当たり前」と思っていた。ブ・ジャ・デのきっかけは、彼らの一人がiPhoneを購入したこと。よく考えると、メガネは1000年近くもの間、生活必需品であり、形も変わらない。構造も簡単だ。でも、構造がより複雑な最新型iPhoneよりも高い。

「なぜだ?」と思って調べると、欧州のルクソティカという会社がメガネの世界を支配してお

「ブ・ジャ・デ」で新しい視点から見直そう

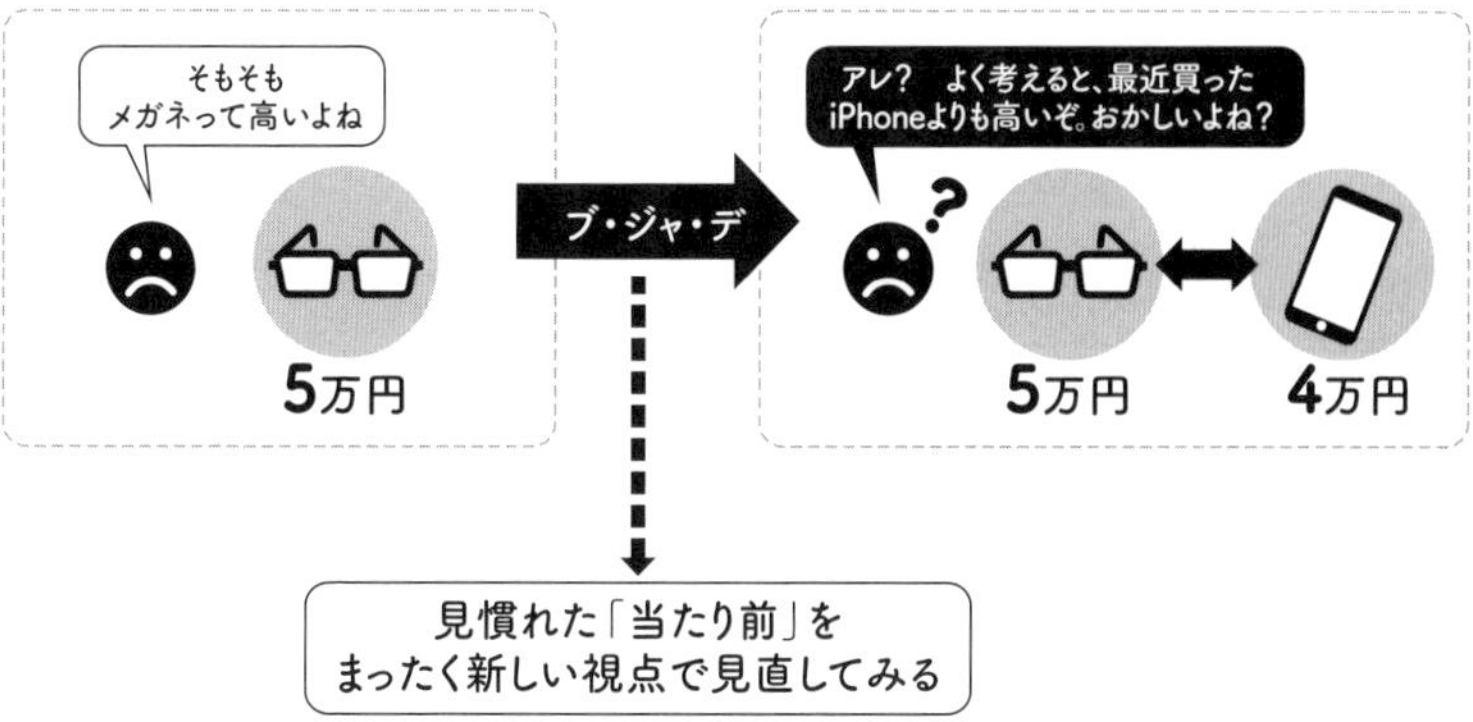
そもそも
メガネって高いよね
5万円
ブ・ジャ・デ
アレ？　よく考えると、最近買った
iPhoneよりも高いぞ。おかしいよね？
5万円
4万円
見慣れた「当たり前」を
まったく新しい視点で見直してみる

出典：『ORIGINALS』を参考に筆者が作成

り、価格は製造原価の20倍だとわかった。価格は一部の人が決めていたのだ。

「それなら、自分たちで別の価格をつけられるはずだ」と考えたのだ。

オリジナリティを発揮する人は、ブ・ジャ・デで当たり前のものを新しい視点で見て、当たり前の現状に疑問をもつ。そして疑問を感じたら、それを放置しない。

起業一本に絞らないことも大事だ。ワービー・パーカーの4人はインターンや就職も考え、リスクを分散していた。経営管理学研究者のジョセフ・ラフィーとジー・フェンは、1994～2008年に起業した5000人以上の米国人を追跡調査した。本業をもちながら起業した人は、起業に専念した人よりも起業の失敗確率が33％低かった。リスクを避けて本業を続けつつ、アイデアの疑問を追い続ける人のほうが、存続する可能性が高いのだ。これはBook22『ビジネススクールでは学べない世界最先端の経営学』で紹介した、スウェーデンのハイブリッド起業研究と同じ結果だ。

あの自動車王ヘンリー・フォードも副業だ。エジソンの下でチーフ・エンジニアを務める傍ら、自動車づくりに取り組んだ。ワービー・パーカーの創業者たちも本業でリスクを下げる一方で、何度も集まって話し合った。無料試着もそこから生まれたアイデアだ。

起業で大事なのは、**リスクをとることではなく、リスクのバランスをとることだ**。ある分野で収入を確保すれば、別の分野で大胆にオリジナリティを発揮する自由が得られる。中途半端な状態で、焦ってビジネスを始めるプレッシャーからも逃れられる。すぐれた起業家はリスクを冒す人ではない。**リスクを取り除く人**なのだ。

❸アイデアの「質」よりも「量」で勝負する

もうひとつ成功のカギがある。たくさんやることだ。

史上最高の発明家といえば、エジソンだろう。1000を超える特許には、電球・蓄音機・映写機など世界を変えた発明もあるが、フルーツ保存技術・おしゃべり人形・電子ペンなどイマイチな発明も多い。エジソンでさえ、現実には悪いアイデアのオンパレードだ。

調べてみると、天才といわれる創作者は必ずしも他の人より創作の質がすぐれているわけではない。大量に制作しているだけである。モーツァルトは600曲、ベートベンは650曲、バッハは1000曲以上作曲した。ピカソは絵画1800点、彫刻1200点、陶芸2800

点、デッサン1万2000点を制作し、シェイクスピアは20年間で37の戯曲と154の短編詩を書いた。これらの膨大な作品の中で、傑作はごく一部だ。

いいアイデアを生む唯一の方法は大量生産。これに尽きる。

理由がある。天才でも自分で作品を正しく評価できないのだ。天才といえども、自分で「これは傑作」と自信があっても、世間が「駄作」と評価することは多い。制作する本人は自作品の長所ばかりが目につき、欠点を過小評価してしまう。これを**確証バイアス**という。

この確証バイアスから逃れる方法が多作なのだ。まずは打席でバットを振ることである。バットを振らないことにはヒットも出ない。より多くの打席に立ち、より多くバットを振れば、三振も増えるがより多くのヒットも出る。ホームランも出るかもしれない。そして人々が覚えているのは、三振ではない。ヒットやホームランなのだ。

成功のカギは、急がずに先延ばしし、リスクを徹底的に避けて、量で勝負すること。そうすれば、普通の人でも起業で成功する可能性が高まるのだ。

POINT

起業のコツは急がずに先延ばし。副業で始め、アイデアの量で勝負

29

『1兆ドルコーチ』
——エグゼクティブを育てる「最高のコーチング・バイブル」

（ダイヤモンド社）

エリック・シュミットほか

シュミットは、2001年から11年までグーグル会長兼CEO。15年までグーグル経営執行役会長。18年までグーグルの持株会社アルファベット経営執行役会長。その後、グーグルとアルファベットのテクニカルアドバイザーを務める。共著者のジョナサン・ローゼンバーグはアルファベットのマネジメントチームのアドバイザー、アラン・イーグルはグーグルでエグゼクティブ・コミュニケーションの責任者等を歴任。

日本でもコーチングの考え方が広まってきたが、現実には勘違いも多い。

「〇〇〇で困っています」「それなら、□□□するといいよ」

これはティーチング。「その人が知らないことを教える」という考え方だ。

コーチングの考え方は「**その人が必要な答えは、その人の中にある**」。こんな感じだ。

「〇〇〇で困っています」「問題は何かな？」「△△だと思います」「どうすればいい？」

基本的な考え方が、真逆なのだ。相手に問いかけて、相手の中にある答えを引き出すのだ。

自分で答えを見つければやる気になるし、より大きな能力や可能性を発揮できる。

コーチングは経営幹部や従業員の力を育み、組織力を上げる上で、実に役に立つ方法だ。

シリコンバレーで「最高のコーチ」と称されたのが、本書の主人公ビル・キャンベル。ビルは謎に包まれた人物で、表舞台には出ずに黒子に徹したが、シリコンバレーの経営者たちのコーチとしてケタ外れの愛情を注ぎ、彼らの心の支えになった。残念ながら２０１６年に他界した。追悼式には彼を無二の親友と慕う1000人以上の人たちが集まった。ジェフ・ベゾス、ビル・ゲイツ、ラリー・ペイジ、セルゲイ・ブリン、マーク・ザッカーバーグ、シェリル・サンドバーグ、ティム・クック、マーク・アンドリーセン、ジョン・ドーアなどだ。

本書はビルのコーチを受けたグーグルの経営幹部3人が、ビルの知恵を世界の人たちと共有するため、ビルに影響を受けた数十名にインタビューして生まれた一冊である。

Book28『ORIGINALS』の著者であり、組織心理学者のアダム・グラントは、本書の序文で「ビルは1980年代から、数十年待たないと構築されない理論を実践していた。**彼の多くの原則にはいまだ体系的研究が追いついていない**」と述べている。

ビルのコーチングの方法を紹介した本書は、最高のコーチング・バイブルでもある。

シリコンバレーは冷徹でドライと思われがちだが、本書を読むと意外なことに人間中心主義であり、ビルがシリコンバレーの文化に顕著な貢献をしてきたことがよくわかる。

ビルが特に重視していた信頼とチームワークに絞って、ポイントを紹介しよう。

すべての基本は「信頼」である

一日かけて掃除を終えたミキさん。そこへお姑さん登場。指でホコリをすくってひと言。

「ミキさんのお掃除、カンペキね」

これでは信頼関係の構築はムリだ。

ビルにとって誠実に話し合える信頼関係は常に最優先。信頼があるチームは、お互いに安心して自分の弱さを見せて話し合えるし、意見の相違があっても感情的なしこりは残らない。もしお姑さんとミキさんがこう言える関係なら、信頼関係が育まれるはずだ。

「ミキさん、本当におつかれさま。実はね、私、お掃除が苦手なの。助かるわ」

こうしてBook26『THE CULTURE CODE』でも紹介した「弱さのループ」が生まれ、信頼関係が育まれていく。信頼関係があれば、少々の意見の違いがあっても相手に安心して任せられる。これが最高のチームだ。チームづくりでは何よりもまず、信頼を構築すべきだ。

チームの信頼を築くためにビルが日ごろ心がけていたのは、次の3つだ。

❶相手の資質を見極める

すべての人にコーチングが役立つわけではない。コーチングを受ける側にも、資質が必要だ。ビルは、コーチングを受け入れられる資質をもつ人だけにコーチした。具体的には、**①正直さ、②誠実さ、③あきらめずに努力をいとわない姿勢**、そして**④常に学ぼうとする意欲**の4点。コーチングでは赤裸々に自分の弱さをさらけ出す必要があるが、人は自分の欠点を話したがらない。だから、正直さと謙虚さが必要になる。コーチングを受け入れるには、自分に残酷なまでに正直でなければいけない。そこでビルは、コーチングの前に、相手をテストした。

本書の著者の一人ジョナサン・ローゼンバーグは、グーグルのプロダクト部門の責任者として採用される際に、最終面接でビルの面接を受けた。ビルはこう言った。

「キミはコーチングを受け入れられるか？」

「コーチによりますね」と答えると、ビルは「利口ぶるやつはコーチできない」と言って部屋を出て行こうとした。ヤバいと思ったジョナサンは答えを撤回し、面接を続けてくださいと懇願した。ビルは腰を下ろして、こう言った。「自分は一緒に働く人を謙虚さで選んでいる」。

❷相手に集中。誠意をもって問いかける

コーチングは、その人の中にある答えを引き出す作業だ。ビルはコーチングで常に相手に全集中。じっくり耳を傾け、相手が言いそうなことを先回りして考えず、質問を通して問題の核心に迫るよう相手に考えさせた。こうした敬意のこもった問いかけは大きな効果がある。相手が「自分には力がある」と感じる**有能感**、「自分は状況をコントロールしている」という**自律性**、そして「他者とつながっている」という**関係性**を高めるのだ。

❸率直にコミュニケーションする

信頼関係があれば、厳しいことも面と向かって言える。ビルは100%正直にありのままを話し、厳しいことも臆せず伝えた。同時に、コーチングを受ける相手にも率直さを求めた。Book42『オーセンティック・リーダーシップ』でも紹介する**オーセンティック（偽りのない）リーダーシップ**だ。ビルは39歳までコロンビア大学でフットボール・コーチを務めていた。その経験から直感的にこうしたリーダーの資質がチームの成果を高めると知っていたのだ。

チーム・ファースト

ビルは常にチーム最優先。徹底して**チーム・ファースト**の姿勢を人々に促した。

❶問題解決より、まず「チーム」

ビジネスではさまざまな問題が起こるが、ビルはいきなり問題を解決しようとせず、まずチームづくりに取り組んだ。チームに誰がいて、彼らが問題を解決できるかを見極め、適切なチームが問題解決できるように心を砕いた。

私は問題があると聞くと「何が原因で、どう解決するか」と真っ先に考えるので、実に耳が痛い。現実には専門外のことを問題分析しても見当外れも多い。専門家を見つけてチームをつくり、任せるべきなのだ。

❷経験よりも「スキルとマインドセット」

私たちはメンバーの経験を重視しがちだが、ビルは過度に経験を重視しなかった。未来を築くには潜在能力も重要だ。その人のスキルとマインドセットを見れば、どんな人材に育つかわかる。そこでビルは4つの資質を求めた。さまざまな分野の話をつなげられる**知性**。**勤勉と誠実**。そしてBook44『やり抜く力　GRIT』で紹介する**グリット**（粘り強さ）だ。

❸小さな声がけの効果

ビルは社内会議にもマメに顔を出した。ある幹部が、会議で自分が望む決定が下されなかったときのこと。会議が終わると、ビルがその幹部のそばに来て、こう言った。

「いいか。今回は変更しないと決めたんだ。残念だし、キミが大変なのもわかるが、我慢してなんとかやってくれ。わかったな？」

ビルが心がけたのは人々の間にある「小さな隙間」を埋めることだ。

小さな心のささくれ立ちがチームワークを破綻させることもあるのだ。

そのためにビルは会議でも、話す人だけでなく、何も言わない人の反応も見ることを常に心がけていた。

ビルのようにチームメンバーの心の隙間を埋める努力なら、私たちにもできるはずだ。

ビルは常に相手のことを真剣に考え、愛情を注ぎ、多くの人に愛された。**人を大切にするには、人に関心をもたなければならない**という当たり前のことを、本書は教えてくれる。

アダム・グラントは序文でこう書いている。「シリコンバレーで並外れて心が広いと言われる人に会うと、いつも同じことを聞かされた。ビル・キャンベルの影響だと」

謙虚さを見失った経営者は、会社を間違った方向に導く。チーム力を高めつつ、私たちが常に謙虚であるためには、コーチングは大いに役立つ。私たち日本人にはまだ馴染みが薄いコーチングの世界を理解する上でも、本書は格好のテキストになるはずだ。

POINT

コーチングは相手に信頼されてはじめて可能になる

30

『破天荒！ サウスウエスト航空——驚愕の経営』（日経BP社）

——「顧客第二主義」なのに顧客満足度が高いのはなぜ？

サウスウエスト航空は米国国内路線専業の航空会社だ。この会社、常識外れである。常に顧客満足度調査で業界トップだが、「いちばん大切なのは顧客ではない」と公言する。しかも、米国航空業界が慢性的に低迷する中にあって、サウスウエストは常に高収益。9・11で米国航空会社が軒並み赤字の中でも、唯一黒字を計上した。

その秘密が、**従業員を大切にして顧客サービスを高める強い企業文化**だ。米国の航空会社では日常的にレイオフ（一時解雇）を行うのが常識だが、サウスウエストは創業以来、一度もレイオフをしていない。会社と従業員がよい関係を保ちながらいかに高業績を追求するかを考える上で、同社は学びの宝庫なのだ。

著者の2人は夫婦だ。長年同社を研究し、コンサルタントとして同社に関わってきた。そして「サウスウエスト成功の原則をみんなに教えたい」と考え、1996年に本書を刊行した。『エクセレント・カンパニー』（英治出版）の著者であるトム・ピーターズは、序文で「今年

ケビン・フライバーグ（左）／ジャッキー・フライバーグ

夫婦である2人は、コンサルティング会社フライバーグ・コムの共同経営者。アメリカン・エクスプレス、イーライリリー、アーンスト＆ヤング、フェデレーテッド・デパートメントストア、モトローラ、プログレッシブ保険、ユニバーサル・スタジオといった一流企業のコンサルタント業務を行っている、人気抜群の論客。カリフォルニア州サンディエゴで暮らしている。

ビジネス書を1冊しか読む暇がない人には、ぜひ本書を推薦したい」と書いている。

「顧客」よりも「従業員」優先

サウスウエストは顧客満足度調査で長年、航空業界トップの常連だが、**「我が社は顧客よりも、従業員を優先する」**と公言している。本書はこんなエピソードを紹介している。

サウスウエストをよく利用し、乗った後に必ず苦情を手紙で書いてくる客がいた。従業員は辛抱強く説明したが、手紙は次々と来る。そこで、従業員がCEOのハーブ・ケレハーに、「なんとかしてください」と手紙の束を渡した。ケレハーは1分もしないうちに返事を書いた。

「お客様、もうお乗りになれなくて残念に思います。さようなら。ハーブ」

ケレハーは取材で「我々の従業員を侮辱しないでほしい」と語っている。

そんな同社には、3つの決まりがある。❶顧客サービスは生真面目である必要はない。❷規則に縛られなくてもよい。そして、**❸顧客はいつも正しいとは限らない。**

「お客様は神様だ」と固く信じ込むマネジャーは、何度も❸を読み返してほしい。ではなぜこう考えているのに、業界最高の顧客サービスが提供できるのか?

その秘密は採用にある。CEOのケレハーは「ユーモアのセンスがある従業員を採用する」という方針を打ち出し、常に相手の立場を考える社交的な人、組織でまわりの人と協調できる人、楽しみながら仕事に打ち込める人を採用し続けてきた。

「ユーモアがあればプレッシャーの中でもおもしろいことを考え出せるし、楽しく仕事をすれば、乗客も従業員自身も楽しく過ごせる」と考えたからだ。逆に、高いスキルがあってもプロフェッショナルに徹するだけだったり、仕事に打ち込むだけの人材は敬遠された。

この結果、同社はサービスを「義務」と考えずに「人生の喜び」と考え、与えることに充足を感じる人材を数多く抱えている。彼らにとって仕事は、自分の才能や資質を見せる舞台だ。だから、多くの従業員がこう言う。**「私たちはすぐれた顧客サービスを行う航空会社ではありません。たまたま航空業界に身を置いている、すぐれた顧客サービス組織なのです」**

サウスウエストにとって、従業員はかけがえのない財産だ。だから「従業員第一主義」は当たり前。レイオフが常識の米国航空業界の中にあって創業以来一度もレイオフしないのも、同社にとって当たり前のことなのである。

そんなサウスウエストも、2020年のコロナ禍で航空需要が蒸発する異常事態には翻弄された。売上6割減、赤字31億ドル。あらゆるコスト削減を行った末、一時は従業員に「レイオフの可能性がある」と事前通知するところまで追い詰められた。しかし、なんとか耐え凌ぎ、雇用を守り抜いた。こうしてサービスを喜びと考える従業員を大切にする企業文化が、同社の強みにつながり、圧倒的な競争力を生み出している。

高い顧客サービスとは、心の底から「会社に大切にされている」と感じる従業員が、自ら実践するもの。**「お客様は神様と思いなさい」と言ってもサービスはよくならない。**

この強い企業文化は、サウスウエスト創業時の修羅場の中で育まれたものだ。

創業時の修羅場が生んだ強い企業文化

今でこそサウスウエストは米国を代表する航空会社だが、初フライトまでは苦難続きだった。1967年、ローカル航空会社社長、銀行家、当時はまだ弁護士だったケレハーの3人が「テキサス州内運航の航空会社をつくろう」と意気投合して、会社を設立した。

するとライバル3社が「航空市場は飽和状態。参入するな」と訴訟を起こした。ケレハーは顧問弁護士に就任し、裁判所で3回戦った末に勝利。しかし、集めた資金は訴訟費用で消えてしまった。その後もあれこれと難癖をつけられ、似たような訴訟で苦しんだ。

就航準備のために資金調達しようとしたが、またもライバルが妨害工作。ケレハーは弁護士として法廷で一人で戦い続け、勝利を収めた。

こうして池井戸潤ドラマを彷彿とさせる数多くの妨害工作を受けつつも、正々堂々と正面突破。1971年6月18日、サウスウエスト航空はついに大空に飛び立った。

この創業時の修羅場が、従業員同士が強く団結する強い企業文化を生み出した。

従業員は毎朝ニュースで激しい法廷闘争を見るたびに「我々は生き残りをかけて戦っている」と実感した。そして従業員も自分の職場で創意工夫を繰り返し、共通の理想を実現するために一丸となって働いた。この過程で、従業員同士が家族のように特別な固い絆《きずな》で一致団結する、他社が真似できない強い企業文化が育まれていったのだ。

企業文化が重要なのは、**従業員が企業文化に従ってごく自然に考えて行動する**からだ。

たとえば、私は「ビジネスでは常に誠実かつフェアであるべきだし、お客様の成功のためには常に最大限努力するのが当たり前だ」と考えている。30年間働いたIBMでの仕事を通じて、IBMが長年にわたって積み重ねてきた価値観が刷り込まれたのだ。

このように強い企業文化は、企業に新しく加わる人たちの価値観にも影響を与える。

そして、企業が目指す方向に向けて、一枚岩の組織をつくり出す礎《いしずえ》になる。

サウスウエストのように、創業期の修羅場を従業員が一致団結して乗り越えた経験は、「強い企業文化」というすばらしい企業の財産になるのだ。

あなたの会社では、どんな修羅場の経験が企業文化になっているだろうか。

サウスウエストの戦略は創業時の試行錯誤から生まれた

次にサウスウエスト独自の戦略について見てみよう。

同社はコロナ禍直前の2019年まで47年連続黒字だった。競争が激しい米国航空業界の中で、ほぼ唯一高収益を続けてきた。これはサウスウエスト独自の戦略のおかげだ。サウスウエストの戦略は誰か頭のいい人がつくったのではない。本書は創業期に現場のさまざまな人たちが知恵を出し合い、試行錯誤を繰り返し生み出した様子を描いている。

創業して就航はしたものの、同社は相変わらずお金がなかった。顧客サービスでライバルに徹底的に差をつけ、革新的であり続けるよりほかに、生き延びる道はなかったのだ。

当時、航空業界は一律で高運賃だった。そこで同社は「**低運賃と上質のサービスで新しい空**

の旅を実現する」という方針を打ち出して路線を拡大、新市場を生み出した。テキサス州4都市間の乗客数は11カ月で12万人から32万人に増加。テキサス州の住民は、同社の低運賃かつ迅速で頻繁な運航を支持したのだ。この方針を実現するため、さまざまなことを行った。

サウスウエストの旅客機が空港ゲートに着くと、地上要員がF1レースのピットクルーのように一斉に駆け寄る。さらに客室乗務員やパイロットは機内のゴミを拾い、補給係と一緒に食料を積み込む。これも創業時に必要に迫られて編み出されたものだ。

本来は通常運航に旅客機が4機必要だったが、お金がないので3機でやり繰りせざるを得なかった。そこで編み出されたのが、この「10分ターン」。旅客機がゲートに入って乗客を降ろし、次の乗客を乗せてゲートを出るまで10分で済ませるのだ。航空業界の常識では不可能だが、全員で挑戦してみたらできた。おかげで業界随一の定時運航も実現できた。

さらに、旅客機は短距離路線向きのボーイング737のみ。1機種なら訓練や作業が単純化でき、保守備品も最小限。コストを抑えられる。さらに、航空機購入でも最初に新モデルを採用するので、航空機メーカーとの商談を有利に進められる。

こうしてモノもカネもない中、経営陣と現場が知恵を絞ることによって同社の戦略が徐々に形づくられていった。この戦略が米国航空業界で断トツの高収益を生み出している。

高業績の会社を首尾一貫して模倣するのは不可能

こんな同社の成功を、ライバルが見逃すはずがない。高業績のサウスウエストのやり方を模倣するライバル航空会社が、次々と登場した。
あるライバルは同社を真似て近距離顧客に絞り込み、当初は急成長した。しかし、やがて長距離用旅客機を導入して長距離路線に進出。大手航空会社と張り合った結果、まもなく消えた。サウスウエストを模倣する他の航空会社も、高業績を実現できなかった。

現実には、**高業績の会社がやることを真似しようとしても、高業績までは真似できない。**

サウスウエストは「短距離直行便を頻繁に利用する顧客に、低価格で良質なサービスを提供する」という目標達成のために、全従業員が徹底的に考え、活動している。

だから、ボーイング７３７のみを使用し、海外進出せず、機内食を出さず、低運賃を続け、ホスピタリティあふれるサービスを提供した。そのためにユーモアあふれる人材を採用し、レイオフしなかった。これらの無数の活動が同社の目標達成のために密接に組み合わさって、相乗効果を生み出し、その結果として高業績を実現している。これらの活動を首尾一貫してすべて模倣するのは、ほぼ不可能なのだ。

これらの活動の核に「**従業員を大切にして顧客サービスを高める**」というサウスウエストの企業文化がある。この企業文化がいちばん模倣しにくい。

そこでサウスウエストは、会社の歴史を通していかにサウスウエストの企業文化が形づくられていったかを従業員に常に伝えている。サウスウエストの財産である企業文化をさらに発展させて新しい歴史をつくっていくために、常に従業員に考え続けてほしいからだ。

いかがだろうか。米国企業は「ドライで社員をすぐ解雇する」と思われがちだ。たしかに、そういう企業もある。しかし、サウスウエストのように従業員を大切にしながら、愚直に実績を積み重ねる大切さを忘れることなく、顧客に価値を提供し、成長し続ける企業もある。

Book24『ハーバードで教える人材戦略』で紹介したように、かつての日本企業の強みは終身雇用や労使協調で従業員を大切にすることだった。しかし、多くの日本企業がバブル崩壊で余剰人員を抱え、人員削減に追い込まれた。そんな中でも従業員を大切にして雇用を守り続ける日本企業もある。しかし、そもそもなぜ、従業員を大切にして雇用を守り抜くのかを理解していない日本企業は、少なくないようにも思える。

「なぜ従業員を大切にするのか」を改めて考える上で、日本企業がサウスウエストから学べるところは多いはずだ。

POINT

独自路線と首尾一貫性が圧倒的な競争力を生み出す

31

『米海軍で屈指の潜水艦艦長による「最強組織」の作り方』（東洋経済新報社）

――命令をやめた途端、戦力外チームが最優秀チームに！

L・デビッド・マルケ

元米国海軍大佐。アメリカ海軍兵学校を首席で卒業し、攻撃型原子力潜水艦サンタフェの艦長を1999年から2001年まで務めた。サンタフェは太平洋艦隊で最も改善した艦に贈られる賞や、艦隊で最も戦闘力に秀でた艦に贈られる賞をはじめ、数々の賞を受賞している。海軍を引退してからは、リーダーシップのコンサルタントとして国内で幅広く活躍する。米外交問題評議会の終身会員。

軍隊は「上官の命令は絶対」。トップダウンが当たり前の世界と思われている。

その軍隊で「部下にあらゆる判断を委ねる」という常識外れのマネジメントを行って大成功したのが、本書の舞台・米海軍の原子力潜水艦「サンタフェ」である。

『7つの習慣』（キングベアー出版）の著者スティーブン・R・コヴィーは、本書の序文で本艦を見学したときのことを書いている。

「私が理想とする労働環境がそこにあった。乗員は『これから〜します』と伝えに艦長のところにやってきて、艦長は1つ2つ尋ね、『よろしい』と言う。**決断を下すという行為の95％が、艦長の関与や確認なしで行われているのだ**」

6人で必死に漕がなければいけない小舟なら、トップダウンの管理も有効だろう。

しかし、臨機応変な判断が必要な戦場で戦う先進技術の粋を集めた原子力潜水艦では、乗員の自発性と創造性が必要だ。こと細かに指示する支配の下では、この乗員の自発性と創造性は逆に失われてしまう。

本書には、そんな艦長マルケの思想と、乗員に判断を委ねた過程が詳しく書かれている。

米国のアマゾンで書評数4000件のベストセラーであり、米国の日刊紙『USAトゥデイ』では「最高のビジネス書12冊の中の1冊」と高く評価されている。

現代のビジネスパーソンも、自発性と創造性が必要な点で原子力潜水艦乗員と同じだ。

「でも、サンタフェは乗員が優秀だったんでしょ」と思うだろう。実は、マルケが艦長に就任する前のサンタフェの乗員は低評価。3回も予定通り出港できず、乗員残留率も最低だった。

「支配するリーダーシップ」から「委ねるリーダーシップ」へ

当初、マルケがサンタフェ艦内を見回ると、乗員からはまったくやる気が感じられなかった。しかし、それは表面上のこと。ある幹部は、こう言っていた。

「自分の科をこのように管理したい。でも、上官から無視され続けてきた……」

彼らの「いい働きをしたい」「現状をこう変えたい」という隠れた熱意と情熱は、サンタフェ歴代艦長の**支配するリーダーシップ**で押さえつけられていたのだ。

Book19『リーン生産方式が、世界の自動車産業をこう変える。』でも紹介した大量生産方式の「提案せずに言う通りやれ」と同じである。これでは「やる気を出せ」と言っても、出るわけがない。

マルケは支配をやめて「**委ねるリーダーシップ**で彼らの熱意を引き出そう」と考えた。

3つの理念で「委ねるリーダーシップ」を実現

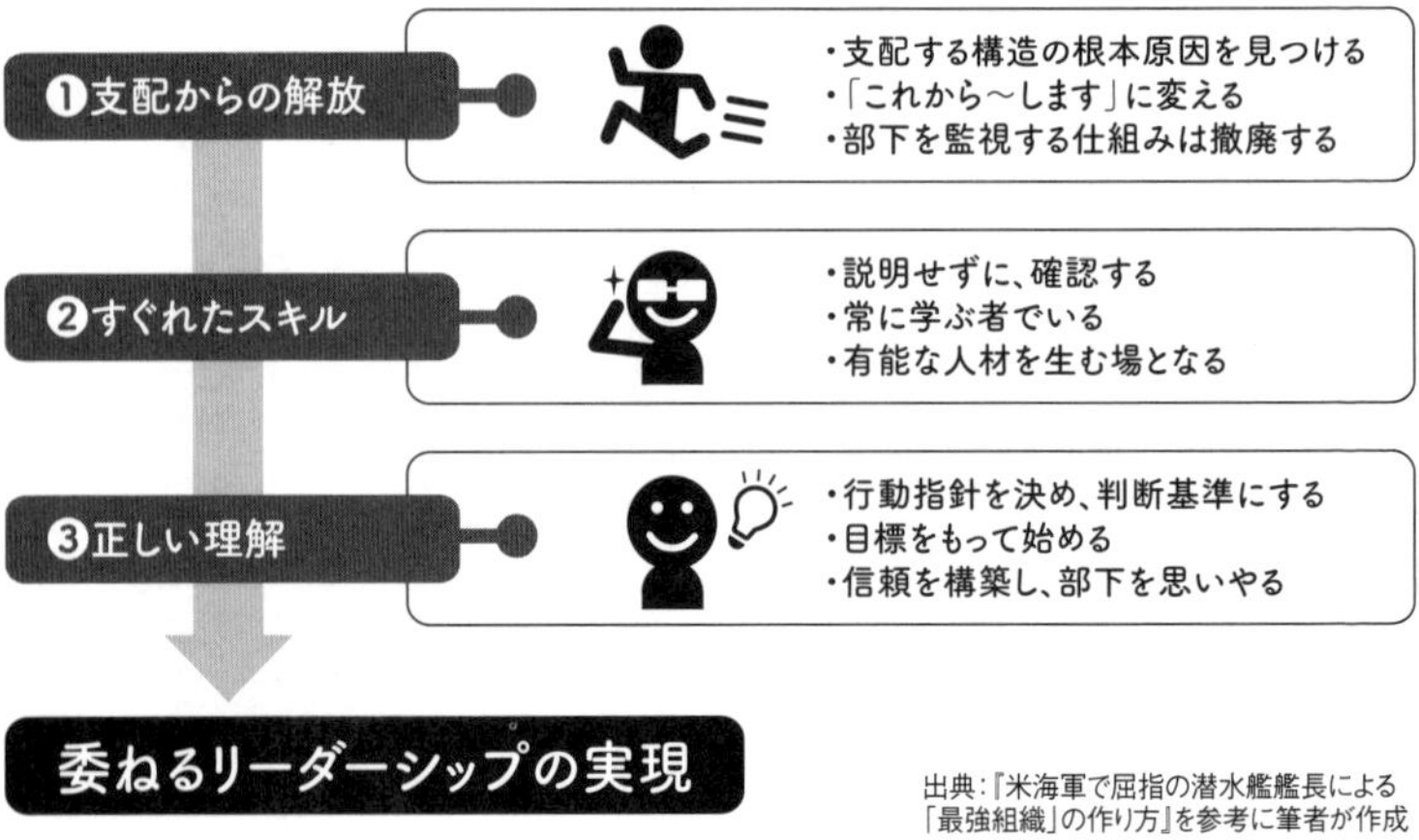
❶支配からの解放
・支配する構造の根本原因を見つける
・「これから〜します」に変える
・部下を監視する仕組みは撤廃する
❷すぐれたスキル
・説明せずに、確認する
・常に学ぶ者でいる
・有能な人材を生む場となる
❸正しい理解
・行動指針を決め、判断基準にする
・目標をもって始める
・信頼を構築し、部下を思いやる
委ねるリーダーシップの実現

出典：『米海軍で屈指の潜水艦艦長による「最強組織」の作り方』を参考に筆者が作成

マルケには2つの原体験があった。まず新人士官として初めて乗った潜水艦で、すべて委ねる艦長の下で全責任を与えられ、仕事を楽しみながら成長したこと。そしてその後、逆にトップダウン式で管理する潜水艦で幹部になり、部下の士気を高められず苦しんだことだ。

その後、さまざまな本を読み漁ったマルケは「支配するリーダーシップは間違い。委ねるリーダーシップが必要だ」と確信していた。

そこでマルケは、3つの理念を決めた。

❶支配するリーダーシップから艦を解放
❷すぐれたスキルを身につけさせる
❸正しい理解を促し、チームの目標を共有する

大事なことは、各業務の決断は部下に委ねても、艦の全責任は常に艦長の自分にある点だ。

企業も同じだ。やる気がないように見える社員でも、内に情熱を秘めていることは多い。**委ねるリーダーシップは彼らの情熱を引き出すのだ。**

「誰が責任をもつか」を決める

委ねる方針は決めたものの、問題は「どうやって委ねるか」だ。多くのマネジャーが、ここでどうすればよいか、悩んでしまう。

たとえば、マネジャーが「委ねるリーダーシップをやると決めた。さあ、やるぞ」と部下に言って部下が言うことを聞いたとしたら、それはトップダウンから何も変わっていない。

必要なことは、**トップと中間管理職がお互いに腹を割り、本音で徹底的に話し合うことだ。**

マルケは班長たち（企業の中間管理職に相当）と腹を割った話し合いをした。すると、班長たちは真っ先に「自分の班の班員管理は任せてほしい」と訴えた。これは「班長が班員の働きと成果に全責任をもつ」ということ。マルケはすぐに艦の規則を書き換えた。

また、艦ではあらゆることに上司の承認・許可が必要だった。しかし、承認した時点で責任は上司に移り、部下には責任がなくなる。これでは部下は責任をもって仕事をしない。

そこでマルケは「責任班長」を決めて、艦内のあらゆる活動について、現場班長の誰かが必ず責任をもつ体制に変えた。

上司は「部下に任せると失敗するかもしれない」と考えがちだが、ドラッカーもBook1『現代の経営』で言っているように、まず決めるべきは「誰が責任をもつか」なのだ。部下が責任をもってやり遂げるようになれば、逆に失敗も減る。

また、「〜の許可をください」という軍隊的な言い方では、ともすると上司に依存してしま

サンタフェでやったこと、やらなかったこと

やったこと	やらなかったこと
委ねるリーダーシップ	支配するリーダーシップ
権限を与える	権限を握って手放さない
命令を避ける	命令する
やるべきことを部下が確認する	やるべきことを上司が説明する
上司と部下が学び合う	上司が部下に指導する
人を重視する	技術を重視する
長い目で考える	目の前のことを考える
常に好奇心をもつ	常に疑いをもつ
無意味な手順はすべて排除する	手順の効率を改善する
監視・検査を減らす	監視・検査を増やす
情報を公開する	情報は公開しない

出典：『米海軍で屈指の潜水艦艦長による「最強組織」の作り方』の図版をもとに筆者が一部追記

う。そこでサンタフェでは「これから〜します」に変えた。

「艦長、艦を潜水させます。ここは我々の海域であり、水深120mです。乗員は全員艦内に入り、準備は整っており、当直員への確認も済ませています」

艦長は「よろしい」のひと言。こうして**部下は主体的に上司の目線で考えるようになった。**会社でも社員が主体的に経営者目線で考えるようになれば、次第に上司に依存しなくなる。

仕事は「学び続ける人材」を生み出す場

さらに、乗員のスキルも高める必要がある。これまでは上官が部下を集めて説明し、「質問はあるか？」と聞いていた。部下は質問しなかったが、理解しておらず、指示通りできなかった。

そこで上官の説明はやめ、部下に説明させて確認する形に変えた。説明を聞くだけならば頷いて

いればよかったが、説明するには準備が必要だ。部下は自ら動き、勉強するようになった。

さらに、マルケは幹部と「**そもそも自分たちの仕事とは何か**」を時間をかけて話し合った。結論は「**我々はいつどこでも学ぶ者である**」。

潜水艦サンタフェは、保守や演習などの仕事をしつつ戦闘で任務をまっとうできる潜水艦にするために必要なことを学び続け、人材を生み出す場である、ということだ。「仕事は学びである」と考えれば、仕事に対して前向きに取り組み、成長できるようになるのだ。

こうしてサンタフェは「委ねるリーダーシップ」を徹底する組織に変革した。Book2『完全なる経営』でマズローが描いた世界に近い。では、その後どうなったか？

マルケがサンタフェ艦長を務めたのは1999年からの3年間。彼が去った後もサンタフェはすぐれた業績をあげ続けた。数多くの賞を受賞し、リーダーも多数輩出した。

支配するリーダーシップは、カリスマ的リーダーが去った途端に組織が低迷し始める。委ねるリーダーシップは、組織文化となって、組織に定着するのだ。

一方で経営者が「当社は部下に委ねている」と言うものの、無法状態になり果てた職場もよく見かける。**理念なきまま委ねるのは単なる「丸投げ」**。これではうまくいかない。

組織のあるべきひとつの姿として、ぜひマネジメントに関わる人に本書を読んでほしい。

POINT

「委ねるリーダーシップ」こそが、成長し続ける人材と組織をつくる

32

『NO RULES 世界一「自由」な会社、NETFLIX』（日本経済新聞出版）

――ルール全廃の「非常識経営」でも会社が成長する理由

リード・ヘイスティングス／エリン・メイヤー

ヘイスティングスは、Netflix共同創業者・会長兼CEO。1997年にNetflixを共同創業し、エンターテインメントを一変させた起業家。83年ボウディン大学卒業後、88年スタンフォード大学大学院にて人工知能を研究し修士号取得。91年にピュア・ソフトウエアを起業し、97年に売却。この資金を元にNetflixを創業した。共著者のメイヤーは、INSEAD（欧州経営大学院）教授で、著書に『異文化理解力』がある。

ネットフリックスはBook30のサウスウエスト航空やBook31の潜水艦サンタフェ以上に、常識外れの会社だ。仕事をして会社が好業績でも、突然クビになる。これは最悪の経営に見える。「圧倒的な成果を出さないとクビ」と恐怖を植えつけられると、「リスクをとってイノベーションを生み出そう」という気持ちは消えかねない。著者の一人のメイヤーは、これはBook27『恐れのない組織』で紹介した**心理的安全性**に反して見えると言うが、同社は大成功している。2020年のユーザー数は2億人を超え、売上は2・6兆円である。

本書はネットフリックスCEOのリード・ヘイスティングスと、経営思想家ランキング「Thinkers50」にも選ばれた経営学者エリン・メイヤーがこの謎を解明した一冊であり、日本企業の閉塞感を打開するまったく新しい視点を提供してくれる可能性がある。

本書に対して、マイクロソフトCEOのサティア・ナデラが「組織文化を創造し、維持しようとする人にとって非常に貴重な洞察」、Book6『HARD THINGS』の著者ホロウィッツが「いかに革新を続けるかについて答えを示している」という声を寄せている。

「圧倒的な成果を出さないとクビ」という文化がつくられたきっかけは、創業時にある。

すべては「能力密度」を高めるため

人数が減ったのに、逆により多くの仕事をこなせるようになることは少なくない。私がIBM社員時代、ある営業チームに所属していたときのこと。総勢8人中、上司と主任・課長の先輩4人が一斉に異動。残ったチームを当時副主任だった私と他の3人（入社3年目社員1人＋派遣社員2人）の若手4人が引き継いだ。人数半減、給与総額は4分の1である。

しかし、チームの売上は前年よりも増えた。もともとこのチームは組織の傍流。「島流しされた」と思い込んでやる気のない先輩が多かった。彼らが異動したことで、やる気ある若手が互いに楽しく助け合い、学ぶチームに変わり、成果があがったのだ。

著者のリードも、ネットフリックス創業3年目にこれと似た体験をしている。

このとき、リードは資金難のため社員120人の3分の1を解雇する必要があった。仕方なく貢献度の高い80人とそれほどでもない40人に分け、40人に解雇を告げた。

数週間後、社内の空気は劇的によくなり、士気が高まったという。その後、売上が回復して多忙になったが、3割少ない社員たちは情熱をもって以前より多くの仕事量をこなした。

リードは「これは**能力密度**が劇的に高まった結果だ」と考えた。

人数が減って能力総量は減ったが、1人当たりの能力（能力密度）が高まり、社員同士が学

解雇で能力密度が高くなり、
より多くの仕事量をこなせるように

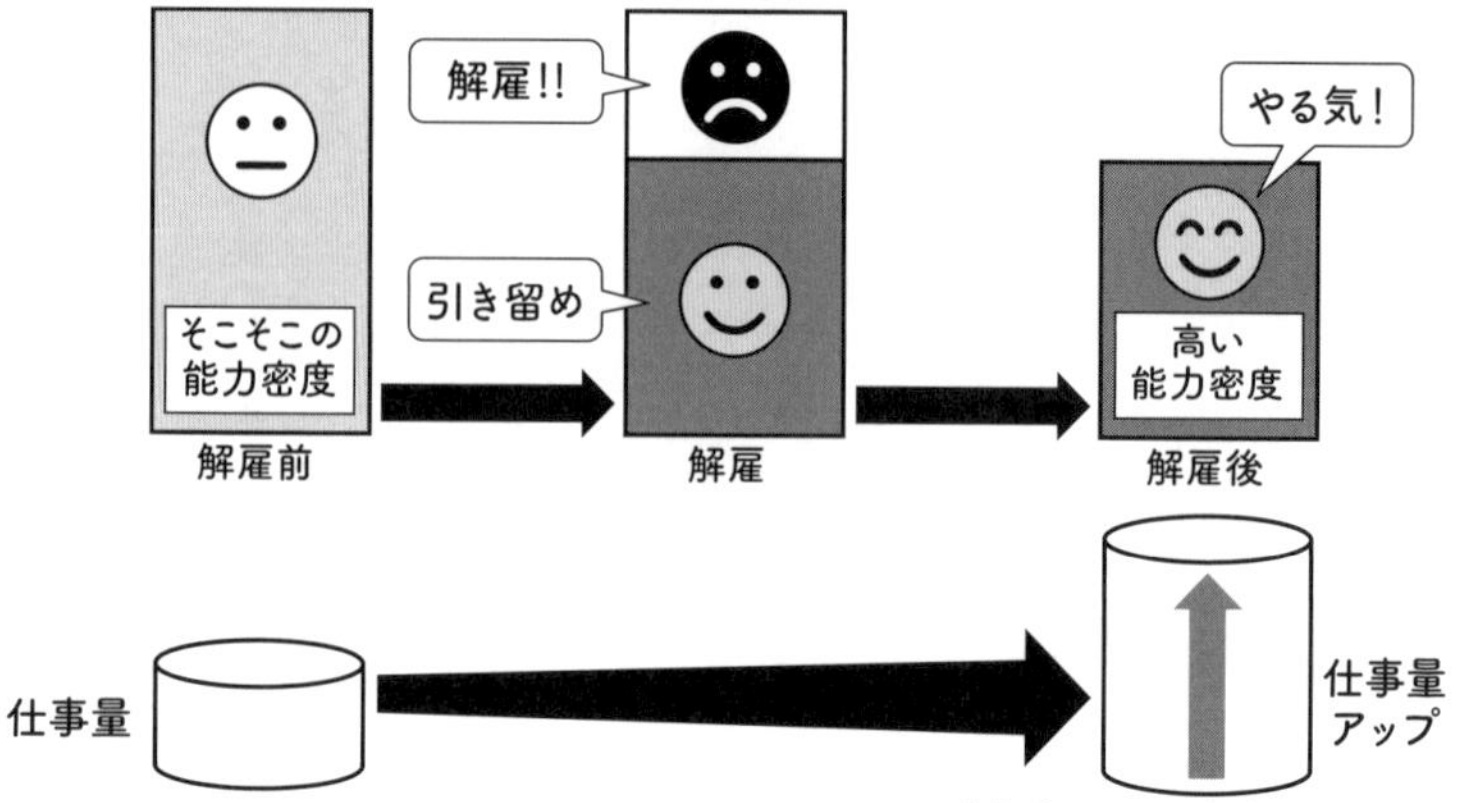

出典：「NO RULES」を参考に筆者が作成

ぶ意欲や満足度を高めて刺激を受け合い、仕事が楽しくなる状況をつくっていたのだ。

「高い能力密度が成長の原動力」と知ったリードは、最高の人材探しに集中した。最高の人材に業界最高水準の報酬を払い、並の人材10人が束になっても敵わない仕事をしてもらうのだ。

たとえば、トップクラスの広報担当は数百万人を惹きつける企画を立てるし、超腕利きの脚本家とコネがある人材はそうでない人材よりも何百倍もの価値がある、という。

採用だけではない。リードは能力密度を高めるためには「解雇」も辞さない。その仕組みが**キーパーテスト**だ。同社のマネジャーに課せられた仕組みである。

「部下が明日退社すると言ってきたら、あなたは慰留するだろうか？

それとも少しほっとした気分で退社を受け入れるだろうか？

後者なら今すぐ退職金を与えて解雇し、本気で慰留するスタープレーヤーを探そう」

マネジャーにこの問いを考えさせ、もし「慰留せずに退職を受け入れる」のであれば、その部下をすぐに解雇して、新しい人材を探すことが求められる。部下は業界トップの力を維持しない限り、突然クビになる可能性がある。上司も本人も、かなりキツい。

大リーグの野球選手は、シーズン途中でもトレードや解雇がある。選手たちは十分な給与を与えられ、この仕組みを受け入れている。

ネットフリックスは大リーグのようなプロスポーツチームを目指して、全ポジションでベスト人材を配置しようとしている。社員には十分な給与と退職時の退職金を支給し、勝利のために自らを鍛え、互いに率直なフィードバックを受け、チームプレーに徹することを求め、成果が出ないと交替させる。

雇用安定を求める人は同社には不向き。大リーグ選手のようなプロが求められている。

この「能力密度の向上」は、ネットフリックス流の組織の根幹をなす考え方だ。同社のあらゆる施策が「能力密度の向上」とつながっている。相手に本音をフィードバックする、という考え方もそうだ。

率直にフィードバックする仕組み

ネットフリックスの標語は「**相手に面と向かって言えることしか、口にしない**」。

隠しごとをせず率直に話し合えば、足の引っ張り合いや駆け引きは減って社内のスピード感がアップし、能力密度は高まる。同僚と違う意見や役立ちそうなフィードバックがあるのに、それを口にしないことは「会社への背信行為」だ。能力密度を高める機会を失うからだ。

とはいえ、「キミの仕事は雑だね」みたいなことを言われるのは、やはり辛い。率直なだけのフィードバックは相手を傷つけるだけだし、組織もギスギスする。

そこで、ネットフリックスではフィードバックのガイドライン**4A**を社員に教えている。最初の2つのAは、フィードバックを与える側へのガイドだ。

❶相手を助けようという気持ちで（AIM TO ASSIST）

フィードバックは前向きな意図で行うべきだ。ストレス発散のフィードバックは論外。

❷行動変化を促す（ACTIONABLE）

提案する。「キミの仕事は雑だね」と言わず、「読みやすく資料をまとめると、相手は理解しやすいし、仕事もスムーズに進むよ」と言う。

次の2つのAは、フィードバックを受ける側へのガイドだ。

❸感謝する（APPRECIATE）

まずは言いにくいことを言ってくれたことに対して感謝を示す。

❹取捨選択（ACCEPT OR DISCARD）

フィードバックを受け入れるか否かは本人次第だ。これを双方が理解する。

ところで、Book26『THE CULTURE CODE』で**帰属のシグナル**を紹介した。同社ではフィードバックの際に、この帰属のシグナルを活用している。

上司が部下からフィードバックを受けるときは、まず批判に対して心からの感謝を述べて、「あなたが正直に話してくれたことで私たちの関係がおかしくなることはない。あなたはチームの重要な仲間だ」という帰属のシグナルを頻繁に発するように徹底しているのだ。

上司の承認ルールを撤廃

普通の会社で自分の権限を越えることをするときは、上司の承認が必要になる。

しかし、ネットフリックスは上司の承認ルールを撤廃した。なんと、予算1億円の販促キャンペーンであっても上司承認は不要。担当者が自分で判断・サインし、発注する。

ネットフリックスは「**ネットフリックスの利益を最優先する**」というガイドラインを決め、社員が自分の判断でお金を自由に使えるようにした。担当者は会社の利益も考えるようになり、支出は減った。承認がなくなれば仕事は迅速に進む。おかげで能力密度はさらに高まった。

ただし、社員を放任しているわけではない。不適切支出を見つける2つの方法がある。

まず上司は、部下の全領収書を確認できる。領収書の確認作業をしたくない上司は、内部監査チームに委ねることができる。ある台湾の社員は会社の金で贅沢旅行をしていたことが監査チームにバレて解雇された。ルールは撤廃するが、チェックはきちんと行っているのだ。

リードは「このネットフリックスの方法論は、万能ではない」と言う。ひとつのミスが大惨事を招く業界（医療業界など）では、逆にルールで徹底的にリスク回避すべきだ。

しかし、創造性やイノベーションが成功のカギとなる業界（エンターテインメントやIT業界）では、能力密度を高めてルールを撤廃し、断トツの成果を目指すこの方法論は有効だ。

さて、一見非常識なネットフリックスの方法は、日本でも導入できるのだろうか？

本書では、日本法人で当初、社員同士のフィードバックが機能せず、苦労した話が紹介されている。日本人は互いに率直にフィードバックする習慣がない。日本語表現も曖昧だ。「番組が制作されなかったので、放送できなかった」というように主語不在の受動態で語るので、誰が制作しなかったのかわからないまま話が進むことも多かったという。

しかし、日本人は物事を完璧に準備するし、ガイドを示せば最善を尽くす。「ガイドに沿ってフィードバックの準備をしてほしい」と伝えると、質が高いフィードバックができた。

これは一見日本人に難しいことでも、創意工夫して日本人に合った仕組みをつくれば、より大きな成果を出せる可能性を示している。一見非常識なネットフリックスの方法を参考にするためのヒントは、私たちが昔から馴染んでいる「和魂洋才」にあるのかもしれない。

終身雇用制や年功序列制は日本企業が成長する大きな原動力だった。しかし、いまや経営のグローバル化で、この仕組みは限界である。まったく新しい発想が求められている。新たな仕組みを考える上で、ネットフリックスの挑戦はひとつの参考になるはずだ。

POINT

「能力密度」を高め、率直に語り、ルールを撤廃せよ

第4章 お金

多くのビジネスパーソンは会計や財務が苦手で敬遠しがちだが、それは食わず嫌い。基本は意外とカンタンだ。お金を理解すれば、ビジネスは大きく成長させられる。起業の必須科目だ。

さらに、情報社会になり経済原理が一変した。これらを理解するか否かで雲泥の差がつく。実際にこれを理解して成長したのがGAFAだ。学ばないのはもったいない。

第4章では、お金の基本をはじめ、情報社会におけるお金の考え方を理解するための理論書と実践書を5冊紹介したい。

33

『稲盛和夫の実学』（日本経済新聞出版）

——会計がわからんで、経営ができるか

稲盛和夫

京セラ・第二電電（現KDDI）創業者。1932年鹿児島生まれ。59年に京都セラミック株式会社（現京セラ）を設立。社長、会長を経て、97年より名誉会長。84年に第二電電を設立、会長に就任。2001年より最高顧問。10年より日本航空会長に就任し、経営再建に成功。京都商工会議所名誉会頭。スウェーデン王立科学技術アカデミー海外特別会員。1984年には稲盛財団を設立。著書に『生き方』『アメーバ経営』など。

「ぶっちゃけ、会計はよくわからないんで、経理にすべてお任せですね」

こんなビジネスパーソンは多い。実は経営者の中にもいる。きわめて危険である。

京セラ創業者の稲盛和夫氏は、このような状況を嘆き、本書の冒頭でこう書いている。

「『会計がわからんで、経営ができるか』という思いで出版させていただいた」

そもそも会計を知らない起業家は、ほぼ確実に失敗する。しかし、稲盛氏は、もともとは理系の技術者。最初は会計を知らなかった。京セラを創業し、ゼロから経営と会計を学んだのだ。本書では難しい計算は登場しない。会計用語も必要最小限だ。経営者やマネジャー向けに、会計を経営視点で使いこなして、企業を強くする珠玉の知恵が散りばめられている。

かく言う私も会計は大の苦手だったが、本書で会計のキモをつかめた。

ところで、会計には社内の業績を把握し、評価するための**管理会計**と、業績を社外の投資家に報告するための**財務会計**の2つがある。本書は管理会計に関する本だ。

売上を最大に、経費を最少に

会計がわからなかった稲盛氏は、経理担当者に質問を繰り返してポイントをつかんだ。

「売上を最大にして、経費は最少にすればいいんだな」

「売上が増えると、経費は増える」と考えるのが経営の常識になっている。しかし、「売上を最大に、経費を最少に」と考えてみると、「売上を増やして経費も増やすのではなく、経費は同じか、できれば減少させよう」となる。当然ながら難しいので、工夫が必要だ。

売上を最大限伸ばすには、値づけが決め手となる。深く考えずに気分で値段を決める会社が多いが、稲盛氏は**「値決めは経営」**であり、経営者が判断すべきだという。

稲盛氏は「お客様が納得し、喜んで買ってくださる最大限の価格。それよりも低いといくらでも注文が取れるが、それ以上高いと注文が逃げるギリギリの一点で注文を取れ」と営業に徹底した。要は「値ごろ感」が大事なのだ。値決めの失敗は、あとで取り返しがつかない。安すぎると採算割れ。高すぎると山のような在庫を抱えて資金繰りに行き詰まる。

稲盛氏は幹部に**「うどんの屋台を引く実習が効果的」**としてこんな話をしたという。

「5万円なら5万円の元手を出して、『しばらく会社に出てこなくてもよろしい。屋台一式を貸すから、1カ月間毎晩、京都のどこかでうどんを売ること。この5万円を1カ月後、いくらにしてもって帰ってくるのかが実績だ』と実地訓練に送り出す」

まず、仕入れが問題だ。スーパーの生麺を買うか、製麺所にうどん玉を買いに行くか、干し麺をゆがくか。さらに、いい味はだしがポイント。高い鰹節を買うか、めんつゆを使うか。原価を安くし、いかにいい味を出すか、創意工夫が必要だ。加えて、かまぼこ・揚げ・ネギなどの材料をスーパーで仕入れるか、生産者から直接仕入れるか。最後に値決め。安いと売れるが利益は出ない。「お客様を満足させて売れる値段」を探し出すのだ。

たかが屋台といえども実に奥が深い。ひと晩の差はわずかでも1カ月で大きな差になる。だから屋台から大きなチェーンに成長した人もいれば、十数年屋台をやってもダメな人もいる。

会計は「売上を最大に、経費を最少に」という経営の原点を、経営者が効率よく追求する仕組みだ。会計を理解して部門別の月次決算を読めば、数字を通して部門の実態が手にとるようにわかる。数字を把握して現場に行けば、問題点をすぐに指摘できるようになる。部門責任者が対策を打てば、翌月の部門月次決算にすぐあらわれる。

キャッシュベースで経営する

知人の起業家イトウさんは、会社を数回潰している。いつも同じパターンだ。立ち上がりは順調だが、次第に資金が枯渇。金策に走り回る日々が続き、耐えきれなくなり終わる。

金策に走り回っていると「ものすごい経営努力をしている」と考えがちだが、マイナスをゼロに戻しているだけで本当の経営とはいえない。会計知識がないとこうなる。

「儲かった」と思っても、現実にはお金がないこともある。稲盛氏は単純化して、バナナのたき売りのケースを紹介している。あなたはバナナ一房50円を20房仕入れ、一房１５０円で

会計がわからないと大損をする
バナナのたたき売りの例

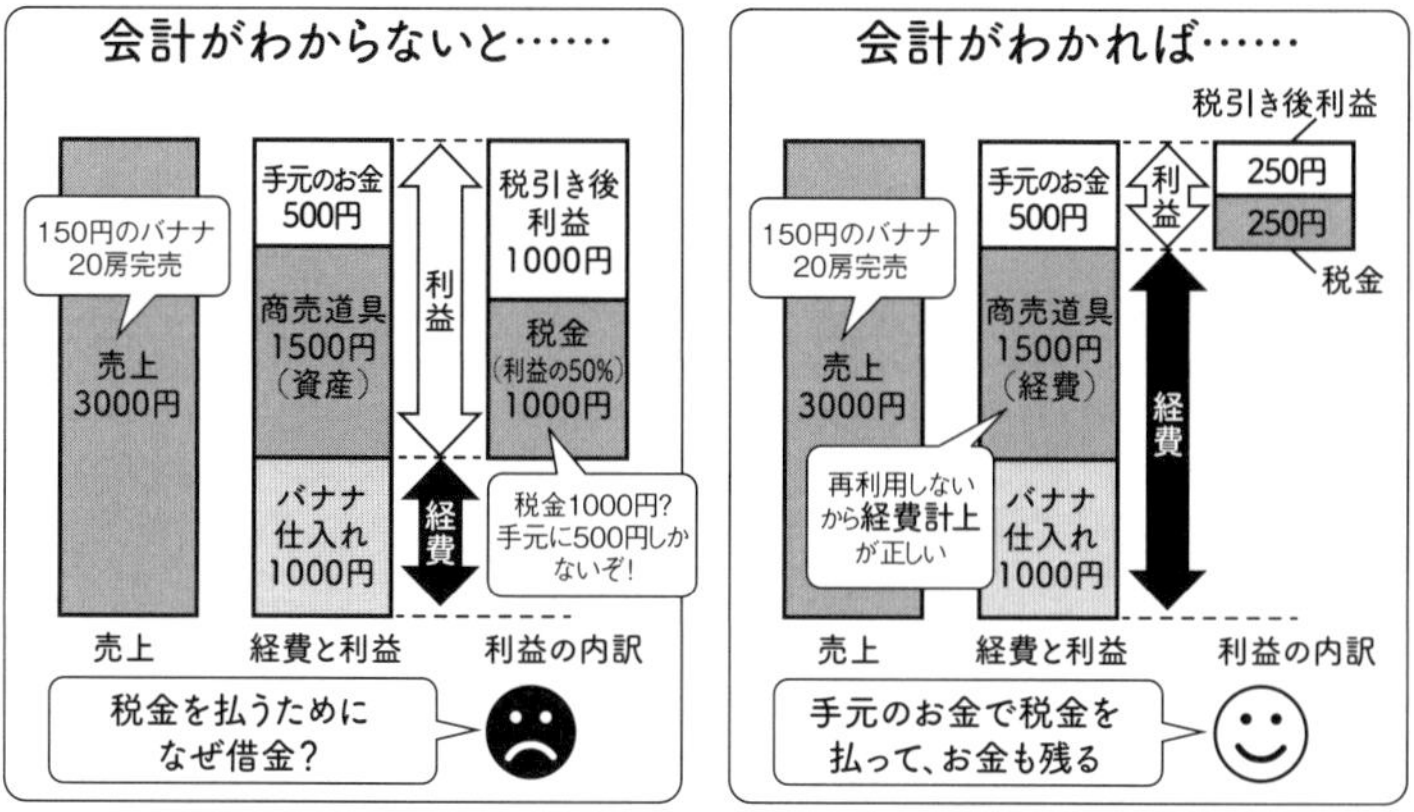

出典:『稲盛和夫の実学』を参考に筆者が作成

売った。その日は20房完売。売上は３０００円だ。そこへ税務署が来て「利益は２０００円。税金は50%の１０００円ですね」。

しかし、バナナを売るための商売道具（リンゴ箱、箱にかける布、叩き棒）で１５００円使ったので、手元には５００円しかない。

「なぜ税金が１０００円になるの？」と尋ねると、税務署は「その商売道具は資産。手元のお金５００円と資産１５００円に税金が１０００円かかります」と言う。会計知識がないと「おかしいなぁ」と思いつつ、泣く泣く借金して税金を払う羽目になる。

会計知識があれば、活路が開ける。本来、資産とは何度も使えるものだ。もし商売道具を今日しか使わず、明日隣町に行く前に捨てるなら資産価値はゼロだ。商売道具１５００円を会計帳簿上の固定資産から削除する除却という会計処理をして１５００円を経費計上すれば、利益は５００円、税金は50％の250円。手元には250円が残る（この話は本質の理解のため単純化している。実際には税率は50％ではないし、固定資産は減価償却でき、少額なら経費で落とせる）。資産か否かは経営者が判断する問題だ。資産には税金がかかるため、使わない資産はすぐ除却・廃棄して経費計上すべきだ。ちなみに、私はなかなかモノが捨てられず、家にモノが溜まりがちだが、妻は不要なモノはどんどん捨てる。会計的には、妻が絶対的に正しい。

会計知識がないと、このように払う必要がない税金を払うために借金する羽目に陥る。

もうひとつ重要なことがある。**利益は信じてはいけない。信じるべきは手元のお金（キャッシュ）だ**。利益と手元のお金は一致しないからだ。利益には減価償却費や未回収の売掛金などが含まれる。リアルタイムにキャッシュを把握しない限り、激変する環境に対応できない。

「銀行は困っても助けてくれない」と嘆く経営者がいるが、銀行は慈善事業ではない。厳しい言い方をすれば、銀行が助けてくれないのは「経営者の努力不足」が原因だ。

稲盛氏は「**土俵の真ん中で相撲をとれ**」と言う。「土俵際に追い込まれる事態は回避し、余裕ある状態で経営しろ」ということだ。稲盛氏は無借金経営に徹し、銀行からの借り入れはすぐ返して、常に自己資金を十分にもつようにしていた。借入金が必要な場合は、返済額は毎年稼ぐ金額（税引き後利益と減価償却の合計）より少なくするという。

固定費を下げて「筋肉質」の経営に徹する

まったく売れない本の運命は残酷だ。新品の本が出版社で裁断処理される。つい「もったいないから、無料でください」と言いたくなるが、それは出版社にはできない相談なのだ。
売れない本は出版社の会計帳簿上、在庫資産として記載されている。つまり税金がかかっている。これを裁断処理すれば会計帳簿から除却して経費計上できる。かくして出版社は資産をスリム化し、余分な税金を払わずに済む。出版社に迷惑をかけないように売れる本を書くよう心がけたいものだ。

強い筋肉質の経営をするには、**原材料費などの変動費だけでなく、このように資産をスリム化して固定費も下げて、利益率を高める**ことだ。本書でもいろいろな方法がを紹介されている。たとえば、社内の固定資産を確認する棚卸という作業がある。通常の棚卸は担当者が「モノがあるかどうか」だけを確認することが多い。しかし、これではまったく使われない資産が放置され、余分な税金を払い続ける結果になりかねない。本来、棚卸では経営者が自分の目で見て必要かどうかを考え、不必要ならば捨てる判断をする。そうして除却することで経費計上し、固定費を下げるべきなのだ。

最新機械の導入で経営が弱くなることもある。京セラが米国を初訪問し、ライバルの工場を見学したときのこと。最新機械が整然と並び、生産スピードは京セラの2倍だという。「すごい。当社も最新機械を入れるぞ！」となりがちだが、稲盛氏は違った。

その機械はとんでもなく高かった。稲盛氏は考えた。「京セラの生産スピードは半分だから、生産性も半分だ。しかし、京セラは中古機械でやり繰りしている。投資総額は何十分の一。設備効率でいえば、京セラのほうが圧倒的に高いな」

固定費と変動費を下げて利益を増やす

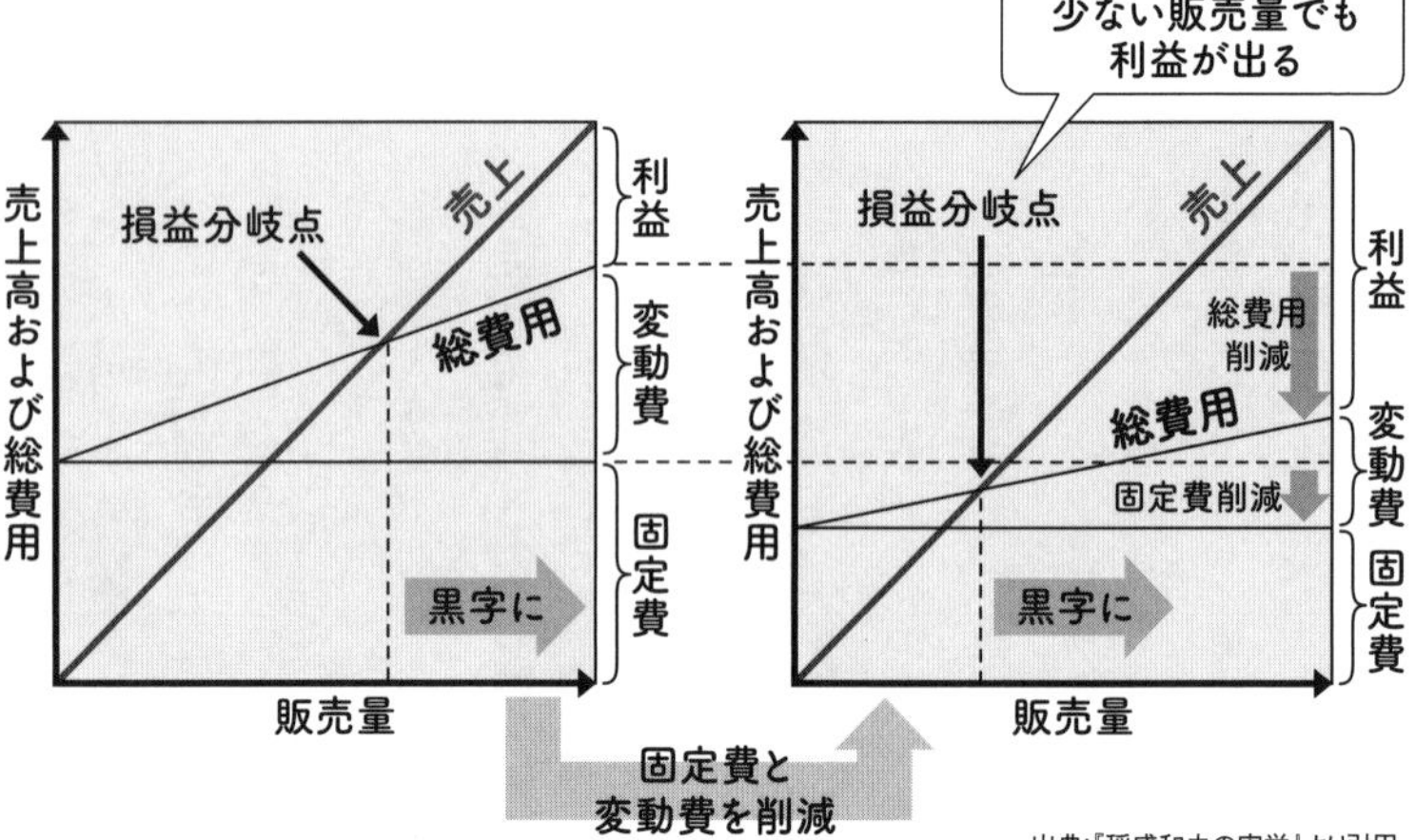

出典:『稲盛和夫の実学』より引用

このように最新鋭の機械が必ずしも経営効率を高めるわけではない。逆に過剰投資となって固定費が大きくなり、経営体質を弱めることにもなりかねない。

また、京セラでは、安くなる場合でもまとめ買いはしなかった。割高でも毎月必要な資材だけを購入した。経理部長は「高いモノを買うのは、経理の常識に逆行しています」と反対したが、稲盛氏は「常識はどうでもいいから、必要な分だけ買いなさい」と却下した。

しかし、経営部長は次第に納得したという。一見高く買ったように見えるが、使う分だけ買うので、社員は無駄使いをせずに、あるものを大切に使うようになった。さらに、余分にないので、倉庫代や在庫管理費用も不要。全体を見ればはるかに経済的だった。

この会計の考え方を応用して、最小コストで最大売上を実現すべく稲盛氏が編み出した仕組みが、有名な**アメーバ経営**だ。**数人の小さな組織ごとに売上と費用を徹底管理し、差引売上（売上と費用の差）を最大化する。**差引売上が、その組織が生み出した付加価値だ。

ひとつの組織がアメーバとしてひとつの中小企業のように活動し、各アメーバが連携して付加価値を積み重ねていく。現在、京セラにはアメーバが3000個あるという。アメーバ経営は稲盛氏が経営再建に関わったJALなど数多くの企業で採用されている。

本書では、稲盛氏が主宰する中小企業経営者向けの経営塾「盛和塾」の経営問答が5つ紹介されている。現場の中小企業経営者の切実な悩みに稲盛氏が真正面から答えている。「自分が稲盛さんだったらどう答えるか」を考えてみると、いいトレーニングになる。

経営の目的は、企業のヒト・モノ・カネを活用して最大限の価値を生み出すことだ。しかし、会計に苦手意識があるビジネスパーソンは多い。そこで、経営視点から会計を理解する第一歩として、本書を強くおすすめしたい。一方で、本書は製造業の視点だ。情報経済ではコスト構造が一変する。こちらについては、Book37『情報経済の鉄則』を参照されたい。

POINT

値決めは経営。売上は最大にして経費は最少に

34

『起業のファイナンス 増補改訂版』（日本実業出版社）

――起業で地獄を見ないための「資金調達」の知識

磯崎哲也

公認会計士・税理士・システム監査技術者。1984年、早稲田大学政治経済学部経済学科卒業。長銀総合研究所のインターネット産業のアナリスト等を務めた後、ベンチャーの世界に飛び込み、カブドットコム証券やミクシィの社外役員、中央大学法科大学院兼任講師などを歴任。現在、フェムトパートナーズ株式会社ゼネラルパートナー。著書に『起業のエクイティ・ファイナンス』など。

「資金調達？　お金の話ですね。要は銀行から借りるか、出資者を見つければいいんでしょ」

起業で資金調達をこのように安易に考えると地獄を見る。

資金調達を**ファイナンス**ともいう。似た言葉に会計がある。会計は財務状況を確認し、過去の利益を見る。ファイナンスは賢くお金を使い、将来の企業価値の最大化を目指す。

「難しそう……」と敬遠されがちだが、基本は意外とシンプル。そしてファイナンスを知っているか否かで、起業は天国と地獄に分かれる。必ず押さえてほしい。

本書は、起業時のファイナンスに必要な基本知識を授けてくれる一冊だ。著者の磯崎哲也氏は長年ベンチャー企業側に立ってアドバイスをしてきた。本書は中央大学法科大学院の講義「ベンチャー・ビジネスと法」やブログ、講演で紹介してきた内容をまとめた一冊。２０１０年出版の本を、２０１４年に書き直したものである。

起業には大きく分けて、**資金調達不要の起業**と**資金調達が必要な起業**がある。

銀行借入と投資の違い

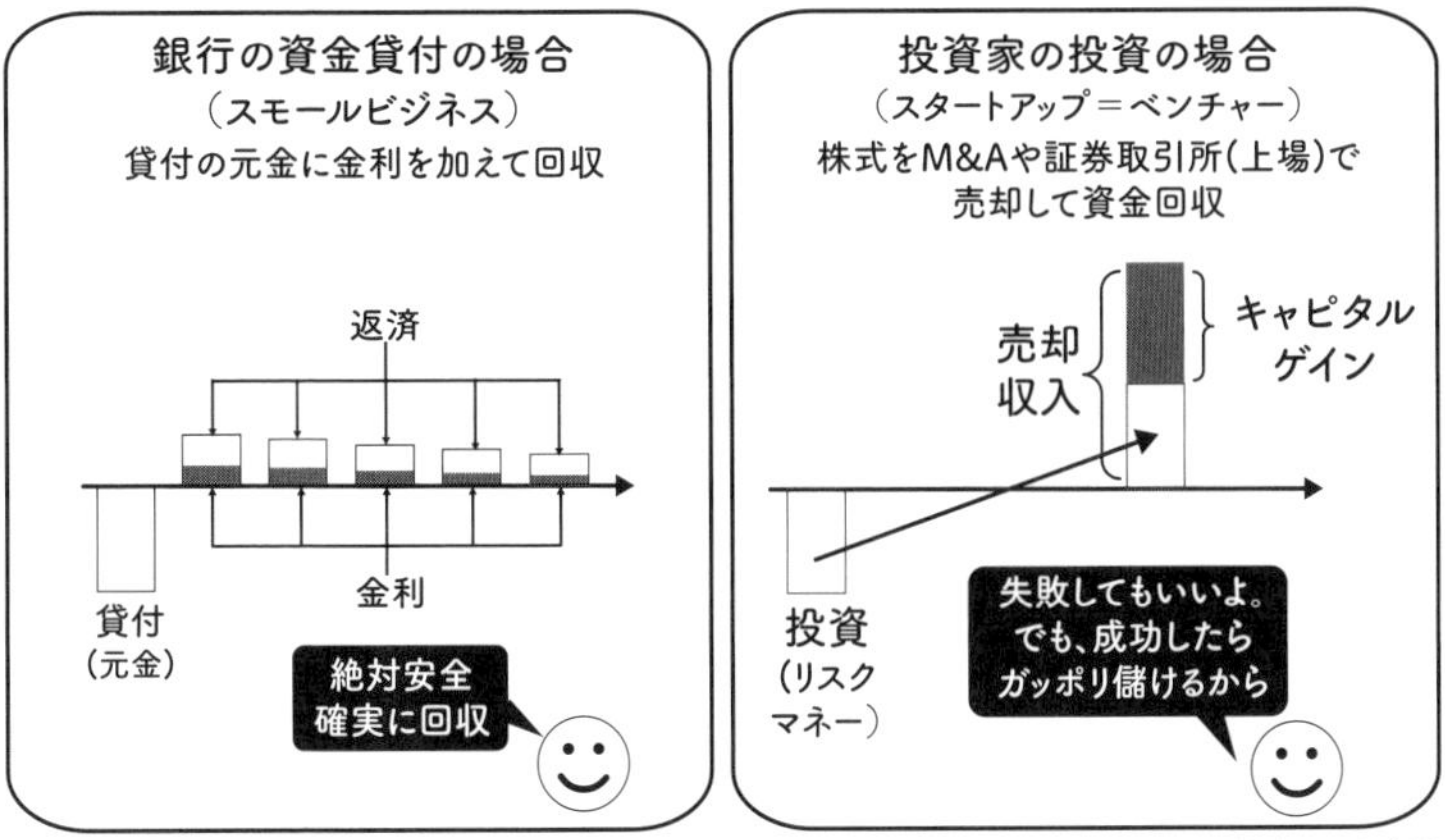

出典:『起業のファイナンス 増補改訂版』の図版をもとに筆者が一部追記

経験を活かしてコンサルタントとして起業するような場合、資金調達は不要。しかし、大きな先行投資が必要で、起業家の資金だけでは足りない場合、資金調達が必要になり、ファイナンス知識は必須となる。本書では、この資金を調達して管理する方法をまとめている。

ベンチャーファイナンスの全体像

資金調達には、**銀行からの資金調達と株式による資金調達**がある。

リスクが低い事業（Book20『起業の科学』で紹介したスモールビジネス）は銀行から借り入れる。たとえば、アパート経営はリスクが低い。そこで銀行は不動産を担保にとったり、場合によっては社長の個人保証をつけたりして確実にお金を回収できる会社に資金を貸す。

一方で、今はベンチャー（Book20で紹介したスタートアップ）の起業が増えている。ベンチャーは「圧倒的に低コストのサービス」や「革新的な新商品」というような世の中にないまったく新しいイノベーションを目指す企業だ。しかし、イノベーションはリスクが高い。成功確率がわからないので、資金を返済できる保証がない。確実な資金回収を求める銀行の借入とは相性が悪いのだ。だからベンチャーは銀行借入ではなく株式で資金調達する。

そこで登場するのが投資家だ。投資家はベンチャーにお金を投資し、ベンチャーは見返りに投資家へ株式の一部を渡す。ベンチャーの価値が上がれば投資家は株式を売却して、差益(キャピタルゲイン)を得る。カジノのようなもので、**リスクを負って一攫千金を狙う。**

投資家は「企業価値は現在10億円。将来は20倍の200億円になるな」と納得したら、お金を出して投資する。10社に投資して1社成功するかどうか、という世界である。

起業家は株式をもつ投資家に対して責任を負う。株式には議決権があるので、投資家から経営に「口出し」される。これは必ずしも悪いことではない。投資家はCTO(最高技術責任者)や提携先を紹介したり、戦略を一緒に考えてくれたりする。起業家も投資家も企業価値を高めたいのだ。ただし、的外れなアドバイスもある。だから投資家との相性は大切だ。

「お金出すから起業しよう」の甘い言葉に注意

起業家塾を主宰するゴトウさんは、「起業したい」という会社員に起業アイデアをプレゼンさせる。すばらしい事業戦略があると、ゴトウさんは決まってこう言う。「それ、投資したいなぁ。400万円出すから、会社つくろうよ」

会社員にとって４００万円は大金だ。「私のアイデアに４００万円？　なんて気前がいい人だ」と感激し、なかには脱サラして一緒に会社をつくる人もいる。

私が実際に見聞きした話をもとに構成したエピソードだが、これは地獄への第一歩だ。

仮にゴトウさんが４００万円、創業者が１００万円出資して会社をつくると、こうなる。

・**投資家（ゴトウさん）**：出資金４００万円　→　出資比率（持ち株比率）**80％**
・**創業者（受講生）**　：出資金１００万円　→　出資比率（持ち株比率）**20％**

投資家のゴトウさんは出資比率80％だ。**外部の誰か1人または1社の出資比率が50％以上になるのは危険**である。会社法では、持株比率により株主の権利が決められている。「法律？なんか面倒だなあ」と思うかもしれないが、人生を左右するレベルのとても大事なポイントなのでぜひ理解してほしい。

・**50％以上もつ株主**……株主総会の普通決議で自分の思い通りに物事を決められる。役員・取締役を決めたり、会社の日常業務についてほぼすべて決める権限をもつ。この株主に「別の社長探したから、次の期からキミは社長退任ね」と言われても、まったく対抗できない。
・**3分の1（33・3％）以上もつ株主**……株式発行・分割・事業譲渡などを阻止する権限（**拒否権**）をもつ。他社と「会社を譲渡する」という合意があっても、イヤなら阻止できる。
・**3分の2（66・6％）以上もつ株主**……3分の2以上をもつ株主には、拒否権すら使えない。出資比率80％のゴトウさんは、創業時にこのポジション。絶対的な支配者なのだ。

お金を出してもらった創業者は無邪気に喜んでいるが、400万円で会社と自分の人生をゴトウさんに買い取られている事実にまったく気づいていない。実はお金の暴力なのである。寝る間も惜しんで働き、企業価値が数十億円になっても、その大部分はゴトウさんのもの。腕利き経営者を見つけて創業者のクビをすげ替えるのも自由自在。仮に失敗しても10社中1社が成功すればOK。

そしてゴトウさんは、失敗した創業者たちに「残念だったね。どこも雇ってくれないでしょ。私が面倒みるよ」と声をかけ、自分の会社で雇うのだ。

ゴトウさんは今日もファイナンス知識が弱そうな起業家予備軍に「お金出すよ」と声をかけている。彼の犠牲者になりたくなければ最低限のファイナンス知識は学ぼう。

対抗策は、実はシンプルである。資本金は数万円程度でいい。まず会社を設立しておく。そして実績を積んで企業価値を高め、投資家が「400万円投資する」と言ってきたら、「当社の企業価値は現在2億円。400万円なら出資比率は2%弱です。これでOKですか？」と交渉するのだ（詳しい仕組みは後述）。

まず早めに会社をつくり、投資家が「投資したい」と思えるように企業価値を上げる。そして、**外部投資家の出資比率はなるべく低く抑え、人数も少人数に限定する**ことだ。

多くの投資家は誠実な人だが、ゴトウさんのようなくせ者もいる。起業したい人は事業戦略を考えるだけでなく、せめて最低限のファイナンス知識ももっておいてほしい。

意外と誤解している企業価値と株価

経営に詳しくても、「株価700円の企業のほうが、株価500円の企業よりも**企業価値が高い**」という初歩的な勘違いをする人がいる。企業価値と株価の関係は理解しておこう。企業価値は「羊羹《ようかん》の大きさ」にたとえるとわかる。羊羹（＝企業価値）を何個に切り分けるかで一切れの羊羹のサイズ（＝株価）が変わる。企業価値10億円の企業を株式数1万株に分けると株価は10万円だが、株式数100万株に分けると株価は1000円だ。大事なのは羊羹の大きさ（企業価値）であり、羊羹一切れのサイズ（株価）ではない。

「資本政策」がベンチャーの命運を握る

ゴトウさんの例で見たように、最初に資本戦略を間違うと命取りだ。出資して株主になった人に、あとから「やっぱり株を返してください」なんて言えないし、創業者の持株比率は一度薄まると高まることはほぼない。どの株主に何株渡すかは慎重に考えるべきだ。そこで**資本政策**が必要になる。たとえば、次のような計画になる。次ページ図もあわせて見てほしい。

・**設立（2015年1月）**……社長A氏が80万円、副社長B氏が15万円、従業員C氏が5万円ずつ出資し、会社を設立。株価は50円、合計2万株。資本金は100万円。創業時点の企業価値は100万円だ。この3人で事業計画を検討していく。

資本政策の例

	2015年1月		2015年4月			2017年2月			2019年10月		
	設立		第三者割当増資1			第三者割当増資2			株式上場		
	発行済株式数	比率	増加株式数	発行済株式数	比率	増加株式数	発行済株式数	比率	増加株式数	発行済株式数	比率
社長A	16,000	80.0%		16,000	68.1%		16,000	53.3%		16,000	46.4%
副社長B	3,000	15.0%		3,000	12.8%		3,000	10.0%		3,000	8.7%
従業員C	1,000	5.0%		1,000	4.3%		1,000	3.3%		1,000	2.9%
(社内持分小計)	20,000	100.0%		20,000	85.1%		20,000	66.7%		20,000	58.0%
エンジェル・アリガさん			3,500	3,500	14.9%		3,500	11.7%		3,500	10.1%
Xベンチャーキャピタル						6,500	6,500	21.7%		6,500	18.8%
一般株主									4,500	4,500	13.0%
合計	20,000	100.0%	3,500	23,500	100.0%	6,500	30,000	100.0%	4,500	34,500	100.0%
一株当たり(千円)	0.05		5			31			200		
調達額合計(百万円)	1		17.5			201.5			900		
企業価値(百万円)	1		118			930			6,900		

出典:『起業のファイナンス 増補改訂版』の図版をもとに筆者が一部追記

・**第1回第三者割当増資（2015年4月）**……事業計画を見たエンジェル（個人で投資する個人投資家）のアリガさんが「コレいける。お金出すよ」と賛同。1750万円出資してくれることになった。1株5000円で3500株発行し、発行済株式は2万3500株。アリガさんは14・9％の株式所有で合意。企業価値は1億1800万円だ。

・**第2回第三者割当増資（2017年2月）**……出資金でプロトタイプを開発して好評を博す。今後の事業拡大で2億円必要だ。そこでXベンチャーキャピタルに株価3・1万円で6500株を発行し、2億150万円の出資を調達。企業価値は9億3000万円だ。

・**株式上場（2019年10月）**……株式公開では1株20万円で4500株を発行し、9億円を株式市場から調達。企業価値は69億円。持株比率は一般株主13・0％、Xベンチャーキャピタル

18・8％、アリガさん10・1％、創業メンバーは合計58・0％だ。

資本政策が当初の計画どおりにいくことはない。しかし、行き当たりばったりで株を発行すると地獄を見ることもある。大まかな見通しが大切だ。

テスラは2020年12月に「公募増資で最大5200億円（50億ドル）を調達する」と発表した。当時の売上は3兆円強なのに5000億円強も調達できるのは、**企業価値が63兆円（6000億ドル）あって1％弱の株式売却で資金を工面できる**からだ。資本政策の成果である。

現代の日本はベンチャー投資が活発だ。著者の磯崎氏は「『ベンチャーにお金が回らない』という意見をよく聞くが、問題は『お金を出したい』と思えるベンチャーが少ないこと。日本はベンチャーに甘い国」と言う。つまり、いいベンチャーにはチャンスは多いのだ。そんなチャンスをつかむためにも、本書から最低限のファイナンス知識は身につけてほしい。

POINT

ベンチャーの事業の成否は、ファイナンス戦略が握っている

35

『会計の再生』——業績報告の「財務会計」はもはや役に立たない（中央経済社）

「会計情報はムダである」と、本書はバッサリと切り捨てている。

「え？　稲盛さんは『会計がわからんで経営ができるか』って言っていたよね？」と思うだろう。会計には**管理会計**と**財務会計**の2つがある。稲盛氏がBook33『稲盛和夫の実学』で書いたのは、社内の業績を把握し、評価するための管理会計だ。一方、本書で「ムダ」と言い切るのは、業績などの企業価値を社外投資家に報告するための財務会計だ。

企業は、経営状況を会計情報（貸借対照表や損益計算書など）にまとめて投資家に報告する義務がある。財務会計とは、要は「企業の成績表」なのだ。

会計学では、「会計情報で本当に企業価値を説明できるのか」が研究されてきた。その中心にいたのが著者のレブ。ちなみに、本書の原題は「**会計の終焉**（The End of Accounting）」という過激なタイトル。起業家が投資家に業績を説明する際に、会計はどれだけ役立つのかを知ることは重要だ。そこで、最新の知見をまとめた本書を紹介したい。

バルーク・レブ／フェン・グー

バルーク・レブは、ニューヨーク大学教授。1968年シカゴ大学博士号を取得。97年までシカゴ大学、カリフォルニア大学、テル・アビブ大学で教鞭をとる。専門分野はコーポレートガバナンス、利益管理、財務会計、財務報告書分析、無形資産／無形資本など。『フィナンシャル・タイムズ』紙など寄稿多数。フェン・グーは、バッファロー大学准教授。ワシントン大学で博士号を取得。専門は財務分析と管理会計。

企業の時価総額のうち、利益と純資産が寄与する割合

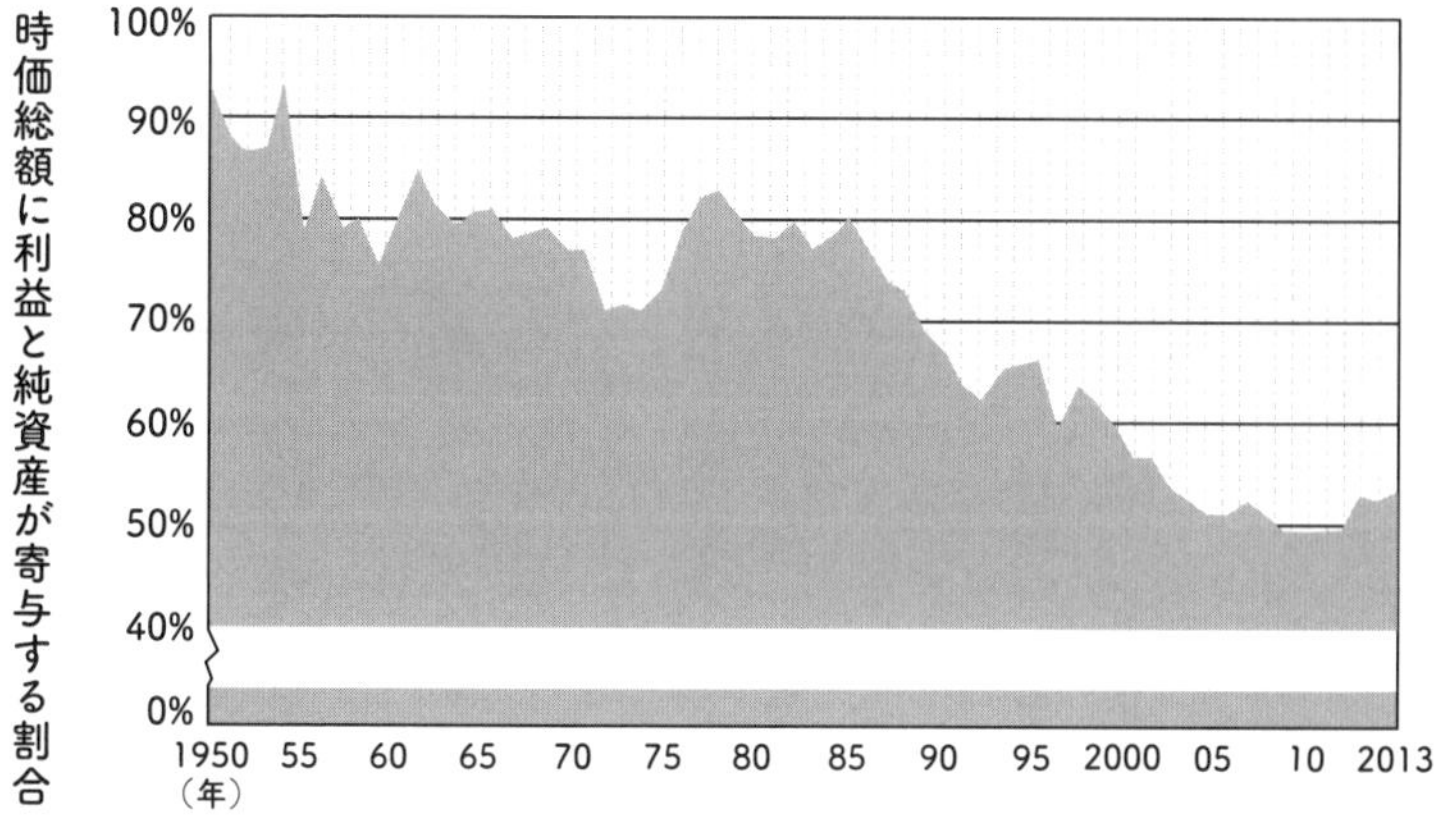

出典:『会計の再生』より引用

投資家は会計情報を使わなくなった

もし会計情報が投資家に役立つのならば、企業価値（株式時価総額）と、貸借対照表上の資産や損益計算書上の利益との間には、高い相関関係があるはずだ。図は利益と純資産が株式時価総額に寄与した推移を、年度ごとに見たもの。縦軸が寄与する割合で、完璧に寄与すれば１００%、まったく寄与しなければ０%だ。

１９５０年代まで80〜90%と大きく寄与したが、80年代から急落。２０００年以降は50%だ。利益や資産と企業価値の関係は乖離している。この60年で、たしかに会計情報は企業価値と関係がなくなりつつある。この要因は３つある。

要因❶ 無形資産の台頭

コカ・コーラ本社で最も価値がある資産は、コーラのブランドや原液のレシピなど目に見えない**無形資産**。コーラを製造・販売する**有形資産**

（工場・営業部隊・車両群など）を所有するのは、世界の各地域でコーラを生産する契約をコカ・コーラ本社と結んだボトリング会社だ。

世の中では無形資産が急増中だ。米国企業では1977〜2014年の間に有形資産の投資は35％減り、無形資産の投資は60％増えた。情報化が進み、企業投資は有形資産（工場や機械などの設備）から無形資産（ソフトウェア、特許、ブランド、版権）へシフトしたのだ。

巨大な時価総額をもつGAFAの資産の多くは無形資産。投資銀行業界に君臨するゴールドマン・サックスの資産はユニークな人材と顧客との密接な関係性という無形資産。コカ・コーラのレシピやブランドも無形資産。現代の成功企業は例外なく豊富な無形資産をもつが、会計システムは無形資産の台頭に対応していない。だから、変なことが起こる。

2013年のファイザーの業績はイマイチだった。売れ筋医薬品の特許は切れ、ヒット商品が続かず苦しんでいた。しかし、投資指標のひとつROE（株主資本利益率）は28％。数字だけ見ると同社は絶好調なのだ。実はトリックがある。ROEは次の式になる。

・ROE＝当期純利益÷純資産

このうち利益は、過去に投資した医薬品開発による特許やブランド力のおかげ。しかし、純資産にはその無形資産（過去の特許やブランドへの投資）が含まれないので、同社の純資産はとても少ない。結果、業績と連動する利益が低くてもROEは異常によい数字になる。本来ROEを正しく数字として把握するには、無形資産への投資を資産に計上して「無形資産の見える化」をすべきだ。しかし、多くの経営者はこれを嫌がる。なぜか？

研究開発にはリスクがあるからだ。リスクがあるものを資産化して会計帳簿に載せると、投資家から「コレどうなった？」と追求され続ける。万一失敗すると、場合によっては責任を取らされてクビ。しかし、研究開発費を資産でなく費用に計上すれば、会計帳簿上から消して、同時に投資家の記憶からも消せる。不正ではない。会計上は正しい処理である。

１９９０年代以降の多くの新規事業は、無形資産ベースだ。しかし、無形資産はこんな理由で会計帳簿に載っていない。**財務報告書は、現実の姿を反映していないのだ。**

要因❷ 会計は真実ではない

ある企業で経理責任者を務めてきた私の友人いわく、

「『会計は真実』って勘違いしている人が多いけど、会計って『単なる意見』だからね」

「え？　会計の数字は真実でしょ？」と驚く人は多いだろう。彼は不正会計の話をしているのではない。現代の会計は「見積り」が実に多いのだ（減価償却費、製品保証引当金、年金費用、退職給付費用、資産とのれんの減損、資産や負債の評価益や評価損などなど）。

このため、会計上の収益と費用にはさまざまな見積りが含まれる。さらに、各見積りには必ず誤差がある。財務報告の利益がどの程度真実か、実は会計担当者もわからない。

しかも、この20～30年間で見積りが急増した。著者は無作為に50社を選び、１９９５～２０１３年の年次報告書を調べたが、「見積り」という言葉の頻度が年々増えていた。

要因❸ 会計以外の影響が大

投資家は医薬品試験やソフトウェア試作品の成功、規制や法律の撤廃や変更、重要な役員の辞任などのニュースで株を売買し、これらが株価に反映される。結果、会計情報と株価が乖離していくのだ。明確な取引がないと、会計には記録されない。これらは過去の情報だ。会計に記録されない多くの出来事が企業業績に影響を与えている。では、企業は何をすべきなのか。

報告すべきは企業の「戦略的資源と活用状況」

著者は投資家が何を求めているかを知るために、企業200社以上の業績発表の質問を調べたところ、投資家は過去の財務結果は気にしていなかった。気にしていたのは企業のビジネスモデルだった。競争に勝ち抜くために**戦略的資産**（その会社しかもっておらず、他社が模倣できない資源）**をいかに生み出し、活用しているのかを知りたがっていた。**

一部の企業は、すでにこの情報を開示している。多くの製薬会社は医薬品の開発プロジェクトの進捗状況をウェブ上で公開している。他にもサブスクの会員数や顧客離脱率を公表するITサービス企業など、戦略的資産を生むカギとなる数字を公開する企業は多い。ただ、情報は統一されておらず、やり方もバラバラで、必ずしも投資家に利用されていないのが現状だ。

そこで著者は、企業の戦略的資源を「創造→保持→展開」している状況を見える化できるように、**戦略的資源・帰結報告書**という報告書の活用を提唱している。それは次の5段階だ。

❶資源開発……研究開発や顧客獲得など、戦略的資源への投資状況

❷資源の在庫……戦略的資源が今どんな状況か（特許や顧客の状況など）
❸資源保持……戦略的資源の保護と維持をどのようにしているか
❹資源展開……戦略的資源から、価値創造をする展開の仕方
❺創造価値……戦略的資源から生んだ便益（得られた金額や支出、顧客生涯価値など）

戦略的資源・帰結報告書は、これら5項目の具体的な状況と数字を示し、企業がいかに価値を生む仕組みをつくり出して維持しようとしているかを見える化する。そして、一貫性ある形で企業同士を比較できるようにして、関係者の負担を減らすことを狙っている。

「利益や資本は、企業価値の半分しか説明できない」ことを明確にした本書は、会計の世界で大きな話題になり、企業が見えない価値の大切さに目を向ける契機になった。無形資産については**Book36**『無形資産が経済を支配する』でさらに深く掘り下げる。

２０１６年に出版された本書は、過去数十年のデータを分析する手法で研究された。しかし、ＥＳＧ投資（環境、社会、企業統治に配慮した企業を選別する投資）のような最新の社会動向に関する考察はない。本書の洞察をいかに活かすかは、私たちの課題なのだろう。

POINT

見えない無形資産が、企業価値を左右する時代になった

36

『無形資産が経済を支配する』（東洋経済新報社）

――目に見えない「情報や人材」がビジネスを一変させた

ジョナサン・ハスケル（左）／スティアン・ウェストレイク

ハスケルは、1963年生まれのイギリスの経済学者。インペリアル・カレッジ・ビジネススクール経済学教授。英国統計局の理事会メンバー、イングランド銀行の金融政策委員会のメンバーなどを務める。ウェストレイクは、イギリスの経済学者で、イギリス全国イノベーション財団ネスタ・シニアフェロー。英国王立統計学会の最高責任者も務める。2人は2017年にインディゴ賞を共同受賞した。

「今の若者は物欲がなさすぎだ。私の若い頃は……」という人は、本書を読もう。これは数十年遅れの考え方だと気づくはずだ。目に見えるモノの価値は大きく下がっている。

長い間、人にとって豊かさとは広い農場や数多くの牛を所有することだった。そこで目に見える**有形資産**を会計帳簿に固定資産として記録、管理してきた。しかし現代では、豊かさの源泉は目に見えない**無形資産**に変わった。無形資産と有形資産は、特性がまったく異なる。

ビル・ゲイツは「従来の考え方で説明できないことが増え、世の仕組みやルールが追いつかず大きな問題が起こる理由を理解する上で、本書はイチオシ」と強く推薦している。

私が常々痛感するのは、ものづくりにこだわる多くの日本企業が冒頭の人と同じ考え方で、無形資産の意味を十分に理解していないことだ。そこで本書を紹介したい。

２００２年頃から経済学者を中心に無形資産への投資についての議論がされてきた。当時、世界で最も時価総額が高かったのがマイクロソフト社。２００６年の同社の市場価値は２５０

0億ドル（26兆円）だったが、有形資産（工場や設備）は30億ドル（0・3兆円）だ。「見えるモノが資産」という従来の会計の常識では、有形資産が市場価値のわずか1％である理由が説明できない。ある研究者は同社の帳簿を調べ、「同社の資産価値は研究開発で生んだアイデア、ブランド、社内プロセス、人材などの無形資産だ」とあきらかにした。

同社は「目に見えないモノ＝無形資産」に投資し、莫大な価値を生み出したのである。

2人の著者はこの分野の研究をしてきた英国の経済学者だ。ハスケルは英国統計局や英国政府の各種委員会で委員も務めている。ウェストレイクは英国王立統計学会の最高責任者だ。

「無形資産」と「有形資産」の違い

本書では無形資産を、次の3種類に分けている。

❶コンピュータ化情報……ソフトウェアやデータベースの開発
❷イノベーション財産……研究開発や娯楽作品の制作
❸経済能力……人材への研修、調査、企業変革への投資

Book35『会計の再生』で著者のレブが書いたように、これら無形資産への投資は貸借対照表の資産に計上されないことが多い。無形資産は、資産ではなく費用に計上されることが多いからだ。さらに無形資産は、有形資産とは大きく異なる4つの特性がある。

特性❶　スケーラブル（拡張可能性）……スタバの中国語マニュアルを一度つくれば中国4800店舗で使える。無形資産は一度つくれば何度も同時に複数箇所で使用できる。**ネット**

「4S」で無形資産の特性がわかる

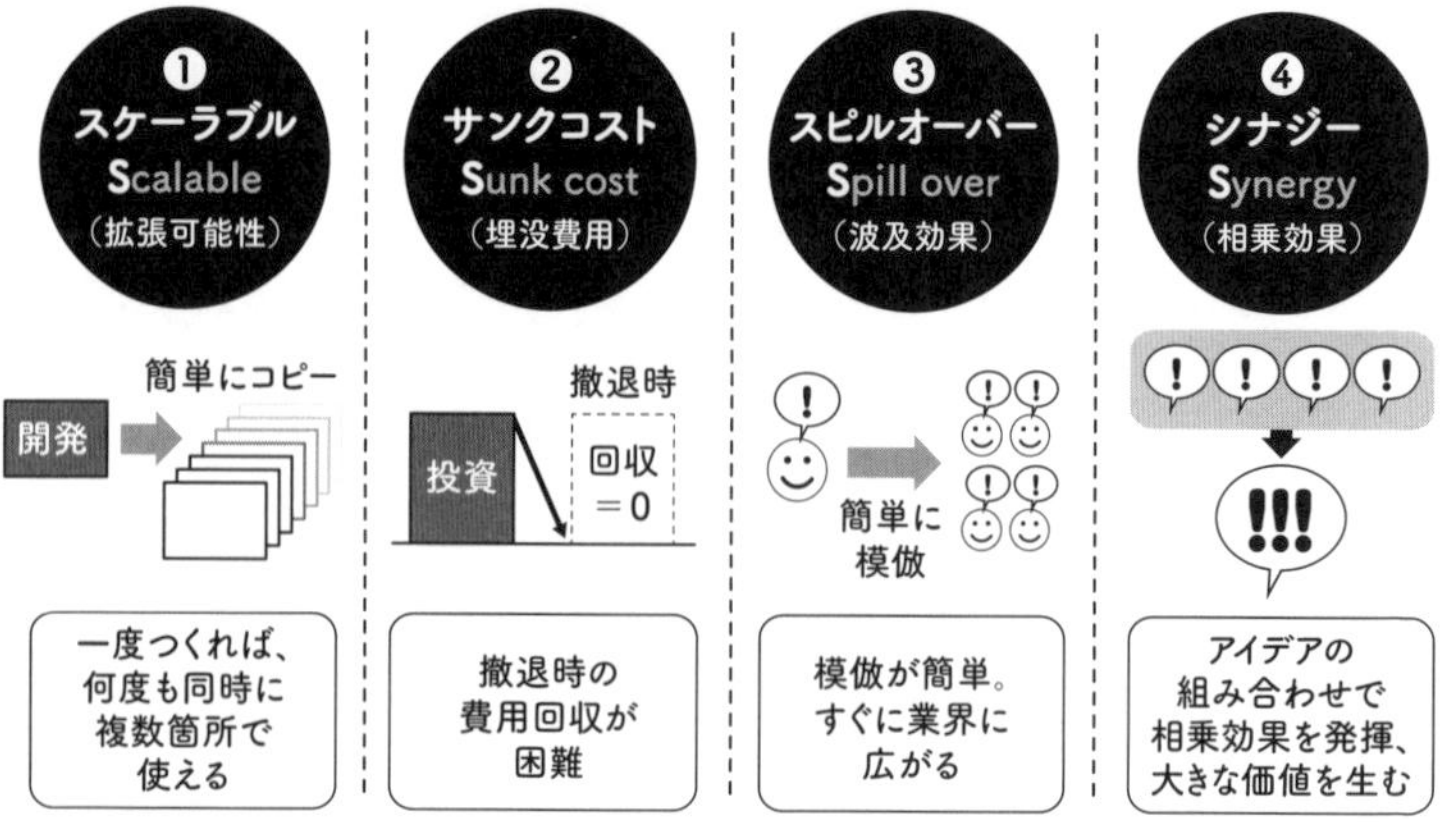

出典:『無形資産が経済を支配する』を参考に筆者が作成

ワーク効果（ユーザーが多いと価値が増える効果）で、さらに大きな価値を生み出せる。

特性❷ サンクコスト（埋没費用）……事業撤退する場合、工場や設備などの有形資産は売却できるが、無形資産は売却が難しい。万一スタバが倒産すると、中国語マニュアルを買う会社はない。無形投資は所有者以外には無価値だ。

特性❸ スピルオーバー（波及効果）……iPhone発表後、他社は次々とそっくりなスマホを出した。アイデアのような無形資産は模倣が簡単。人類は有形資産の所有権を3500年かけてつくったが、無形資産の所有権は未成熟だ。

特性❹ シナジー（相乗効果）……アイデアは複数のアイデアと組み合わさると威力を発揮する。軍事レーダーのマイクロ波技術と家電メーカーの知識を組み合わせて、電子レンジが生まれた。アイデアをより多くのアイデアと触れさせる仕組みが、経営学者のチェスブロウが提唱した**オープン・イノベーション**だ。逆にアイデアの知的所有権を法で守ろうとするとシナジーの機会は減る。最近ではトヨタがいい例だ。当初ハイブリッド技術を社外秘にしたが、ハイブリッドカーが業界に広がらなかったので、2019年にハイブリッド陣営拡大を狙って特許の無償提供に踏み切った。

これら4つの特性のおかげで、無形投資は次の2つの性質をもつようになる。

ひとつは、**不確実性が増すこと**。失敗と成功のブレが大きい。失敗するとサンクコストで投資を回収できないが、成功するとスケーラブルで規模が急拡大し、シナジーで価値も増幅する。もうひとつは、**紛争性があること**。成功する企業はスピルオーバーにより無断で模倣されやすい。iPhoneを真似たグーグルのアンドロイドは、アップルのジョブズを激怒させた。これらがわかれば、無形資産が世の中に大きな影響をもつ理由もわかる。

無形資産は「長期停滞」と「格差拡大」を招く

投資の低調と低金利による経済の長期停滞が世界で続いている。投資のGDP比率は英国と米国で1970年代の25％から現在は20％以下に低下。1980年代に5～10％だった金利も下がり続けている。従来の経済の常識は「不景気なら金利を下げれば企業がお金を借りて投資するようになり、景気は回復する」だったので、経済学者には投資の低調と低金利が続く理由は大きな謎だった。しかし、無形資産へのシフトを考えれば、この理由がわかる。

無形資産で莫大な売上と利益をあげる企業は、勝者総取り状態だ。GAFAは無形資産をスケーラブルに増やし、スピルオーバーで他社の無形資産を模倣し、シナジーでさまざまな無形資産を組み合わせて価値を生み出す。実に投資効率が高い。一方でデジタルに疎い企業は真逆である。スピルオーバーの能力がなく、投資しようにもできない。**勝ち組と負け組が二極化して投資の低調と低金利が続き、経済の長期低迷が続いている。**

さらに、これが格差拡大を生む。Book32『NO RULES』で紹介したように、無形経済の勝ち組企業は最高の人材を高給で雇って、並の人材10人が敵わない仕事をさせる。

「無形経済」における経営と資金調達

従来の経営学では「**持続的な競争優位性を生み出すのは、独自の資産＝戦略資源。戦略資源は、①価値があり、②珍しく、③模倣が難しい、という特徴がある**」と考えてきた。

無形経済では、この考え方がさらに重要になる。無形資産はシナジー（相乗効果）があるので、他の人では代替できない暗黙知をもつ知識労働者との情報共有が重要なカギだ。

そこで、リーダーシップが必要になる。ただし、箸の上げ下げまで細かく管理する経営者はNG。権威に頼り細かく管理をすると、従業員は情報共有しなくなり、仕事へのコミットメントが減る。そして生産性が下がって、優秀な人材ほど職場を去ってしまう。

従業員が自発的に組織のために動けるようにリーダーが働きかけることが必要だ。従業員がリーダーに刺激を受けて共感すれば、互いに協力し合い、情報を共有するようになる。無形経済で活躍できるのは、こんな仕組みをつくることができるリーダーなのだ。

また従来、多くの企業は銀行の借入で資金調達してきた。しかし、無形投資は不確実性が高く、サンクコストの問題で銀行は担保をとれないので、銀行からは資金調達できない。

そこでBook34『起業のファイナンス』で紹介したように、ベンチャー企業による**エクイティ（新株発行による資金調達）**を考えるべきだ。この場合、リスクの見極めが大事になる。不確実性が高い段階では少額投資にとどめ、確実性が高くなったら一気に投資を増やすのだ。

無形資産シフトの流れに乗った企業は成長し、乗り損なった企業は低迷を続ける。

モノづくり企業にとっても、無形資産は重要だ。**製造業のサービス化**という考え方がある。テスラは完全自動運転対応機能をオプションでつけて高付加価値化を図っている。

技術力があるにもかかわらず低迷してきた日本の電機業界の中でも、ソニーはエンターテインメント、日立は社会インフラを支えるソリューションにシフトして復活した。彼らも電機製品という有形資産から、競争優位性をもつテクノロジー（ソニーは感動を生むためのさまざまな技術、日立は社会イノベーションを支える技術）を活かした上で、無形資産に移行した。

今、無形資産とどう向き合うかが、あらゆる業界で問われているのである。

POINT

これからは「無形資産」への理解と対応こそが成否を分ける

37

『情報経済の鉄則』（日経BP社）

──「ネットワーク型経済」は「モノ経済」と違う原理で動く

カール・シャピロ／ハル・ヴァリアン

シャピロは、カリフォルニア大学バークレー校ハース・ビジネススクール教授兼バークレー校経済学部教授。専門はビジネス戦略。1981年MITで博士号取得。プリンストン大学を経て90年から現職。ヴァリアンは、米国の経済学者、Googleのチーフエコノミスト。専門はミクロ経済学と情報経済学。カリフォルニア大学バークレー校経済学部教授等を経て、2002年からGoogleで広告オークションの構築に従事。

Book35『会計の再生』やBook36『無形資産が経済を支配する』で紹介したように、現代ではビジネスの主役となった情報経済の仕組みの理解が必須だ。

そこでオススメしたいのが「情報経済を読み解く不朽の名著」といわれる本書だ。20年以上前の本だが、すでに実証済みの膨大な経済学の原理原則にもとづいて、情報経済（ネットワーク型経済）で戦略的に意思決定する方法を解説している。だから、時代を超えても役立つ。

アマゾンの創業者ジェフ・ベゾスは「情報経済の世界で本書の鉄則に従えば成功確率が格段に高まる」、インテルの元会長アンディ・グローブも「実にすばらしい本。ネット時代に経済原理をどう応用すればいいのか、生きた実例を挙げて平易な言葉で教えてくれる」と本書を推薦している。

著者のシャピロは経済学が専門で米国司法省の幹部も務めた、理論と実務の両面に精通する研究者だ。ヴァリアンも経済学の研究者で、米国の大学で学部長などを歴任後、グーグルのチーフエコノミストに就任し、同社に３００人以上いるといわれている経済学の専門家を牽引する情報経済の第一人者だ。

情報財は「再生産コスト」がほぼゼロ

私はネット配信で映画を観ることが多い。制作費数百億円の映画作品でも視聴料金は数百円。私はアマゾンプライム会員なので、追加料金を払わずに映画を観ることもある。

映画・書籍・音楽・ソフトウェアのような情報主体の商品や財が**情報財**だ。無形の情報財は、モノ商品とはまったく違う特性がある。

映画は巨額の制作費がかかるが、ネット配信すれば作品を顧客一人ひとりに届けるコストはほぼゼロ。しかし、クルマの場合、１台つくるたびに生産コストがそれなりにかかる。

情報財はモノとは違って生産コスト（固定費）が高く、追加でもうひとつ生産する費用、つまり**再生産コスト**（変動費、または限界費用という）**がほぼゼロ**という特性がある。

また、完成した映画を公開中止すると、制作費用はすべてムダになる。このように情報財は生産コストが**埋没費用**（**サンクコスト**）になってしまう特性もある。

情報財はこのような特性があるので、本書では戦略的な視点として次の5つを挙げている。

視点❶ 価格設定……価格は生産コストでなく、顧客の価値に応じて決める必要がある。

視点❷ 知財管理……すぐコピーできるので知的財産の保護が難しい。むしろ保護せずに価値を高める方法に発想を転換する必要がある。

視点❸　スイッチング・コスト……情報財は**ロックイン（囲い込み）**が起こりやすい（詳細は後述）。

視点❹　正のフィードバック……強者はさらに強く、弱者はさらに弱くなる。勝者総取りだ。

視点❺　規格化と標準化……規格化と標準化を早く確立できれば情報財は広がっていくが、このためには早い段階で味方と競合の見極めが必要だ。協業や協力体制が勝敗を握る。

ここでは、お金の観点で特に重要な❶価格設定、❸スイッチング・コスト、❹正のフィードバックについて見ていこう。

価格は顧客の価値に応じてバージョン化せよ

情報財は生産コストが高くサンクコストになる一方で、再生産コストはほぼゼロ。だから価格を決める際にコストは参考にならない。価格は顧客の価値に応じて決める必要がある。

有効なのが**バージョン化**だ。顧客ニーズにあわせて値づけをする。具体的にはハイエンド版とローエンド版をつくり、顧客ニーズ別に価格を変える。ポイントは、ハイエンド版は魅力を徹底的に高める一方、ローエンド版の魅力は下げること。ローエンド版が魅力的すぎると、本来ハイエンド版を買う顧客がローエンド版を買ってしまう。そこでハイエンド顧客が「買いたくない」と思うレベルまでローエンド版をダウングレードする。こんな方法がある。

・**ユーザーインターフェース**……たとえば、ハイエンド顧客に高度な検索機能を提供する。料理レシピサイトのクックパッドは無料だが、有料で人気レシピを検索できる。
・**利便性**……Ｚｏｏｍ無料版の会議は40分までだが、有料だと時間無制限になる。
・**解像度**……ネットフリックスは低画質動画は低料金、高画質動画は高料金だ。
・**使い勝手**……ソフトウェアやアプリの場合、全機能が使える高価格版と、たとえばファイル保存や印刷ができない無料版や低価格版というように分ける。

このようにローエンド版では、低解像度にしたり、時間や機能の制限をつけたりと、制作に追加投資がかかることも多い。しかし、ローエンド版をつくれば新たな顧客層を開拓できて売上が増えるため、投資はペイする。

さらにバージョン化のパターンは他にもある。
・**追加コンテンツ**……私が愛用する電子辞書はコンテンツを追加できる。英単語辞典は１１０００円だが、医学大辞典は１万９８００円。専門性が高い顧客は気前よくお金を払うのだ。
・**煩わしさ**……無料のＹｏｕＴｕｂｅは広告が頻繁に出るが、有料登録すると出なくなる。
・**サポート**……業務でリナックスのようなオープンソースソフトウェアが広く使われているが、ネット上で自由に入手できるオープンソースソフトウェアは必ずしも信頼性が高くはないので、企業では使えない。そこで、レッドハット社はオープンソースソフトウェアを高品質化した上で無償配布している。その一方で、企業向けには有償で保守サポートを提供している。

ロックインのカギが莫大な利益の源泉になる

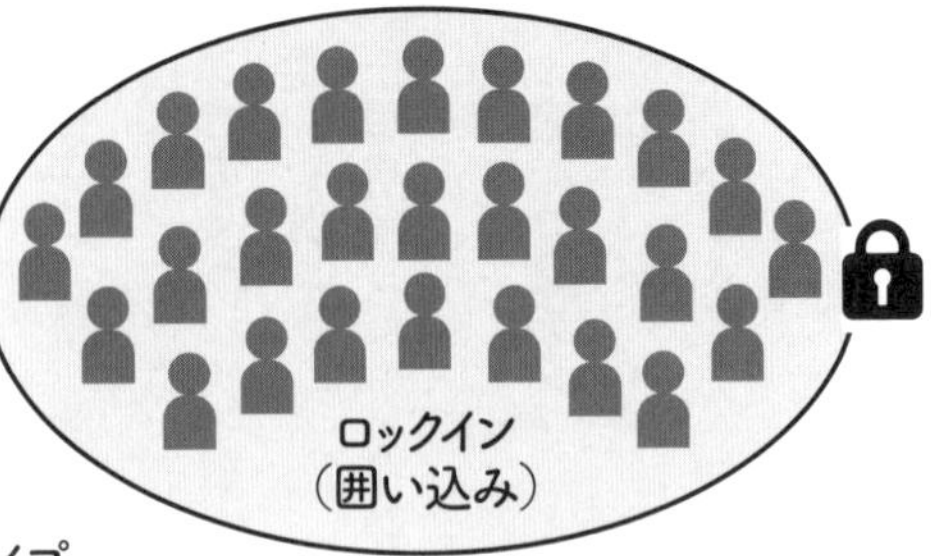

ロックインのタイプ

① 契約の縛り（違約金）
② 耐久財購入（新機器調達）
③ トレーニング（再投資）
④ 蓄積データ（変換コスト）
⑤ 特殊機器（新規調達先の育成）
⑥ 検索コスト（新規取引先）
⑦ ロイヤルティ（蓄積ポイント）

出典:『情報経済の鉄則』を参考に筆者が作成

「スイッチング・コスト」をデザインせよ

私がかつてウィンドウズからMacに乗り換えたときは大変だった。データ移行や操作方法の習得などで数カ月間かかった。このような乗り換え時のコストが**スイッチング・コスト**だ。

携帯電話では契約が2年単位で自動更新され、特定の月以外で解約すると違約料金が発生する「2年縛り」が当たり前とされてきた。これもスイッチング・コストの一種だ。

情報財は、スキル、データ移行、契約の縛り、移行先を検討する手間など、スイッチング・コストが増大する構造になっている。

スイッチング・コストが増えると、顧客はその商品に**ロックイン（囲い込み）**される。ロックインされた顧客は商品やサービスを使い続けざるを得ない。このロックインこそが莫大な利益の源泉になる。

インターネット関連で成功したほぼすべてのサービスは、このスイッチング・コストをうまくデザインして顧客をロックインしている。たとえば楽天で、ショッピング・証券・銀行・カード・旅行・通信といった「楽天経済圏」の中で楽天ポイントを貯めて安く買い物できるのも、利便性によって顧客の乗り換えコストを高めて顧客を囲い込むためだ。

「正のフィードバック」を起こせ

コロナ禍の在宅ワークのおかげでＺｏｏｍユーザーが一気に増えた。他社も同等サービスを出しているが、スイッチング・コストがあるため、Ｚｏｏｍに慣れた人は他社サービスを使いこなせない。結果、ますますＺｏｏｍが使われる。

このように商品を使うユーザーが多いほど商品価値が高まるのが、**正のフィードバック**だ。**強者はさらに強く、弱者はさらに弱くなる。**

正のフィードバックがあるために、情報経済では新興企業が市場を独占したり、現在の最新技術があっという間に葬り去られたりする。ガラケーも10年足らずでスマホに駆逐された。

情報経済では顧客が「主流になりそうだ」と思う商品が選ばれて、さらに売れる好循環が起こる。逆に「これは将来性がない」という商品はさらに売れなくなる。たとえば、あなたは数年後に残っているかどうかわからないスマホ機種よりも、将来も確実にサポートがある機種を選ぶだろう。この結果、次ページ図のように先に大きなシェアを取れば１００％近くまでシェアが伸びるが、最初のシェアが小さいとシェアはどんどん落ちていく。

「正のフィードバック」が起こる仕組み

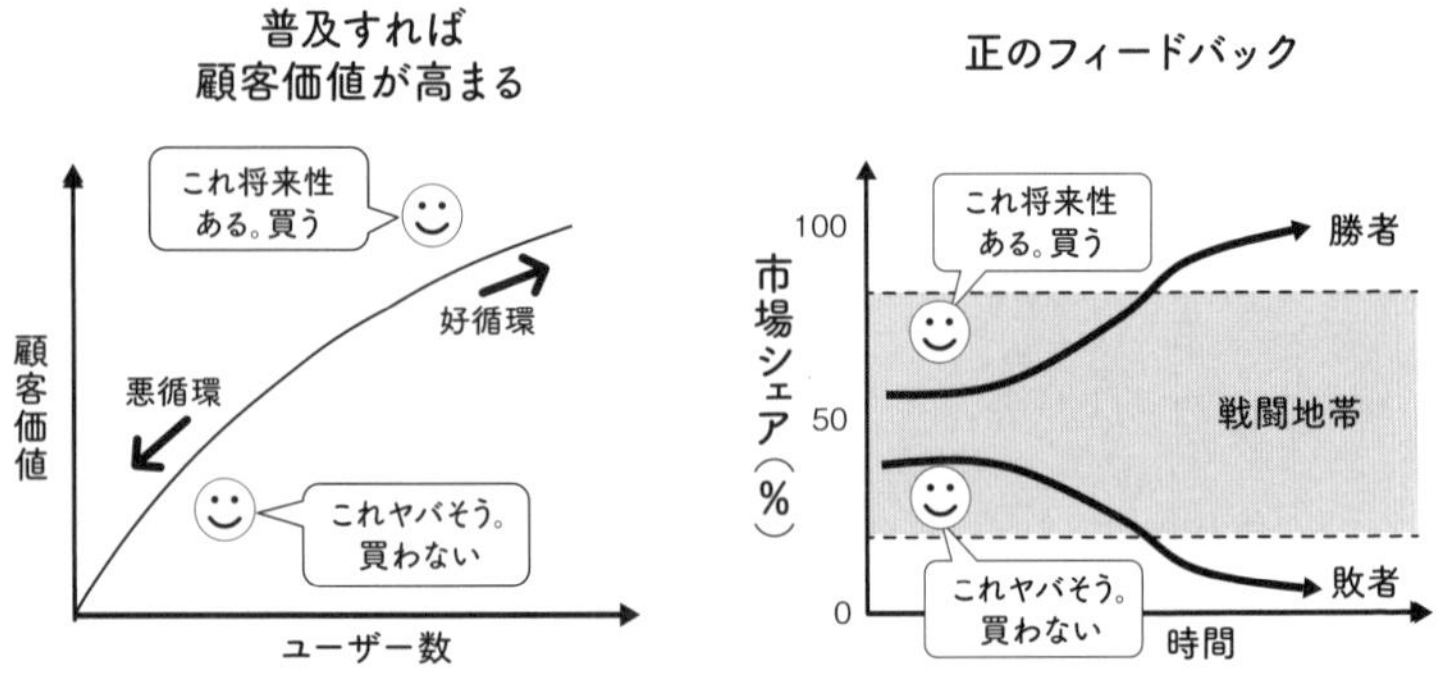

出典:『情報経済の鉄則』の図版をもとに筆者が一部追記

工業経済ではこうはならない。大手はある程度市場を寡占化できるが、独占まではできない。生産工場で生産量が一定規模を超えると、生産管理や調整が急に複雑になり、逆に生産コストが上がる**規模の不経済**が起こるからだ。

しかし、情報経済では再生産コストはほぼゼロ。規模の不経済は起こらず、ユーザー数が増えれば増えるほど劇的にコストが下がる。だから競争上も圧倒的に有利になり、市場を独占する。

もうひとつ要因がある。**情報経済では同じ商品を使う人が多いほどユーザーにとって魅力的になる**。たとえば、電話を使う人が世界で数人なら、電話の価値はほぼゼロ。電話は世界中の人が使い、世界中の人とつながるからこそ価値がある。次ページ図のように、つながるユーザー数が多いほど価値が上がることを**ネットワークの外部性**という。メトカーフの法則により、ユーザー数が10

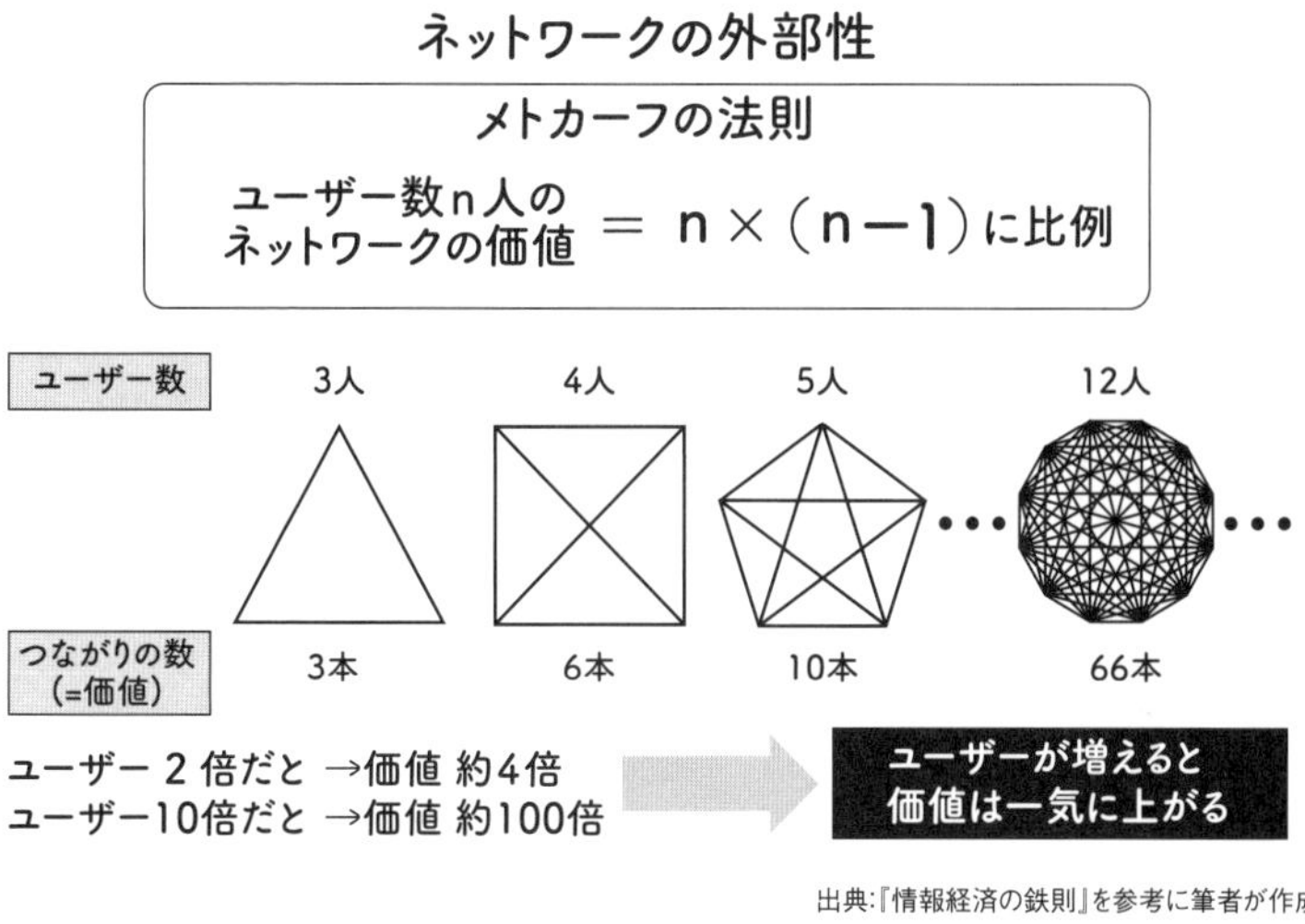

倍だとネットワークの価値は、なんと約100倍にもなる。

かくして強者はますます強く、弱者はますます弱くなり、正のフィードバックの上昇気流に乗った企業が最大の勝者になる。1990年代のパソコン市場（ウィンドウズ）、2000年代の検索エンジン（グーグル）のように、「勝者総取り」の市場になる。

GAFAは情報経済の鉄則に忠実に沿って戦略を展開してきたことがわかるだろう。

本書は経済学の基本にもとづいて、実にさまざまな視点で情報経済の特性を描き出している。取り上げている事例の古さは否めないが、基本的な考え方はまったく色あせていない。

むしろ情報経済の比重が大きくなった現在こそ、本書の役割はより広がっているし、さまざまな状況で判断を下す際に、着目すべきヒントを与えてくれる。
700ページ近くにもなる大著だが、ぜひ読んでほしい一冊だ。

POINT

「モノ」と「情報財」のコスト構造の違いを知らないと命取りになる

第5章

リーダーシップ

かつての権力は武力的な強さ・財力・権威の裏づけが影響力の源泉だった。トップに立つ者は、見識を学び、修養を重ね、リーダーとして意思決定し、人々を率いた。

知識社会では、人々を動かすコミュニケーション力が影響力の源泉。また、現代のビジネスパーソンは知識労働者として常に意思決定している。誰でもリーダーになれる時代なのだ。私たち一人ひとりがリーダーとして正しく意思決定することで大きな成果をあげられる。

第5章では、自分自身を高めてリーダーとなるための必読書を9冊紹介したい。

38

『経営者の条件』

──凡人でもエグゼクティブになれる帝王学（ダイヤモンド社）

P・F・ドラッカー

経営学者。1909年ウィーン生まれ。20世紀から21世紀にかけて経済界に最も影響力のあった経営思想家。東西冷戦の終結や知識社会の到来をいち早く知らせるとともに、「分権化」「自己目標管理」「民営化」「ベンチマーキング」「コアコンピタンス」など、マネジメントの主な概念と手法を生み発展させた「マネジメントの父」。2005年没。著書に『マネジメント』『プロフェッショナルの条件』など多数。

「ふーん。『経営者の条件』か。自分は経営者じゃないから、この本はスルーだな」

こう思ったかもしれないが、ちょっと待ってほしい。

本書の原題は“Effective Executive”、つまり「できる人」だ。上司から命じられた以上の仕事をして成果をあげる人は、すべてエグゼクティブだ。もしあなたが自分の頭で考え、意思決定して行動し、成果をあげていれば、たとえ平社員でも、あなたもエグゼクティブなのである。

本書は、仕事で成果をあげるための最高のガイドブックだ。成果をあげるために、自分自身をマネジメントする方法が書かれている。著者のドラッカーはこう述べている。

「知識労働者として行動し、意思決定する責任をもつあらゆる人のために書いた」

成果をあげる力は「日々の習慣」で身につく

ドラッカーは「65年間でコンサルタントとして出会ったCEOのほとんどが、いわゆるリーダータイプの人ではなかった」という。性格・姿勢・価値観・強み・弱みは千差万別だったのだ。世の中には、天性のエグゼクティブはいない。ドラッカーが出会ったCEOたちは、日々の実践の習慣で成果をあげる力を身につけていた。**エグゼクティブになるのに必要な生まれつきの素養などない**。誰でもなれるという。勇気が出る話である。

仕事と成果を大きく改善する唯一の方法は、成果をあげる能力を向上させること。

現実には、ほとんどの人は平凡な力しかないので、努力しても能力はすぐ向上しない。しかし、どんな人であっても、何かひとつの分野ですぐれた能力をもっている。だから今の組織で、さまざまな強みをもつ仲間とお互いに強みを組み合わせて成果を生み出せばいい。能力を向上させて成果をあげる方法は単純だ。身につけた習慣を続け、それを蓄積するだけだ。普通の人なら誰でもできる。分かれ目は、努力を続けられるかどうかである。

ここでは、本書の中でも特に重要な時間と強みのマネジメントを紹介していきたい。

「時間のかたまり」をつくる3ステップ

スマホでSNSを見たり、ボーッとテレビを見たり、あるいは仕事でダラダラと会議をしていて「えっ、もうこんなに時間が経っている！」と思ったことはないだろうか？

あらゆることで時間は必要だが、時間は最も希少な資源だ。ヒト・モノ・カネとは違って、時間は借りたり、雇ったり、買ったり、増やしたりできない。他で代替が利かない。その上、放っておくとあっという間に蒸発する。

だから成果をあげるには、まず時間を制することだ。大原則がある。人は集中すれば大きな能力を発揮し、生産性が高まる。しかし細切れ時間では、人は集中できない。集中には最低2時間以上の大きな時間のかたまりが必要だ。だから**「時間のかたまり」をつくる**ことだ。

ところが、組織ではこれが難しい。次々と会議や急な割り込みがあり、細切れ時間の中で慌ただしく仕事をしているのが現実だ。そこで次ページ図のように、3ステップで進めればいい。

ステップ❶ 現状を把握

「完璧に時間管理をしている」と思っていても、記録を取ると意外とさまざまなことに時間を使っていることがわかるはずだ。

ステップ❷ 整理する

時間がかかるのに、やめても何の影響もないことは意外に多い。私はかつて飲み会やテレビの視聴に大きく時間をとられていたが、やめてもほとんど問題がなかった。惰性で行う会議やイベントなど、時間がかかる割に成果ゼロの仕事は多い。すべてやめよう。

ステップ❸ まとめる

残った仕事をまとめると、時間のかたまりができる。たとえば、週1回は自宅で仕事をすれば、中断されずに集中できる。

強みを活かし、弱みは補え

ニトリ創業者の似鳥昭雄会長は、北海道で家具店を始めたが、接客は大の苦手。そのせいか

時間管理のコツは「測り、整理して、まとめる」

【ゴール】集中できる時間のかたまりをつくる

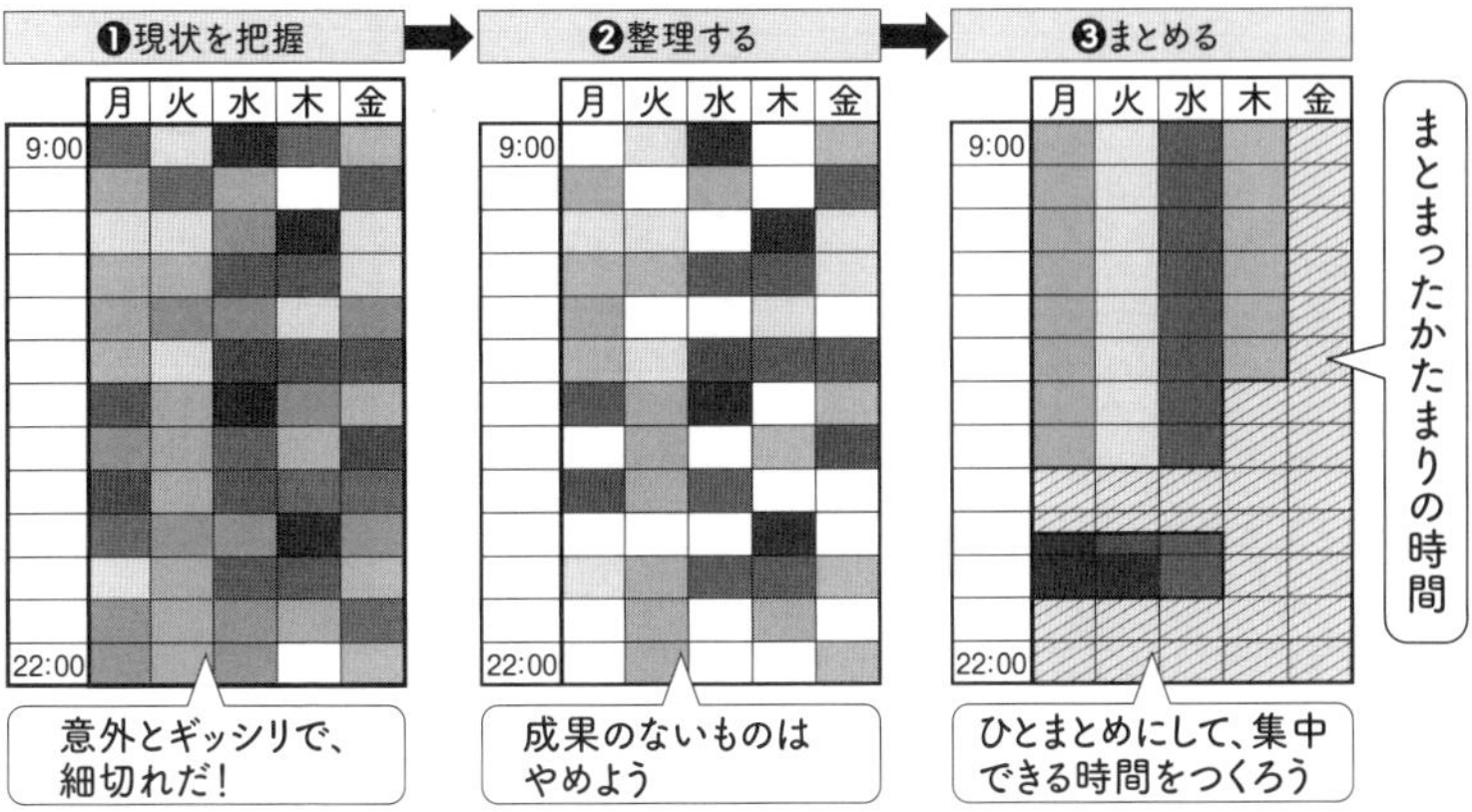
❶現状を把握
❷整理する
❸まとめる
月 火 水 木 金
9:00
22:00
意外とギッシリで、細切れだ！
成果のないものはやめよう
ひとまとめにして、集中できる時間をつくろう
まとまったかたまりの時間

出典:『経営者の条件』を参考に筆者が作成

お客も来ない。そこで愛想がよく、気っ風もいい奥さんに接客を任せて、自分は得意な仕入れに専念したところ、商売が軌道に乗ったという。

多くの人は「弱みをなくそう」と考え、弱みの強化に集中する。しかし、頑張って弱みを強化しても、人並みになるのが関の山。同じ努力をするのなら、強みを強化すれば圧倒的な強みになる。自分が弱い部分は強い人と組めばいい。

私たちは子どもの頃から「弱みをなくそう」と言われ続けてきたので、「弱みは放置していいから、強みを強化しよう」と言われても、なかなか受け入れられないかもしれない。

しかし、現実にはあらゆる分野で強みをもつ人はいない。一代でニトリを大きくした似鳥会長のように大きな強みをもつ人も、何か大きな弱みをもっているものだ。成果をあげるには自分の弱みには目をつぶり、強みを最大限に発揮させるべきなのだ。

強みを強化すれば「圧倒的な強み」になる

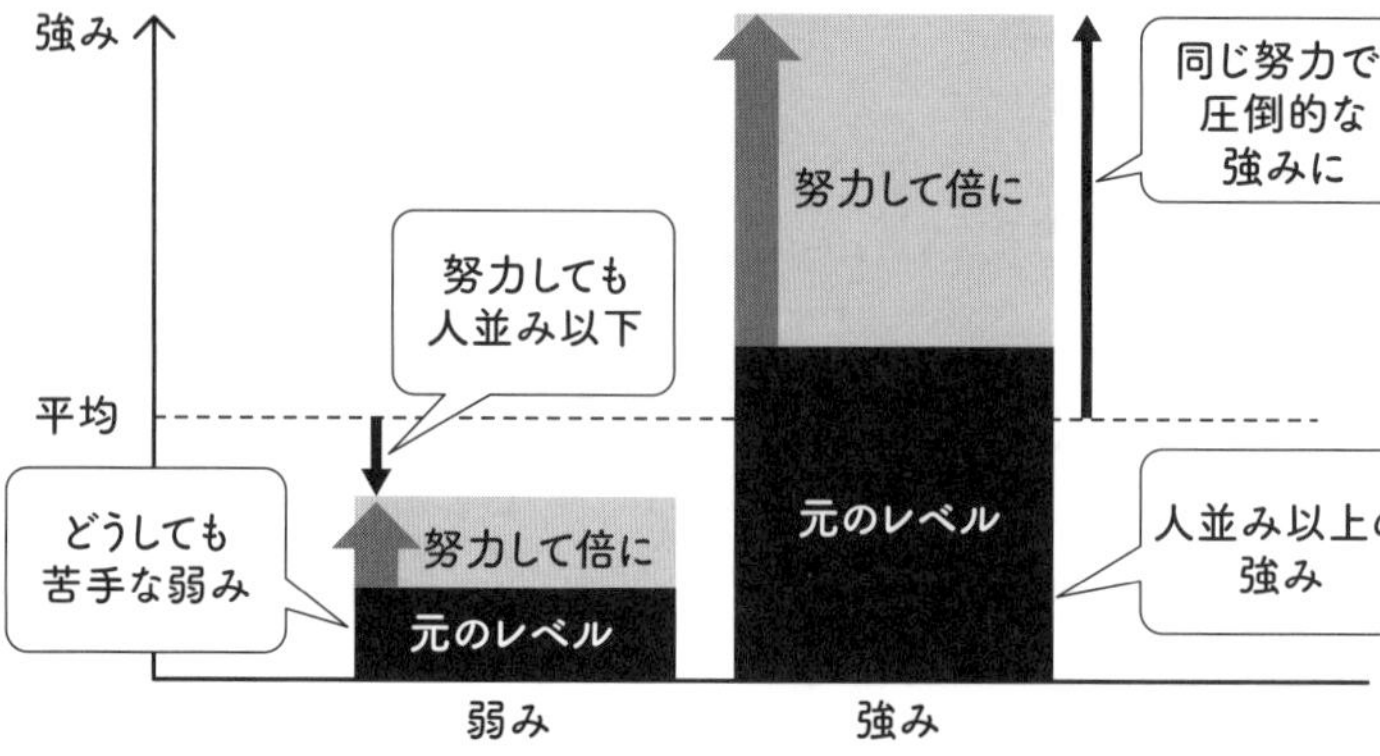

出典:『経営者の条件』を参考に筆者が作成

成果をあげるのは、弱みでなく強みなのである。

人の上に立つ場合も同じだ。人の弱みにはあえて目をつぶり、強みを活かすのだ。**個人の強み同士を組み合わせ、弱みを帳消しにする組織をつくればいい。**「この人は強みがあるか」「強みは仕事と関係があるか」「強みで卓越した成果をあげられるか」。これらの問いがすべてイエスなら、その人にその仕事を任せるべきだ。

部下の弱みを正そうとするのはNG。上司は部下の強みを最大限活かす責任がある。上司は部下の強みを通して成果をあげられるように、部下に奉仕すべきだ。そして、人がもつ強みを総動員して、組織全体の能力を増大させるのだ。

石はひとつとして同じ大きさや形のものはない。しかし、さまざまな大きさや形の石を組み合わせれば、ビクともしない強い石垣ができる。石垣が組織ならば、石は人なのである。

新しいことをしたいなら何かをやめる

トランプが米国大統領だったとき、こんな大統領令に署名した。「新たな規制をひとつ導入する際、既存の規制2つの廃止を義務づけ、新規制によるコスト増加も認めない」

規制の大幅撤廃はトランプの選挙公約のひとつ。そこで官僚にシンプルなルールを課して規制緩和を図ったのだ。毀誉褒貶《きよほうへん》があるトランプだが、実はやるべきことをやっていた。

成果をあげる人は、何か新しいことをやろうと思ったら何かをやめる。さもないとやるべきことは次々と増える。古いことを計画的に廃棄すれば、新しいことを強力に推し進めることができ、最も重要なことに集中できるようになる。

成果をあげるには、**最も重要なことから始め、かつ一度にひとつのことだけやること**。

「ノー」と言える不動の決意が必要だ。現在集中して取り組む仕事以外は断る勇気をもとう。

どれも誰にもできるシンプルなことだ。続けて習慣とするかどうかは、私たち次第だ。

その努力を継続できれば、私たちもエグゼクティブとして活躍できるようになる。

POINT

時間を制し、強みに集中し、最も重要なことから始めよ

39

『君主論』（岩波書店）

――すぐれた君主の基本は「民衆ファースト」

マキアヴェッリ

フィレンツェの政治思想家。1469年生まれ。少年時代より独学で古典教養を身につける。外交・内政・軍事の官僚政治家として国内外で活躍、さまざまな君主と身近に接する機会をもつ。政変によって追放処分を受け、失意の日々に『君主論』を執筆、没後出版された。当時は権謀術数に長けた非道な思想家とされたが、19世紀になって人間を冷徹な目で観察し、科学的に認識した人物として評価される。1527年没。

本書ほど、読まれずに批判される本も珍しいだろう。多くの人は**マキャベリズム**というと、手段を選ばない冷酷なリーダー像をイメージする。これはマキアヴェッリが書いた本書のイメージから来ている。しかし、本書の本質は有事のあるべきリーダーの姿を示した点にある。

本書が書かれたのは１５１３年のイタリア・フィレンツェ。本書以前の君主論の内容は「君主は謙虚であれ。そして尊厳と慈愛を備えよ」。

一方でマキアヴェッリは、本書でこう書いている。

「冷酷さと憐れみ深さ、恐れられるのと愛されるのと、さてどちらがよいか」

そして**「自国民を結束させ忠誠を誓わせるためには、君主は冷酷という悪評はなんら気にかける必要はない。憐れみ深くて混乱を招くよりは、はるかによい」**と言い放つ。

本書を理解するには、当時の状況を知る必要がある。マキアヴェッリ登場前のフィレンツェは、大ロレンツォと呼ばれたロレンツォ・デ・メディチが半世紀統治した、平穏な時代が続くルネサンス全盛期。しかし、ロレンツォ死後は動乱の時代に突入。フランスやスペインも攻め入ってきた。この時期、マキアヴェッリはフィレンツェ政庁の書記官に任命され、外交交渉などを15年間担当。しかし、政権を担う上司のソデリーニは人道主義がモットーで、温厚だが凡庸。こんな君主でも平時は問題ないが、戦時下では優柔不断さが命取りになる。ソデリーニはスペイン軍が攻めてきても決断を先送りし、最後は逃げた。マキアヴェッリは失脚し、冤罪で拘束された。牢獄で拷問を受け、2週間後に釈放。その後、山荘で執筆活動を始めた。

失意のマキアヴェッリは、「将来性ある大ロレンツォの孫に自分の能力を売り込んで政治に復帰しよう」とひらめき、本書を5カ月で一気呵成に書き上げて献上した(残念なことに正式な反応はなかったらしい)。

つまり本書は、マキアヴェッリが気合いを入れて書いた就活論文なのだ。おかげで500年後の私たちにも「こんな君主が祖国を守る」というマキアヴェッリの熱き想いがヒシヒシと伝わってくる。現代社会も当時のイタリアと同じく混沌としている。私たちが本書から学べることは多い。ちなみに、米国のアマゾンの書評数は5000件以上で広く読まれている。

本書は、❶君主国の統治パターン、❷軍事関連、❸君主のあるべき姿、❹運命論の4部分に分けられる。ここでは、リーダーシップに関係する❸と❹を中心にハイライトを紹介したい。

戦国大名も「民衆ファースト」だった

本書の基本スタンスは、意外なことに「民衆ファースト」だ。君主を支えるのは民衆。だから民衆を味方につけ、常に民衆に必要な方策を立てるべきだ、と説く。

日本の戦国時代も同じだった。天下を取った織田信長、豊臣秀吉、徳川家康、さらに上杉謙信、武田信玄などの戦国大名も、領国の民を豊かにしようと心を砕いた。民の豊かさが国力に直結し、国力が強い武力を生み、安泰につながるのだ。

現代の企業で民衆に相当するのは顧客であり従業員だ。現代の企業経営でも、従業員が存分に力を発揮できる場をつくり、顧客に支持されることが企業の力に直結する。

君主は「冷酷」と言われるのを恐れるな

本書は「理想の君主」として教皇国家を建設するためイタリア各地で戦ったチェーザレ・ボルジアを挙げ、こんな例を紹介している。

チェーザレがロマーニャを征服したとき、治安は乱れていた。チェーザレは家臣のオルコを行政官に任命、大きな権限を与えた。冷徹なオルコは取締まりを徹底し、短期間で秩序を回復。しかし、民衆はオルコの厳しさに反感を募らせた。そこでチェーザレは、なんとオルコを町の広場で処刑。民衆は驚いたが、溜飲を下げてチェーザレを敬うようになった。オルコからすると、「命令どおり頑張ったのに、なんで……」と思うだろう。しかし、温厚でも決断できないソデリーニは、多くの人々を悲惨な目に遭わせた。チェーザレは冷酷だが、世は平和になった。人々が幸せなのはどちらであるかは明白だ。

君主の仕事はきれいごとばかりではない。**必要なら悪いこともあえて行う必要がある。**

凡庸な君主 vs. 理想の君主

	凡庸な君主	理想の君主
基本スタンス	人道主義ファースト	民衆ファースト
態度	憐れみ深いが、 優柔不断で決断できない	冷酷の悪評を気にせず 決断する
統治の結果	混乱を招く	平和になる
典型的な君主	ソデリーニ	チェーザレ・ボルジア

出典：『君主論』を参考に筆者が作成

「君主は信義に厚く、人情味があり、裏表なく、敬虔《けいけん》であるべき」といわれるが、ソデリーニのようにこれらの資質が君主として有害な場面もある。**君主には冷酷さも必要だ。**一方でマキアヴェッリは、これらの資質を備えているように「見せかける」ことは大事だ、とも言う。民衆が「ウチの君主は信義に厚く、人情味もある。裏表もなく敬虔だ」と信じるように、普段から振る舞うべきなのだ。人は自分の目で見たことで判断する。君主に直接触れる人は少人数。戦いに勝ち、国の維持に全力を挙げれば、自然と民衆は賞賛する。

現代の企業でも、結果が大事だ。現代では部下の処刑はあり得ないが、その代わり成果には徹底的にこだわり、成果達成のためには一切妥協しないことだ。ファーストリテイリングの柳井氏も、Book13『経営者になるためのノート』の中で**「経営者とはひと言でいえば成果をあげる人」**と言っている。

当時、戦争の勝敗が国の運命を左右した。マキアヴェッリは、君主は歴史書を読み、過去の英雄がどのように指揮したか振り返って勝敗の原因を考え、勝者を鑑《かがみ》として負けパターンを避けるべきだ、と言う。現代でいえば経営者が書いた自伝を読み、疑似体験することが大事だ。

君主は決断し、有能な側近を置け

当時は、互いに交戦中の2国から「味方についてくれ」と誘われることが多かった。決断できずに「両方の顔を立てよう」とつい中立の立場を取りがちだが、マキアヴェッリは「**決断力のない君主は当面の危機を回避しようと中立を選び、滅ぶ**」と忠告する。

中立はいちばんダメなのだ。両方から敵と見なされる。立場を明確にするべきだ。組んだ相手は勝っても負けても恩義を感じてくれる。そして君主の明確な態度は尊敬を集める。

これは現代でいえば、必要なときにリスクをとることだ。「リスク管理」と称し、リスクをとらないのは単なる優柔不断な「リスク回避」。リスクをとらない現状維持は破滅を招く。

また、リーダーの力は側近でわかる。側近が有能で誠実なら、実力を見抜き忠誠を守らせる君主だ。側近に忠誠心をもたせるには、名誉を与え、豊かにして恩を着せる。そして、その人の力量を超えるような職責を与えることだ。現代ではBook32『NO RULES』で紹介したネットフリックスである。最高の人材を最高峰の報酬で採用し、最高の仕事をさせる。

君主にとっていちばん危険なのが、**媚《こ》びへつらう人物**だ。人は騙されやすい。こんな人物が近くにいると君主はダメになる。一方で、マキアヴェッリは「誰もが直言できると君主は威厳を失う」として、賢人を選び、彼らだけが君主と自由に話すことを推奨している。まさにBook46『座右の書「貞観政要」』の魏徴が当てはまる。現代でいえば経営を監視して直言する社外取締役だ。ただし、賢人の意見は参考にするもの。最後に決めるのは君主である。

チャンスに攻めて、運命を変えろ

「すべては運命」と言う人がいる。運命に依存すると、運命が変われば滅びる。運命は備えていない者に対して猛威を振るうのだ。堤防がない場所を洪水が襲うのと同じだ。

運命は決まっていない。変化する。現実には運命は人間活動の半分を支配し、残り半分は私たちが支配している。マキアヴェッリは「運命は女神だ。彼女を征服するには、打ちのめして突き飛ばせ」と言う。ジェンダー視点からはいささか問題がある表現だが、要は運命を味方につけるために必要なのは、攻めの姿勢である。

本書の理想の君主像は、カリスマリーダーだ。Book7『組織行動のマネジメント』で紹介したように、カリスマリーダーは危機では業績と部下の満足度を劇的に高めるが、平時では組織を弱体化させる。リーダーのあるべき姿はひとつではない。この点と時代背景を理解し、有事のリーダーのあるべき姿として読めば、本書は現代でも役に立つはずだ。

POINT

有事のリーダーは「冷酷」という悪評を恐れるな

40

『自助論』

――「天才」は例外なく努力家だ

（三笠書房）

サミュエル・スマイルズ

イギリスの著述家。スコットランド生まれ。エジンバラ大学卒業後、外科医を開業。『リーズ・タイムズ』紙の編集や鉄道事業に関わる。蒸気機関車の発明者G・スティーブンソンに出会い、その伝記を発表、好評を博した。『自助論』で強調されている自学、独立独行、誠実、節倹などの諸徳はイギリスで反響を呼び、世界各国語に翻訳された。その思想は近代日本の人々に大きな影響を与えたとされる。

「努力なんてダサい」「努力はムダ」「努力は最小限に。ラクしよう」

世の中には、こう言いながら成功している人がいる。彼らの言葉に騙されてはいけない。

彼らは、たしかに自分がイヤなことは絶対にしないが、実は努力はサボっていない。「自分が楽しい」と思う分野に絞り込み、努力を努力と感じることなく楽しんでいる。野球少年が毎日、日が暮れるまで夢中で練習するのと同じだ。この言葉を真に受けて「努力しないでいいのか」と勘違いし、何もせずにいると、あとで痛い目に遭う。

本書は努力の方法論を説いた150年前の本だ。有名な「**天は自ら助くる者を助く**」という言葉は本書の冒頭にある。1858年に英国で出版され、日本では明治4（1871）年に邦訳版が出た。本書に書かれた独立自尊の精神は明治の青年たちを奮い立たせ、福沢諭吉の『学問のすゝめ』と並び、広く読まれた。日本国内で100万部も売れた大ベストセラーだ。

当時の英国は世界最強。「ユニオン・ジャックが翻るところに太陽が没することはない」といわれ、世界を支配すると同時に、世界の文化に多大な貢献をしていた。当時の英国を支えたのが、自助の精神をもつ英国国民だった。そして自助の心を失ったとき、英国は大国病を患った。

自助とは、**厳しい状況でも勤勉に働き、自分で自分の運命を切り拓くこと**だ。

150年前と比べて、現代にはさまざまな生き方がある。冒頭のように楽しんで努力する方法も選べる。しかし、自分で運命を切り拓くことは現代でも大切だ。では、努力して自分の運命を切り拓くには、どうすればいいのか？　本書には、この答えが詰まっている。

本書は「過去の多くの偉人は才能に恵まれた人たちではない」として、偉人たちが世を変えた理由をわかりやすく紹介している。医者だった著者のスマイルズは本書が大成功し、文筆業に専念したという。

ここで素朴な疑問。そもそも、なぜ努力しなければいけないのだろう？

自分自身の成功や幸福に責任をもつ

人間の優劣は、どれだけ努力してきたかで決まる。富は親から譲り受けることもある。しかし、知識は他人から買い取れない。知識は努力して自分で身につけるしかない。すべては、**自分で自分をどう支配するか**次第だ。そのためには自分が努力して、自分を助けるのだ。

一方で他人からの助けも重要だ。人は他人との関係の中で生きている。自助の精神で成功した人ほど、「自分の成功は他の人のおかげ」と感謝を忘れない。ただし、自助の精神がないのに、他人をアテにするのは論外。まず自助の精神をもち、自分の幸福や成功に自分自身が責任をもつことだ。自分が自分に対し最良の援助者にならなければいけない。

すべては努力と勤勉の積み重ね

イチローを天才と呼ぶ人は多い。野球少年だったイチローは日々努力を重ねて世界的プレーヤーになった。「天才」と称賛される人物は、例外なく努力家だ。著者はこう述べている。

「世界に多大なる影響を与えた人間を見ても、……生まれつき聡明で輝かしい素質を備えた人物は数少ない。むしろ、**並の能力にもかかわらず、粘り強く努力と研究を重ねた末に名声を得た者のほうが多い**。いくら才気あふれた人間でも、移り気で忍耐力に欠けていれば、才能に恵まれなくてもひたすら努力する人間には負けてしまう」

才能ある人が、気が向いたときだけガーッとやっても積み重ね効果を得られず、意外と伸びない。成功するのは、**才能がなくても毎日コツコツ愚直に積み重ねる人**だ。次ページ図のように、気がつくと、ものすごい量の努力の蓄積で成功に導かれる。

映画『フォレスト・ガンプ／一期一会』の主人公は、まさにそんな人物だ。子ども時代は、人よりも知能が低く、いじめられてばかり。しかし素直な性格で、言われたことは微塵も疑わず、愚直にやり続ける。そしてアメフト全米代表になり、兵士として大統領から勲章を贈られ、エビ漁の会社をつくって大成功する。もちろんフィクションだ。脚色も多い。しかし、この物語は「大切なのは才能よりも、努力し続けることだ」ということを教えてくれる。

日々の蓄積が圧倒的な差を生み出す

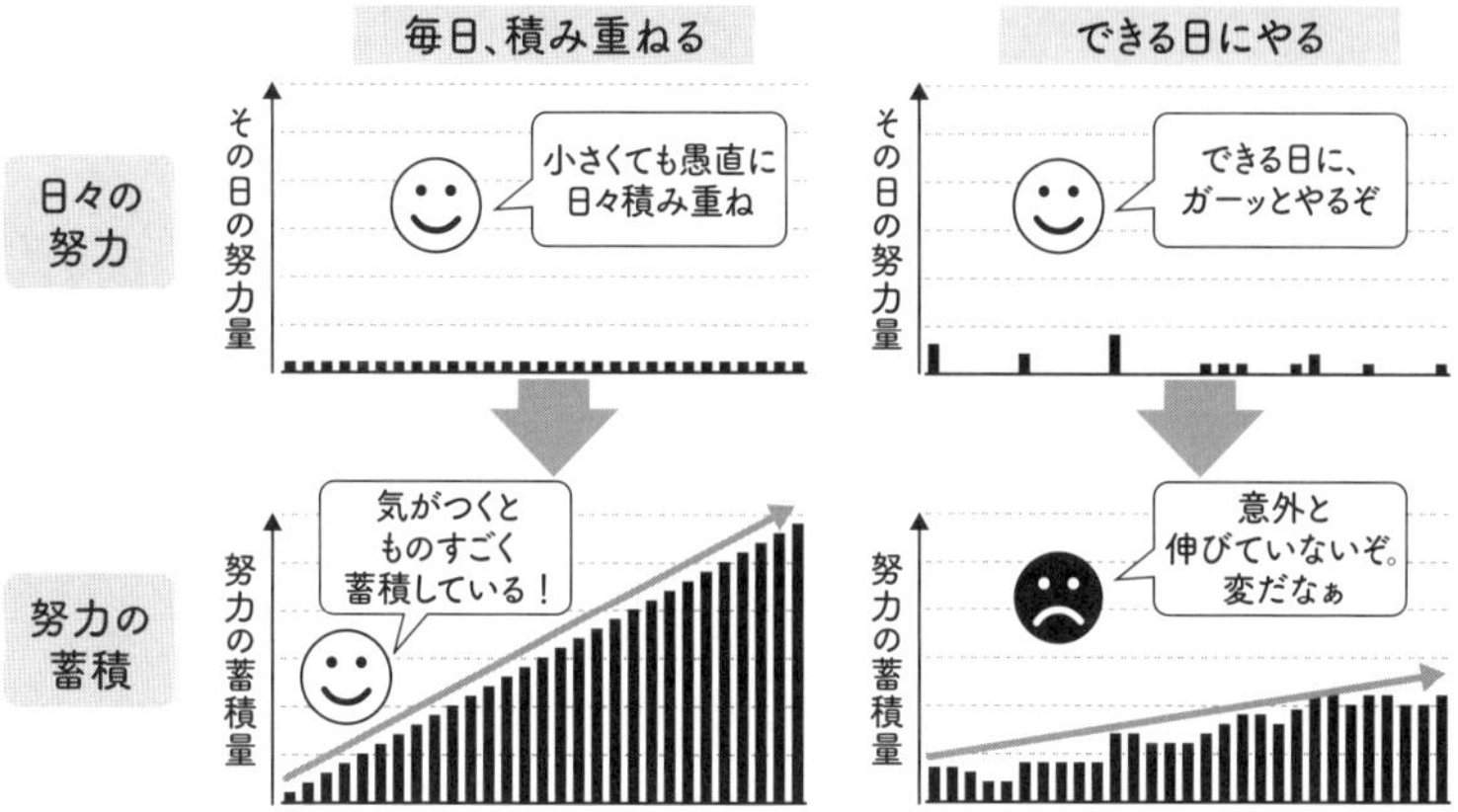

出典:『自助論』を参考に筆者が作成

まず身につけるべきは、**勤勉の習慣**だ。これを身につけて、同じことを反復練習すれば、早く進歩し、上達する。ただし、人間の進歩のスピードは遅い。当初は進歩を感じない。しかし、コツコツ続ければ集中力が高まり、ついには花開く。世の中では「コレをやれば一瞬で〇〇になれる」というハウツー本が好まれるが、そんなやり方は長続きしない。「焦らず愚直に続けること」は、遠回りに見えて、いちばん確実な近道なのだ。

「ニュートンはリンゴが落ちるのを見て万有引力を発見した」といわれる。しかし、彼は重力を長年コツコツと研究し続けた末に、リンゴが落ちるのを見てインスピレーションが湧き、その場で万有引力の法則を理解したのだ。よく「何かの偶然で大発見が生まれた」といわれるが、現実には、**成功は努力を蓄積した末の産物**なのである。

私たちを助けるのは、明確な目標に向かって粘り強く勤勉に努力を続ける姿勢だ。偶然に期待せず、わずかな時間も惜しまずにコツコツ続ければ、積もり積もって大きな成果になる。毎日1時間でもいい。ムダに過ごす時間を有益な目的に使えば、平凡な能力でも必ず学問のひとつくらいはマスターでき、10年もしないうちに見違えるほど博識な大人物になる。

オックスフォード大学の日時計には、こんな言葉が刻まれている。

「時間とは消滅するものなり。かくしてその罪はわれらにあり」

この世の中で、自分の時間だけは私たちの自由に任されている。そして時間は人生同様、過ぎてしまえば二度と呼び戻せない。

自分の不幸を嘆く人の多くは、自らの怠惰や努力不足のしっぺ返しを受けている。世間はすぐれた長所をもち、それを発揮できる人間を見逃さない。しかし、いくら長所があっても、家に閉じこもってチャンスを待つだけではダメだ。

「押しが強く厚かましい人間は成功するのに、才能があっても内気な人間は振り向きもされない」と嘆く人がいる。これは当たり前だ。押しが強い人間は「機敏に行動する」という資質をもっている。スマイルズはこう述べている。

「往々にして吠える犬のほうが眠っているライオンよりは役に立つ場合が多いものなのだ」

まずは外の世界に出る。そして人と関わり、チャンスをつかむことが必要なのだ。

「一流の人」と交われ

「腕利き」と評判の人と仕事をしたときのこと。噂通り才能はすごかったが、気になるのがウソをつくこと。何回か「これ、ウソでごまかしましょう」と言われた。あとで私もウソで騙されていたと気づき、その人との仕事はやめた。才能がある人なのに、残念だ。

無節操に人を騙す人は、その場は切り抜けるかもしれない。しかし、大切な信頼を失う。

絶対守り通すべきは「誠実さ」である。品性は、それ自体がすぐれた財産になる。

著者のスマイルズは「必要なのは、よき手本。誰と付き合うかが大切」として、ある海軍将校が若い友人に出した手紙を紹介している。

「つまらぬ友と付き合うくらいなら一人で生きよ」

私たちも付き合う相手を選びたいものだ。


150年以上前に書かれた本書は、現代にも通用する考え方を平易な言葉で伝えてくれる。読んでいると、思わず背筋が伸びる。

一方、冒頭で書いたように、時代は大きく変わった。現代は自分がやりたいことを自由に選べる時代だ。だからこそ、自分の才能を活かせる分野を見つけ、努力を楽しめる環境をつくれば、努力を努力と意識せずに楽しみながら自分の人生を切り拓ける。こんなにいい時代はない。あなたの人生を切り拓く方法を知るためにも、時間を見つけてぜひ読んでほしい。

POINT
努力を愛するのではなく、愛せる努力を見つけろ

41 『EQ こころの知能指数』（講談社）

——成功に必要なのは「感じる知性」

ダニエル・ゴールマン

心理学者、科学ジャーナリスト。米国カリフォルニア出身。ハーバード大学大学院で心理学の博士号を取得。ハーバード大学で教鞭をとった後、『サイコロジー・トゥデイ』誌のシニア・エディターを9年間務める。1984年からは『ニューヨーク・タイムズ』紙でおもに行動心理学について執筆。ジャーナリストとして数々の賞を受賞。著書に『EQリーダーシップ』『SQ生きかたの知能指数』などがある。

低迷するソニーの命運を託され、CEOとして変革に成功した平井一夫氏は、2021年刊行の著書『ソニー再生』（日本経済新聞出版）でこう書いている。「よく経営者はコミュニケーション能力が高くなければならないといわれる。それだけではなく、私は知能指数を示す**『IQ』**ではなく**『EQ』**、すなわち心の知能指数が高くなければならないと考えている」

本書はそのEQを解明し、1995年に米国でベストセラーになった一冊だ。40カ国で出版され、EQが注目されるきっかけとなった。EQとは、**人の感情を思いやり、自分の感情をコントロールして動機づける力**のこと。IQが「考える知性」なら、EQは「感じる知性」だ。

心理学者でジャーナリストでもある著者のゴールマンは、**「成功要因のうちIQは2割で、EQは8割」**という。1980年代以降に脳の画像処理技術が発達し、脳の活動を見える化できるようになった。科学的データが集まったおかげで、EQ研究は飛躍的に進化した。

平井氏が言うように、今のリーダーにはEQが必要だ。そこで本書を紹介したい。

脳の構造を知れば、感情の仕組みがわかる

親は子どもが危険な状態にあると、我が身を顧みずに救うことがある。心のいちばん深い部分で発動する**情動**の仕業だ。情動の神経回路は、人類が進化する過程で100万年かけて人の脳に刻み込まれて完成した。この1万年で人類は大きく進化したが、**情動の反応パターンはほとんど変わっていない。**

原始時代の人類は常に捕食される危険があった。人食い熊が現れたら、考えるより前に逃げる必要がある。そこで「感じる知性」が発動して直感的に即反応する行動が身を守った。強い情動が起こると、「考える知性」が消滅して「感じる知性」が支配するのは、この名残だ。

「考える知性」と「感じる知性」の関係を知るには、脳の進化を理解する必要がある。脳は平屋に相当する原始的な脳の上に、2階、3階と建て増しする形で進化してきた。

平屋部分が**脳幹**だ。神経系をもっているすべての生物が備える、脳の最古の部分だ。大昔の爬虫類時代は脳幹が主役。呼吸や代謝などの生命維持の基本機能を担っており、蛇が音を立てて外敵を威嚇するように、あらかじめ決められた反応や動作をする。

2階部分が**大脳辺縁系**だ。情動を司り、感情や学習能力をもつ。辺縁系は原始哺乳類の時代に進化した。学習能力のおかげで、原始哺乳類は一度腹を壊した食べ物は二度と口に入れなくなった。強い願望や怒りで頭が一杯のときは、この辺縁系に支配されている。

3階部分が**大脳新皮質**だ。身体で得た情報を統合して理解する力をもつ。犬が飼い主を認識

して懐くのは、この新皮質の働きだ。人類は新皮質をさらに進化させることで、思考を深めて生存能力を向上させた。辺縁系と新皮質がつながり、母子間の愛情を育めるようにもなった。

2階部分の辺縁系の中で実際に情動を握っているのは、アーモンドのような形の小さな器官・**扁桃核《へんとうかく》**だ。緊急事態が起こると、扁桃核は一気に3階部分の新皮質を抑え込む。

扁桃核は脳の警備係だ。目や耳から入る映像や音などの信号は、まず1階部分の脳幹内にある**視床**に届く。そして3階部分の大脳新皮質に届くよりも速く、直通で2階部分の扁桃核に届く。そして扁桃核は「自分の嫌いなモノか？　自分を傷つけるモノか？　自分が怖がるモノか？」という基準で信号を検証して「非常事態」と判断すると、脳全体を支配下に置く特権をもつ。つまり、**情動を司る扁桃核は、非常事態になると人間をすべて支配する独裁者になる。**

おかげで人は危険を感じると、考えるよりも速く反応できる。衝撃の場面や初デートを覚えているのは、喜怒哀楽が激しい状態になると、扁桃核が脳の各部分に「今の状況をしっかり記憶しなさい」と命じるからだ。だから、怖い体験はトラウマとして記憶に残る。

この扁桃核が人の感情を司る。そして扁桃核の感情と大脳新皮質の情報が組み合わさり、初めて理性的な判断ができる。ちなみに脳の手術ミスで扁桃核と大脳新皮質をつなぐ神経を損傷した人がいたが、彼は大脳新皮質に知識があっても意思決定ができなくなってしまった。理性的な判断には「これをやりたい」という感情が不可欠なのだ。新皮質の「考える知性」と扁桃核の「感じる知性」は、補完関係にある。

心理学者のサロヴェイは、EQを次ページ図の5つの領域に分類した。主なものを見ていこう。

EQの5つの領域

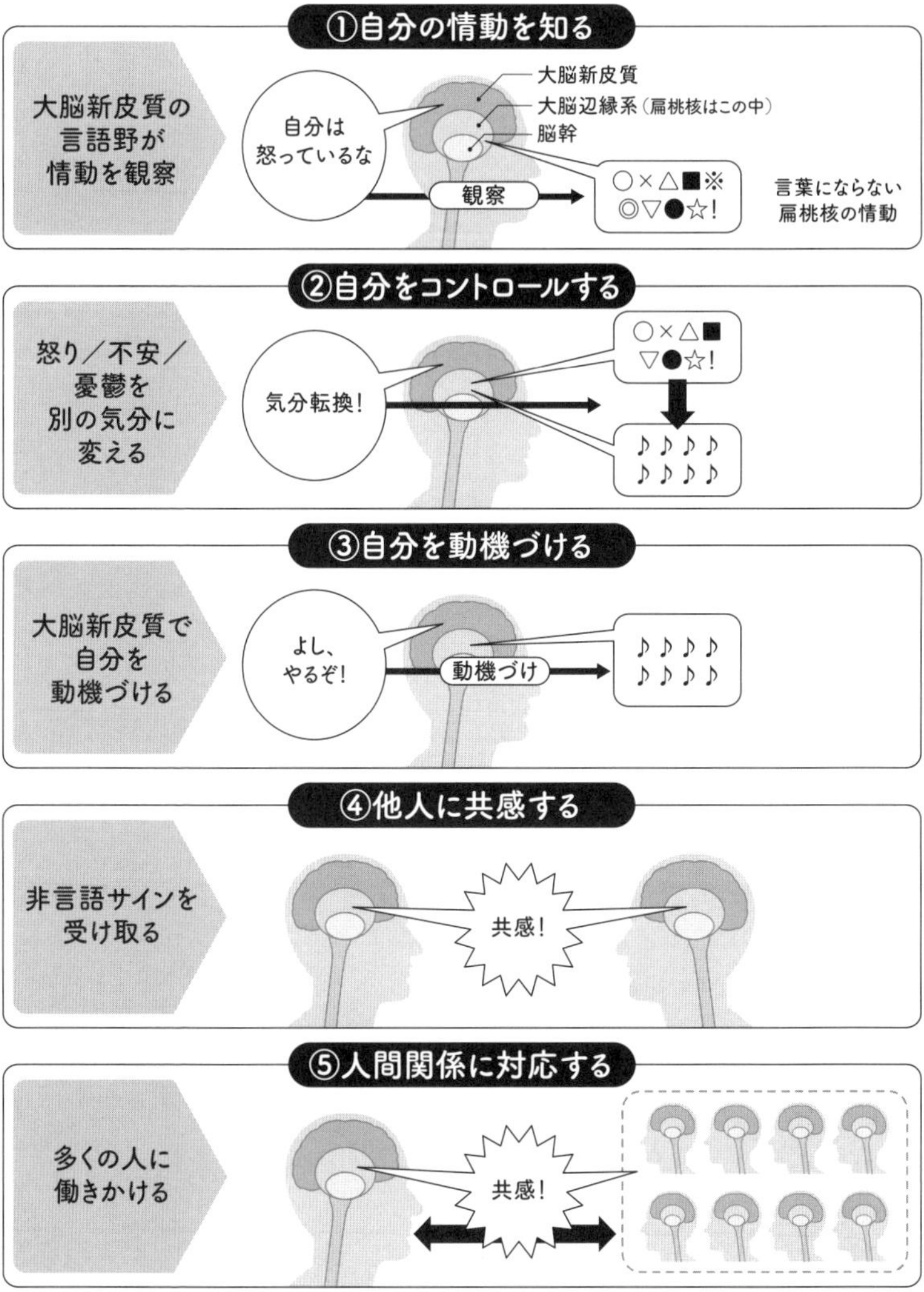

出典:『EQ こころの知能指数』を参考に筆者が作成

領域❶ 自分の情動を知る……急に怒り出す人は、情動に忠実に行動している。情動は扁桃核で起こる。無意識の領域だから、逆上する人は自分の情動に気づかない。つまり自分が見えていないのだ。

まず情動を認識すること。そのためには情動を特定して名指しする**言語野**（大脳新皮質にある）の活動が必要だ。言語野が活動すると、逆上しつつも「自分は怒っているな」と意識できる。これが「自分が見えている状態」。このとき、大脳新皮質は情動を活発にモニターしていて、情動が荒れても中立的な心理状態で物事を見ることができる。「自分を観察するもう一人の中立的な自分がいる状態」をつくれば自分をコントロールできる。

領域❷ 自分をコントロールする……情動が起こるタイミングは予測できないが、**情動を早くおさめることはできる**。そこで怒り・不安・憂鬱の持続時間をコントロールしてみよう。

・**怒り**……怒りは頑固な感情だ。まず、①自分が怒っている理由を再度問い直す。自分の勘違いや、相手に深い事情があることも多い。②気晴らしして怒りがさめるのを待つのも効果的だ。頭を冷やした後に、必要なら断固たる態度で相手と話せば、問題は解決しやすい。

・**不安**……不安を感じると、次々と不安の種が顔を出す。本人の意思ではどうにもできない。まず、①自分の不安に早く気づけるようにする。そして②不安が起こったら自分の思い込みを批判的に見直す練習をする。「本当に起こる確率」を考えると、意外と杞憂に終わることも多い。練習すれば、徐々に不安に対処できるようになる。

・**憂鬱**……人がいちばん忘れたいのは悲しみだ。雰囲気をガラリと変える気晴らしが効果的だ。外で人と食事をしたり、笑える映画を観たり、元気が出る本を読む。また、現在の自分よりも辛い状況を考えると、現状を別視点から見られるようになり、意外と効果がある。

他人に共感し、人間関係にうまく対応する

領域❹ 他人に共感する……人の感情は、仕草や表情で表現される。情動は非言語モードだ。微妙な非言語サインを情動の脳で受け止められれば、他人に共感できるようになる。

領域❺ 人間関係に対応する……自分の情動を管理し、他人に共感できると、他人の感情に働きかけられる。感情は感情表現が強い人から弱い人に伝染するので、感情表現力が強い人間の情動は多くの人を同調させる。優秀なリーダーや俳優は何千もの聴衆を動かす力をもっている。平井氏も全世界を回りソニー社員たちに語り続け、人を動かし、ソニーを復活させた。

「EQは単なる性格分析」などの反対意見もあるが、本書の考え方は世の中に大きな影響を与えた。自分をより高める実践的な考え方として、本書の内容はぜひ活用したい。

Book25『WHYから始めよ!』、Book14『OODA LOOP』、Book2『完全なる経営』とあわせて読めば、さらに理解が深まるはずだ。

POINT

自分を観察し、感情を律して、動機づけよう

42

『オーセンティック・リーダーシップ』（ダイヤモンド社）

――「弱さ」や「涙」もリーダーの強みになる

人前で泣く企業トップは少なくない。トヨタの豊田章男社長は、リコール問題で米国議会の公聴会で謝罪した後、米国トヨタ従業員の激励に涙を浮かべた。廃業に追い込まれた山一證券の野澤正平元社長は会見で感極まり、「社員は悪くありませんから」と大泣きした。

「涙を見せるなんて、リーダーとして論外」と思われがちだが、意外なことに豊田社長の涙は危機のトヨタを一枚岩にしたし、野澤氏を慕う元山一證券社員は多いという。

本書によると、「あるべきリーダーの姿」を考えること自体が大間違い。そんなものがあれば、リーダーを目指す人はその姿を再現しようと頑張る羽目に陥るが、周囲は本能的に「それって、演技でしょ？」と見抜く。実際この半世紀、リーダーシップの研究者は1000以上の調査研究で「あるべきリーダーの姿」を探ったが、理想のリーダーシップ像を突き止めた研究はひとつもない。本書の執筆陣もリーダー125人を調査したが、共通の特徴・特性・スキルは何ひとつ見いだせなかったという。

ビル・ジョージ

ハーバード・ビジネス・レビュー編集部

執筆者の一人で、「オーセンティック・リーダーシップ」を提唱したビル・ジョージは、ハーバード大学ビジネススクールの元教授（マネジメント・プラクティス）、現シニアフェロー。2001年まで最先端医療技術企業のメドトロニック社で会長兼CEO。01年から02年にかけて、全米でトップ経営者25人の一人に選出。著書『Authentic Leadership』（邦題『ミッション・リーダーシップ』生産性出版）はベストセラーとなった。

リーダーシップのあり方が変わった

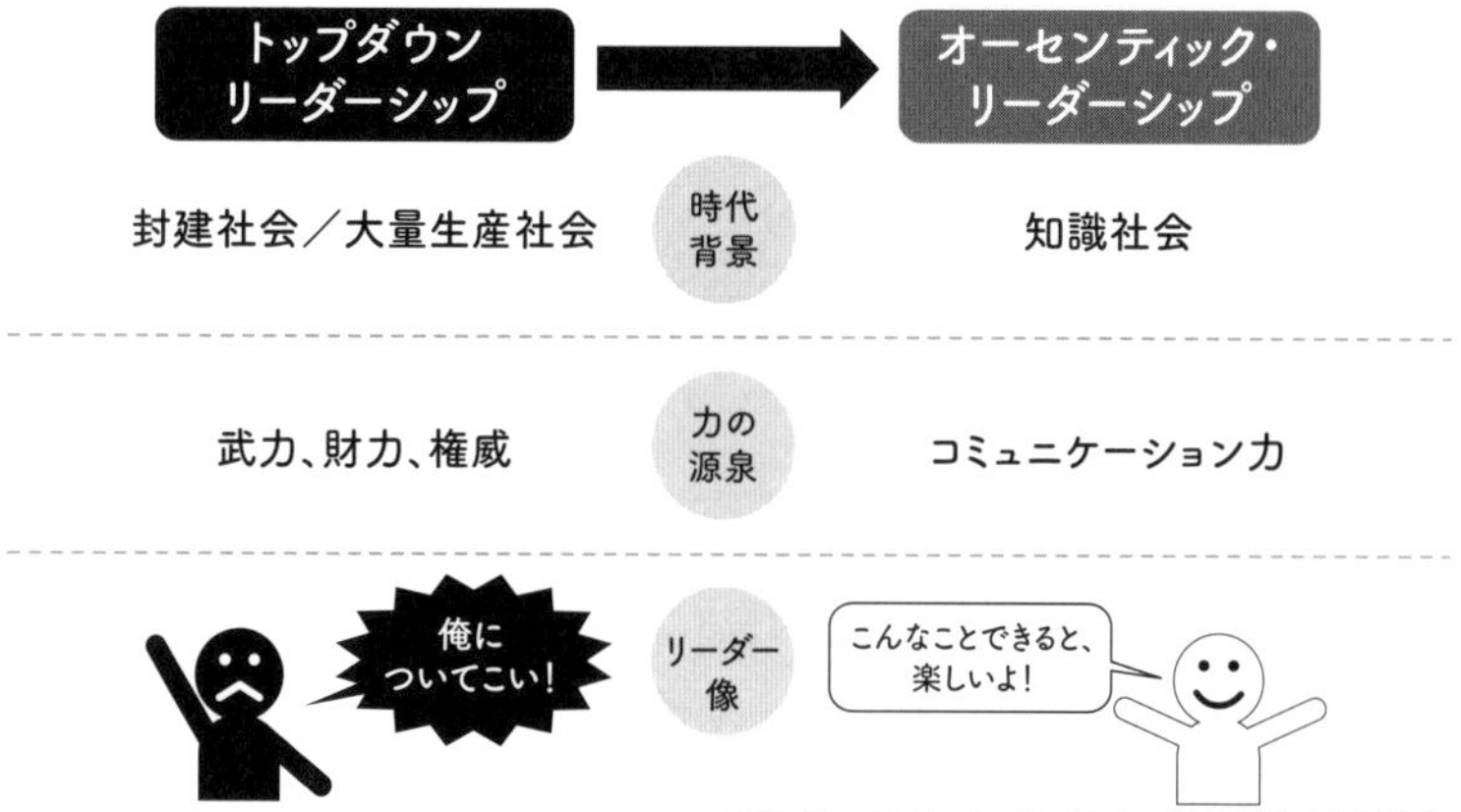

出典：『オーセンティック・リーダーシップ』を参考に筆者が作成

　そこで米国で広がりつつあるのが、**オーセンティック・リーダーシップ**（Authentic Leadership）という考え方だ。オーセンティックとは「本心に偽りのない」「本物の」という意味。要は**「自分らしさを貫くリーダー」**のことだ。豊田社長と野澤元社長は、オーセンティック・リーダーシップを実践していたのだ。

　本書は『ハーバード・ビジネス・レビュー』誌（英語版）に２００７年から２０１６年にかけて掲載された10編のオーセンティック・リーダーシップ関連の論文を翻訳したもので、最新の知見を得ることができる。

　執筆者の一人、ビル・ジョージは、医療機器会社メドトロニックの元会長兼ＣＥＯ。その後ハーバード・ビジネススクール教授に就任し、２００３年にオーセンティック・リーダーシップを提唱した。

リーダーの素質は誰もがもっている

かつてのリーダーシップ論は、マキアヴェッリのBook39『君主論』にあるように「**生まれもつ資質があるものが、リーダーになるべし**」だった。

昔は、権力には武力的な強さ、財力、権威の裏づけが必要だった。しかし、知識社会の現代では、人を動かすコミュニケーション力が影響力の源泉になる。そこで「**リーダーの素質は誰でももっている。問題は、自分をよく知り、役立てる場所を見つけられるかどうかだ**」という考えのもとで、オーセンティック・リーダーシップが生まれた。

現代のすぐれたリーダーは独学で育つ。自分を育てるのは自分自身の責任なのだ。

そのためには、まず自分の半生を理解し、自分自身を認識すること。過去の事実を知るだけでなく、過去の事実を自分の中でどのように意味づけて語るかが肝心なのだ。

参考になるのが製薬大手ノバルティスの元会長兼CEO、ダニエル・バセラだ。その半生は苦難に満ちていた。

病気がちで入院を繰り返した少年時代に「医者になりたい」という気持ちが芽生えた。

8歳のときに髄膜炎《ずいまくえん》になり、サナトリウム（療養所）で1年間過ごした。脊髄《せきずい》に注射針を刺す際、何人もの看護師に押さえつけられた痛みと不安を今も思い出すという。ある日、彼は新しい医師に「押さえつけるのをやめて、看護師の手を握らせてほしい」と頼んだ。驚いたことに治療が痛くなくなった。「どうだった？」と医師に聞かれた彼は、人間らしく扱われ、いたわりと共感を示されたことがうれしくて、その医師に抱きついたという。この体験がバセラの将来に大きく影響した。

その後、家族が相次ぎ他界。母は仕事で滅多に帰らない。荒れた生活が3年続いたが、恋人に出会って生活が変わり始める。20歳で医学部に入学し、優秀な成績で卒業。しかし大学病院の主任医師になれなかったバセラは、「医学界に影響力を振るう人物になろう」と決心して製薬会社に就職。順調に昇進し、ノバルティスのCEOに就任した。

彼は「生命を救う新薬を開発して世に貢献する、グローバルな総合医療会社を目指す」と決めた。幼い頃に接した医師を手本に、新しいノバルティスの企業文化を構築。バセラは共感にあふれたリーダーとして高い評価を受けるようになった。

自らの半生を振り返ることで、自分の原体験の意味を理解し、世の中で自分の居場所を見つけることができる。自らの原体験から生きる目的を定めて、使命感をもって仕事に取り組めば、周囲はそんな人に共感し、リーダーとして認めて動くようになるのだ。

現代のリーダーに求められる「弱さを隠さない強さ」

「自分らしさを貫くリーダー」は自然体で振る舞う。弱さを隠さない。むしろ常に正直な自分であろうとする勇気をもって行動する。

しかし、**「リーダーが部下に弱さを見せるなんてあり得ない」**と思う人もいるかもしれない。「リーダーは強くあるべし」と考え続け、職場で部下と馴れ馴れしくせずに距離を置いていた人たちにとっては、弱さを隠さないのは非常識に思えるだろう。

人間には他者のわずかな感情や行動の表現を読み取る仕組みが備わっているという。**共鳴（レゾナンス）**というプロセスで、瞬時かつ無意識に、他人の行動や感情に対して脳が反響するのだ。たとえば、他人の笑顔を見ると無意識にこちらも笑顔になったり、つくり笑いを見ると無意識に不快な感じがしたりする。さらに、他の誰かが感情を押し殺し怒っていると、自分では気づかなくても血圧が上昇することもあるという。

「自分は完璧で、知的で強いリーダーだ」とムリに見せようとする人に対して私たちが違和感を覚えるのも、共鳴のおかげだ。私たちは相手を一瞬見るだけで無意識にオーセンティシティに欠ける人、つまり本心を偽っている人がわかる。要は「**ウソはすぐバレる**」。

逆に弱みを隠そうとしないリーダーと接すると、私たちは「この人はウソを言わない。誠実で信頼できる人だ」と敏感に察し、心地よさを感じる。そして部下は、そんな上司を思い浮かべるだけで、ポジティブな感情が湧いて絆《きずな》も感じるようになる。

自分らしさを貫くリーダーは、職場の絆もつくる。そして、**職場での人間的な絆や仕事の満足感は、高い給料よりも社員の忠誠度を高める**。これは職場で人の絆が失われがちな現代だからこそ大事なことだ。

「自分らしさ」にこだわりすぎるな

ただし、注意点がある。「自分らしさ」の意味を、取り違えないことだ。

本書では、昇進して部下が10倍に増えたマネジャーの例が紹介されている。透明性と協調性が信条の彼女は、新しい部下を前に「正直、戦々恐々とした思いです。ご協力をお願いします」と胸中をさらけ出したが、部下たちが望んでいたのは強いリーダーだった。彼女は彼らの信頼をつかみ損ねてしまった。

リーダーとして昇進すれば、誰でも居心地のよい場所から離れなくてはならない。しかし、ともすると「自分らしくありたい」と考えて、過去に身につけた行動やスタイルに逃げ込みがちだ。こんなときこそ、自分を変えて進化する機会なのだ。

リーダーとして成長する唯一の方法は「自分は何者か」という枠を広げることだ。

私は会社員時代、マーケティングマネジャーを15年間担当した後、人材育成部長になった。人材育成はまったくの未経験。「これまでのマーケティングのキャリアは活かすが、必ずしもこだわらずに、チームのメンバーや海外の同僚から素直に学んで、さらに成長できるように変わりたい」と考えた。就任当日はこの考えを率直にメンバーに伝え、その後はひたすら業務に取り組み続けた。マーケティング戦略の策定力という自分の強みに、現場の人材育成で得た学びを掛け算したおかげで、人材育成は私にとって第二の天職になった。

自分の内面だけ見ていると、気づかぬうちに成長が止まってしまう。外に目を向けて、新しい仕事やプロジェクトに積極的に飛び込み、異なるタイプの人たちと接することで、まったく新しい仕事のやり方が学べるのだ。

昇進や新しい仕事に就くのは成長のチャンスだ。別人になる必要はない。振る舞いやコミュニケーションの方法を少し変えるだけで、リーダーの力量に雲泥の差がつく。

「自分はどんな人間か」をしっかり認識しよう

フジ課長の口癖は「俺って、こんな性格だからさぁ」

この言葉が出たら要注意。真っ赤になって怒り始める。部下はたまったものではない。時間をかけて関係者と話し合って準備したことも、フジ課長の癇癪玉《かんしゃくだま》でひっくり返される。

フジ課長のように「これが私のやり方だ」という言い分は、「リーダーは自分らしさを貫け」というオーセンティック・リーダーシップでは正当化されがちだ。「これが自分。仕方ないさ」と開き直られ、周囲が「変えてほしい」と願っても当人は頑固に変えないことも多い。しかし、リーダーの資質に欠ける者が、素のまま行動する悪影響は大きい。

これは決して他人事ではない。自分のことは、意外と自分では見えないものなのだ。

スタイルを頑固に変えないリーダーは、いずれ成長が止まる。

本書ではこんな状況に陥らないための対策が紹介されている。

対策❶ 自分がどう見られているかを知る……信頼できる同僚に、自分と一緒に仕事をしていて難しいと感じる点を尋ねる。正当化したり弁解したりせず、発言はそのまま書き留める。

対策❷ 一人だけの場所で反論する……❶を読み返し、言いたいことを本音の言葉ですべて文章化する。その文章を声に出して読み上げ、「それが本当の自分だ」と認める。

対策❸ 別の方法・態度・言葉遣いを考える……❶の批判は繰り返す可能性が大きい。そこで別のやり方を考える。たとえば「俺ってこんな性格だからさぁ」と言う前に、頭の中でゆっくりと（1、2、3）と数えた後、「詳しく教えてくれるかな？」と尋ねるようにする。

対策❹ 済んだことは終わらせる……❶の同僚と話をして、イヤな対応をしたことを謝る。

対策❺ 間違った結果は引き受ける……間違ったことをした結果は、自分が責任をもって引き受ける。たとえば、迷惑をかけた人にお詫びのメールを送る。

自然体の自分を出す前に「自分はどんな人間なのか」をしっかり見つめることが重要だ。オーセンティック・リーダーシップでは、最初に自己認識が必要となるのだ。

世界的な信頼度調査によると、2013年の時点で、ビジネスリーダーに対する信頼感はわずか18％で、「仕事に積極的に取り組んでいる」と回答した従業員はわずか13％だという。ビジネスリーダーは信頼されておらず、しかも従業員のやる気も低いのが世界的な現実なのだ。だからこそ、オーセンティック・リーダーシップが求められている。

そしてどんな人でも、自分らしさを失わずにリーダーになれる。本書は比較的薄い本で要点をつかみやすいので、リーダーを目指したい人はぜひ挑戦してほしい。

POINT

自分自身をしっかり見つめて、「自分らしさ」を貫け

43

『運のいい人の法則』（KADOKAWA）

――「幸運」と思うから幸運になれる仕組み

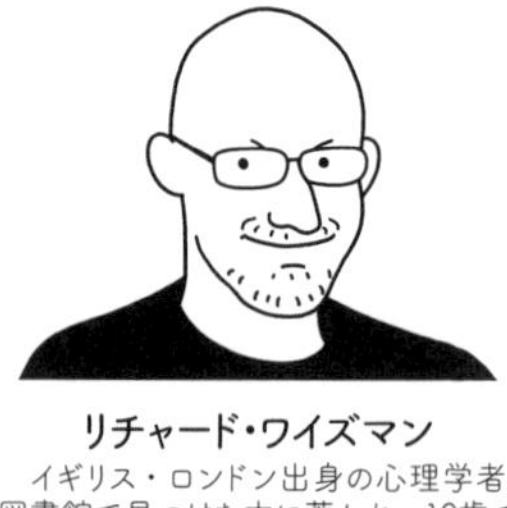

リチャード・ワイズマン

イギリス・ロンドン出身の心理学者。図書館で見つけた本に惹かれ、10歳でマジックに目覚め、20代前半には世界を舞台に活躍するようになる。その後、マジックの裏にある人の心理に強い関心をもち、ロンドン大学で心理学を専攻、エジンバラ大学で博士号を取得、ハートフォードシャー大学で研究室をもつまでになる。研究者として活躍する傍らビジネス・コンサルタントとして企業で講演することも多い。

「それって、運がいいだけじゃないんですか？」

私が成功事例を講演で話すと、こんな質問をいただくことがある。指摘は半分正しい。でも、半分間違っている。たしかに成功した人は運がいい。しかし、**運の芽は全員に平等に与えられている。**運の芽をつかめば、運が開く。本書は運の芽をつかむ方法を紹介した一冊だ。

著者のワイズマンはプロのマジシャンだった。観客がトリックに騙される心理に興味をもち、心理学者になった。彼はいつも運がいい人といつも運が悪い人がいることに関心を抱き、8年間かけて数百人の運のいい人と悪い人をインタビューと実験で研究した。運のいい人は本人も気づかぬうちに幸運をつくり出していた。そのシンプルな方法論をまとめた本書は、英国と米国でベストセラーとなり、テレビにも取り上げられた。

研究当初、著者はこう考えた。「もしかしたら、運は予知能力ではないか？」

そこで、運がいい人と悪い人に宝くじの当選番号を予想してもらった。この宝くじは異なる

「運のいい人」の4つの法則

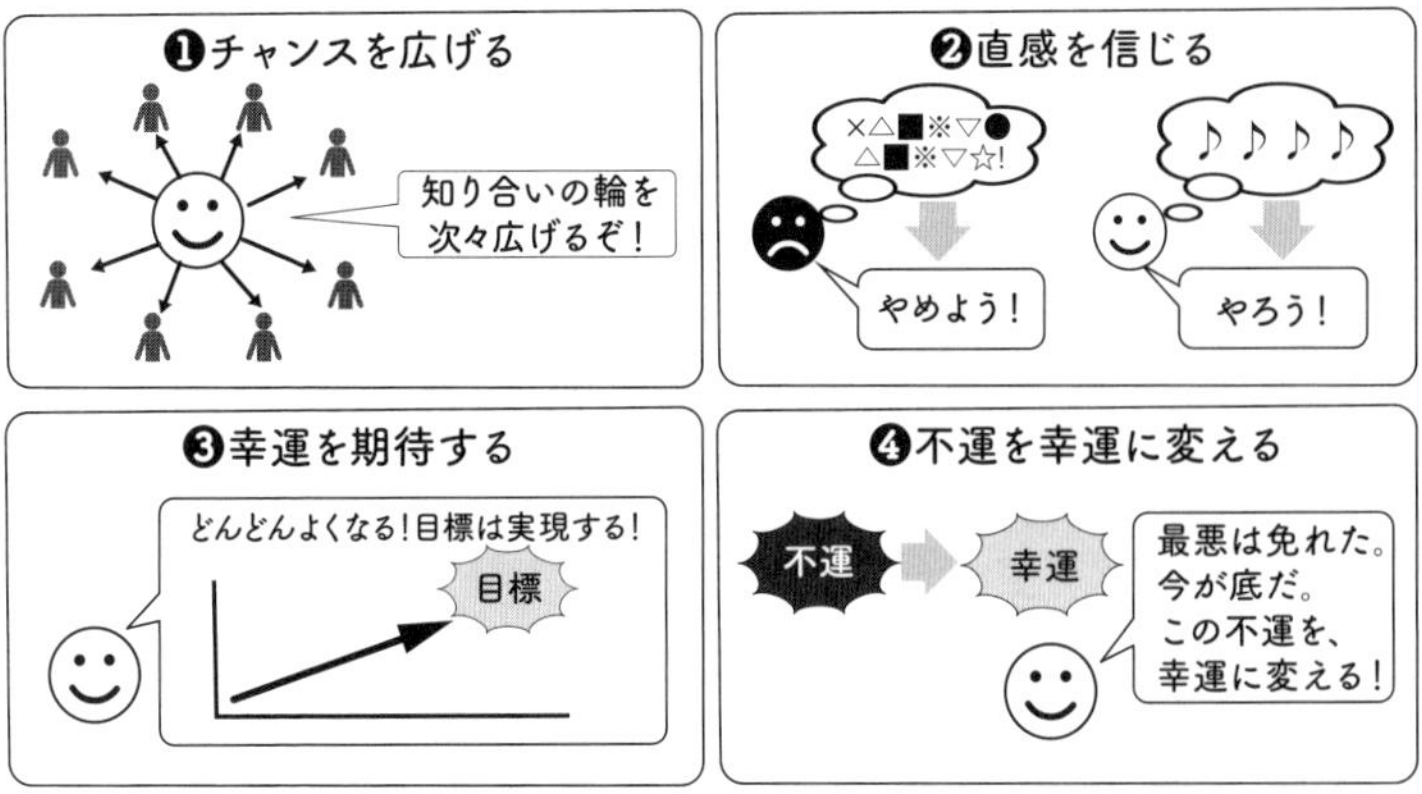

出典:『運がいい人の法則』を参考に筆者が作成

数字を6つ選ぶ仕組み。実験では当選する数字を予想してもらった。自分が運のいい人か悪い人か判定できる質問も入れた。応募は700名以上。結果は、運のいい人も悪い人も当選率はまったく同じ。幸運と予知能力は無関係だった。

この実験で発見があった。運のいい人は運の悪い人の2倍以上「当選する自信がある」と答えていた。著者は「運は自信と関係があるかも……」と仮説を立て、考え方や行動の違いを分析。その結果、運のいい人の4つの法則を見つけた。

第1法則……チャンスを広げる

著者はまったく同じ偶然を用意して、運のいい人と悪い人の振る舞いを観察した。「運がいい」という男性と「運が悪い」という女性に声をかけ、別々にカフェで待つよう指示。店の入口には紙幣を落としておく。さらに、店に4つのテーブルを置き、協力者4人を1人ずつ座らせる。4人のうち1人は成功した実業家だ。

運のいい男性は紙幣を拾って店に入り、実業家の隣に座って数分後に自己紹介して会話を始めた。運の悪い女性は紙幣に気づかず、実業家の隣に座っても話しかけなかった。

「今日運がよかったことは？」と彼らに尋ねると、運の悪い女性は無表情で「何も……」。運のいい男性は「道で紙幣を拾ってね。カフェで実業家と会話が弾んだ」と詳しく説明した。

同じ偶然に出会っても、まったく違う人生になる、ということだ。

運のいい人は、日常生活で「運のネットワーク」を築いている。多くの人と出会い、偶然のチャンスに出会う確率を高めている。さらに会った相手と連絡を取り続け、「運のネットワーク」を広げている。インタビュー動画を見ると、笑う回数が2倍多く、アイコンタクトの回数もはるかに多い。本人も気がつかない仕草や表情が、人を惹きつけていたのだ。

運のいい人は「ネットや記事でたまたま大きなチャンスに気づいた」というケースも多い。肩の力を抜きリラックスしているから、偶然のチャンスに気づきやすいのだ。

新鮮な経験を受け入れ、生活に変化を生む工夫をすることで、成り行きの行動が新しい偶然を引き寄せるのだ。りんご園の同じ場所で何回もリンゴを拾うと、拾えるリンゴの数は減るが、毎日思いつきで場所を変えると拾えるリンゴは飛躍的に増える。これと同じ理屈だ。

第2法則……直感を信じる

お恥ずかしい話だが、私は「彼女いない歴」が長かった。お見合いはNGの連続。30代後半にある女性と出会い、「この人と結婚する」と直感した。3カ月後に婚約、半年後に結婚したのが妻である。

本書は逆の事例も紹介している。「直感や本能は意外と正しい」と実感している。ある女性は最初の恋人と2カ月目に破綻。2人目は同棲したが、同棲開始から2カ月で相手は仕事を失い、彼女の奨学金で生活費をまかなったが破綻、彼女は多額の借金を背負った。彼らに出会ったとき、彼女の本能は「別れなきゃ」と叫んでいたが、彼女は直感を無視していた。運の悪い人は直感を無視して、あとで悔やむのだ。

運のいい人は直感を信じ、**対人関係では90%、キャリア上の選択では80%、直感に頼る**。直感は驚くほど信頼できる。私たちは無意識にパターンを見極め、間違いの際には本能が警告する。心の奥底で「何かが違う」と察すると、その微妙な感覚を直感が知らせる。

この直感を研ぎ澄ますには「**洞窟の老人を訪ねる**」という方法が有効だ。

静かな部屋でゆったりと座り、目を閉じて深呼吸する。あなたは山奥の洞穴の入口にいる。洞穴に入った瞬間、肩の力が抜けていくのを感じる。洞穴の奥にいる老人が「あなたの選択肢をひとつずつ説明しなさい」と言う。あなたは、その選択肢をどう感じていて、どれが正しくどれが間違いだと思うのか、正直に頭に浮かんだままを言葉にするのだ。

客観的事実と直感が同じならやるだけだ。しかし不安を感じるならば、再考すべきだ。

第3法則……幸運を期待する

私がIBM社員時代に受けたマーケティング・プロフェッショナル認定は超難関試験。3回連続で落ちたが、私は根拠もなく「次は必ず受かる」と信じて、数年間学びの努力を続けて、4回目の挑戦で合格した。

早々に諦めた同僚も多かった。諦めが悪い私は運がよかった。おかげで今がある。

運のいい人は、**わずかな可能性でも努力し、失敗しても手を替え品を替え挑戦する。**運の悪い人は、失敗すると思い込んで努力も工夫もしない。そして失敗が現実になる。

著者は簡単な実験をした。パズルを2つ用意し、「ひとつは解ける。もうひとつは解けない」と伝え、ひとつを実験者に渡すのだ。実は両方同じ解けるパズルだ。パズル解きを諦めた比率は、運のいい人は30％。運の悪い人は60％。運の悪い人は始める前に諦めていた。

運のいい人は期待度が高い。不運でも「**不運は長続きせず、すぐ終わる**」と考える。運の悪い人は逆に「**幸運な出来事はすぐ終わり、不運が起こる**」と考える。この期待は、普段の考え方や表情・行動にも出る。かくして運のいい人は何回も挑戦して成功し、運の悪い人は早々に諦めて失敗する。両方とも自分の期待通りの結果になるが、これは当たり前の結果なのだ。まずは心から「自分は運がいい」と思い込もう。いろいろなことが変わっていくはずだ。

第4法則……不運を幸運に変える

「銀行強盗に遭遇し、銃で腕を撃たれた。これは運がいいか？　悪いか？」

著者はこんな質問をした。運の悪い人は「運が悪い」と即答。なかには「この質問は変だ。運がいいと言う人は頭がおかしい」と言う人もいた。

運のいい人は逆に、「幸運」と答えた人が多かった。「頭だと即死だ。腕でよかった」

運のいい人は、より不運な可能性を考えてダメージを減らし、将来に高い期待を抱いて幸運になる。運の悪い人は、運のいい人と自分の不運を比較して嘆き、ダメージを引きずる。

過去は変えられない。しかし、未来は変えられる。不運をよい方向に解釈して行動を始めれば、大きな幸運につながることが多い。ある運のいい人はこう言う。

「私の最もすばらしい経験のいくつかは最悪の経験から生まれた。運がいい、悪いというけど、私には運は運でしかない。幸運とみるか不運とみるかは、自分が決めること」


本書では自分の幸運のスコアを診断でき、幸運になる対策も個別に紹介されている。私は第2〜4法則は高得点だが、第1法則は普通。人付き合いを広げるといいらしい。

著者は本研究にもとづき、1カ月間の「幸運のワークショップ」を主宰している。ワークショップに参加するには「私は運を鍛えたい。自分の考え方や行動を変える努力をします」と最初に宣誓する。「自分は運が悪い」という参加者の多くがワークショップで大きく変わったという。本気で日々の行動を変えれば、あなたも運のいい人になれるのだ。

POINT

チャンスを広げ、直感を信じ、幸運を期待し、不運を活かせ

44

『やり抜く力 GRIT』（ダイヤモンド社）

――コツコツと継続する「努力」は天賦の才にも勝つ

アンジェラ・ダックワース

ペンシルベニア大学心理学教授。米国の教育界で重要視されている「グリット」（やり抜く力）研究の第一人者。幅広い分野のリーダーを対象に助言や講演を行っている。ハーバード大学を卒業後、教育NPOの設立・運営に携わり、オックスフォード大学で修士号を取得。マッキンゼーの経営コンサルタント、公立中学校の数学の教員を経て、ペンシルベニア大学大学院で博士号を取得し、心理学者となる。

「オオタニさんは、宇宙人に違いない」

大谷翔平選手は大リーグで米国メディアが舌を巻くほどの大活躍をしている。たしかに大谷選手は並外れた素質の持ち主だ。しかし世界は広い。大リーグならば彼と同じ素質をもつ選手がいてもおかしくない。こう考えると、大谷選手の活躍は素質だけでは説明がつかない。

本書にヒントがある。無趣味を公言する大谷選手は、プライベートの時間もほとんど外出しないという。彼のあらゆる行動は首尾一貫して「二刀流でやる」ことに集中している。

大谷選手の強さの根源には「やり抜く力」があるのだ。

私たちは「成功には才能が必要不可欠」と考えがちだが、世界を大きく変えた偉人でも必ずしも天才的な才能があるとは限らない。ニュートンの推定知能指数は130。たしかに優秀だが、これは人口の2％程度。普通の学校にいる優等生と同じレベルだ。Book40『自助論』でも紹介したように、現実の偉人は、そこそこの才能の持ち主がコツコツと努力を重ね、偉大な成果を生んだケースが多い。

「才能よりも努力のほうが2倍重要」と言う著者のダックワースは、その努力する能力を**「やり抜く力」（グリット）**という概念にまとめ、本書では豊富な事例で研究成果を紹介している。ダックワースはペンシルベニア大学心理学部教授であり、米国教育界で注目されているグリット研究の第一人者だ。本書は2016年に刊行されると米国でベストセラーになり、日本でも30万部を超えるヒットとなった。

ビジネスパーソンが並外れた成功を手に入れるには、「やり抜く力」が必要不可欠。そこで本書のエッセンスを紹介したい。

「やり抜く力」と「才能」の関係

英単語のスペリングは難しい。たとえば「cymotrichous」（縮れ髪の）などという単語は、日本人にはかなり覚えづらい。英語がネイティブの米国人も同じようで、学生がスペルの正確さを競う大会がある。英語の甲子園大会だ。

本書では、この大会で「やり抜く力」を調査した結果を紹介している。

大会で勝つには、語学の才能が必須に思えてしまう。そこで著者はこう考えた。

「大会で勝つには、やり抜く力ってどのくらい重要なのだろう？」

大会事務局の協力を得て、生徒たちの「やり抜く力」「練習時間」「言語知能」を調べた。結果、勝ち進んだのは「やり抜く力」が強い生徒たちだった。彼らは人よりも何時間も多く練習していた。「言語知能」と「やり抜く力」には相関関係がなかった。

オリンピックの水泳で金メダルを獲得した選手が「こんな自分が金メダルをとるなんて……」とインタビューで語るシーンをよく見かける。これは決して謙遜ではないようだ。競泳選手を研究した論文がある。論文の結論は「人間のどんなとてつもない偉業も、実際には小さなことをたくさん積み重ねた結果。一つひとつは『当たり前のこと』。継続的に正しいことを積み重ねることで生まれる相乗効果で、卓越したレベルに到達できる」。

私たちは並外れたアスリートを見ると「天性の才能」と思いがちだが、これは彼らが**何千時間もの厳しい練習を何年も積み重ねた結果**なのである。

では、なぜ私たちはずば抜けた人を見ると「この人は天才だ」と思いたがるのか？

この問題を考え抜いたのが、哲学者のニーチェである。彼はこう言っている。

「『あの人は天才』と思えば、人は自分の努力不足に引け目を感じずに済む。実際には達人たちは努力によって偉業を成し遂げ、『天才』になったのだ。腕の立つ熟練工のように真剣に、一つひとつの部品を組み立て、最後に壮大なものをつくり上げるのだ」

そもそも才能だけでは成果は達成できない。まず才能を努力により活かし、高いスキルを獲得する。しかし高いスキルだけでも不十分だ。獲得したスキルを努力により活用し、成果を達成するのだ。著者は才能・努力・スキルの関係を、次の簡単な2つの式で表現している。

・**スキル＝才能　×努力**

・達成　＝スキル×努力

両方の式に「努力」が入っていることに注目してほしい。

現代米国文学を代表する作家ジョン・アーヴィングはこう語っている。「ほとんどの作品は最初から最後まで書き直し。自分の才能のなさを骨身にしみて感じた」

彼は読字障害だ。文字を指でたどらないと読めない。読み書きが苦手だったが、同じことを何度も繰り返すうちに、以前できなかったことが当たり前のようにできるようになった。そして彼の読み書き能力が劣っていることは、むしろ強みになった。小説の執筆では、ペースが遅くても、しつこく書き直しても誰にも迷惑がかからない。日々の努力の積み重ねで、彼は米国文学の大家になったのである。

これが**膨大な数や量をこなす努力家が、努力しない天才よりも成果をあげる仕組み**だ。

才能とスキルは別物。才能は生まれつきのものだが、才能は成果を生まない。成果を生むのは、才能でなくスキルだ。スキルは何百時間、何千時間とかけて身につけるしかない。

「目標」がやり抜く力を伸ばす

1926年、心理学者のキャサリン・コックスは偉業を達成した歴史上の人物301人を調査し、偉人と一般人の決定的な違いは4つの「動機の持続性」だと発表した。

❶遠くの目標を視野に入れ、明確な目標に向かって努力している

❷いったん取り組んだことは、気まぐれにやめず、新しいモノに飛びつかない

❸いったん目標を決めたら「守り抜こう」と心に誓う意志の強さ
❹障害にぶつかっても諦めずに取り組む。粘り強さ、根気強さ、辛抱強さ

そして知能レベルはそこそこでも、粘り強く努力する人は、知能レベルが最高でも努力しない人よりも、はるかに偉大な功績を収めていた。大事なのは目標をもつことだ。**目指す目標があれば、そこに向かって粘り強く努力できる**のだ。

目標は次ページ図のような構造だ。上に行くほど抽象的・全体的・重要だ。最上位に、個々の目標すべてを貫く目標がある。最上位の目標は、それ自体が「目的」。自分の行動の方向性を決めるコンパスだ。

たとえば、私の最上位の目標は「日本のビジネスパーソンをパワーアップする」、中位の目標は「執筆」「永井経営塾」「講演・研修」、下位の目標は「新刊の出版」「永井経営塾カリキュラム」「各講演・研修」。全活動は、最上位の目標達成のためだ。

他人や社会に貢献する目的が、目標達成の強力なエンジンになる。「やり抜く力」が強い人は、普通の人と比べて「意義ある仕事をしたい」「人や社会の役に立ちたい」という気持ちが強い。強い最上位の目的をもつには、そんな目的を体現する「お手本」となる人を見つけるといい。一方で、下位や中位の目標は臨機応変に切り替える柔軟さが必要だ。

重要度の高い上位の目標は安易に妥協してはいけないが、上位の目標を達成する上で、下位でもっとふさわしい目標があれば、下位の目標は柔軟に変えてもいい。

目標があれば「やり抜く力」が加速する

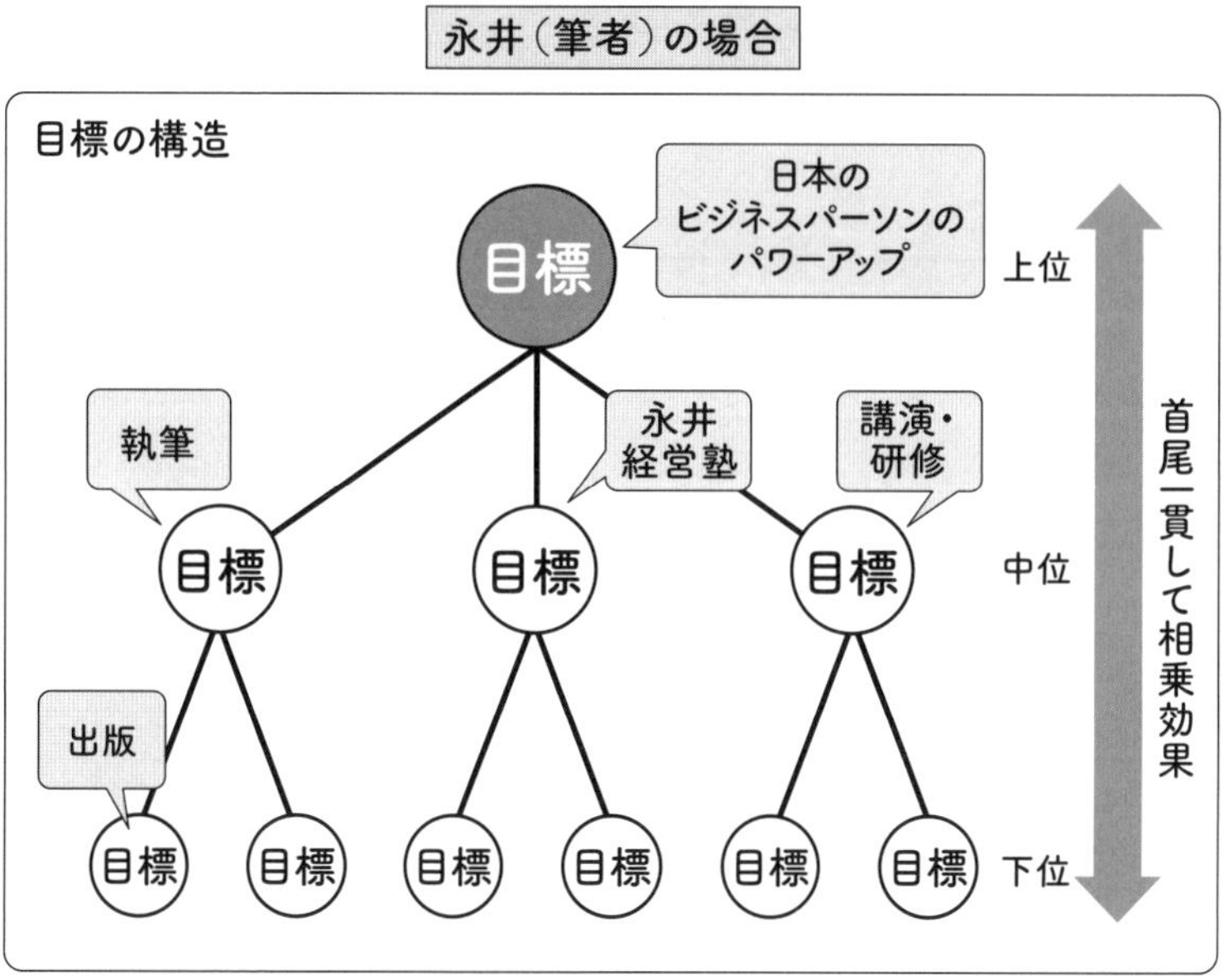

ただし、下位の目標は臨機応変に見直す

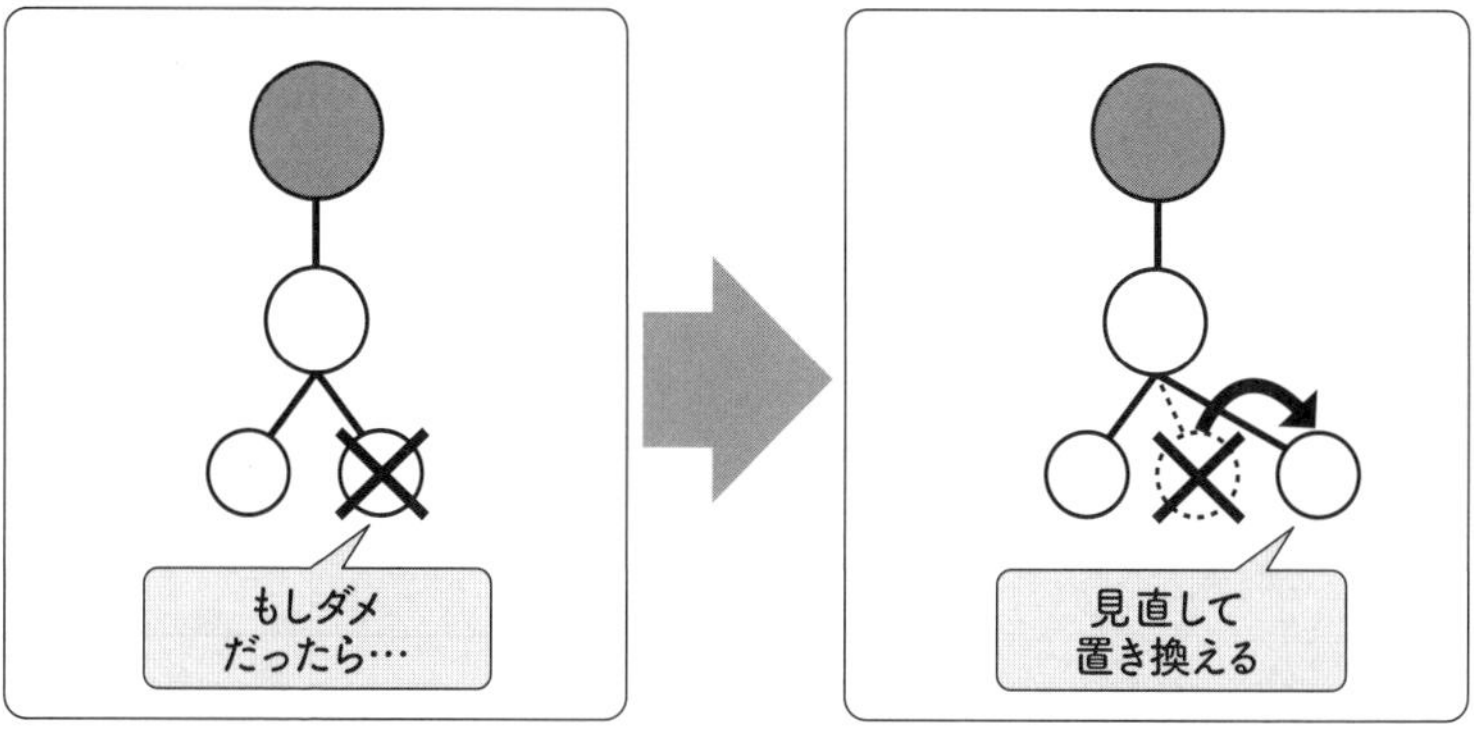

出典:『やり抜く力 GRIT』の図版をもとに筆者が一部追記

ちなみに、人が成熟して経験を重ねると「やり抜く力」も伸びる。これが「**成熟の法則**」だ。いつも寝坊する遅刻常習犯の大学生でも、バイト先で「遅刻したら解雇」と言われたら、翌日から目覚ましを2個セットして寝坊しなくなる。人は慣れない状況で頑張るうちに新しい考え方や行動が身につき、それが習慣になるのだ。

「やり抜く力」を身につける方法

「やり抜く力」を身につける方法はいろいろとある。

まず、自分が興味をもてる仕事を見つけること。興味ある仕事では満足度が高まり、仕事がおもしろいと思うと業績も高まることは、研究ですでに検証されている。

しかし、「自分はやりたい仕事なんてないし、探しても見つからない」という人は多い。心配しなくていい。多くの人は天職に出会うまで時間をかけている。

私は天職に出会うまでエンジニア、商品企画、商品開発、セールスなどさまざまな仕事をした。途中、写真家になろうとしたこともあった。天職のマーケティングとの出会いは30代後半、本の執筆は40代後半、人材育成は50代前半だ。社会に出て試行錯誤し、15～25年経って天職に出会った。少しでも興味をもてることがあれば、まず取り組むことだ。続けるうちに天職と出会えるだろう。

また、逆境で粘り強く頑張るには、「**自分は変われる。成長できる**」と信じ、楽観的に考えることだ。脳は常に進化している。脳の神経組織は常に新しい結合を増やしているのだ。知能も生まれつきのものではない。常に進化している。あなたは何歳でも必ず変われるし、成長できる。日常生活で常に意識して楽観的に考える練習をすれば、難しい状況に陥っても自分の考え方を変えられるようになる。

どの組織に入るかも重要だ。競泳選手を研究したある研究者は、「偉大な競泳選手になるには偉大なチームに入るしかない」と言う。周囲の誰もが朝4時に起きて練習する環境にいれば、自然と自分もそれが当たり前になるのだ。

「いい学校やいい企業に入れ」と言われる理由も、まさにここにある。**自分のやり抜く力を強化したいなら、やり抜く力が強い組織を見つけて、そこの一員になることだ。**

「やり抜く力」にはデメリットもある。なんでもかんでも最後まで続けようとすると、本当は自分に合ったことに出会えるチャンスを失う可能性も高い。だから常に「自分にとって何が重要か」を問い続けることも大事だ。ただ、世の中で圧倒的に多い悩みは、やり抜く力が弱いことだ。やり抜く力が強すぎることが悩みになるのは、例外といえる。

本書は、最新の研究にもとづいて努力を積み重ねる意味を学べる本だ。

POINT

結局、才能を活かすにも成果を出すにも「努力」が必要不可欠

45 『コーチングの神様が教える「できる人」の法則』（日本経済新聞出版社）

――リーダーの「悪い癖」が部下をがっかりさせる

マーシャル・ゴールドスミスほか

エグゼクティブ・コーチングの第一人者。ジャック・ウェルチ元GE会長をはじめ、世界的大企業の経営者をコーチしたことで知られる。1949年ケンタッキー州生まれ。UCLAで博士号、インディアナ大学でMBAを取得。76年から大学で教鞭をとるかたわら、専門とする「360度フィードバック」の手法を駆使してリーダーシップ能力開発プログラムに従事。共著者のマーク・ライターはリテラリーエージェント兼作家。

ＣＥＯのカルロスは人と話すのが大好きだ。ある日デザイナーから新商品パッケージ案を見せられ、こう言った。「すごくいい！　淡い青色にすると高級感が出るんじゃない？」

１カ月後、最終案を見たカルロスは「いいね。でも、赤のほうがもっといいかもね」

１カ月間必死に働いたデザイナーはガックリ。カルロスは「よかれ」と思って口にしたことが命令となり、社内が大騒ぎになることがわかっていない。本当は自由闊達に議論する組織にしたいのだが、現実にはトップが細部まで指示して干渉する組織になってしまっている。カルロスは「何かひと言つけ加えよう」とする悪癖がある。これは本書冒頭の事例である。「なくて七癖」といわれる。私たちは知らぬ間に悪い癖を身につけている。本書は、**その悪癖がなぜ生まれ、周囲や自分のキャリアにどう悪影響を与えるのか**を丁寧に解明した一冊だ。

経営幹部として偉くなるほど、問われるのは対人能力だ。しかし、そもそも対人能力は、すべてのビジネスパーソンに求められる。本書はトップ経営者のためだけでなく、「もっとよくなりたい」と考えるすべてのビジネスパーソンのための本である。

著者のゴールドスミスは、GEのCEOだったジャック・ウェルチをコーチングしたことで知られるエグゼクティブ・コーチの草分け的存在。一人25万ドル（2750万円）というコーチングのエッセンスが惜しげもなく公開された本書は、米国で発売早々アマゾン総合1位を獲得。『ウォール・ストリート・ジャーナル』紙や『ニューヨーク・タイムズ』紙のビジネス・アドバイス書でも1位にランクされた。

成功した経営幹部ほど悪い癖がつく理由

経営幹部になる人たちは例外なく優秀なはずだ。なのになぜ、悪い癖がついているのか？

「自分も意見を出して自由闊達にチームで議論する」という方法で業績を伸ばしてきたマネジャーが、そのやり方を変えないまま経営トップになった場合を考えてみよう。経営トップの言葉はマネジャーの言葉よりもはるかに重い。意見を出せばそれは指示となり、社員は黙って言いなりになる。過去の成功体験が忘れられないと、これがわからない。

これを「**成功のパラドックス**」という。条件が変わると過去の成功体験は通用しない。マネジャー時代の成功体験は、経営トップになると「単なる迷信」に変わる。しかし、多くの人は自分が迷信にとらわれていることがわからない。「このやり方のおかげで自分は成功した」と信じ込んでいる。そして組織の上に行くほど、この弊害がさまざまな面で出てくる。

本書の原題（"What Got You Here Won't Get You There"『今までのやり方では、この先うま

くいきませんよ』)は、まさにこの状況を表現している。

著者は「**対策は、過去の成功してきた行動を見直すこと**」だと言う。試しに家族や同僚が嫌がるあなたの悪癖や行動をひとつ思い出して、自問自答してほしい。それを続けるのは以前に何かいいことがあったからか？　その行動は現在、プラスの結果を出しているか？　もし結果がマイナスならば、単なるわがままを正当化しているだけなのかもしれない。

しかし、多くの人は「これではダメ」と思ってもなかなか変わらない。自分の大事なモノが脅かされて、やっと「変わろう」と考える。あなたも大切な配偶者から「私はもう限界。変わらなければ別れます」と切り出されたら、心を入れ替え、真剣に変わろうとするだろう。

著者も、コーチングする経営幹部は問題を知ってもなかなか変わらないという。そこでコーチングでは、問題を放置するとキャリアでいかに損するかを実感させるという。


著者はコーチング経験をもとに、次ページ図のように**20の悪癖**をまとめている。「まさに自分だ」と思った人は多いだろう。ただ、これら全部をもち合わせる人は滅多にいない。成功している人がもつ悪癖は、この中の1つか2つだ。これらの悪癖を直す方法は単純である。たとえば、カルロスの「❷何かひと言価値をつけ加えようとする」の場合、単に言わなければいい。だが、簡単ではない。ここでは、特に重要な最初の5つを深掘りしてみよう。

悪癖❶　極度の負けず嫌い

私がある先輩のご自宅に招かれたときのこと。負けず嫌いの先輩は、テレビゲームで勝つと

職場を不愉快な場所にするリーダーの**20**の悪い癖

❶ 極度の**負けず嫌い**

❷ 何か**ひと言価値を**つけ加えようとする

❸ 善し悪しの**判断**をくだす

❹ 人を傷つける**破壊的コメント**をする

❺ **「いや」「しかし」「でも」**で始める

❻ 自分がいかに**賢いか**を話す

❼ **腹を立てている**ときに話す

❽ **否定**、もしくは**「うまくいくわけないよ。その理由はね」**と言う

❾ 情報を**教えない**

❿ きちんと**他人を認めない**

⓫ 他人の**手柄を横どり**する

⓬ **言い訳**をする

⓭ **過去**にしがみつく

⓮ **えこひいき**する

⓯ **すまなかった**という気持ちを表わさない

⓰ 人の**話を聞か**ない

⓱ **感謝**の気持ちを**表わさない**

⓲ **八つ当たり**する

⓳ **責任回避**する

⓴ **「私はこうなんだ」**と言いすぎる

出典：『コーチングの神様が教える「できる人」の法則』より引用

対戦相手である小学生の息子を指さして、こう言った。「ヘーボ、ヘーボ」「勝ちたい」という気持ちはわかる。でも、息子を露骨に貶《おとし》めるのは見苦しく感じる。「極度の負けず嫌い」は、ほとんどすべての問題の下地である。議論をしすぎ、他人をけなし、相手を無視するといった相手を不愉快にさせる行動は、必要以上に「相手に勝ちたい」と思うムダな努力が生んでいる。成功した人や成功を目指す人ほど、この傾向が強い。自分の欠点を理解し、人と接する際に負けず嫌いを抑えれば、さらに成功できる。

悪癖❷ 何かひと言価値をつけ加えようとする

まさに冒頭のカルロスだ。アドバイスで部下のアイデアは5％改善するかもしれないが、「部下のアイデア」は「あなたのアイデア」になり、部下の意欲は50％減退する。「部下のアイデアの汚染」である。

上の立場の人ほど自分ではなく他人を勝者にすべきだ。まずは話す前にひと呼吸置き、「自分が言うことに意味があるかどうか」を考えることだ。

悪癖❸ 善し悪しの判断をくだす

相手がわざわざ提案してくれているのに、必ず「それはいいね」「それはダメ」と論評する人がいる。「あなた、いったい何様ですか？」である。

著者は「肯定も否定もするな」と提案する。試しに1週間、人から何か提案を受けたら意見を挟まずに最後まで話を聞き、「ありがとう。ヒントになった」と言ってみるといい。無意味な議論は消滅し、相手はあなたのことを快く思うようになる。

悪癖❹ 人を傷つける破壊的コメントをする

本書では、ある経営幹部の誕生パーティーで、同僚や友人が彼に言われた痛烈なコメントを一人ずつ披露した例が紹介されている。日本でやるとシャレにならないが、このあたりは根が明るく、ユーモアがある米国らしい。その場で意地悪いコメントが数十件披露された。当の本人は何ひとつ覚えていなかった、という。

破壊的なコメントは意外と無意識に言うことが多い。他人を見下し、自分が他人より優位だと確認するために、無意識にやってしまうのだ。言った本人は覚えていないが、傷ついた相手はずっと覚えている。まず口を開く前に「このコメントは顧客・会社・相手・自分に役立つか？」と考え、ひとつでも答えがNOなら、何も言わないことだ。

悪癖❺「いや」「しかし」「でも」で始める

これらの言葉は相手に「あなたは間違い。私が正しい」と伝わる。相手にマウントして健全な議論を妨げる。『いや』『しかし』『でも』を言ったら罰金1000円」というルールを決めれば、1年経たずに言わなくなる。

いかがだろうか？　私はあまりにも心当たりが多すぎて、「もっといい人にならなければ」と改めて思った。しかし、ここでひとつ問題がある。

他人に「フィードバック」してもらう

人は自分のことが意外と見えていない。本人は「自分のここが問題」と思っても実はたいして問題でなかったり、逆に想像もしなかったことが問題であることも多い。

そこで、まずは他人から自分がどう見えているのか、**フィードバック**を受けるべきだ。自分の認識よりも、他人の目ははるかに正確である。

フィードバックで相手に聞くべき質問はひとつだけだ。

「**どうすれば、自分はもっとよくなれるだろう?**」。そして、本気で「自分はよくなりたい」と考えて、自分の意見を挟まず、相手が言うことを黙って聞くこと。

自分の問題がわかったら、周囲に「自分は間違っていました」とちゃんと詫びる。悪癖は、相手との関係を悪化させていることが多い。関係修復は謝罪から始まるのだ。

「申し訳ありませんでした。自分は○○という問題がありました。これからよくなるように努力します」と言う。言い訳はまったく意味がない。だから一切しない。

「わざわざ謝罪する必要があるの?」と思うかもしれない。悪い癖を直すには相手の協力が必要だが、相手は「この人って、○○という悪い癖があるからなぁ」と思っている。行動を修正しても、昔の色眼鏡で見がちだ。きちんと詫びて「これから変わる」と宣言すれば、相手は「それならこの人の見方を少し変えようかな」と考え、協力してくれる。

さらに、継続的なフォローアップが必要だ。

たとえば、あなたの職場で、運動不足で太り気味の人を集めて、半日間のダイエットワークショップをしたとしよう。その1年後は? 「全員見違えるほどスリムになった!」……なんてことはおそらくないだろう。何も変わっていない可能性が大きい。

POINT

自分の悪い癖に気づき、よきリーダーになろう

健康体を手に入れるには、定期的に運動を継続するしかない。悪い癖を直すのもまったく同じだ。油断すると悪い癖はすぐ再発する。そこで、著者はコーチをつけることを推奨している。コーチは常に励まし、第三者の立場でアドバイスをくれる。自分以外の誰かを巻き込めば「この人をガッカリさせたくない」と思うようになる。

コーチの条件は、①あなたとすぐコンタクトでき、②あなたのことやあなたの生活に関心を寄せてくれて、③コーチ役に徹して前もって決められた質問しか尋ねないこと（判断を加えないこと）だ。たとえば、家族や同僚、親友などでもいい。

ドラッカーは「**私が今まで出会ったリーダーの半数は、何をすべきかを学ぶ必要はなかった。彼らが学ぶ必要があるのは、何をやめるべきかだ**」と言っている。多くの人は新しいスキルを身につけようと努力する。しかし、自分の悪い癖にはなかなか気づかず、直さない。

日本でもコーチングが広まりつつある。コーチングの本質は「自分の中にある答えに、自分で気づくように促すこと」だ。答えは、すでにあなたの中にある。よりすぐれたリーダーになるためにも、本書をあなたのコーチとして活用してほしい。

46

『座右の書「貞観政要《じょうがんせいよう》」』（KADOKAWA）

――世界最古の帝王学が伝える普遍的なマネジメントの原理

出口治明

立命館アジア太平洋大学学長。ライフネット生命創業者。1948年三重県生まれ。京都大学法学部を卒業後、日本生命保険入社。企画部や財務企画部にて経営企画を担当。ロンドン現地法人社長、国際業務部長などを経て同社を退職。2006年にネットライフ企画（現ライフネット生命）を設立し、代表取締役社長に就任。12年に東証マザーズ上場。『人生を面白くする 本物の教養』のほか教養や歴史分野の著作多数。

本書は１４００年前に中国で書かれた帝王学の名著だ。当時の中国は唐の時代。名君中の名君といわれる二代目皇帝の李世民が統治していた。李世民のすごさは、魏徴《ぎちょう》をはじめ、すばらしい重臣たちを集め、彼らの力を十二分に発揮せしめた点にある。その原理原則について、李世民と重臣の問答を中心にまとめた本書は、時代を超えて読み継がれている。元王朝のクビライなど中国皇帝も愛読し、日本では北条政子、徳川家康、明治天皇も本書に学んだ。

貞観政要の解説書には、山本七平や守屋洋などによる名著が揃っている。その中でも２０１６年刊行の本書は、ライフネット生命を創業後、立命館アジア太平洋大学学長を務める出口治明氏が主宰した勉強会のエッセンスをまとめたもの。ビジネスパーソンには最適な一冊だ。

李世民は兄を殺して二代目皇帝に就いた。暴君になりかねないところだが、著者の出口氏は「李世民は『立派なリーダーにならない限り汚名は消えない』と心を入れ替えて、理想のリーダーを必死に演じ続けたおかげで、名君になれたのだ。自分の立場を自覚し、それに見合う振る舞いを続ければ、やがてそれは自分の本性となる」という。

リーダーがもつべき「3つの鏡」

李世民はよい意思決定をするために「３つの鏡をもて」と言っている。

❶銅の鏡……現代でいう普通の鏡のこと。リーダーは部下にとっていちばん身近なお手本だ。あなたは部下や周囲が自然と「ついていきたい」と思えるようないい表情をしているだろうか。リーダーの振る舞いが部下の振る舞いを決め、組織に影響を与えるのだ。

❷歴史の鏡……世の興亡盛衰を知ることだ。歴史ではまったく同じことは起こらない。しかし歴史を学べば、似た出来事に見舞われたときでもうまく対応できる。

❸人の鏡……特に大事なのが、この３つ目の鏡だ。「人の鏡」とは、自分の身近にいて、自分の行いを正し、厳しいことを言ってくれる、自分を映し出す鏡のことだ。

李世民は自分の傍らで誤りを指摘し、諫言《かんげん》する諫議大夫《かんぎたいふ》という高い官職に魏徴を選んだ。魏徴は李世民の敵だった兄・李建成に仕えた人物。魏徴は兄に「あなたの弟の李世民は能力も野望も桁外れ。早く殺しなさい。さもなくばあなたが殺されます」と進言し続けたが、優柔不断な兄は決断できない間に李世民に殺された。その後、魏徴は犯罪人として李世民の前に立った。

李世民が「兄に私を殺せと言い続けたのは、おまえか」と問うと魏徴は毅然として、「はい。そうです。あなたの兄がもっと賢くて早くあなたを殺していれば、私はこうして罪人にならずに済んだのに……」と答えた。李世民は魏徴の見識の高さと剛直さを認め、「これ以降は私のそばを離れず、私の悪口を言い続けてくれ」と頼み、魏徴を諫議大夫に大抜擢した。李世民にとって魏徴は、自分を映す「人の鏡」だったのである。

不愉快なことを直言する人はリーダーの宝物だ。こんな人を遠ざけると、代わりにゴマすりが寄ってくる。彼らは実にずる賢い。周囲が呆れるほど露骨にゴマをする人物でも、トップはほぼ確実に「この人はよく気がつくし、見どころもある」とコロッと騙される。

賢いゴマすりは、トップには絶対に本性を見せない。だからトップは騙される。「いや、自分は大丈夫。騙されないよ」と自信がある人ほど危ないのである。実に怖い。

本書では、著者の出口氏自身がコロっと騙された経験談が紹介されている。

出口氏の隣の部署に、ある若手社員がいた。出口氏が仕事を頼むと、いつも小走りにやってくる。「なかなか見どころがあるな」と思った出口氏が、つい酒の席で部下に「彼はなかなかいいじゃないか」と話したところ、その部下は呆れた顔をしてこう言った。

「出口さんは人を見る目が甘くてアホな上司と思っていたけど、ここまでアホとは思いませんでした。彼が走ってくるのは『出口さんは偉くなる』と思っていて、気に入られたいからです。あれだけ上にゴマをすり、下に冷たい人は見たことがありません。出口さんはそんなことがわからないほどアホなんですか。アホらしいから、明日からはもう仕事をしませんよ」

ずいぶんな言われようだったが、翌日から注意深く見ると、たしかにその通りだった。

私もこの話には、心から納得する。下の立場にいると、ゴマすりは露骨だしよく見える。しかし、上の立場になった途端、ゴマすりはまったく見えなくなるのだ。誰かが直言しないと上司はゴマすりには絶対勝てない。そして、ゴマすりだらけの組織は徐々に腐っていく。**もし身近にダメ出ししてくれる人がいたら、絶対に「嫌な奴」と思ってはいけない。むしろ感謝すべし。**その人はあなたにとって「人の鏡」となる貴重な宝物なのだ。

あなたがリーダーなのは、部下のおかげ

あなたがリーダーとして仕事ができるのは、部下のおかげだ。魏徴はこう言っている。

「君主は舟で人民は水だ。水は舟を浮かべ前に進む。一方で舟を転覆させるのも水だ」

人民は生産階級だが、君主は人民に頼る寄生階級だ。人民が「君主についていこう」と思わないと、国は維持できない。現代のリーダーも同じだ。手を動かして生産的な仕事をするのは部下であり、「リーダーは寄生階級」と自覚すべきなのだ。部下が「ついていこう」と思わない限り、組織は維持できない。また、李世民は次のように語っている。

「君主は人民の生活の安定を第一に考えるべきだ。人民から重税を取り立てて自分が贅沢をするのは、自分の足の肉を割き、自分の腹に食わすのと同じで、満腹になった頃には身体が弱り死んでしまう。まず君主が、自ら姿勢を正すべきだ」

李世民は、君主は寄生階級であり、人民が弱れば寄生階級の自分も死ぬとわかっていた。

この「人民ファースト発想」が、Ｂｏｏｋ39『君主論』と同じ視点なのは興味深い。

忠誠を誓うべきは「上司」ではなく「社会」

「いまどきの若者は会社に入ってもすぐ辞める。堪え性がない」と嘆く会社のおじさんたちは多い。しかし、考えを変えるべきは、そのおじさんたちである。

中国には「有能な人間は使わなければ損」という合理思考がある。李世民も好き嫌いで人を判断せず、自分を殺せと言った魏徴のような人物も重用した。理由をこう言っている。

「仕えた人物が誰であれ、忠義を尽くすのは臣下として当然。魏徴は私が嫌な顔をしてもお構いなしに私を諫《いさ》め、私が悪いことをするのを許さない。だから重宝している」

その魏徴は李建成から李世民に乗り換えた。「李世民を立派な皇帝にすれば天下のためになる」と思ったからだ。中国の大混乱期の五代十国時代、宰相として皇帝11人に仕えた政治家・馮道《ふうどう》も、「無節操」「不忠」という周囲の非難にこう答えた。

「君に忠ならずとも、国に忠なり」

私たちも上司の顔色を伺うだけでなく、「自分がいかに世の役に立つか」を考え、自分の能力を社会や組織をよくするために使うべきだ。組織を見切って辞める若者は正しい。「すぐ辞める」と嘆くおじさんたちは、実は若者に見切りをつけられているのだ。

気を緩めず、一生学び続けろ

名君中の名君といわれた李世民も、晩年には道を外すようになった。魏徴は李世民宛に書面で「贅沢しすぎ」「えこひいきしすぎ」など10点を挙げて諫めた上で、こう述べた。

「せっかく築いた太平の基礎も、途中でやめたら水の泡。陛下は能力があるのだから、能力を十分に発揮すべきです。私の意見を参考にしてくださるなら処刑されても満足です」

命を賭して魏徴がしたためた強烈な文書だが、さすが李世民である。

「指摘してくれた過失は必ず改める。あなたの言葉は屏風に仕立てて、朝夕に仰ぎ見る」と魏徴に返した。李世民はこの屏風を見て毎日反省し、自分を諫めたという。


李世民ほどの人物でも気が緩み、倹約の心を失う。しかし、諫める魏徴のおかげで、正しい道に戻れた。**平凡な私たちが上に立つのであれば、なおさらのこと諫め役が必要だ。**

あなたのまわりに、魏徴はいるだろうか?


本書はリーダーを演じ続ける大切さを述べているが、これは「自分らしさを貫け」というBook42『オーセンティック・リーダーシップ』と矛盾しているように見える。しかし、オーセンティック・リーダーシップも、自分らしさにこだわりすぎることなく枠を広げ成長せよ、と戒めている。殻を破り成長し続ける指針として、本書から学べることは多いはずだ。

POINT

自分を諫める辛口の部下を「人の鏡」として大切にできるか?

第6章 社会と未来

現代のビジネスパーソンには、日本社会の構造をきちんと言葉で説明できる人がほとんどいない。見方を変えれば、日本社会の構造を理解して日本型組織のよさを引き出せれば、他の人が見えていないものが見えるようになり、成功の可能性は格段に高まる。

さらに現代では、資本主義社会が大きく揺らぎ始めている。社会の動きを見据えて、自分たちが未来に何を目指すのかを先取りして考えることも、私たちの大きな課題である。

第6章では、現代社会の仕組みを理解するための必読書を4冊紹介したい。

47

『タテ社会の人間関係』（講談社）

——日本人が「ウチら」「オタク」と言う深い理由

中根千枝

社会人類学者。日本における社会人類学の草分け。1926年東京生まれ。東京大学文学部東洋史学科卒業、同大学大学院修了。のち、ロンドン大学で社会人類学を専攻。研究対象は、インド・チベット・日本の社会組織。東京大学東洋文化研究所教授、同所長などを経て、東京大学名誉教授。日本学士院会員。2001年文化勲章受章。著書に『未開の顔・文明の顔』『適応の条件』『社会人類学』などがある。

「日本人って、やっぱり○○○だよね」 私たちはつい、こう口走ってしまう。

では、あなたは日本人と海外の人は何が具体的にどう違うか、説明できるだろうか？

もし答えに詰まるようなら、本書がおすすめ。１９６７年に刊行された、１１６万部超の超ロングセラーだ。著者の中根氏は、社会人類学者の草分けだ。社会人類学は、社会の実態を調べて基本原理を理論化し、他の社会と比較する。中根氏はインド、英国、イタリアに長期滞在して現地で研究した。日本に戻ったとき、月刊誌『中央公論』に「なんでもいいから論文を書いて」と依頼され、思いついた。「そういえば日本の集団構造って、どこも同じよね」。

日本社会は近代化したが、基本的な人同士のやり取りは変わっていない。たとえば、年功序列。学生時代は先輩・後輩の上下関係が明確だし、国会議員は当選回数が重要。海外では年齢にかかわらず、能力があれば若くても抜擢される。なぜ、こんな違いがあるのか？ そこで、著者がホテルにこもり、２週間で書き上げた論文が本書の元である。本書は半世紀を経ても色あせない。1978年刊行の姉妹書『タテ社会の力学』(講談社)もあわせて紹介したい。

「ヨコ社会」と「タテ社会」

人間社会には、ヨコ社会とタテ社会がある。

ヨコ社会の典型は、カースト制のインドや階級社会の英国だ。同じ階層でヨコにつながる。ヨコ社会では個人の属性(たとえば、出自、学歴、地位、職業)が問われる。

一方で、日本は**タテ社会**。日本人は自己紹介で「営業のヤマダです」ではなく「○○社のヤマダです」と言う。○○社というタテ社会のメンバーであることが重視される。

これは、日本の「イエ」(家)発想が現代の組織に受け継がれたからだ。

だから、私たちは仲間内に「ウチら」、外部の人には「オタク」と言う。**日本人は「ウチ」と「ソト」を分ける意識が強く、「ウチ」の人とは家族同様の付き合いをするが、「ソト」の人には急によそよそしくなり、人間扱いしないほど冷酷になることすらある。**

企業も、自社の社員をまるで家族のように扱う。ただ、もともとは異質な人たちだ。常に集団意識を高める仕組みが必要になる。そこで重視するのが、その組織の所属期間なのだ。

A社の社員になった人は、A社社内で他の社員と接触した時間の長さが、その人が社内で使える社会資本になる。新入りは接触時間ゼロなので最下層。そして勤続年数とともに社会資本が蓄積される。日本に根強い年功序列意識の温床はここにあるのだ。

しかし、B社に転職すると、この社会資本はリセットされ、またB社社内でゼロから蓄積することになる。だから、転職は大きな損失だ。**「日本人は忠誠心が厚く、集団主義」といわれるのは、こんな組織構造の中にいる個人が合理的に行動した結果**なのだ。

「入社3年で辞める新入社員が増えた」と最近いわれるが、半世紀前の本書にも「転職は入社2~3年の若年層に集中」と書いてある。彼らは社内の社会資本の蓄積が少なく、転職の損失が小さい。新入社員の大量退職も、タテ社会で合理的に判断した結果なのである。

日本で能力主義が根づかないのも、タテ社会の産物だ。日本社会では「能力はみんな同じ。誰でもやればできる。だから努力しよう」という能力平等観が根強く、社員に努力を求める。だから、同期の間では差をつけられない。そこで、入社年や学歴で序列をつける。結果、組織にいる全メンバーに、序列がつく。

だから、お酒の席では、上座から下座へとキレイに序列順に並ぶ。初対面同士のお酒の席で序列がわからないと、席に着けずに迷ったりする。会議で下の者が発言するときは必ず「先輩を差し置いて僭越ですが……」と前置きし、上司には「○○部長」と役職名がつく。

日本社会の外は違う。私は外資系企業での勤務が長かった。目上への礼儀はもちろんあるが、お酒の席順は自由。会議の出席者は、序列に関係なく発言する責任がある。上司は役職なしで「さん」づけで呼ぶ。日本人以外の上司は社長でもファーストネームだ。

タテ社会は「人間関係優先」

タテ社会は「一家」である。次ページ図のAが家長。その下に全員が序列でつながり、人間

タテ社会とヨコ社会

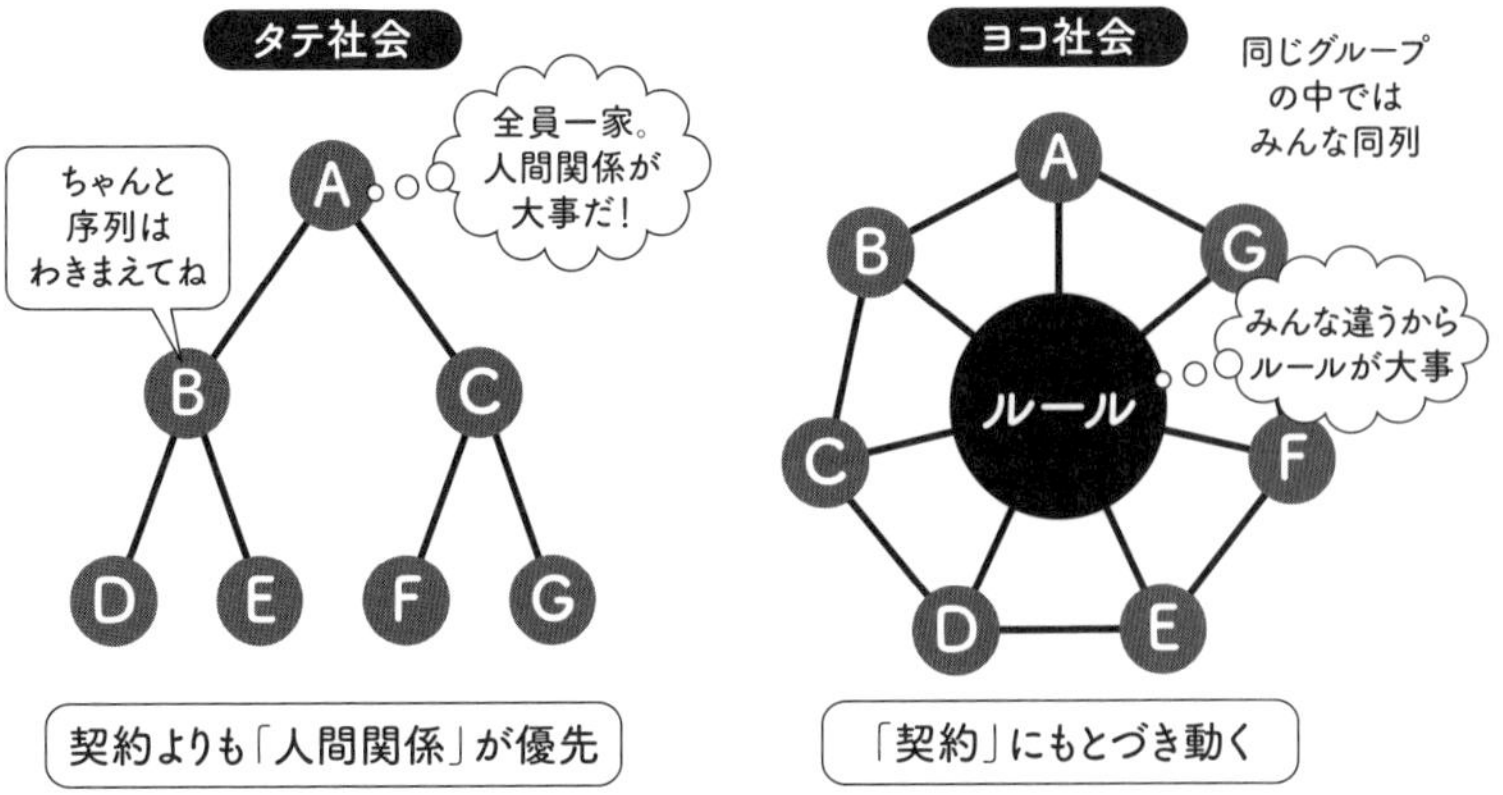

出典：『タテ社会の人間関係』の図版をもとに筆者が一部追記

関係を重視する。新メンバーは、誰か（たとえばB）と関係を築き、他メンバーの同意を得た上で加入できる。新メンバーの居場所は序列のどこかになり、その序列が定着する。

ヨコ社会では、新メンバーはルールにもとづき加入が認められる。新メンバーは新参者扱いされず、他メンバーと同列だ。また、ヨコ社会は契約にもとづいて動く。

タテ社会は家族なので、契約よりも感情的な人間関係が優先だ。契約の精神は欠如していて「オレとおまえの仲だ。契約なんてどうでもいい」と考えてしまう。

タテ社会のリーダーは弱くても務まる

欧米や中国社会のリーダーは自由にメンバーを動かせるが、日本のリーダーはなかなか動かせない。日本のリーダーは権限が小さく、単なる調整役の場合が多い。これもタテ社会の産物だ。タテ社会では、仲間5〜7名の小集団の結束が強い。この中では遠慮なく自分の意見をズケズケと言って、感情を出して徹底的に議論し、意思決定する。**日本人が活き活きと仕事できるのは、仲間意識が強い小集団にいるときだ。**

小集団の集合体が、大集団になる。しかし、大集団の中でも小集団の帰属意識は強く、小集団の枠は消えない。これが**セクショナリズム**になり、小集団は自分たちの考えを大集団の中で強く主張する。この小集団に対しては、トップといえども強く言えない。

タテ社会でいちばん強いのが、「○○一家」「□□組」とも言うべきこの小集団だ。小集団の部下は「稟議」の形で上司に具申し、トップを動かせる。下位の者がリーダーを突き上げることすらある。ソトの人が立ち入らない内部では、タテマエでなくホンネで議論できるのだ。

極論をいえば、**タテ社会では上に立つ者は「お飾り」でOK**。仕事ができないトップでも組織は動く。仕事力よりも、むしろ部下の微妙な感情を察して動ける人間力の高い人物が「器が大きくすばらしいリーダー」といわれることが多い。

日本では、トップといえども「経営幹部」という小集団のメンバーである。だから、日本のリーダーは直属幹部にマメに相談するし、その助言で決断することも多い。こんな仕組みなので、下の者が実力者ならば、トップに助言する形で組織を動かせる。

そんな日本でも「ワンマン」と呼ばれるリーダーがときどき現れる。ただし、これはリーダーが圧倒的に強い力をもち、部下との人間関係にも自信をもつ場合に限られる。セブン&アイの鈴木敏文元会長や、富士フイルムの古森重隆元会長がその典型といえるだろう。

明治維新や戦後の高度成長期のような上昇期や安定期では、このタテ社会の構造が威力を発揮した。タテの組織で末端への伝達が迅速に行われ、大きな成果をあげた。議論が必要なヨコ社会と比べて、「あうんの呼吸」で動くタテ社会は実に効率的なのだ。

問題は、危機のときに優秀なリーダーが不在のタテ社会だ。大きな悲劇に見舞われる。『MBAマーケティング必読書50冊を1冊にまとめてみた』で紹介したBook46『大本営参謀の情報戦記』（堀栄三著、文藝春秋）では、先見性あるリーダーが不在のまま泥沼の負け戦を繰り返した日本軍の様子が描かれている。

日本の組織は「軟体動物」である

タテ社会は独立した小集団の集合体だ。では、全体はどんな仕組みで結びつき、統合して動くのか？　これを解明したのが、本書の11年後に刊行された『タテ社会の力学』だ。

たとえると、**日本のタテ社会は軟体動物で、中国や欧米のヨコ社会は脊椎動物**なのだ。

軟体動物のヒトデには脳がない。5本の腕は自発的に動く。各腕の動きの情報は、神経を経由し、ヒトデの真ん中にある口を取り囲む「周口神経環」に集まる。たとえば、波にさらわれひっくり返ったヒトデは、最初は5本の腕がバラバラに動くが、やがて5本の協調が始まり、すばやく起き直る。周口神経環が指令しているのではない。周口神経環経由の情報から各腕が他の4本の腕の動きを知り、各自が自発的に動いているのだ。

タテ社会の小集団の動きもヒトデの腕の動きと同じだ。最初はバラバラに動くが、他の小集団の様子を見つつ、自分たちも全体の動きに同調するように動くのだ。

タテ社会がこのように動けるのは、日本社会の圧倒的多数が同一民族で占められていて基本的文化を共有するからだ。だから、日本の組織はルール不在でもちゃんと動く。

緊急事態になった途端、タテ社会は驚くほど素直にタテの秩序に従い、無数の小集団からなる組織がまるで全体でひとつの意思をもった軟体動物のように動く。すべての小集団が同質だからこそ、可能な芸当である。この強みを活かせば、組織でもBook14『OODA LOOP』で紹介したような迅速な動きが可能となる。

当初はみんながバラバラに意見を言うカオス状態だが、次第に一方向に意見が集まり、そのうち全メンバーを巻き込んで一気に最終決定し、その後は迅速に動く。タテ社会はこうして軟体動物が動くように意思決定する。だから、**トップも最終結果を予測できない**。

これに対して、中国や欧米社会は異民族社会だ。トップが意思決定して明確な原則が打ち出された上で動く。あたかも脊椎動物が脳で意思決定し、身体の各部が脳の命令通りに動くかのようだ。同質性がない彼らは、逆に軟体動物のようなトップ不在の意思決定はできないのだ。

本書刊行から半世紀が経ったが、著者の中根氏は活躍されている。

2009年、中根氏は『タテ社会の力学』文庫版のあとがきで「30年ぶりに本書を読み返したが修正は不要」とし、日本社会がグローバル化の荒波にさらされ、タテ社会で隠されてきた談合などの不正が出ていることについては「歓迎すべき方向。風通しがよくなった。日本社会は個人を抑えがちだが、個人の自主性が発揮しやすくなる」と述べている。

２０１４年には、当時87歳の中根氏のインタビュー記事が新聞に掲載された。「明治維新や終戦直後のような混乱期には若くて立派なリーダーが出てきた。能力があると周囲が認め、実際に行動力がある人がリーダーになれば、その集団はとてもうまくいく。タテの関係を認めつつもう少し柔軟なシステムになるのが望ましいのでしょうね」（２０１４年11月24日付『産経新聞』の記事「中根千枝さん『タテ社会の人間関係』」より抜粋）

日本人はつい「日本人は○○○だから、なかなか変われない」と言いがちだ。

しかし、日本でも「失われた30年」を経て本気で変わろうとし、ソニーや日立のように成果を出す大企業も出始めた。国内の起業環境も整備され、多くのスタートアップから若きリーダーも生まれている。今こそ日本のタテ社会の構造を理解し、強みを活かしたいところだ。

POINT

「タテ社会」の構造を把握してこそ、強みが活かせる

48

『日本の「安心」はなぜ、消えたのか』（集英社インターナショナル）

——日本人が「他人を信用しない」本当の理由

山岸俊男

社会心理学者。1948年名古屋生まれ。一橋大学社会学部、同大学大学院を経て、ワシントン大学哲学博士。北海道大学助教授、ワシントン大学助教授を経て、北海道大学名誉教授。社会的ジレンマ、信頼、社会的知性など心と社会の関係について、認知科学、心理学、社会学、経済学などの側面から、実験、調査、コンピュータなどを通じて総合的に研究を進める。著書に『信頼の構造』など多数。2018年没。

日本人は集団主義で「和を以《もっ》て貴《とうと》しとなす」。お互いに助け合う美風があるといわれている。しかし本書によると、これは「集団」というタガをはめられた環境での話である。タガが外れた途端、**日本人は他人を信用せず、きわめて個人主義的に振る舞う**という。「まさか」と思うかもしれない。本書は豊富な研究データで私たちの常識を次々と覆し、日本社会の本質をあらわにしていく。グローバル時代に日本の組織をいかに進化させるべきかを考える上で、本書の洞察は示唆に富んでいる。著者の山岸氏は日米で比較研究を続け、「日本型・安心社会からグローバル型・信頼社会へ」と提唱し続けてきた社会心理学者だ。本書は山岸氏の過去の著作を一般向けにまとめた、知る人ぞ知る隠れた日本人論の名著である。

赤の他人を信じない日本人

そもそも本当に日本人は集団主義なのか、著者は日米で実験した。見知らぬ3人が個室に

日本人は米国人よりも個人主義だった！

・見知らぬ3人1組が、個室に入って個人作業

②個人報酬：自分個人の作業成果で決定

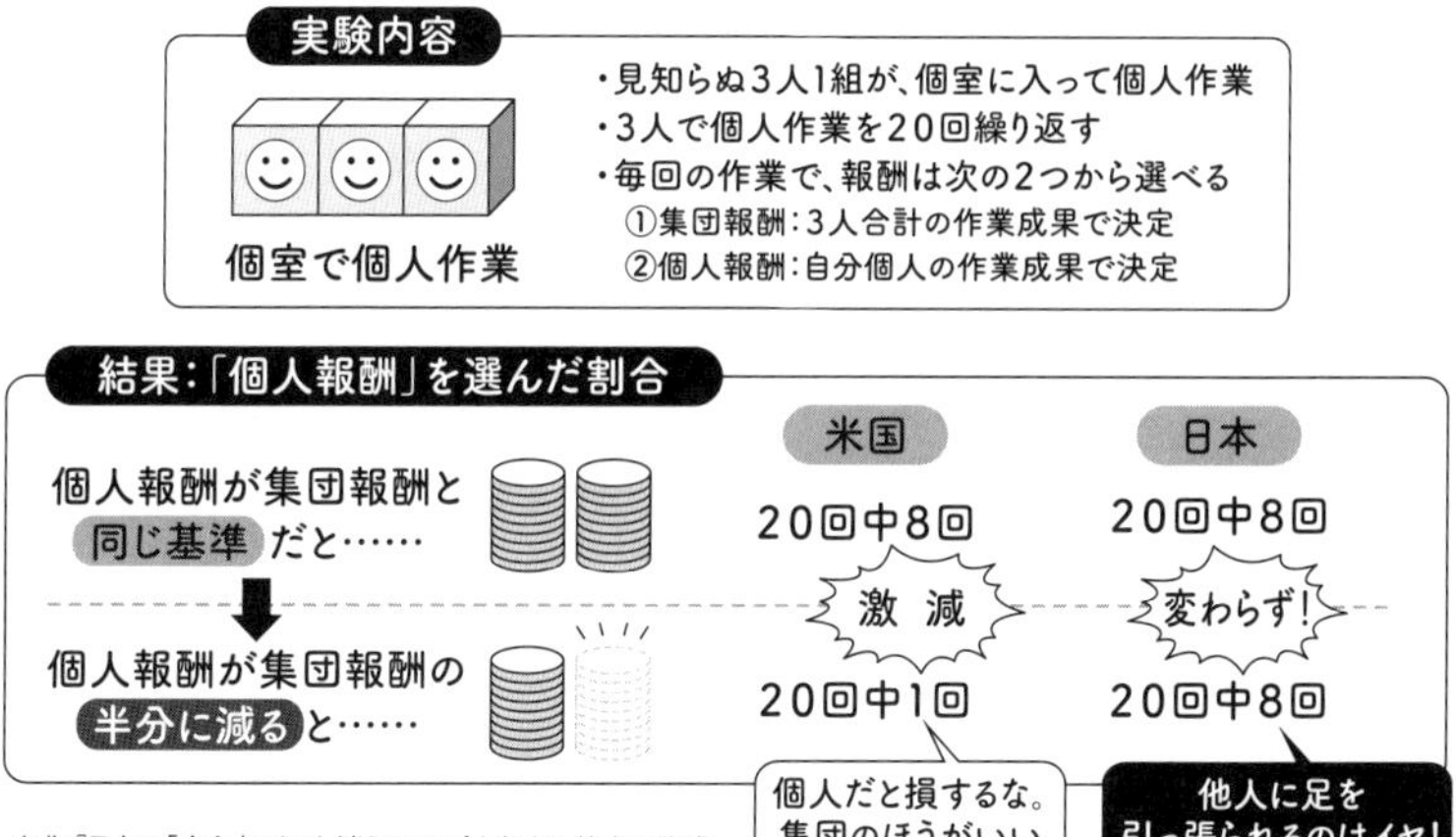
個人だと損するな。集団のほうがいい
他人に足を引っ張られるのはイヤ！

出典:『日本の「安心」はなぜ、消えたのか』を参考に筆者が作成

入って、各自で個人作業を20回繰り返す。毎回の作業で報酬がある。報酬は集団報酬（3人合計の成果で報酬を決定）か個人報酬（自分の成果で報酬を決定）かを各自が選べる。

集団主義的な人なら集団報酬を選び、個人主義的な人なら個人報酬を選ぶはずだ。

結果は、個人報酬を選んだのは日本も米国も平均して20回中8回。日米に違いはなかった。

次に個人報酬を集団報酬の半分にしてみた。

個人報酬が集団報酬と同じ基準だと……

結果は、米国では個人報酬を選んだのは20回中1回に激減。彼らは「個人報酬は損するから集団報酬がいい」と合理的に考えた。一方、日本で個人報酬を選んだのは20回中8回。報酬を半分にする前と同じだった。日本人は報酬が減ると知っても「他人に足を引っ張られたくない」と考え、個人作業を選んだのだ。**日本人は米国人よりも「赤の他人は信頼できない」と考えて個人的に行動するのだ。** 著者は理由を考察している。

「安心社会」と「信頼社会」

江戸時代、山奥の農村の田植えや稲刈りの作業は村人が総出で行った。互いに昔から顔なじみで、困ったときは「おたがいさま」と助け合い、戸締まりもしない。実に安心な社会である。

理由は環境だ。農村社会では悪いことや非協力的な行動は損をする。田植えを手伝わないと、困ったときに誰も助けてくれない。最悪、村八分や追放となる。協力し合うほうがお互いにトクだ。そこで、農村ではメンバーを互いに監視し合い、何かあると村八分などで制裁する仕組みをつくった。同じ村の人間ならば「同じ村の衆だから悪さはしないだろう」と安心できる。しかし、ヨソ者は警戒して、場合によっては村に入れずに追い返してしまう。

こんな農村社会の人が、都会に出るとどうなるか。都会には村の制裁システムがない。周囲は赤の他人だ。だから「渡る世間は鬼ばかり」「人を見たら泥棒と思え」と考える。

集団主義社会の農村は、個人同士で信頼がなくても動く**安心社会**だ。一方で都会は、個人同士の信頼が必要になる**信頼社会**だ。**日本人が他人と協調するのは、身内だけの安心社会にいるときだけ**。赤の他人は信用しないし、協調できない。

この身内とヨソ者を分ける集団主義社会の行動原理には、メリットもある。戦後の日本企業は社内や系列企業を身内で固め、契約書がなくても約束を守る安心社会をつくった。その結果、他国よりも効率がよい経営によって高度経済成長を実現した。しかし、いまや状況は一変し、不祥事隠しや偽装問題が多発するようになってしまった。これはなぜだろう。

なぜ日本人は、ウソをつくのか？

私は外資系企業に勤務していたとき、米国人の同僚から真剣に相談されたことがある。

「なぜ日本人は、上のポジションの人間でもウソをつくんだろう？」

これは、日本企業で近年頻発する不祥事隠しや偽装問題と深い関係がある。

日本企業の経営環境は20年前から激変した。ケイレツや株の持ち合いなどの安心社会を前提とした仕組みは経営のグローバル化で否定され、信頼社会に合ったオープンな経営が求められている。しかし著者の山岸氏は、日本企業は安心社会の考え方から変わっていないと言う。

安心社会では赤の他人を信じない。都合の悪い情報は身内だけに留めて隠しがちだ。

一方で信頼社会の大前提は、赤の他人を信じること。都合が悪い情報もオープンにする。都合の悪い情報を隠す行為は、不誠実でウソつきの行為として見られるのだ。

米国人同僚の悩みも、日本人が都合の悪い情報を共有せずに、自力解決を図るからだ。結果、真面目で責任感が強く、自力で問題解決しようとする日本人ほどウソつきに見えてしまう。本来、信頼社会では都合の悪い情報も共有して、解決策をオープンに議論すべきなのだ。

不祥事隠しや偽装問題を起こす日本企業も、都合が悪い情報を隠す点でまったく同じだ。

安心社会から信頼社会への心の切り替えができていないのである。

信頼社会で生きるには、不信を出発点にしてはいけない。不信の念を排除し、まず他人を信頼すること。そうしない限り、信頼社会では自分も信頼されないのだ。

赤の他人を信用する「信頼社会」の仕組み

出発点は、赤の他人と信頼関係を構築することだ。では、どうすればいいのか？

著者は他人を信じる人（**高信頼者**）と他人を信じない人（**低信頼者**）とでは、どんな行動の違いがあるかを実験で調べた。ここでは実験結果だけ紹介しよう。

高信頼者は、まず「赤の他人は信頼できる」という前提で相手を観察し、情報を集め、「こいつは信用できない」というネガティブ情報を見つけると相手の評価を下げていた。お人好しではなく、「赤の他人にはいい人も悪い人もいる」と考え、シビアに観察する現実主義者なのだ。裏切られるリスクもあるが、協力関係をつくれればリスク以上の価値（成果）が得られる。もし裏切られれば失敗から学び、より的確に信頼度を評価するようになる。

高信頼者には、**信頼度検知能力**がある。信頼社会ではこの信頼度検知能力が必要なのだ。一方で、他人を信用しない低信頼者はネガティブ情報には鈍感だった。「赤の他人は悪い人だ」と思い込んでいるので協力関係を築こうとしないし、信頼度の予想力も磨かない。その上、騙されるとますます他人を信用しなくなってしまう。

ちなみに、米国は信頼社会だ。調査によると「**人は信用できる**」**と答えたのは、米国人は47％で日本人は26％だ**（統計数理研究所調査より。日本人２０００人、米国人１６００人へ調査）。

しかし、今でこそ米国は信頼社会だが、かつては日本と同じ他人を信用しない安心社会だったという。米国がいかに信頼社会に変わったかを学べば、日本にとって参考になる。

「信頼社会」へ変わるために必要なこと

移民の国・米国は、19世紀まで同じ出身地や宗教の人たちが集まる集団社会だった。19世紀後半、急激な工業化でこの集団社会が失われ、公平で効率的な社会制度が整備されて米国が誇る「フェアな信頼社会」がつくられた。

このフェアな信頼社会を維持する仕組みが、法制度である。

これには歴史がある。古代ローマは人々が安心して商取引するルールを法律で定めた。ローマ帝国内に住む外国人も保護の対象。商取引の問題を訴訟にもち込めるローマでは、安心して取引ができた。この万民法が近代欧州を経由して現代の欧米に引き継がれた。

さらに、現代では評判の力も重要だ。著者は1000人の仮想ネットオークションをつくって実験してみた。ネットオークションでは騙されるリスクがある。当初ユーザーはネガティブ情報を気にしていたが、ネットでは別名で新規加入すればネガティブ情報はリセット可能だ。すると、次第にユーザーはいい評判を地道に蓄積する人を評価するように変わっていった。

信頼社会をつくるには、このように「**正直**」**の評判を保証する仕掛けも必要**だ。企業の不祥事のたびにマスコミは「管理・監視の強化」を大合唱するが、信頼社会で必要なのは規制や監督ではない。むしろ**正直に行動し続ける人がトクする仕組み**なのである。

かんぽ生命で不正が起きたワケ

著者は「このままでは日本社会は崩壊しかねない」と危機感をもっている。この懸念は現実化しつつある。その代表的な出来事が、2019年のかんぽ生命（簡易保険）不正販売だ。

かつての郵便局は、もとは地元の名士が特定郵便局長に就任した典型的な安心社会。この組織が民営化されて結果優先のプレッシャーがかかり、上の圧力で保険のノルマ販売を始めた。上の指示通りに、不必要な高額保険を何も知らない高齢者に売りまくった担当者は高く評価され、誠実な販売活動を続ける担当者は「ノルマ未達成」と罵倒される環境が生まれた。

都市論や経済学などの著書を残したジェイン・ジェイコブズは、『市場の倫理 統治の倫理』（筑摩書房）の中で、人類には2種類のモラル体系があることを指摘した。

❶市場の倫理……商人主体。契約と正直さの重視、効率追求、創意工夫、異説を尊重

❷統治の倫理……主君と家臣主体。道徳と規律遵守、上に忠実、名誉重視

❶の市場の倫理は「信頼社会」のモラル。❷の統治の倫理は「安心社会」のモラルだ。

かんぽ生命の不正は、統治の倫理により安心社会を築いていたかんぽ生命が、郵政民営化をきっかけに同じ考え方のまま市場の倫理で動いた結果だ。安心社会では統治者の命令が絶対。統治者の利益最優先の指示で、現場は平気で顧客を裏切る。市場の論理と統治の論理は同時に成り立たない。混ぜた途端に、最悪の腐敗が始まるのだ。

「日本人は倫理観を失ったから道徳教育が必要」という一部の動きについて、山岸氏は「誤解であり、まったく逆効果」と言う。必要なのは、信頼社会で正直者が損をしない仕組みである。

今、**ジョブ型雇用**が注目されている。ジョブ型雇用は、信頼社会の一員として契約することだ。ジョブ型と対比される**メンバーシップ型雇用**は、企業という安心社会の一員となることだ。ジョブ型雇用のあり方を考える際に、本書の洞察を大いに活かしてほしい。

本書はBook47『タテ社会の人間関係』の著者・中根氏と相通じる指摘も多いが、提言は異なる。中根氏は日本とインド・中国・英国を比較し、「タテ社会の強みを活かせ」と言う。山岸氏は日米を比較し、「日本社会は信頼社会にシフトせよ」と言う。

2008年の出版当時と比べ、今は過度なグローバル化の反動がある。Book50『宇沢弘文の経済学』のように、資本主義のあり方とコモンズ活用も見直されている。日本社会は信頼社会に一気に移行せずに、むしろ安心社会の強みを活かす道もあり得るのではないだろうか。この観点でBook14『OODA LOOP』は参考になる。

著者の山岸氏は2018年に他界した。山岸氏が立てた問いは私たちに託されている。

POINT

「社会の構造」がわからなければ、ビジネス変革は成功しない

49

『ドーナツ経済学が世界を救う』（河出書房新社）

──「成長」を目標とする経済は限界を迎えている

ケイト・ラワース

経済学者。オックスフォード大学環境変動研究所の講師兼上級客員研究員。ケンブリッジ大学持続可能性リーダーシップ研究所の上級客員研究員。シューマッハー・カレッジで移行計画のための経済学を教える。21世紀の社会と環境の課題に取り組むために必要な経済思考を探究している。ドーナツ経済学の研究は国際的に高く評価され、持続可能な開発の専門家、進歩的な経営者などから広い支持を得ている。

「対前年比○%成長！」。私たちはこんな目標を設定することが多い。では、成長し続けた先には、いったい何があるのだろう？　本書によると、この問いは経済学では「禁句」。経済学には根本的な欠陥があり、この問いに対して答えがないのだ。

自然界で成長し続けるものはない。成長し続ける子どもはいない。シャーレ内の細菌増殖はどこかで止まる。あらゆる成長は、必ず次ページ図のようなS字曲線を描き、成長が止まる。経済も例外ではない。**成長は必ず止まる。**その限界は、地球の許容量で決まる。

その地球が悲鳴を上げている。限界を超えたCO_2排出で気候変動が進み、大地は汚染され、貧富の差も拡大している。本書は世界が抱えるこれらの問題の全体像を示し、21世紀型経済の提言をまとめた一冊だ。

著者のケイト・ラワースは経済学者。オックスフォード大学で学び、国連で持続可能な開発計画の作成に関わるなど、21世紀の社会と環境問題を経済視点で探求し続けている。本書は

従来の経済の前提は間違っている

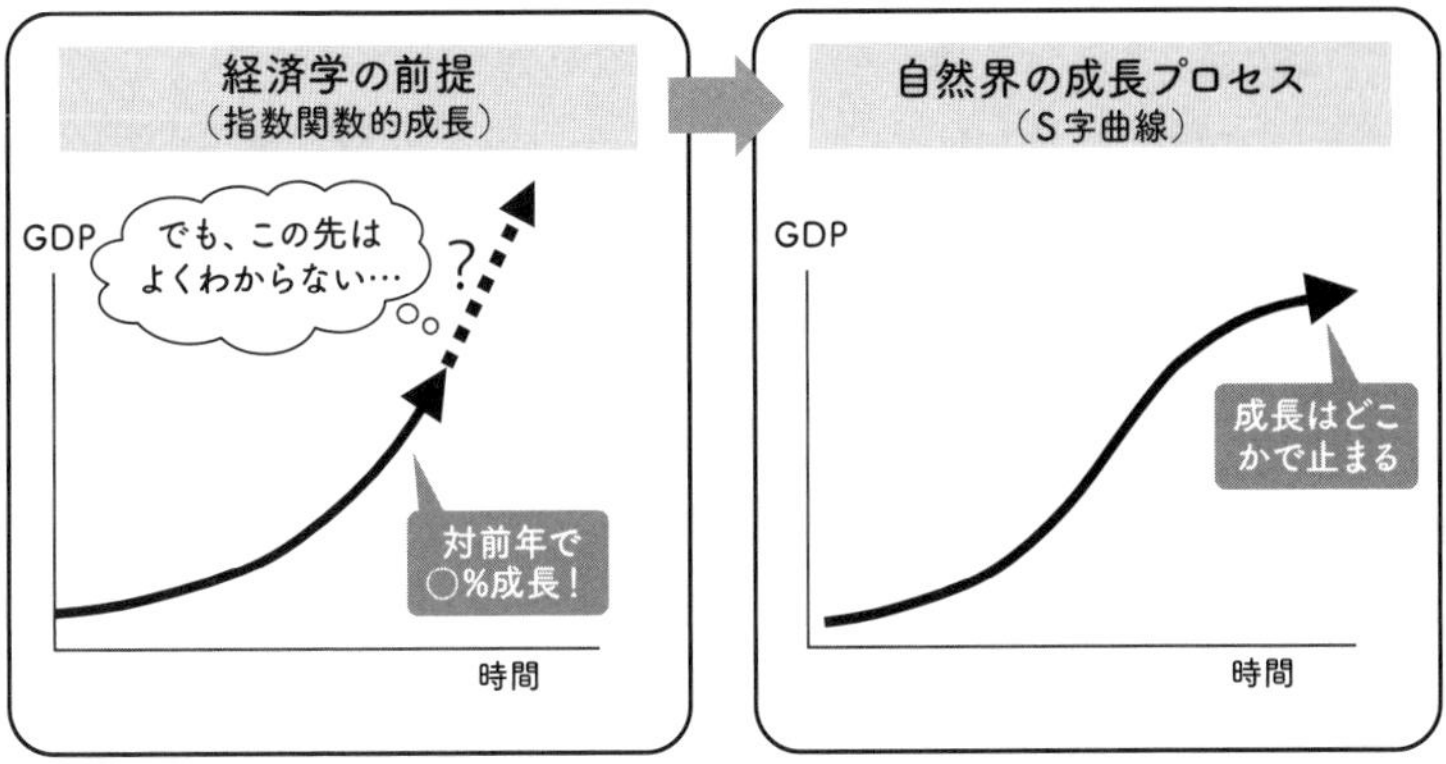

出典：『ドーナツ経済学が世界を救う』を参考に筆者が作成

『フォーブス』と『フィナンシャル・タイムズ』で2017年のベストブックに選ばれた。

本書の核となる**ドーナツの図**（後述）は2011年に発表され、大きな反響を引き起こした。2015年に国連がSDGs（持続可能な開発目標）の最終草案を練る深夜の会議でも、この図がテーブルの上に置かれていたという。

目標を「GDP」から「ドーナツ」へ

過去10万年、初期人類がアフリカ大陸から諸大陸に進出し始めてから地球の平均気温は激しく上下してきたが、直近1万2000年は例外的に温暖で安定している。この時代は地質時代で完新世と呼ばれ、人類にとって最も快適な環境だ。この環境のおかげで文明（古代エジプト、殷王朝、マヤ、ギリシャ、ローマ）が生まれ、人類は繁栄した。科学者によれば、邪魔さえ入らなければこの気候は5万年続く。この恵まれた完新世の環境を自ら捨てるのは愚の骨頂だ。この環境を維持するには地球に許容量以上のストレスをかけないことだ。

2009年、国際的な研究グループが完新世の環境を維持するための9つの境界線を提言した。「大気中のCO_2濃度を350ppm以下にする」などだ。

一方で、多くの人が水準以下の生活を強いられ、潜在的能力を発揮していない。社会の幸福を左右するのは不平等の程度だが、この不平等が急拡大している。たとえば、世界人口の29％が貧困層にいる一方、1％の富裕層が世界の富の半分を握る。不平等な国ほど十代の妊娠、精神疾患、ドラッグ使用、地域社会崩壊、短寿命などの問題が多い。

人類にとって大事なことは、地球環境を維持しつつ誰もが人間らしい生活を維持できること。そこで、著者が提唱するのが**ドーナツの図**だ。ドーナツ内側の黒い輪（①）が最低限の**社会的な土台**。ここから下に誰も落としてはいけない。ドーナツ外側の黒い輪（②）が**環境的な上限**。ここを超えると地球に回復不能な負荷がかかる。全人類を**ドーナツの範囲内**（③）に入れなければならない。

ドーナツの内側の濃いグレー部分は基本的生活ができない人が世界にどれだけいるかを示す。たとえば「所得と仕事」では、世界貧困線（1日3・10ドル未満で暮らす人）は世界人口の29％（例A）。就業を望みつつ失業している若年層は世界人口の13％だ（例B）。

上限の外側の濃いグレー部分は、地球環境の限界を超えたものだ。たとえば、「気候変動」を見ると、大気中のCO_2は許容上限350ppmを超え、現在400ppmで上昇中だ（例C）。

「ドーナツ」の中に全人類が入るようにする

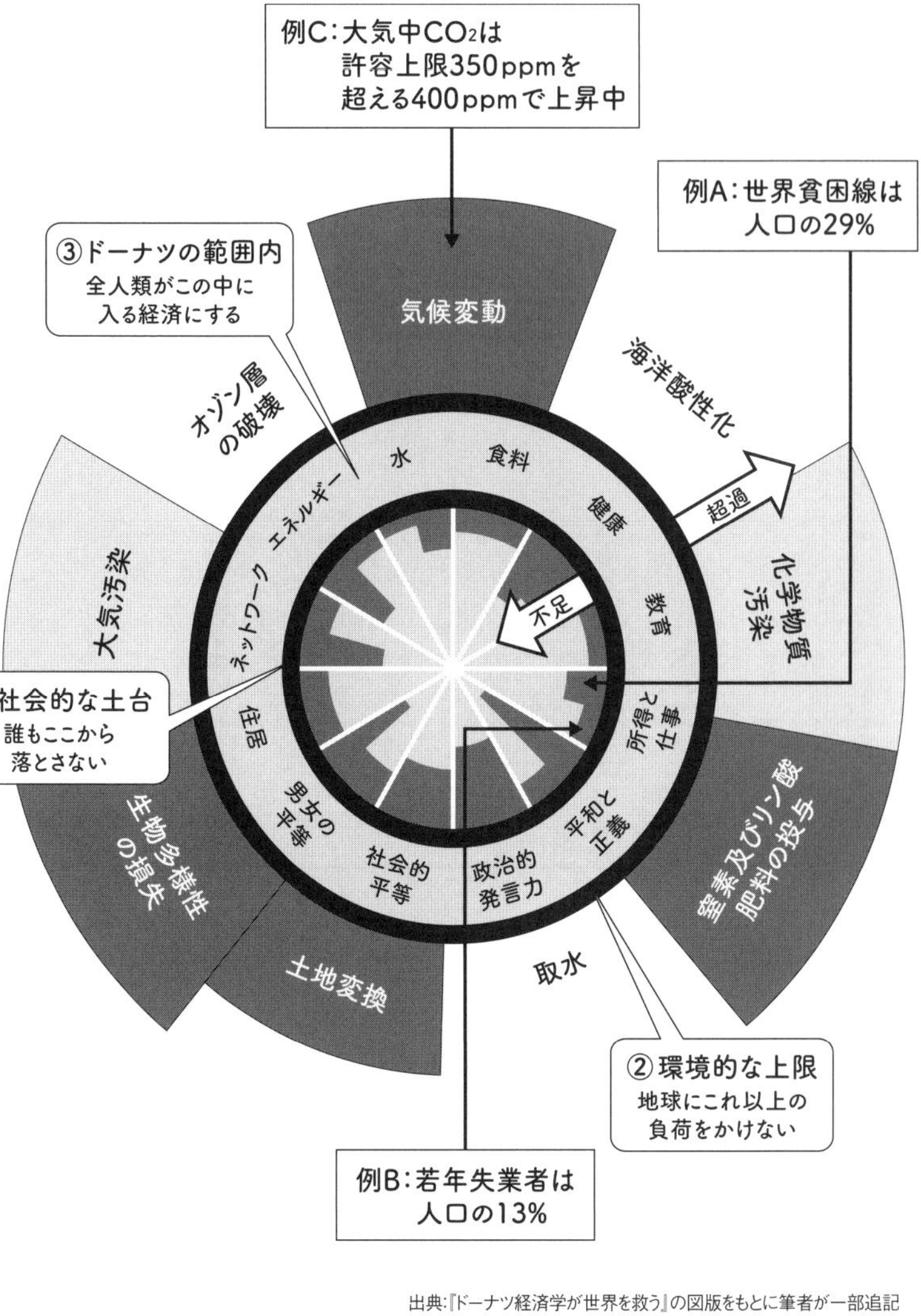

出典：『ドーナツ経済学が世界を救う』の図版をもとに筆者が一部追記

ドーナツの図を使えば、世界の問題が見える化できる。私たちは目標を「成長」ではなく「ドーナツの安全な範囲内にいること」に変えるべきなのだ。**私たちはこの問題に直面する最初の世代であり、同時にこの問題を回避するチャンスが残された最後の世代だ。**

では、どうすればいいのか。私はかつての江戸に、答えのヒントがあると考えている。

ロンドン・パリよりも江戸が清潔だった理由

18~19世紀、人口60~100万人のロンドンやパリは大問題を抱えていた。人の排泄物である。路上に捨てるか水路に流すので、不衛生で伝染病も多く、臭気もすさまじかった。水の流れが遅いロンドンのテムズ川では、水がよどんで汚物が腐敗。ルイ14世はパリから逃げるためにヴェルサイユ宮殿をつくったという。下水道が整備される前の時代の話だ。

当時100万の人口を抱えていた江戸にも下水道はなかったが、清潔だった。隅田川河口の佃島でも白魚が捕れた。違いは排泄物の処理である。

100万人の食を支えるため、近郊農家は野菜づくりを始めた。野菜づくりではチッソやリンを含む肥料が必要だが、肥料は不足していた。そこで目をつけたのが、100万人が毎日大量生産する排泄物。下掃除人が出向いて排泄物を引き取り、貯蔵・発酵させた。60度の発熱で寄生虫を殺して下肥をつくり、それを乾燥させて肥料に使ったのだ。

ちなみに、下肥の材料になる排泄物は慢性的な供給不足。高値で買い取られた。住民30人の長屋の買取価格は年2両。大工の月収と同額だ。栄養価に応じてランクがあり、下は長屋、中

「使い捨てモデル」から「循環型経済モデル」へ変革

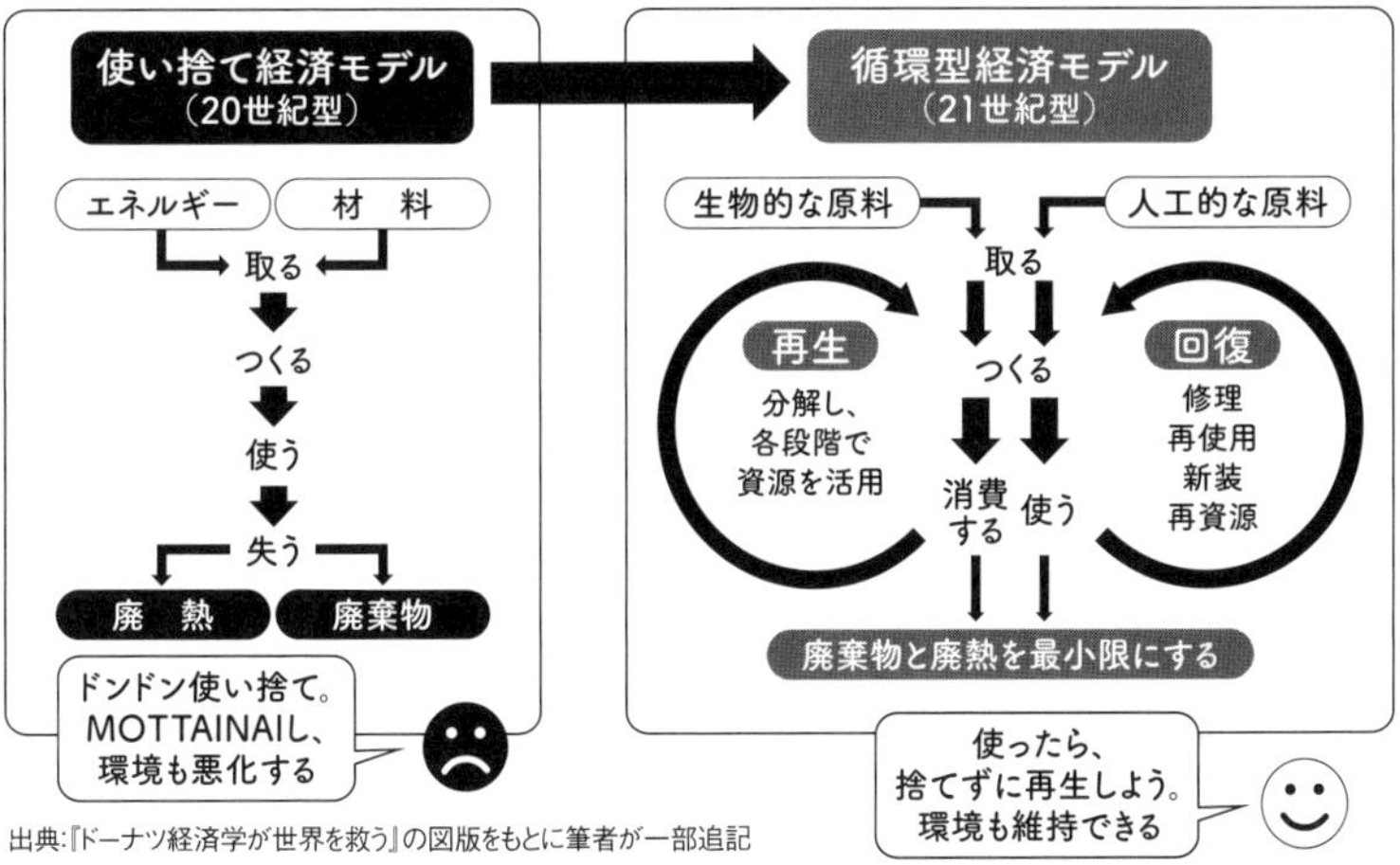

出典:『ドーナツ経済学が世界を救う』の図版をもとに筆者が一部追記

は武家屋敷、上は大名屋敷。極上は毎晩宴会する吉原の遊郭だった。

当初は農家の個別回収だったが、大量に排泄物を仕入れて農家に販売するリサイクル・システムも構築され、効率もグンと向上した。

こうして江戸時代は大量の排泄物を巧みに商品に転換し、清潔な環境を維持したのである。

この**江戸時代のリサイクル・システムは、現代の私たちが目指すべきモデル**だ。

20世紀型の産業システムは、上図左の使い捨て経済モデル。19世紀のロンドンのように廃棄し続ければ、地球は壊れる。著者のラワースが提唱する上図右の**循環型経済モデル**に移行すべきだ。江戸時代のリサイクル・システムは、まさに循環型経済モデルにおける「生物的な原料」リサイクルのお手本だ。カギは自然エネルギー活用で資源を有効な商品・サービスに変えること。自然の再生を上回る速度で収穫せず、「自然にお返し」できる生産方法を設計するのだ。

図右の「人工的な原料」の例は、携帯電話だ。携帯電話には金・銀や希少金属が詰まっているが、EUでは年間1億6000万台の販売台数のうち、2010年に中古市場に出回ったのは6%、再資源化されたのは9%。残り85%は廃棄、またはタンスの肥やしだという。

そこで**都市鉱山**という考え方がある。都市で大量廃棄されるゴミの中にある資源を、鉱山に見立てたものだ。ゴミを集めて仕分ければ資源になる。世の中のすべてのモノを、資源やエネルギーを蓄えた「貯蔵庫」と見るように私たちの意識が変われば、そこに蓄えられた価値を保ったり、使い回す方法を考えられるようになる。

成長しなくても繁栄できる経済へ

19世紀、「毛皮をもっと買いたい」と考えたヨーロッパの商人は、カナダの先住民クリーとの交渉で毛皮の買取価格を上げた。するとクリーの人たちは交換にもち込む毛皮の数を減らしたという。「必要なものを買うには、それだけの毛皮を売れば十分」と考えたのだ。

この逸話は「**重要なのはモノの多さでない**」という大切なことを教えてくれる。

今後100年の経済は、過去100年とは大きく変わる。無償の情報商材も多い。社会は『MBAマーケティング必読書50冊を1冊にまとめてみた』の**Book50**『限界費用ゼロ社会』でリフキンが描いた限界費用ゼロ社会に向かっている。**協働型コモンズ**（コミュニティの中でさまざまなものを共有し合うモデル）や**シェア経済**も拡大中だ。新世界では経済価値が増えてもＧＤＰは増えない。まったく新しい尺度で価値を測るパラダイム転換が必要になる。私たちの課題は、成長しなくても繁栄できる経済を設計していくことなのだ。

20世紀型経済の価値観は１００年の歴史しかない。この10年間で人類は「20世紀型経済は地球を破壊する」という危機感を共有して、21世紀型経済の姿を模索している。

現代では「昔、人類は奴隷を使っていたのか。野蛮だ」と思われている。未来は「昔、人類は利潤追求が最優先だったのか。野蛮だ」と思われるかもしれない。


一方で本書の対極の意見も知ってほしい。ビル・ゲイツは『地球の未来のために僕が決断したこと』（早川書房）の中で、「イノベーション投資で気候変動は回避可能」と主張している。また、世界では「温暖化は温室効果ガス以外の原因もある」「そもそも地球温暖化は起こっておらず、地球は寒冷化している」という懐疑論・否定論もある。

本書は「持続可能な社会」を目指す根底にある考え方を、経済理論の歴史・金融・地学・環境・システム工学・複雑系科学などを整理した上で包括的に紹介している。

ＳＤＧｓ・経済問題・社会問題・環境問題は、どれも底辺で密接につながっている。全体像を把握しつつ今後のビジネスのあり方を考える上で、本書は参考になるはずだ。

POINT

成長前提の呪縛から脱した「持続可能な社会」は未来のスタンダード

50

『宇沢弘文の経済学』（日本経済新聞出版社）

——地球を破壊する「市場経済主義」に代わる概念とは？

宇沢弘文

経済学者。専門は数理経済学。東京大学名誉教授。1928年生まれ。東京大学理学部数学科卒業、同大学院に進み、特別研究生。スタンフォード大学経済学部助教授、カリフォルニア大学助教授を経て、シカゴ大学教授。69年東京大学経済学部教授。その後、新潟大学教授、中央大学教授、同志社大学社会的共通資本研究センター長などを歴任。2014年没。意思決定理論、二部門成長モデルなどで功績を認められた。

10年前、私はクルマを手放した。きっかけは運転免許更新のときに観た映画である。不注意の交通事故で、悲惨な生活に叩き落とされた加害者と被害者の家族。私はその場で「クルマは手放そう」と決心、即売った。私たちは普段気にしないが、現実にクルマは多くの社会問題を生み出している。被害に遭うのはクルマに乗らない一般庶民だ。

クルマ問題は、資本主義が生み出した典型的な問題のひとつだ。今、資本主義が揺らいでいる。あらゆるビジネスパーソンに突きつけられた課題でもある。では、あなたはその背景を説明できるだろうか？　50冊の最後は、この問題を考えるために本書を紹介したい。

著者の宇沢弘文氏は、経済学の立場でこの問題を掘り下げた経済学者だ。宇沢氏はスタンフォード大学とシカゴ大学で教授を務めて大きな功績を残し、「日本人としてノーベル経済学賞に最も近い」とまでいわれた数理経済学者だった。著名経済学者のスティグリッツも、宇沢氏の下で研究した。その後、従来の経済学から距離を置くようになり、日本に帰国。**社会的共**

通資本という概念を提唱した筋金入りのリベラリストだ。
２００５年に私家版（自費出版）として刊行された本書は、再編集されて２０１５年に出版された。ウザワワールドの集大成である。宇沢氏は２０１４年に他界したが、経済学に大きな足跡を残し、環境問題でも世界に大きな影響を与えている。

自動車の社会的コストは年間２００万円！

宇沢氏は１９７４年に「**クルマは社会に大きな迷惑をかけているにもかかわらず、社会にただ乗りしている**」ことを経済学の視点で分析し、著書『自動車の社会的費用』（岩波書店）を刊行、大きな反響を呼んだ。50年前のこの考えは、宇沢氏が社会的共通資本を考えるきっかけとなった。

本書には、この内容が掲載されている。刊行当時の情報にもとづいて紹介しよう。

１９７４年当時の自動車事故の死者は2万人で負傷者は１００万人。これは直接被害を受けた人数。家族を失って苦しむ人はこの数倍だ。さらに、騒音振動などによる生活環境の破壊、排ガスによる大気汚染や自然環境破壊もある。しかし、クルマに乗る人もメーカーも、これらの社会的コストは負担せずに、クルマの保有台数だけは増え続けてきた。

よく考えてみると、ずいぶん理不尽な話だが、理由がある。メーカーは経済学の考え方にもとづいてクルマの価格を決めている。価格は主にメーカーの社内で発生するコストで決まる。さらにメーカーは顧客であるクルマ購入者のことしか考えていない。「当社のクルマは、社会

クルマの社会的コスト

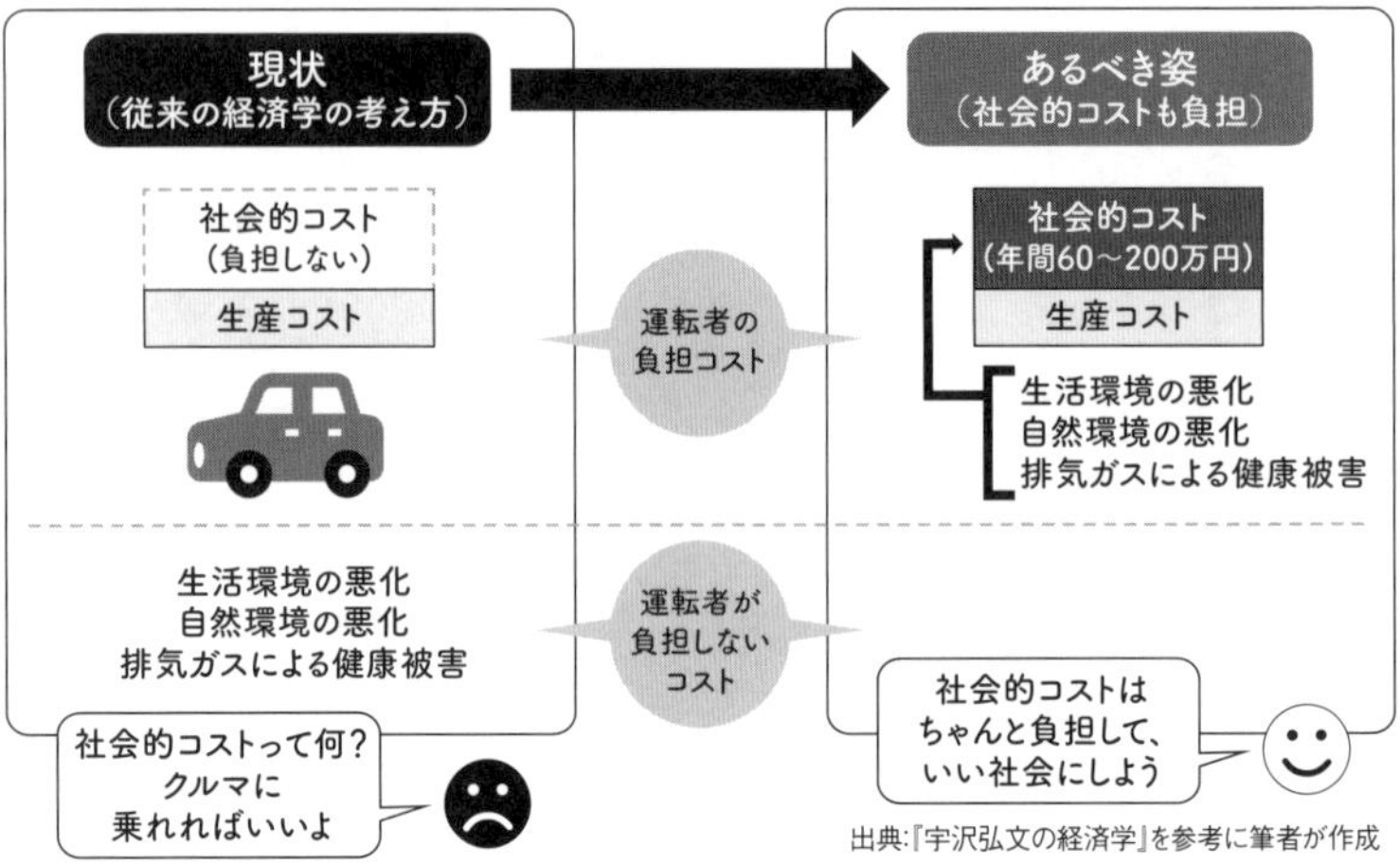

出典:『宇沢弘文の経済学』を参考に筆者が作成

的にどんな問題を生み、影響を与えているか」なんて考えもしなかった。結果、メーカーも乗る人も、生活環境や自然環境を破壊しているにもかかわらず対価を払ってこなかった。

生命や家族を失い、健康を害し、生活環境や自然環境の悪化という形で対価を払うのは歩行者や住民だ。クルマのメーカーやユーザーが、これらのコストを負担する本来の姿に戻ることが必要である。では、本来のクルマの社会的コストは、どの程度なのか？

宇沢氏の計算では、**クルマ1台あたり年額200万円**。「市民の基本的権利を侵害しない道路が、あるべき姿」と想定し、歩道と車道を完全分離。さらに、排ガス騒音の被害を最少化した上で、歩道橋をやめて歩行者の負担を軽減し、交通事故発生確率を下げるなどの対策をする前提で、必要な金額を宇沢氏が計算した結果だ。

「高すぎ！　こんなにおカネがかかるなら、クルマはいらない」という人は多いだろう。

その通りなのだ。この社会的コストをすべて負担しようとすると、クルマの保有台数は激減して2万キロの道路網はほとんど利用されなくなる。そこで、全体のコストを小さくするために、たとえば「幅5・5m以下の道路は、クルマ通行を認めない」と規制を決めて残りの道路だけを工事すると、投資額は1台当たり年額60万円に減る。

このようにクルマの社会的コストは「道路を利用する際にどんな規制を課すと、自動車保有台数は何台になるか」ということを検討した結果で決めるのが、本来の筋である。クルマに乗るのであれば、この社会的コストをどのように負担するかも決めるべきなのだ。

市場経済主義に破壊される「社会的共通資本」

豊かな社会を安定的に維持するために必要な自然環境や社会制度が、宇沢氏が提唱した**社会的共通資本**だ。森林の湧き水は社会的共通資本だ。湧き水は潤沢に湧き出ている。自然の恵みのおかげで誰もが無料で湧き水を飲める。しかし、湧き水の土地に企業が工場をつくり、採取した湧き水をペットボトルに詰めて、1本100円の値段で売り始めるとどうだろう。湧き水は希少な商品となり、タダで湧き水を飲んでいた人は、口にすることができなくなる。

医療のような社会制度も社会的共通資本だ。医学部の卒業式で医師の倫理・任務を謳う「ヒポクラテスの誓い」を朗読した医師たちは、「ともに医の道を歩む伴侶」という連帯意識をもち、利害関係を超えて医療に取り組む。こうした職業的倫理に支えられた制度と日本の国民皆

社会的共通資本を破壊した市場経済主義

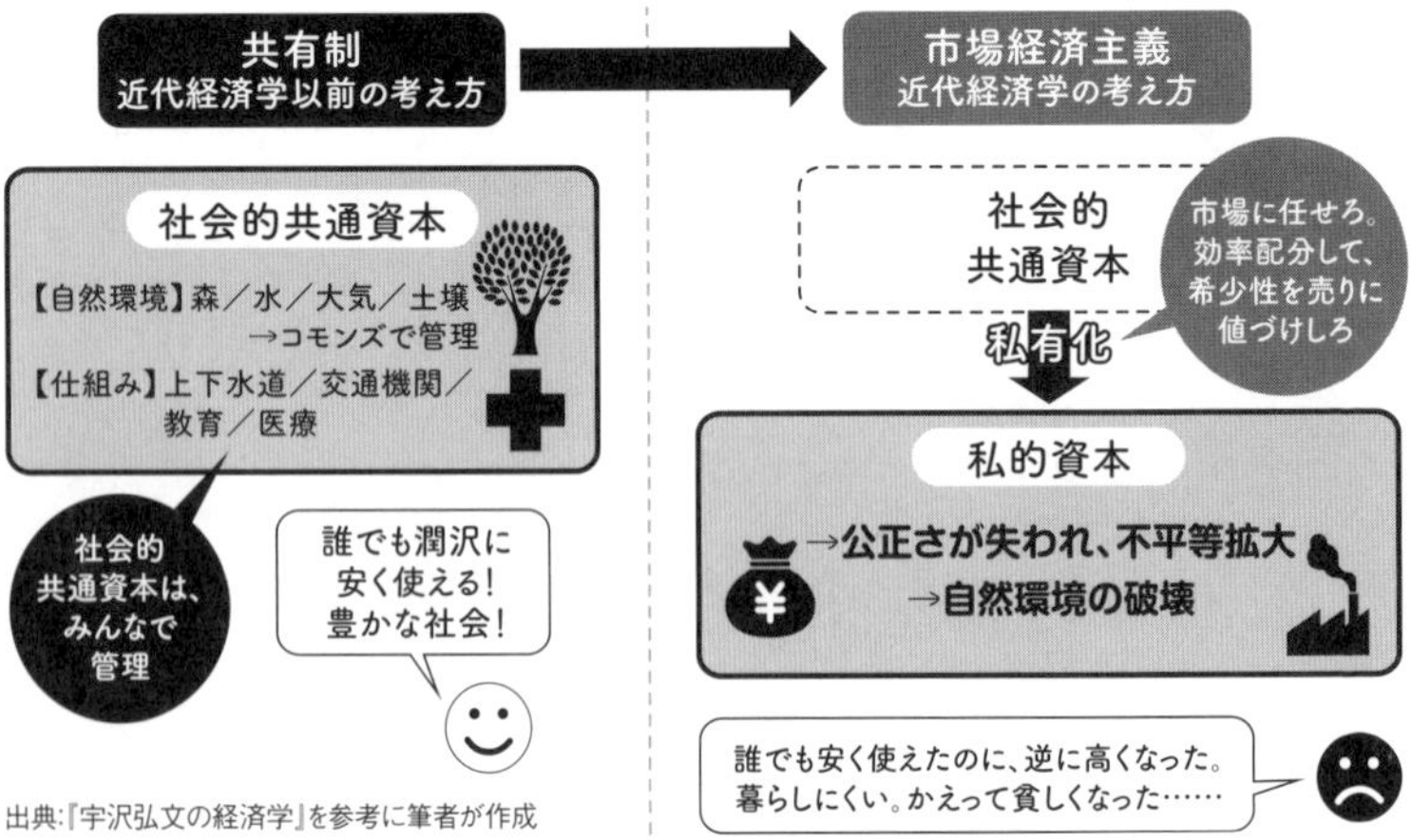
共有制
近代経済学以前の考え方
市場経済主義
近代経済学の考え方
社会的共通資本
【自然環境】森／水／大気／土壌
→コモンズで管理
【仕組み】上下水道／交通機関／
教育／医療
社会的
共通資本は、
みんなで
管理
誰でも潤沢に
安く使える！
豊かな社会！
社会的
共通資本
市場に任せろ。
効率配分して、
希少性を売りに
値づけしろ
私有化
私的資本
→公正さが失われ、不平等拡大
→自然環境の破壊
誰でも安く使えたのに、逆に高くなった。
暮らしにくい。かえって貧しくなった……

出典:『宇沢弘文の経済学』を参考に筆者が作成

保険制度のおかげで、私たちは日本国内で誰でも医療を受けられる。ここに市場経済主義が入ってくると「儲かるかどうか」が倫理に優先され始め、高度医療は金持ち専用のものになる。これは、実際に米国で起こっている。

このように市場経済主義は資源を効率配分し、本来はみんなが共有すべき社会的共通資本でも私有化して値づけし、希少性をもたせて市場で高値で売買する。その結果、公正さは失われ、不平等が拡大する。その上、クルマの社会的コストで紹介したように、自然環境も破壊する。市場経済化によって私たちは一見豊かになったように見える。しかし、それまで無料で潤沢に手に入ったモノはおカネに換算されるようになり、私たちはかえって貧しくなっている。

この社会的共通資本は、**コモンズ**の考え方がベースだ。コモンズとは、共有管理の形で自治的に管理された資源のこと。たとえば、かつて日本の森林は入会地《いりあいち》という仕組みで、入会権をもつ人々が共同利用してきた。マンションの自治会もコモンズだ。宇沢氏はこのコモンズの考え方をベースに「**私有・公有を問わず、市民生活に欠かせない財産は社会的共通資本**」と考えた。堤防・道路・鉄道・電力・ガス・水道などは私有されているものも多いが、市民生活には不可欠なこれらも社会的共通資本なのだ。

「地球温暖化」にどう対応するか？

宇沢氏は、市場経済主義が「地球」という社会的共通資本を破壊していることを早い時期から深く懸念していた。そして、地球温暖化について考察を行い、自然環境を社会的共通資本として管理する仕組みをつくることを提唱してきた。そのひとつが**炭素税**だ。

炭素税は「CO_2排出で恩恵を受けている人が、税を負担すべし」が基本的発想だ。先進国は経済活動が活発でGDPが大きく、化石燃料の恩恵を受けている。CO_2排出量も多い。そこで宇沢氏は1人当たりGDPと国内CO_2排出量に応じて、国別に炭素税を税金の形で負担することを提唱している。GDPが大きいほど、そしてCO_2排出量が多いほど、税負担は重くなる。この炭素税をCO_2削減の原資とする。そして森林育成のようなCO_2を減らす活動に対しては、減少させたCO_2の量に応じて補助金を出す。こうして地域間・世代間の公正さを維持しつつ、大気中のCO_2増加を食い止める仕組みである。

一方で、最近「**カーボン・プライシング**」と呼ばれる**排出権取引**が行われるようになった。排出権取引では各国や各企業に排出枠を割り当て、排出枠の取引を行う。宇沢氏はこの排出権取引について「排出権を市場で売って儲けようとすること自体、倫理的な面からも社会正義の観点からも疑わしい」と嘆いている（『Wedge』２００８年10月号）。

マルクスが予見していた「資本主義の限界」

宇沢氏の考えは新たな形で受け継がれている。哲学者で経済思想史研究家の斎藤幸平氏は、マルクス研究界最高峰の賞「ドイッチャー記念賞」を当時31歳の歴代最年少で受賞したマルクス経済学の研究者だ。斎藤氏は２０２１年のベストセラー『人新世の「資本論」』（集英社）の中で、マルクスの考え方を引用し、「地球をコモンとして管理しよう」と提唱している。

ここで本書の概略もあわせて紹介しよう。『共産党宣言』『資本論』などの著書を遺したマルクスは、著書に収録しなかった膨大なメモを残していたことがわかってきた。そこでＭＥＧＡと呼ばれる新しい「マルクス・エンゲルス全集」の刊行が進んでいる。世界各国の研究者が参加する国際的全集プロジェクトだ。最終的に１００巻を超えるという。

最晩年のマルクスは、地質学・植物学・化学・鉱物学などの自然科学に加えて共同体についても膨大な研究を行い、「**資本主義による生産性向上は人類を解放しない。むしろ社会の繁栄に不可欠な自然の生命力を破壊する**」と考え、「**無限の経済成長はあり得ない。大地＝地球をコモンとして持続可能に管理することが必要だ**」という結論に至っていた。最晩年のマルクスも、宇沢氏の社会的共通資本構想と同じ境地に至っていたのである。

「資本主義は限界？　荒唐無稽だ」と思うかもしれない。すでに海外では新たな胎動がある。

POINT

いまや地球が「社会的共通資本」になった

2018年に米国で調査したところ、社会主義に肯定的な人たちは65歳以上では28％だったが、18〜29歳では51％と過半数だったという。若い世代は、市場の自由競争を促す規制緩和や過度な民営化が格差拡大と環境破壊を生み出したことを、肌身で体感しているのだ。

彼らは1990年代中頃から2000年代末までに生まれたZ世代だ。生まれた時点でインターネットがあった。真のデジタルネイティブであり、グローバルにつながっている。

2018年、COP24（国連気候変動枠組条約締結国会議）で、当時15歳のスウェーデンの環境活動家グレタ・トゥーンベリさんは、政治家たちを「無責任だ。科学に耳を傾けず、これまでの暮らしを続けられる目先の解決策しか考えていない」と厳しく批判した。グレタさんはZ世代を代表する人物だ。大人たちがグレタさんの演説に辟易とする一方で、世界の若者たちは熱狂的に彼女を支持した。現在、資本主義の未来を問うたグローバルな世代間闘争が、静かに起こりつつあるのかもしれない。

次の時代をつくるのは、いつの世も若者たちだ。その若者たちがグローバルにつながり、資本主義に「ノー」を突きつけている事実の重さを、ビジネスに関わる私たちは知るべきである。その背景を理解するためにも、ここで取り上げた2冊は理解しておくべきだろう。

おわりに――あなたの人生を切り拓くのは、あなた自身だ

本書の企画スタートは、新型コロナで世界が大混乱に陥った2020年4月にさかのぼる。当時、私はシリーズ第2弾となる『世界のエリートが学んでいるMBAマーケティング必読書50冊を1冊にまとめてみた』を執筆中。

メディアは、ゆく先が見えないコロナ禍の報道を繰り返していた。

私は執筆しながら、考えた。

「コロナ禍で、ビジネスパーソンの生き方は大きく変わるだろう。自分には何ができるか？」

これが第3弾となる本書を執筆する出発点だった。

コロナ禍により、私たちの働き方は激変した。自宅でのリモートワークはすっかり日常になり、生活にゆとりが生まれ、副業が広がり、転職や起業も当たり前になりつつある。コロナ禍は、私たちが仕事との関わり方を変える大きなきっかけとなった。

ビジネス全体では、客離れに苦しむ業界がある一方で、IT業界のようにデジタル化が進んで成長する業界もある。企業の淘汰も起こっている。現在の仕事も突然消える時代だ。ビジネスパーソンがいかに自分のキャリアをつくるかを問われる時代に突入している。

こんな時代に、私たちはどのように仕事と関わり、いかに生きていくべきなのか？

そのヒントは「はじめに」で書いたように、「起業家精神」に富んでいる起業家が読むような経営理論書の名著の数々の中にある。これらに書かれたヒントを一冊にまとめれば、コロナ禍で変わりつつある新しい社会で、ビジネスパーソンが起業家精神に目覚めて新しい生き方を模索する際に役立つだろうし、日本のビジネスがもっと元気になることにも貢献できるのではないか、と考えた。

本書を読むことで見えてくる景色は、読者によってさまざまだろう。

「新しい仕事を任されて、部下をもつことになった。どうしよう?」

そんな人は、リーダーの姿にはさまざまなものがあり、正解がないことがわかるはずだ。そして自分がリーダーとしてどのように振る舞えばいいか、さらにマネジャーとして新たにやるべきことも、見えてくるだろう。

「どうしてもやりたいことがある。今の会社ではコレはできない。起業したい」

そんな人は、そもそも夢が実現できるのはどんな組織かがわかるはずだ。

会社員は「ウチの部門＝会社」と考えがちだが、ある程度の規模の会社ならば、社内にはさまざまな部門がある。組織を異動すれば自分がやりたいことが見つかるかもしれない。さらに、いまや経営者の多くは「社内で新規事業を立ち上げたい」と考えているので、今の会社でもリスクを抑えて起業するチャンスがあるかもしれない。個人で起業する場合でも、いきなり起業せずに「今の会社に勤め続けて、まずは副業で始めよう」という結論になるかもしれないし、「今がベストタイミング」と判断できれば、思い切って起業するのもアリだろう。

「常に戦略を周到に考えているのに、失敗してしまう。どうすればいいのだろう」

そんな人は、そもそも戦略を完璧に考えても、必ず想定外の出来事が起こることがわかるはずだ。そして想定外が起こる前提で戦略を考える方法論を身につけて実践すれば、成功する可能性は上がるだろう。

「組織がなかなか動かない。上の人間はわかっていない。部下も言うことをきかない」

そんな人は、たとえば組織行動学を学んで実践すれば、よりうまく問題に対応できるようになるかもしれないし、問題に対応する組織づくりのヒントも得られるかもしれない。

仕事で悩む人は、ぜひ本書を手引きとして活用してほしい。

さて、本書を手に取ってここまで読み進めてきたあなたは、本書の学びをどのように仕事で活かすか、思いをめぐらせていることだろう。大切なのは、最初の一歩を踏み出すことだ。

そんなあなたの一助になればと思い、ここまで読んでいただいたあなたのために、忙しいビジネスパーソンが手軽にオンラインで学べる「永井経営塾」から、オンライン講義を無料でお届けしたい。こちらにあるQRコードより登録いただければ、講義が見られるようになる。気になる方は、お早めに。

Book40『自助論』でも紹介したように、知識は粘り強く愚直に努力を続けて、自分で身につけるしかない。すべては「**自分で自分の人生をどう支配するか**」である。

努力を継続すれば、時間を味方につけられる。

時間を味方につければ、どんな人であっても、それなりの人物にはなれる。

才能は関係ない。あなたの人生を切り拓くのは、あなた自身なのだ。

2021年10月

永井　孝尚

Book List

『世界のエリートが学んでいるMBA必読書50冊を1冊にまとめてみた』の掲載書籍一覧

第1章「戦略」

Book 1 **『新訂 競争の戦略』** M・E・ポーター著、ダイヤモンド社
➡米国企業の経営者が必ず手元に置いているといわれる戦略のバイブル。

Book 2 **『競争戦略論Ⅰ』** マイケル・E・ポーター著、ダイヤモンド社
➡「日本企業には戦略がない」など現代の経営課題を「戦略」の視点で説いた一冊。

Book 3 **『戦略サファリ 第2版』** ヘンリー・ミンツバーグ他著、東洋経済新報社
➡「戦略は分析でなく人が生み出す」という立場で世の中の戦略論を大きく10の学派に分類し、その成り立ちから批判までを俯瞰。

Book 4 **『競争優位の終焉』** リタ・マグレイス著、日本経済新聞出版社
➡「一時的競争優位性」を獲得し、成長し続ける10社の共通点を紹介。

Book 5 **『良い戦略、悪い戦略』** リチャード・P・ルメルト著、日本経済新聞出版社
➡「良い戦略」と「悪い戦略」に分けて、その違いを明快に示した一冊。

Book 6 **『ゲーム理論で勝つ経営』** A・ブランデンバーガー他著、日本経済新聞社
➡ビジネスは勝ち負けだけではない。「双方が勝つ」ゲームがあることを教えてくれる。

Book 7 **『コア・コンピタンス経営』** ゲイリー・ハメル／C・K・プラハラード著、日本経済新聞社
➡1995年、長く低迷していた米国企業に「自社の強みを磨き、未来を開け」と提言した書。現在低迷する日本企業への示唆は大きい。

Book 8 **『企業戦略論』** ジェイ・B・バーニー著、ダイヤモンド社
➡「会社の業績は経営資源で決まる」と主張し、大きな影響を与えた一冊。

Book 9 **『ダイナミック・ケイパビリティ戦略』** デビッド・J・ティース著、ダイヤモンド社
➡経営資源を動的に組み直し、「新しい強み」をつくることを提唱。

Book 10 **『知識創造企業』** 野中郁次郎／竹内弘高著、東洋経済新報社
➡日本企業を事例に、企業が知識を組織的に生み出す仕組みについて解説。

第2章「顧客」と「イノベーション」

Book 11 **『顧客ロイヤルティのマネジメント』** フレデリック・F・ライクヘルド著、ダイヤモンド社
➡新規顧客よりも既存顧客を大切にすれば儲かると提言。企業が顧客維持を重視する契機となった書。

Book 12 **『ネット・プロモーター経営』** フレデリック・F・ライクヘルド他著、プレジデント社
➡顧客ロイヤルティを具体的に把握するNPSという方法論を提唱した一冊。

Book 13 **『キャズムVer.2』** ジェフリー・ムーア著、翔泳社
➡新商品を普及させる方法をまとめたハイテク・マーケティングのバイブル。

Book 14 **『イノベーションのジレンマ』** クレイトン・クリステンセン著、翔泳社
➡リーダー企業が新興企業のオモチャのような商品によって市場から追い出されるのはなぜか？ その謎を解明した書。

Book 15 **『イノベーションへの解』** クレイトン・クリステンセン他著、翔泳社
➡破壊的技術によってリーダー企業を追い落とす方法を解明した一冊。

Book 16 『ジョブ理論』 クレイトン・クリステンセン著、ハーパーコリンズ・ジャパン
➡運任せにせずにイノベーションを生み出す成功パターンを提示。

第3章 「新規事業」と「起業」

Book 17 『企業家とは何か』 J・A・シュンペーター著、東洋経済新報社
➡現代のイノベーション論や起業家論の源流ともいえる古典。

Book 18 『アントレプレナーの教科書』 スティーブン・G・ブランク著、翔泳社
➡「新商品を成功させるには、製品開発ではなく顧客開発せよ」として、顧客開発モデルを提言。

Book 19 『リーン・スタートアップ』 エリック・リース著、日経BP社
➡トヨタ生産方式から学んだスタートアップを成功させる方法を紹介し、大きなムーブメントを巻き起こした。

Book 20 『トヨタ生産方式』 大野耐一著、ダイヤモンド社
➡かんばん方式などの「トヨタ生産方式」を体系化した著者が解くものづくりのあり方。世界の起業の考え方に大きな影響を与えた。

Book 21 『アダプト思考』 ティム・ハーフォード著、武田ランダムハウスジャパン
➡生物学にもとづき「失敗からの学びが進化を生み出す」と説いた一冊。

Book 22 『ZERO to ONE』 ピーター・ティール著、NHK出版
➡シリコンバレーで絶大な影響力をもつ著者がゼロから1を生み出す方法を伝授。

Book 23 『[新版] ブルー・オーシャン戦略』 W・チャン・キム/レネ・モボルニュ著、ダイヤモンド社
➡レッド・オーシャン（競争が激しい市場）から抜け出し、ブルー・オーシャン（ライバルなき新市場）をつくる方法を提唱しビジネス界を席巻した一冊。

Book 24 『ブルー・オーシャン・シフト』 W・チャン・キム/レネ・モボルニュ著、ダイヤモンド社
➡普通の会社がブルー・オーシャン市場を開拓するための実践的方法を紹介。

Book 25 『発想する会社！』 トム・ケリー他著、早川書房
➡誰でもクリエイティブになれるデザイン思考を提唱した一冊。

Book 26 『メイカーズ』 クリス・アンダーソン著、NHK出版
➡デジタルでものづくりのハードルが一気に下がり、個人でもものづくりができる時代になっていることを示した書。

第4章 「マーケティング」

Book 27 『ブランド優位の戦略』 デービッド・A・アーカー著、ダイヤモンド社
➡世界的なブランド戦略の大家が書いた、強いブランドを戦略的につくる方法。

Book 28 『価格の掟』 ハーマン・サイモン著、中央経済社
➡世界的な価格戦略の第一人者が、儲けるための価格戦略を解説。

Book 29 『フリー』 クリス・アンダーソン著、NHK出版
➡グーグル検索やスマホアプリなどが無料で提供できるビジネスモデルの仕組みを解き明かした一冊。

Book 30 『パーミッション・マーケティング』 セス・ゴーディン著、海と月社
➡「顧客の事前許可を得る」という現代のマーケティングの本質を示した書。

Book 31 『戦略販売』 R・B・ミラー他著、ダイヤモンド社
➡法人セールスの戦略的で実践的な方法を教える現代セールスの基本書。

第5章 「リーダーシップ」と「組織」

Book32 『エクセレント・カンパニー』 トム・ピーターズ／ロバート・ウォータマン著、英治出版
➡超優良企業のベストフォームを解明し、米国企業の経営を変えた一冊。

Book33 『ビジョナリー・カンパニー』 ジム・コリンズ他著、日経BP社
➡業界トップの地位を長年維持する超一流企業の基本原則と共通パターン。

Book34 『ビジョナリー・カンパニー2』 ジム・コリンズ著、日経BP社
➡平凡だったがあるとき急に飛躍する企業に共通する経営トップと戦略。

Book35 『日本の優秀企業研究』 新原浩朗著、日本経済新聞社
➡産業政策のプロフェッショナルが示す日本の優秀企業に共通する条件。

Book36 『ティール組織』 フレデリック・ラルー著、英治出版
➡「管理されない進化型組織が爆発的な成果を生み出す」ことを示す組織論。

Book37 『企業変革力』 ジョン・P・コッター著、日経BP社
➡「従来の変革の進め方は間違っている。変革には定石がある」として、マネジメント至上主義からリーダーシップ重視への転換を主張した一冊。

Book38 『企業文化 生き残りの指針』 エドガー・H・シャイン著、白桃書房
➡企業文化理論を打ち立てた第一人者が示す組織変革の方法。

Book39 『巨象も踊る』 ルイス・V・ガースナー著、日本経済新聞社
➡破綻寸前の超巨大企業IBMに単身で乗り込み変革したIBM再生物語。

Book40 『スターバックス再生物語』 ハワード・シュルツ他著、徳間書店
➡「スタバらしさ」を問い続け、低迷から復活を遂げるまでのストーリー。

Book41 『成功はゴミ箱の中に』 レイ・クロック他著、プレジデント社
➡52歳でマクドナルドを起業した著者の情熱と執念を体感できる一冊。

Book42 『幸之助論』 ジョン・P・コッター著、ダイヤモンド社
➡リーダーシップ論の世界的な権威が著した「経営の神様」の伝記。

第6章 「人」

Book43 『人を伸ばす力』 エドワード・L・デシ他著、新曜社
➡「報酬はやる気を高める」という常識を覆し、自律性と有能感で人は学び続けて成長することを示した一冊。

Book44 『フロー体験入門』 M・チクセントミハイ著、世界思想社
➡好きなことに夢中になる「フロー体験」が成長につながることを提唱。

Book45 『GIVE&TAKE「与える人」こそ成功する時代』 アダム・グラント著、三笠書房
➡常に相手の立場で考える人が成功する仕組みを解き明かした書。

Book46 『予想どおりに不合理』 ダン・アリエリー著、早川書房
➡不合理な人間の行動パターンを解き明かす「行動経済学」の全体像をわかりやすく解説。

Book47 『選択の科学』 シーナ・アイエンガー著、文藝春秋
➡不確実性と矛盾が伴う「選択」を徹底的に研究した一冊。

Book48 『影響力の武器［第三版］』 ロバート・B・チャルディーニ著、誠信書房
➡知らない間に他人に操られてしまう仕組みと対処法を紹介した世界的なロングセラー。

Book49 『さあ、才能に目覚めよう 新版』 トム・ラス著、日本経済新聞出版
➡ダントツの強みになり得る「原石」である資質を見つけるための本。

Book50 『リーディングス ネットワーク論』 ミルグラム／コールマン／グラノヴェター著、勁草書房
➡日本で紹介されていなかった人のつながりに関する「ソーシャルネットワーク理論」の主要な7つの海外論文の翻訳をまとめた一冊。

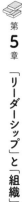

Book List

『世界のエリートが学んでいるMBAマーケティング必読書50冊を1冊にまとめてみた』の掲載書籍一覧

第1章「戦略」

Book 1『T・レビット マーケティング論』セオドア・レビット著、ダイヤモンド社
➡『ハーバード・ビジネス・レビュー』誌へ寄稿した全論文を収録。60年経っても変わらないマーケティングの本質を説いた名著。

Book 2『コトラー、アームストロング、恩藏のマーケティング原理』フィリップ・コトラー他著、丸善出版
➡豊富な事例をもとにマーケティングの考え方を網羅した一冊。

Book 3『ポジショニング戦略〔新版〕』アル・ライズ他著、海と月社
➡「ポジショニング」の概念を初めて提唱したマーケティング関係者必読の書。

Book 4『エスキモーに氷を売る』ジョン・スポールストラ著、きこ書房
➡マーケティング戦略だけで売上が急成長した超弱小チームの軌跡。

Book 5『ブランディングの科学』バイロン・シャープ著、朝日新聞出版
➡消費者行動の検証をベースに画期的な戦略立案とブランディングの方法を示した一冊。

Book 6『ブランディングの科学 新市場開拓篇』バイロン・シャープ他著、朝日新聞出版
➡「強いブランドポジショニングは不要」と説き、新しい視点からブランドの育成方法を提案した書。

Book 7『確率思考の戦略論』森岡毅他著、KADOKAWA
➡USJで実証された「感情を排し、数字とロジックに徹した」戦略を説く。

Book 8『両利きの経営』チャールズ・A・オライリー他著、東洋経済新報社
➡既存事業と両立させつつイノベーションを生み出す方法を説いた一冊。

Book 9『OPEN INNOVATION』ヘンリー・チェスブロウ著、産能大出版部
➡「技術やアイデアはオープンにせよ」と説き、世界の企業戦略に大きな影響を与えたイノベーション戦略。

Book 10『アイデアのつくり方』ジェームズ・W・ヤング著、CCCメディアハウス
➡誰でも画期的なアイデアを生み出せる秘訣を明かした一冊。

Book 11『〔新装版〕商いの道』伊藤雅俊著、PHP研究所
➡創業者が明かすセブン・アンド・アイが成長した理由。

Book 12『〔新装版〕山本七平の日本資本主義の精神』山本七平著、ビジネス社
➡日本人が知らない「日本的経営」の本質。

Book 13『コトラーのマーケティング3・0』フィリップ・コトラー他著、朝日新聞出版
➡激変する環境に対応する新時代のマーケティングを紹介した一冊。

第2章「ブランド」と「価格」

Book 14『ブランディング22の法則』アル・ライズ他著、東急エージェンシー出版部
➡これまでの常識を覆し、効果的なブランド構築法を説く。

Book 15『エッセンシャル 戦略的ブランド・マネジメント 第4版』 ケビン・レーン・ケラー著、東急エージェンシー
↓ブランド研究の第一人者が体系的に解説したブランドの「教科書」。

Book 16『ブランド論』 デービッド・アーカー著、ダイヤモンド社
↓世界的なブランド戦略の大家がまとめた20の基本原則。

Book 17『スターバックスはなぜ値下げもテレビCMもしないのに強いブランドでいられるのか?』 ジョン・ムーア著、ディスカヴァー・トゥエンティワン
↓人気コーヒーチェーンの口伝の知恵を紹介した一冊。

Book 18『価格戦略論』 ヘルマン・サイモン他著、ダイヤモンド社
↓価格戦略の第一人者がまとめた数少ない価格戦略の体系的理論書。

Book 19『ザ・プロフィット』 エイドリアン・スライウォツキー著、ダイヤモンド社
↓ストーリーで学ぶ利益を生み出す23の定型モデル。

第3章「サービス・マーケティング」

Book 20『真実の瞬間 SASのサービス戦略はなぜ成功したか』 ヤン・カールソン著、ダイヤモンド社
↓航空会社を立て直した経営者が書いたサービス・マーケティングの必読書。

Book 21『ラブロック&ウィルツのサービス・マーケティング』 クリストファー・ラブロック他著、ピアソン・エデュケーション
↓サービス・マーケティング研究の第一人者によるロングセラー。

Book 22『顧客体験の教科書』 ジョン・グッドマン著、東洋経済新報社
↓企業がすばらしい顧客体験を提供する実践的な方法を解説した一冊。

Book 23『おもてなし幻想』 マシュー・ディクソン他著、実業之日本社
↓コールセンターや顧客サポートを事例に「顧客に期待以上のサービスを説くのはムダ」と説く刺激的な書。

Book 24『マッピングエクスペリエンス』 ジェームズ・カールバック著、オライリージャパン
↓顧客体験の見える化で「顧客の現実」を知る方法を伝授。

Book 25『サービス・ドミナント・ロジックの発想と応用』 ロバート・F・ラッシュ他著、同文舘出版
↓サービス・マーケティングに影響を与えたSDロジックの解説書。

Book 26『サービス・イノベーションの理論と方法』 近藤隆雄著、生産性出版
↓サービス理論研究の第一人者が説くサービス・イノベーションの実践法。

Book 27『「闘争」としてのサービス』 山内裕著、中央経済社
↓サービスサイエンスの専門家による、これまでのサービスの常識を覆す意欲作。

第4章「マーケティング・コミュニケーション」

Book 28『「売る」広告［新訳］』 デイヴィッド・オグルヴィ著、海と月社
↓「広告の父」が歯に衣着せずに語る広告の本質と知見。

Book 29『ブランドは広告でつくれない』 アル・ライズ他著、翔泳社
↓「広告」に頼らず「PR」でブランド構築する方法を説く。

Book 30『費用対効果が23%アップする 刺さる広告』 レックス・ブリッグス他著、ダイヤモンド社
↓消費者に刺さる広告づくりからマーケティング・コミュニケーションの真髄までわかる一冊。

Book 31『急に売れ始めるにはワケがある』 マルコム・グラッドウェル著、SBクリエイティブ
↓モノが一気に流行る現象を人の行動原理から解明したベストセラー。

Book 32『アイデアのちから』 チップ・ハース他著、日経BP社
⬇記憶に焼きつかせる仕組みを研究する兄弟が明かす「成功するアイデア」のコツ。

Book 33『ウソはバレる』 イタマール・サイモンソン他著、ダイヤモンド社
⬇ソーシャルメディア時代に対応した新しい顧客コミュニケーション方法を提唱。

第5章「チャネル」と「販売」

Book 34『流通チャネルの転換戦略』 V・カストゥーリ・ランガン著、ダイヤモンド社
⬇チャネルの変革戦略について詳説した数少ない理論書&実践書。

Book 35『私のウォルマート商法』 サム・ウォルトン著、講談社
⬇「世界最大の小売業」の創業者が明かす商売の秘訣。

Book 36『21世紀のチェーンストア』 渥美俊一著、実務教育出版
⬇日本の小売業に長年貢献してきた功労者によるチェーンストア理論の定番書。

Book 37『なぜこの店で買ってしまうのか ショッピングの科学』 パコ・アンダーヒル著、早川書房
⬇買物客が購入したくなる店や商品に変える考え方を伝授する一冊。

Book 38『小売再生』 ダグ・スティーブンス著、プレジデント社
⬇リアル店舗が目指すべき未来を描いた、小売業者必読の書。

Book 39『大型商談を成約に導く「SPIN」営業術』 ニール・ラッカム著、海と月社
⬇コンサルティング営業を生み出すきっかけとなったB2B営業の本。

Book 40『チャレンジャー・セールス・モデル』 マシュー・ディクソン他著、海と月社
⬇ソリューション営業に代わる新しいB2B営業を提案する一冊。

Book 41『隠れたキーマンを探せ!』 ブレント・アダムソン他著、実業之日本社
⬇B2B営業で売れない理由とその対策をあきらかにした書。

Book 42『サブスクリプション』 ティエン・ツォ他著、ダイヤモンド社
⬇ますます注目される「サブスク」ビジネスの世界的定番書。

Book 43『カスタマーサクセス』 ニック・メータ他著、英治出版
⬇顧客離反防止を目的とする「カスタマーサクセス」のバイブル。

Book 44『成約のコード』 クリス・スミス著、実業之日本社
⬇デジタルとアナログの営業をつなぐ方法を具体的に紹介した一冊。

第6章「市場」と「顧客」

Book 45『FACTFULNESS』 ハンス・ロスリング他著、日経BP社
⬇事実通りに世界を見ることの大切さを説いた世界的ベストセラー。

Book 46『大本営参謀の情報戦記』 堀栄三著、文藝春秋
⬇大本営情報参謀があきらかにする旧日本軍の情報戦の実態。

Book 47『思考』 井関利明他著、学研プラス
⬇半世紀遅れている日本の技術と企業の問題点をあぶり出す書。

Book 48『統計学が最強の学問である』 西内啓著、ダイヤモンド社
⬇難解な統計学をわかりやすく網羅的に解説したベストセラー。

Book 49『ブラック・スワン［上・下］』 ナシーム・ニコラス・タレブ著、ダイヤモンド社
⬇甚大な影響を与える「想定外」に対応する戦略を学べる一冊。

Book 50『限界費用ゼロ社会』 ジェレミー・リフキン著、NHK出版
⬇現代人が直面する「指数関数的な世界」で生き残るために必要な知識を学べる本。

永井 孝尚（ながい　たかひさ）
マーケティング戦略コンサルタント。慶應義塾大学工学部を卒業後、日本IBMに入社。マーケティングマネージャーとして事業戦略策定と実施を担当、さらに人材育成責任者を担当し、同社ソフトウェア事業の成長を支える。
2013年に日本IBMを退社し、ウォンツアンドバリュー株式会社を設立。同年、多摩大学大学院客員教授を担当。幅広い企業・団体へ戦略策定支援を行う一方、毎年2000人以上に講演や研修を提供し、マーケティングや経営戦略の面白さを伝え続けている。さらに「永井経営塾」も主宰。
主な著書に『100円のコーラを1000円で売る方法』シリーズほか、『世界のエリートが学んでいるMBA必読書50冊を１冊にまとめてみた』『世界のエリートが学んでいるMBAマーケティング必読書50冊を１冊にまとめてみた』（以上KADOKAWA）などがあり、累計100万部を超える。
オフィシャルサイト　takahisanagai.com
Twitter　@takahisanagai

世界《せかい》の起業家《きぎょうか》が学《まな》んでいる
MBA経営理論《けいえいりろん》の必読書《ひつどくしょ》50冊《さつ》を1冊《さつ》にまとめてみた

2021年11月19日　初版発行
2024年６月20日　４版発行

著者／永井《ながい》 孝尚《たかひさ》

発行者／山下 直久

発行／株式会社KADOKAWA
〒102-8177　東京都千代田区富士見2-13-3
電話　0570-002-301(ナビダイヤル)

印刷所／図書印刷株式会社

ISBN 978-4-04-605301-5　C0030